21世纪工商管理类学科基础课教材

Basic Courses Series on Business Management

Organizational Behavior

2nd edition

组织行为学

第二版

程国萍 秦志华 编著

东北财经大学出版社
Dongbei University of Finance & Economics Press
大连

图书在版编目（CIP）数据

组织行为学 / 程国萍，秦志华编著. —2版. —大连：东北财经大学出版社，2018.8

（21世纪工商管理类学科基础课教材）

ISBN 978-7-5654-3182-1

Ⅰ. 组… Ⅱ. ①程… ②秦… Ⅲ. 组织行为学-高等学校-教材 Ⅳ. C936

中国版本图书馆CIP数据核字（2018）第111730号

东北财经大学出版社出版

（大连市黑石礁尖山街217号 邮政编码 116025）

网 址：http://www.dufep.cn

读者信箱：dufep@dufe.edu.cn

大连图腾彩色印刷有限公司印刷 东北财经大学出版社发行

幅面尺寸：185mm×260mm 字数：527千字 印张：26.75 插页：1

2018年8月第2版 2018年8月第2次印刷

责任编辑：石真珍 贺 莉 责任校对：众 校

封面设计：冀贵收 版式设计：钟福建

定价：56.00元

教学支持 售后服务 联系电话：（0411）84710309

第二版前言

本教材初版于2013年面世，至今已5年有余，应出版社的要求修订再版。本次修订，编者在保留第一版体系结构和写作风格的基础上，汲取近年来组织行为学研究的新成果，从以下几个方面进行了修改和完善：

一、调整了全书结构

本教材的特点是把逻辑与历史结合起来，帮助学生从行为发展的角度理解组织行为的特点。第二版贯彻了这一思路，并结合相关实践和研究的进展，对部分章节顺序和概念关系进行了修订。例如：第4章改为以价值观为切入点进行探讨；第11章从员工行为特点入手，关注员工对于组织情境的反应，以工作压力和工作满意度为典型反应方式进行介绍；第13章增添了“团队冲突”这一节，作为团队协作中的特殊情境进行探讨，丰富了该章的内容；第14章增添了组织文化管理的内容，使学生深化对于组织文化的认识。

二、增添了实践内容

组织行为学是一门实践性很强的学科，为帮助学生更好地掌握组织行为学的操作技能，第二版在介绍理论知识和说明逻辑关系的基础上，结合课程学习的内容，在多处增添了组织行为测量方法。例如：第2章增添了人格测量方法；第6章增添了人际关系测量方法；第14章增添了组织文化测量方法。

三、拓展了理论背景

为使本书内容与学科研究进展更加吻合，第二版在初版的基础上对部分理论进行了扩充。例如：第2章增添了对能力测试的经典理论介绍；第5章增添了动机发展理论介绍；第6章对人际关系理论进行了扩充；第8章丰富了对权变领导理论的描述；第14章介绍了更多的组织文化理论，并调整了组织文化体系结构，把三层次说深化为四层次说。

四、强化了教学引导

根据读者对本教材使用情况的反馈，第二版对理论与实践的结合方式做了专门改进。一是对全书15章的引例做了全面修订，更换了其中11个案例；二是正文最后增加了4个长案例，作为每一编的阶段性总结思考，帮助读者提高知识运用能力。

五、丰富了使用方式

第二版在每章后都补充了“核心概念”和“关键术语”两个模块。“核心概念”是对本章重点和难点的提炼和概括，指引读者在学习时更具针对性地理解章节内容。“关键术语”均附有英文翻译，对同一理论的不同表述方式进行统一，方便读者阅读并进一步学习。为了增强学习的趣味性，提高学生的学习兴趣，每一章都设置了与教材主要内容相关的补充资料，并生成了二维码，学生使用手机扫描二维码即可阅读。

第二版的修订工作由同济大学经济管理学院程国萍教授负责，中国人民大学商学院秦志华教授协助。在修订过程中，同济大学经济管理学院的盛鹤山、王旭同学做了大量工作，主要负责新增案例的编写和部分内容的调整。中国人民大学商学院许灵靖元同学协助完成全书的统稿工作，并参与撰写“组织文化”一章。

与第一版相比，本版内容力求更加贴近理论前沿与实践需要，在内容结构的逻辑性和教学使用的便利性方面都做了相应努力。由于时间和能力有限，书中仍然存在很多不足之处，敬请各界朋友给予批评指正。

编　者

2018年6月

目　录

第1章 学科概论

学习目标

通过本章的学习，您应当掌握：

1.组织行为学的定义及任务

2.组织行为学的意义和方法

3.组织行为学的产生

4.组织行为学的发展

5.组织行为学的主要内容

6.组织行为学的理论模型

引　例

富翁和渔夫的故事

一个百万富翁和一名普通渔夫在海边悠闲地钓鱼，两个人为了打发时间，开始聊起自己的工作。

渔夫：我的工作就是每天出海一两个小时打打鱼，回来去集市上把这些鱼卖了。

富翁：你这样做不行啊！永远都不可能成为我这样的人，我认为你应当这样：首先将你工作的时间延长，这样你就能多打些鱼、多赚些钱。

渔夫：可是现在我每天卖鱼的收成足够我花了呀？

富翁：你想呀，等你赚够了钱，就能买一艘更先进的捕鱼船，不就能捕到更多的鱼、赚更多的钱了吗？

渔夫：那我应当如何用掉这笔钱呢？现在我已经活得挺不错了呀？

富翁：等你有了更多的钱，你就雇一些人，租一个厂房，把捕获到的鱼进行加工，这样就能卖更多的钱。等这样积累几年，你就能在其他的地方开设工厂，把你的产品卖到更远的地方，赚更多的钱……

渔夫：那么然后呢，我又能做什么呢？

富翁：等到了那个时候，你就可以像我一样，到海边一边垂钓，一边欣赏美景，享受美好的人生。

渔夫：那我现在不正在这样生活吗？

富翁：……

【思考】

1.为什么故事中的两人选择了不同的生活方式？

2.两人不同的行为选择是由什么因素决定的？

3.用经济学或者管理学能理论否解释这种现象？如果不能，为什么？

本章提要

人们的行动具有自觉能动性。不同社会环境中具有不同特点的个体，对于同样的事物有不同的行为选择方式。这种差异是稳定的，可以通过大数定律体现出来。因此，分析把握不同类型个体的行为选择方式，可以找到人们行为的客观规律。

一个明显的事实是：当一个人作为组织成员进行活动时，其行为与不在组织中的时候具有很大差异。因此，如何把握组织成员的行为规律，提高组织的活力与效率，是人们关注的一个重大问题。对此可以从三个层面来探讨：①人在组织中的行为有什么特点？②这些特点是在哪些因素影响下产生的？③对于这些因素能够通过什么方式来改变？

已有研究发现，人在组织中的行为活动大致具有三种不同层次的内容，即个体、群体与组织；这三种内容受不同因素影响，具有特殊的表现形态，但又密切相关，层层递进。在实际生活与工作中，这三方面内容和因素的综合作用，使组织成员的行为方式具有复杂的功能与结构，需要加以专门的深入研究，组织行为学由此形成。

本章探讨组织行为学的研究意义、学科的产生与发展、主要研究内容和基本研究范式，简要地勾勒出这一学科的全貌。

1.1 组织行为学的性质

在介绍组织行为学相关内容之前，有必要首先明确组织行为学的研究对象和目的，说明“组织行为学是什么”。接下来，需要探讨组织行为学研究的意义，说明组织行为学的重要性，也就是说明“为什么要学习组织行为学”。最后，简要介绍组织行为学的研究方法，也就是说明“怎样研究组织行为学”。

1.1.1 组织行为学的定义和任务

组织行为学是一门研究人们在组织中的行为及其动因与效果的学科。对于组织行为学的性质，可以从如下方面来把握：

1.组织行为学的定义

组织行为学（organizational behavior，OB）是一门综合性应用科学，它从经验材料入手，运用实证研究和系统分析的方法，研究人们在组织中的行为，包括组织中不同主体的行为，以及行为的动因和结果。

(1) 组织行为学的目的

对于组织行为学研究的目的，学者从不同角度做了阐述：

美国学者迪尔（T. E. Deal）认为，组织行为学是一门应用社会科学，研究工作组织中个人、团体和组织的行为问题。[①]从这个定义中不难看出，迪尔强调组织行为学研究人们的行为选择。

美国学者杜布林（A. J. Dubrin）写道："组织行为学是系统研究组织环境中所有成员的行为，以成员个人、群体、整个组织及其外部环境的相互作用所形成的行为作为研究对象的一门科学。"这种观点将组织视为一种环境，研究这套环境对于人们行为的影响。

美国学者鲁森斯（F. Luthans）认为，组织行为学可以被定义为对组织中人类行为的理解、预测和管理[②]。他更多地从认知角度研究组织行为这个领域。

美国管理学家罗宾斯（S. P. Robbins）认为，组织行为学是一个研究领域，它探讨个体、群体以及结构对组织内部行为的影响，以便应用这些知识来改善组织的有效性。[③]罗宾斯更多是从提高管理效率的角度研究这个学科。

概括上述分析和解释，可以认为，组织行为学的研究目的，是探讨人们在组织中的行为方式及行为动因和结果。

(2) 组织行为学的对象

根据上述界定，可以把组织行为学的研究对象界定为三个层次：

①人在组织中的行为。

组织行为学研究的是一定组织中人的行为规律，这就说明组织行为学并不是研究一切人类行为的规律，而是只研究一定组织范围内的人的行为规律。作为一门商学院的基础课程，它自然会将研究重点放在人在组织中的行为规律。

当然，这并不意味着组织行为学就只研究组织中的个体行为规律。人们的行为总是表现为个体行为，但其中包含社会因素。因此，为了研究组织中人的行为规律，必须了解人们作为个体、群体成员以及组织成员的行为规律。

②组织中不同主体的行为。

研究组织中人的行为规律，要重点研究行为的差异性。组织行为学的基本假设是人们的行为及其动因具有异质性。这是与经济学不同的地方。经济学在"理性人"的假设前提下展开学科知识体系，假定人们都在进行成本收益比较后做出

---

① 张德. 组织行为学［M］. 北京：清华大学出版社，2000.
② 鲁森斯. 组织行为学［M］. 王垒，等，译校. 9版. 北京：人民邮电出版社，2004.
③ 罗宾斯. 组织行为学［M］. 孙健敏，李原，译. 10版. 北京：中国人民大学出版社，2005.

理性行为选择。然而，组织行为学推翻了这种同质性假设，讨论不同行为主体的不同行为。

正是在现实中人们表现出了不同的行为方式，组织行为学才有了研究的对象和必要。因此，组织行为学不仅研究不同个体的行为规律，而且研究不同类型群体和组织的行为规律。

③组织中各种主体行为的因果关系。

行为是人在主客观因素影响下产生的可见活动，以自觉能动性为根本特征，通过行为动机[①]体现出来。组织行为学不但认为人们的行为具有异质性，还认为人们的行为有规律性的作用机制，所以关注人们行为背后的动因，包括动因的差异及其影响因素。

研究动机的差异，可以了解不同动机会对人们的行为产生怎样的影响，同时需要讨论这种动机的差异是如何产生的。也就是说，哪些因素决定了人们的动机。在此基础上，才能够有效地对人们的行为施加影响。

2.组织行为学的任务

组织行为学作为一门基础学科，具有广泛的实践意义。从提高管理工作的效率角度讲，这一学科的任务是提高组织管理者预测、控制组织中成员的行为能力。具体包括：

（1）解释行为

所谓解释行为，就是用一种合乎逻辑的方式，说明一个人为何会做出这样的行为选择，有哪些因素以怎样的方式影响着这个过程。组织行为学通过研究人们行为背后的动机来理解人们的行为。研究人们的行为动机，并且探讨动机的来源及影响因素，可以进一步探究人们行为的原因，发现人们行为的规律。

（2）预测行为

所谓预测行为，是在掌握人们行为规律的基础上，判断在某种情形下人们会做出怎样的行为选择。研究人们行为的规律，了解行为动机的影响因素，可以为正确地预测人们的行为打下基础。根据大数定律，可以总结出人们行为的规律。不难理解，当相同的影响因素出现时，人们会产生某种行为动机，重复这种行为。这就为预测行为提供了依据。

（3）影响行为

所谓影响行为，是引导行为主体做出某种行为选择。预测行为的最终目的是引导和控制人们的行为。作为一门基础学科，组织行为学为组织管理提供支持，能够帮助组织实现既定目标，特别是采取相应措施变消极行为为积极行为，以取得最佳的工作绩效。其工作机理是认识和利用人们行为的规律性，通过改变动机的影响因素进而改变行为动机，最后引导和控制人们的行为。

---

① 行为动机的概念，将在第2章中详细介绍。

1.1.2 组织行为学的意义

组织行为学作为一门基础学科，无论对于学生的知识结构培养，还是对于社会生活中的实际工作特别是管理工作，都有非常重要的意义。

1.对于知识学习

在工商管理学科体系中，组织行为学作为一门基础学科，与经济学、管理学一道，构成了知识结构的基础。通过学习组织行为学，学生能够：

（1）拓展认识范围

在这三门学科中，经济学从人的理性出发，说明社会资源配置的一般规律；管理学从工作组织出发，说明如何有计划地实现资源配置的微观优化；组织行为学则从人的动机出发，说明怎样才能使组织目标成为人们的工作动力。三门学科相互衔接，互相补充，丰富了人们对于人类行为规律的认识。

（2）完善知识结构

经济学和管理学从不同角度对人的行为进行研究，这两门学科的研究具有一个共同特点，那就是强调人们的行为动机具有同质性。而组织行为学与此不同，强调人们行为动机的异质性，并致力于解释异质性的原因和结果。这一探讨完善了人们的知识结构。

2.对于能力培养

组织行为学作为一门基础学科，同一般的应用学科最大的区别在于，能够提供系统思维的分析综合能力，强调思考问题的逻辑性。具体表现在：

（1）培养分析能力

组织行为学运用系统方法进行研究，也就是说，通过对事物之间关系的考察，揭示其中的原因和结果，并把结论建立在科学的论证之上。与此相应，它注重实证研究，努力在经过控制的条件下收集数据，并采用严谨的方法对数据进行测量和解释。

（2）养成思维习惯

在实证研究中，组织行为学往往从实际出发，通过选取因变量来明确问题，进而运用逻辑分析寻找可能的影响因素作为自变量，同时考虑中介变量、调节变量、控制变量的关系，进而提出合理的假设并进行检验。这种思考方式有助于学习者形成严谨的思维习惯。

3.对于实际工作

对于实际工作者而言，组织行为学能够提高其解释、预测并控制组织成员行为的能力，从而促进组织的健康发展。具体表现在：

（1）提高组织的工作效率

工作效率是指组织实现其目标的能力。组织的工作效率归根到底是由组织中的个体工作效率决定的。个体在群体和组织中开展工作，其工作效率会受到群体和组织的影响。组织行为学一旦揭示了这些因素如何影响人们的行为，人们就可以根据组织目标有意识地改变这些影响因素，从而提高组织的工作效率。

（2）提高组织成员满意度

员工满意表现为：组织成员完成工作任务、达到工作目的以后，有没有产生消极的后果；如果没有，员工就感到满意。研究组织成员满意度，可以为组织提供足够数量的有效诱因以维持组织系统的平衡。

1.2 组织行为学的依托

组织行为学作为一门基础性学科，其产生和发展依托了其他学科的相关研究成果。从对象与方法上看，它与心理学、社会学、管理学具有特别密切的关系。其中，心理学给出了人的行为一般机制，说明了个体作为一个自然人和社会人的行为规律；社会学解释了人们的社会属性，包括人们为什么要结成群体等；管理学关心如何提高组织效率，注重于探讨组织成员的分工协作方式。这些学科从不同角度推动组织行为学的产生与发展。

1.2.1 心理学

人的行为有什么特点？它是怎样产生的？同样的外界刺激为什么会使不同的人产生不同的行为？这些问题涉及行为机制问题，包括生理机制和心理机制，后者的作用更为直接。因此，组织行为学研究人的行为时，不能不探索心理活动的规律。

1.普通心理学

普通心理学（General Psychology）研究心理活动的一般规律，包括认知、情感、意志问题，有各种不同的学派，包括以内省为基本认识途径的实验心理学和根本否认自觉能动性的行为心理学。这些学派为探讨人类行为的动因、理解人在组织中的行为提供了基本思路。

2.工业心理学

工业心理学（Industrial Psychology）把心理学知识应用于分析、说明、指导生产活动中个体和群体的行为方式。它关注工业生产作为一种环境对于人们的行为的影响，力图通过工业环境的改善调动人的积极性、改进工作生活质量，达到提高管理水平和发展生产的目的。工业心理学已经注意到与组织效率有关的个体特点，如动机、能力、性向等；人的群体特点，如群体的分类、人与组织的相互作用等；领导行为特点，如领导风格、领导的评估与培训等。

3.社会心理学

社会心理学（Social Psychology）研究个体和群体的社会心理现象，主要关注人与人、人与群体之间的互动方式。普通心理学传统上着重于研究个人与物之间的关系，而社会心理学则着重于研究人与人、人与群体之间的关系。

4.群体心理学

群体心理学（Group Psychology）研究群体的心理现象和心理活动规律。一个现实的人，依从于经济和政治地位、种族或民族、社区、年龄、性别、职业、血缘、兴趣、信仰等诸多方面因素的影响，总要与别的人形成一定的社会关系，参加一定的群体生活。而且，一个人通常不只属于一个群体，而同时是若干群体的成员。社会群体生活是人们的基本生活方式，这样，人们在社会生活中的群体心理，就成为社会心理学研究的主要组成部分。

1.2.2 社会学

个人是如何相互交往而形成群体的？在群体中个人的行为有何特殊性？这是组织行为学在研究群体行为时必须要说明的问题，而这些问题与社会学具有密切关系。社会学的任务是要阐明个人与社会的关系，说明个人怎样互相交往而形成社会，社会又怎样制约个人。与此相应，在当代社会学中，社会关系、社会网络等问题引起普遍关注。

1.社会关系

社会学认为，每一个个体都存在于一定的社会关系（social relationship）中。真实的个体行为是在一定的社会情境中发生的，因此需要考虑社会关系问题。社会学研究者常常分析群体与组织的情况，如社会组织、宗教组织、政治组织及商业组织。他们研究社会群体间的互动，跟踪源头及发展过程，分析群体活动对各个成员的影响。社会学家关心社会群体的特征、群体间或成员间的互动影响及社会特征对日常生活所产生的效果。这些也构成了组织行为学研究的重要内容。

在研究组织行为学的时候，可以借助社会学的相关原理和结论。比如，社会学提出角色概念，从角色的内涵分析个人如何与他人或群体发生关系。社会学提出人格概念，认为人格包括价值标准、能力和气质三个要素，并以价值标准为核心联系起来。价值标准是因人而异的、特殊的、无形的，它必须外化为规范才能发挥作用。规范是价值标准的外化、一般化和非人格化，具有普遍的制约力。

2.社会网络

社会网络（social network）是社会成员之间互动形成的稳定关系，社会网络理论关注人们之间的互动和联系，认为社会网络互动会影响人们的行为。

社会网络分析（social network analysis）发轫于20世纪30年代，成熟于20世纪70年代。1973年，格兰诺维特对求职过程中“关系”的重要性进行了阐述，由此引发了社会学家对社会网络的探究兴趣。20世纪80年代，格兰诺维特提出了“嵌入性”这一概念，对社会网络研究具有指导意义。

社会网络分析不注重组织成员个人的特征，而更加关心人与人、团队与团队以及组织与组织间的关系结构和模式，着重分析社会层面的关系结构特性以及人际互动模式。社会网络的研究重点在于网络或联结关系，包括网络结构的联结、距离、密度及中心性，以及关系网络所传递的资源特性等。由于人际关系与互动形态具有多元化的面貌，不同的网络结构会影响团队的运作[①]。

1.2.3 管理学

组织行为学关注人们在组织中做什么，以及这种行为背后的动因和导致的结果，而管理学关注的是组织成员行为与组织绩效的关系，以及如何通过改变行为动因的影响因素，改变行为主体的决策行为，因此二者之间具有密切联系。在管理学中，职能学派、协作学派、决策学派等理论派别，对组织行为学有特别重要的影响。

1.职能学派

管理职能学派又称管理过程学派，是美国加利福尼亚大学的教授哈罗德·孔茨（Harold Koontz）和西里尔·奥唐奈（Cyril O' Donnel）提出的。这一理论在法约尔的一般管理理论基础上发展而来。法约尔于1916年出版的《工业管理和一般管理》是其主要代表作。他认为，管理理论是经过普遍经验检验并得到论证的有关管理原则、标准、方法、程序等内容的完整体系，探讨如何有效地提高组织中的分工协作效率。这一研究对于如何认识组织成员的行为特点具有重要意义。

2.协作学派

协作学派的代表人物是切斯特·巴纳德（Chester Barnard）。巴纳德毕生从事企业管理工作，他将社会学概念用于分析经理人员的职能和工作过程，建立了现代组织理论的基本框架。巴纳德认为所有的组织都包含三个要素：合作的意愿、共同的目标和沟通。他的贡献在于，从最简单的人类协作入手，揭示了组织的本质及最普遍的规律。巴纳德的逻辑前提和以此建立的理论体系，为研究组织成员的行为特点提供了重要启示。

3.决策学派

决策学派的创始者是获得1978年度诺贝尔经济学奖的赫伯特·西蒙（Herbert Simon）。西蒙在继承巴纳德社会系统观点的基础上，发展出一套全新的有关决策性质、过程、类型和方法的理论体系，《管理行为》是其思想的集大成之作。该理论的逻辑起点是人类理性的有限性，以及与此相应的个体决策过程。西蒙自己认为他的理论“既符合于经济学家选择理论的合理方面，又适应于心理学家和实际决策者所注意的人类决策的性质和局限性[②]”。他提出了“有限度的理性”和“令人满意的准则”这两个基本命题，说明了人的决策特点。在此基础

---

① 李正欢. 社会网络结构对团队绩效的影响研究——以T连锁餐饮企业为例［J］. 北京第二外国语学院学报，2008（11）.

② 西蒙. 管理行为［M］. 杨砾，韩春立，徐立，译. 北京：北京经济学院出版社，1988.

上，西蒙指出“管理就是决策”，其实质在于塑造具体的决策环境，从而改变员工的决策前提，进而影响其行为选择。

1.3 组织行为学的发展

组织行为学以管理活动为实践基础，因此其发展过程并行于管理理论与思想的演变，其中科学管理理论、人际关系理论是这一学科赖以产生的直接依托。而群体理论、需求理论、社会测量理论的产生，标志着现代组织行为学的形成。

1.3.1 科学管理研究

组织行为学的发展同管理实践有着密切联系。19世纪末科学管理创始人泰勒，从古典经济学出发，认为人的行为与经济利益相关，可以通过工作方式改变和塑造。1914年，吉尔布雷斯夫妇将心理学运用于科学管理中，成为组织行为研究的开创者。

1.科学管理的提出

科学管理（scientific management）的代表人物泰勒（Frederick W. Taylor，1856—1915），是美国古典管理学家，主要著作有《科学管理原理》（1911）和《科学管理》（1912）。其理论核心如下：

①组织中的工作行为要标准化和科学化。

②要通过工作业绩和工作报酬挂钩促进劳资利益统一。

在泰勒看来，科学管理能够提高生产效率，而高效率是劳资双方实现共同利益的基础。

2.科学管理的内容

①进行工作行为的动作研究，确定操作规程和动作规范，确定劳动时间定额，完善科学的操作方法，以提高工效。

②对工人进行科学选择，培训工人使用标准的操作方法，使工人在岗位上成长。

③制定科学的工艺流程，使机器、设备、工艺、工具、材料、工作环境尽量标准化。

④实行计件工资，对超额劳动给予超额报酬。

⑤提倡把管理计划工作从执行性劳动中分离出来。

科学管理利用甘特图进行计划控制，创建了世界第一条流水生产线，实现了机械化大工业，出现了高效率、低成本、高工资和高利润的局面。

与泰勒一个时期的吉尔布雷斯夫妇，为科学管理做出了突出贡献。弗兰克·吉尔布雷斯（Frank B. Gilbreth，1868—1924）是美国动作研究之父，吉尔布雷斯夫人是美国历史上第一位心理学博士，被尊称为美国“管理学第一夫人”。他们的主要著作有：《动作研究》(1911)，《管理心理学》(1917)，《疲劳研究》(1919)，《时间研究》(1920)。

他们采用观察、记录和分析的方法进行动作研究，以确定标准工艺动作，提高生产效率。他们制定的生产流程图和程序图，至今仍被广泛应用。他们主张通过动作研究开发工人的自我管理意识。他们开创疲劳研究先河，对保障工人健康和提高生产率的影响持续至今。

这个时期的管理问题集中在工作效率上。研究者认为从标准化入手，效率问题就会迎刃而解，因此提倡员工选择与培训，使人员符合工作的要求。与此相应，该时期关注人与机器的适应关系，将人视为一种简单的生产要素，没有对人这个行为主体进行深入研究。

1.3.2 人际关系学派

20世纪20年代，霍桑实验促使个体行为理论进一步发展成为群体理论。

20世纪30年代，哈佛大学的管理学教授埃尔顿·梅奥提出了人际关系理论，这标志着人们对工作群体问题开始重视。群体理论将个体与群体行为结合，增强了人性的复杂性；同时，人性由于基于群体存在而可以控制，这使得有目的地规范个体人性从而提升群体和组织绩效成为可能。

1.霍桑实验

霍桑实验（the Hawthorne Effect）是心理学史上最出名的事件之一。这一系列在美国芝加哥西方电气公司所属的霍桑工厂进行的心理学研究，最初的目的是根据科学管理原理，探讨工作环境对劳动生产率的影响。后来梅奥参加该项实验，研究心理和社会因素对工人劳动过程的影响。

起初，西方电气公司在伊利诺伊州的霍桑工厂做了一个实验（Hawthorne Studies，1927—1932），这个实验在于找出是否有“疲劳”之外的会降低生产力的因素。工人被分成两组：一组为控制组，所有工人都在环境不变的情况下持续工作；另一组为实验组。实验本身是为了观察工作环境经过各种改变时工人的反应情形，并比较两组的生产力。

霍桑实验通过改变照明亮度来观察工作环境的改变对生产力的影响。结果是，亮度增加，生产力增加，但亮度逐渐下降生产力仍然继续升高。更奇怪的是，控制组的照明其实一点都没改变，但生产力仍会上升。甚至，实验人员延长工时或减少休息时间，生产力也会上升。许多工人都比实验前更满意自己的工作。

霍桑实验指出，团队归属感能满足个人的心理需求。赋予员工个人或团队对某项任务决策的责任，能够使个人或该团队更愿意将该任务视为己任而全力以赴。此外，负责该任务的经理人对于整个事件的肯定与关怀，会使员工明白他们对组织有独特而重要的贡献。

霍桑实验对管理理论有重要贡献：它让工人了解自己不全然只是机械的延伸；它引发产业界与学术界做出一系列的相关措施与研究；它为管理学打开了一扇通往社会科学领域的门。

2.梅奥的人际关系理论

梅奥（George Elton Myao，1880—1949），美国行为科学家，原籍澳大利亚，霍桑实验的主持人，人际关系理论的创始人，主要著作有《组织中的人》和《管理和士气》。

梅奥在美国西方电气公司霍桑工厂进行了长达9年的实验，揭开了对组织中的人的行为研究的序幕。霍桑实验的初衷是试图寻找改善外部条件与环境以提高劳动生产率的途径，但结果表明影响生产率的根本因素不是外部工作条件，而是工人自身因素和被团体接受的融洽感与安全感。

相比科学管理时期，这个阶段的研究重点由个体转向群体。梅奥提出的**人际关系理论（Human Relations Theory）**指出，工人是社会人，不是单纯意义上的经济人；企业中存在着非正式组织，必须注意使其与正式组织保持平衡；提高工人满意度是提高劳动生产率的首要条件，高满意度来源于物质和精神两种需求的合理满足。

社会人的假设，使研究人员开始关注社会关系对人们行为的影响。

在这个阶段，组织行为学逐步将人视为异质的行为主体，开始重视行为主体的内在行为动机的形成和影响。

3.群体动力论和需要层次理论

勒温（K. Lewin）提出了群体动力理论。勒温把场论应用于小群体研究，认为群体所具有的某些特征并不是它的各个部分之和。群体不是人们的简单集合，而是一个动力整体，是一个系统，其中某一部分的变化也会导致其他部分的状态发生变化。因此，不能借助于分析群体中的个体情况来达到分析整个群体的目的。此外，还有一些小群体研究是在精神分析、相互作用论的观点指导下进行的。

马斯洛（Abraham H. Maslow）提出了需要层次理论。马斯洛是美国心理学家，他对人类行为的动机进行了全新的阐释，代表作为《动机与人格》。马斯洛指出，人的需要按重要性和层次性排序，分别是：生理需要、安全需要、社会需要、尊重需要、自我实现需要。低层次需要满足后，人将追求高层次需要。

1.3.3 现代组织行为学研究

20世纪60年代中叶，美国心理学协会第14分会即工业心理学分会改名为工业和组织心理学分会，这标志着它所研究的对象从个体和群体的行为差异发展到了组织行为问题阶段，以组织目标为方向重新分析其背后的个体和群体本身，达到个体、群体与组织行为发展互动研究。此后出现的组织行为学，是对组织心理学的全面继承与发展。

1.组织行为学的新方法

除了上述提到的新理论，现代组织行为学还出现了许多新的研究方法，其中社会测量理论与方法具有重要地位。该方法由美国心理学家J.L.莫雷诺（Moreno）于1930年提出，后来许多心理学家参与研究，形成莫雷诺学派，其成果发表在莫雷诺主编的《社会测量》（1937—1955）杂志上。

社会测量理论（Sociometry）认为，人与人之间的情感性联系是最基本的社会关系，情感性联系的基本类型有吸引（喜欢）、拒斥（反感）和中性（漠视）。通过对人们之间的情感性联系的测定，可以了解到社会的各种人际关系。该理论用团体中揭示出来的社会心理规律来解释各种社会现象，对于研究团体内的人际关系是一种有用的工具。

社会测量的具体操作方式，是向团体中的成员提出一些问题，要求他们按照一定的标准选择自己的朋友，再根据这些选择来分析团体的人际关系。在进行社会测量时，研究者必须对下列3个问题做出决策：①向被试提出什么样的选择标准的问题；②允许被试有多少个选择；③一次测量提多少个问题。选择的标准有强弱之分，问题也可以拒斥的方式提出。

这个时期，由于理论和方法上的长足进步，组织行为学成为一门独立的学科。

2.组织学习理论

阿基里斯（C. Argyris）、熊恩（D. Schon）在其1978年所著的《组织学习：行为视角的理论》一书中率先提出了这一理论。他们认为**组织学习（organizational learning）**是指，组织为了实现发展目标、提高核心竞争力而围绕信息和知识技能所采取的各种行动；是组织不断努力改变或重新设计自身以适应持续变化的环境的过程。而组织学习的意义在于，“为了促进长期效能和生存发展，而在回应环境变化的实践过程之中，对其根本信念、态度行为、结构安排所为的各个调整活动；这些调整活动借由正式和非正式的人际互动来实现”。随后，彼得·圣吉（Peter M. Senge）的《第五项修炼》提供了一套使传统企业转变成学习型企业的方法，从而使组织学习理论成为现代组织行为研究的一大热点。

3.组织变革理论

随着外部环境的快速变化，如何从实际出发进行有序的组织变革受到广泛关注。组织变革是一个复杂、动态的过程，需要有系统的理论指导。管理心理学对此提出了行之有效的理论模型，适合于不同类型的变革任务。这些理论模型构成了完整的组织变革（organizational change）理论。

勒温（1951）提出了一个包含解冻、变革、再冻结等三个步骤的有计划组织变革模型，用以解释和指导如何发动、管理和稳定变革过程。其中，解冻这一步骤的焦点在于创设变革的动机。鼓励员工改变原有的行为模式和工作态度，采取新的适应组织战略发展的行为与态度。在变革步骤中则应该注意为新的工作态度和行为树立榜样，采用角色示范、导师指导、专家演讲、群体培训等多种途径。最后，在再冻结阶段，利用必要的强化手段使新的态度与行为固定下来，使组织变革处于稳定状态。

领导研究与变革管理专家科特（Kotter）认为，组织变革失败往往是由于高层管理部门犯了以下错误：没有建立变革需求的急迫感；没有创设负责变革过程管理的有力指导小组；没有确立指导变革过程的愿景，并开展有效的沟通；没有系统计划，获取短期利益；没有对组织文化变革加以明确定位等。科特为此提出了指导组织变革规范发展的8个步骤：建立急迫感；创设指导联盟；开发愿景与战略；沟通变革愿景；实施授权行动；巩固短期得益；推动组织变革；定位文化途径。

1.4 组织行为学的内容和模型

组织行为学经历长时间的发展后，其研究内容逐渐清晰和确定。个体行为是组织行为学研究的起点，社会中的个体通过交往活动构成群体，形成群体行为，群体发展为组织，构成组织行为。这三者是该学科研究的主要内容。

1.4.1 组织行为学的内容

从经验形态来看，行为总是表现为个人的行为，因此组织行为学是从个体行为选择开始讨论的。为了更好地把握行为，需要进一步分析这些行为背后的动机状况。一旦分析了人们的动机，就会发现人们的行为选择并不仅仅受到个体因素的影响。人在组织中的行为受多方面因素的制约，其中个体状况、群体状况、组织状况是三个基本的环境影响层面。组织行为学从这三个层次及其相互联系中把握人们的行为规律。相应地，对个体行为、群体行为、组织行为的分析和说明，构成了组织行为学的内容体系。

1.行为的特点：个体选择

行为是组织行为学研究的对象，那么究竟什么是行为呢？

行为泛指有机体外显的活动、动作、运动、反应或行动。由于不同的学者和不同的学派对行为的理解不同，因而对这一范畴用得比较广泛、混乱。有人认为，行为除了指可以观察的外显行为之外，还指由内省所观察的内隐行为，以及无意识的即未被观察的行为。早期的行为主义者把行为限于外部可以观察和测量的肌肉或腺体对刺激的反应；近代彻底行为主义者则把一切心理活动均视为行为，这就无限扩大了行为的概念，还否定了心理对行为的影响与支配作用。

在现代心理学的用语中，行为是指人在主客观因素影响下产生的外部活动，既包括有意识的，也包括无意识的。本书重点关注被行为主体意识到的活动。

从经验形态看，人的行为总是表现为个体行为，但从原因和结果看，人的行为不一定都是个体的。有不是由于个体情况引起的行为，即由社会动因引起的行为，也就是说，个体行为中有超越个体的内容。因此，对于行为的复杂情况需要解释，组织行为学就是对个体行为选择背后的原因加以研究。

2.行为的分析：动因探讨

社会规律的主体是人，人的特点是具有自觉能动性，集中体现为人的行为动机。

组织行为学致力于探讨动机的形成原因，以及在不同社会环境中的变化和导致的组织结果。在各种行为动因中，个人特点对于行为的影响最为直接和普遍。组织行为学对于个体行为的研究，主要是寻找和刻画人的行为动因中来自个体特点的各种因素，而人的行为总是在一定的社会环境中进行的，因此在探讨了个体变量以后，需要探讨行为的社会环境，寻找影响行为动因的社会变量。在组织中，由于组织结构的影响，人们的行为选择具有不同的特点，因此需要考虑影响组织中个体行为的变量。

3.行为的分类：层次结构

组织行为学研究人在组织中的行为，可以分三个层次来考察，即个体、群体、组织。这是由于人在组织中的行为受到这三个层次的因素影响，分层次研究可以更好地了解人在组织中的行为原因和规律，以便采取相应措施调节和控制人在组织中的行为。

个体层面的行为主要受到个人主体特征和能动特性的制约。行为主要是由行为动机引发的，因此，本书围绕人的行为动机是如何形成的这一思路展开对个体行为的探讨。这种分析方式主要源于心理学对个体行为的探讨。

群体层面的行为主要受到社会变量的影响，如人际关系、群体规范、群体结构、权威制度等。由于个体具有交往需要，因此产生了人际关系，从而导致群体的产生。本书着重分析影响群体行为的关键社会变量，借鉴社会学和社会心理学分析方法，描述了群体的状况，以及在此状况之下行为的特点。

组织层面的行为主要分两类：一类是管理者的行为；另一类是员工的行为。管理者如何通过合理的管理措施使员工形成有益于组织的行为习惯，是本书对组织层面行为的思考角度。这种探讨主要借鉴管理学的思路。

1.4.2 组织行为学的模型

既然组织行为学研究的内容非常丰富，那么要合乎逻辑地说明这些内容，就需要建立一定的理论模型，理清内容之间的逻辑关系。

本书作为一门基础学科，强调系统思考和逻辑思维能力的培养，因此采用规范的分析范式，通过因变量与自变量之间的关系分析，以概念之间的关系结构刻画组织行为学的基本内容，以此揭示组织行为学研究的思路与方法。由此所建立的组织行为学模型，将全书相关概念整合起来，方便读者整体把握这一学科的内容结构。

1.行为结构

组织行为学研究的出发点是个体行为，因为个体行为是人的所有行为中最基础、最容易观察、最为普遍的行为方式。从个体行为出发，可以考察影响行为动机的因素有哪些，研究指出，个体行为受到需要、能力、人格的影响。

由于人的行为总是在一定的社会环境中进行的，因此在考察了个体行为后，接着考虑行为的社会环境因素，即进一步考察相关的社会变量。对于社会环境，本书以群体为主线，按照“人际交往产生群体→群体性质状况→人在群体中的地位”的思路，将影响人行为动机的社会原因逐一展开。人在群体中的不同地位会让人们产生角色意识，角色意识将影响人们的行为选择。

随着群体中出现了明确的目标、严格的规章制度，以及能够维系前二者的权力，群体将逐步演变为组织。在组织行为研究中，本书从组织的性质出发，介绍了典型的组织行为方式，通过分析组织对行为选择的影响，说明组织成员的行为动机，由此构成如图1-1所示的分析模型。

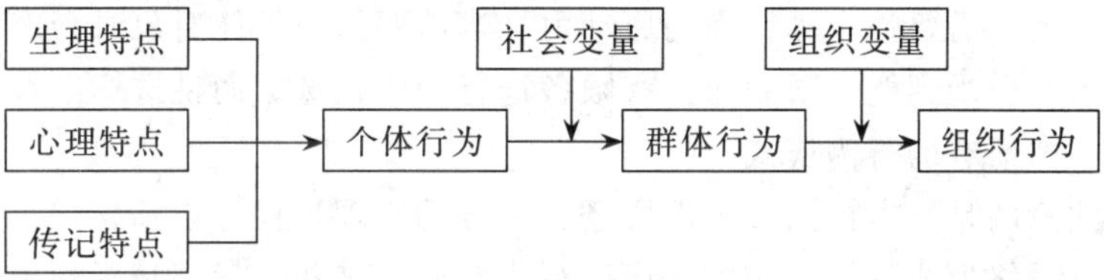

图1-1　组织行为的分析模型

作为基础课教材，本书将用内生变量的方式推导出相关概念，其中需要、能力、人格三个概念作为原初的理论范畴，在此基础上逐步引入社会变量和组织变量，说明组织和组织成员的行为规律。

2.分析范式

组织行为在一定条件下产生与变化，因此组织行为学需要通过分析自变量和因变量之间的关系，刻画组织行为的基本规律。分析范式为：

行为特点=f（行为原因a，b，c，d，...）

（1）因变量

因变量是受自变量的影响而发生变化的反应变量。组织行为学将组织中人们的行为特点作为因变量。重要的因变量如下：

个体行为：个体行为选择是本书的重点内容之一。本书认为，作为一个社会人，其行为选择会受到心理特点、生理特点和传记特点的影响；个人在社会生活过程中，逐渐塑造成为一个具体的“人”，并且学会了如何做事。

个体行为是最为简单的行为方式，本书尽可能抛开其他因素的影响，比较一般地分析这种行为的特点。在此后的章节中，本书将逐一地加入各种具体情境变量，使行为模式更加复杂和具体，符合生活的实际。

群体行为：组织中的个体一定是身处于某个群体之中，因此在个体行为研究基础之上，要探讨群体行为的模式。

群体行为的最大特点在于，人们在群体中总是表现出某种行动一致性，或者称为群体凝聚力。在日常生活中，个体行为并不仅仅是为了自己的目的，而是包含群体动机。本书将从群体凝聚力的产生及其原因来探讨群体行为的特点。

组织行为：组织是一种特殊的群体，相对于群体行为而言，组织成员的行为有着自身的特点。也就是说，有一种特殊的组织约束力影响着行为选择。本书探讨组织行为，就是要说明组织成员行为的主要特征以及背后的原因。

在此基础上，本书将给出影响组织中成员行为的方式，完成组织行为学研究的任务。

（2）自变量

自变量是导致因变量变化的原因。与人的行为有个体行为、群体行为、组织行为相对应，对于行为动因的分析，也需要从个体层面、群体层面以及组织层面展开。

个体层面：个体层面的行为影响因素，可以从需要、能力和人格来进行解释。本书认为，需要是个体行为的原动力，当需要指向具体对象时会产生行为动机，行为动机会受到能力限制而在有限备选行为中挑选，而挑选标准取决于一个人的人格，即惯有的行为模式。

值得注意的是，人格的形成需要经历一定的心理过程，包括感觉、知觉以及价值判断，最终形成具体的态度，产生行为倾向。这些变量都是影响个体行为的因素，需要深入把握。

群体层面：群体层面影响行为的主要因素有群体规范、角色意识、团队沟通、领导活动以及权威等。

规范通过成员的角色意识发挥作用。群体成员共同目标的形成，使得群体向团队发展。在团队中，有的成员交往地位较高，这就是领导。领导具有支配团队成员行为的能力，这就是权力。权力一旦被人们主动服从，就会形成权威，权威集中体现了群体行为的特点，影响群体凝聚力，群体成员在权威指导下表现出行为的一致性。

组织层面：组织层面影响行为的主要因素有规章制度、工作激励、组织文化等。

权力维护下的行为规范就是制度，制度是组织情境中影响成员行为选择的重要因素，主要通过责权利的结构化表现出来；在长期的组织生活中，成员们逐渐会形成共同的价值取向和默认的行为规范，这就是组织文化。制度是一种约束行为的强制因素，而文化则是潜移默化的影响因素。

管理者能够通过制度保障，进行有目的的激励活动，同时通过文化氛围的建设，潜移默化地影响员工的行为选择。

（3）变量来源

为了比较系统地说明组织行为学的理论与方法，本书将以内生变量的形式，把重要的概念逐步推导出来，使对于组织行为的研究，逐步从简单到复杂，从抽象到具体。

个体行为向群体行为转化的重要变量是角色意识；角色意识形成于人际交往，而交往活动来源于人们的需要。也就是说，交往活动一方面产生于个体行为，另一方面导致了人与人之间的交往关系和地位；这些地位一旦被自己理解和接受，就会形成特定的角色意识。群体行为向组织行为转化过程中的重要变量是制度。制度是由权力维护的行为规范；规范和权力都是群体活动的产物，在人际交往和领导活动中形成。

因此，在学习本书的过程中，要重点把握以下内容：一是在具体情境中，哪些因素在影响着人们的行为选择；二是这些因素如何作用于行为选择过程；三是这些因素是从何而来的。把握好这三点，有助于把握组织行为学的内容结构和分析范式。

补充资料：霍桑实验

本章小结

本章分为四节，分别从组织行为学是什么、研究的是什么、如何发展、怎么研究这几个方面展开，内容也层层递进。

组织行为学是一门综合性、应用性学科，是随着管理的实践逐步发展起来的。

组织行为学是一门管理专业的基础学科，由此产生特有的研究任务和研究范式。

组织行为学是一门训练管理能力的课程，强调逻辑思维、系统思考能力的训练。

对于组织行为学理论模型的理解，有助于从整体上把握组织行为学的内容结构，掌握相应的研究方法。

核心概念与关键术语

核心概念

组织行为学　组织行为学依托　科学管理研究　人际关系学派　行为结构

组织行为学分析范式

关键术语

组织行为学（organizational behavior） 科学管理（scientific management） 霍桑实验（the Hawthorne Effect） 人际关系理论（Human Relations Theory） 社会测量理论（Sociometry） 组织学习（organizational learning）

思考题

1.什么叫作组织行为学？

2.如何研究组织行为学？

3.组织行为学研究具有什么实践意义？

4.组织行为学与哪些学科的关系密切？

5.组织行为学的发展历程是怎样的？

6.如何理解个体、群体、组织行为之间的关系？

7.掌握组织行为学的理论分析模式。

8.举例说明生活中的个体行为、群体行为、组织行为。

第2章 个体特点

学习目标

通过本章的学习，您应当掌握：

1.行为的性质与类型

2.行为动机的定义

3.需要的概念和内容

4.学习的意义和基础

5.关键传记特点的含义

6.能力的类别和测试方法

7.个性与人格特质

8.人格与工作匹配

引　例

郭威与王磊的管理差异

龙源集团是一家大型的装备制造企业，旗下拥有几十家工厂，业务遍及多种工农业设备的制造与加工。近几年来，集团下辖的数控机床制造厂经营不利，亏损连连。面对此境，集团的高层领导毅然决定撤换原来的厂长，调任新人入主，以求扭转局面。

经过高层的讨论，集团的副总工程师郭威受命于危难之际，被任命为机床厂的新一届厂长。郭威毕业于一所国外大学的工程系，归国之后即受聘于一家外资企业担任工程师，并依靠自己的勤奋和专业能力，一直做到了高级工程师。两年前，正在迅速扩张的龙源集团，用重金将郭威挖了过来，如今委以重任，对他抱以极大的期望。

年近不惑的郭威，深感自己身上的责任重大，上任之始便开始了大刀阔斧的改革。长期在外资制造企业工作的经历，让他对国外公司先进的管理模式和严格的规章制度推崇不已。同时，长期从事技术工作的经历，也使得他变得沉默寡言，不善言辞。接管工厂仅几个月，郭威就裁掉了一批他认为不称职的员工，同时引进了全面质量管理，出台了大量新规定、新制度。此外，他还经常下厂进行走动式管理，只要发现任何不按流程或规定实施的行为，他都决不姑息，动辄批评训斥。

在郭威看来，如此严格的管理和坚决的改革，一定能够一针见血，解决厂中的种种积弊。然而，事与愿违，工厂的效益不仅没有改善，反而愈加恶化。不少员工反映，郭厂长丝毫不关心员工的个人状况，也拒绝接受任何意见，整天一副拒人于千里之外的表情。此外，他采用的所谓先进管理技术，根本不适应本厂的实际情况，而郭厂长又从未意识到这一点，反而将原因归为员工不认真执行。就这样，郭威在员工心目中的形象越来越差，大多数员工对其产生了逆反和厌恶情绪，阳奉阴违，消极怠工。工厂的大量制度，变成了一纸空文。

在敏锐地察觉到这一状况后，公司高层立刻做出了调整：将郭威调回总部，继续担任技术职务，同时晋升另一家工厂的副厂长王磊为机床厂的新厂长。王磊年近五十，只有高中学历，是一名从基层慢慢干上来的企业老员工。他个性爽朗、健谈、平易近人。上任之后，他并未着急进行制度和人员上的调整，而是召集厂里的所有员工开了一次大会。在会上，他声情并茂地回忆了自己随企业一同成长的历程，并号召大家一起为挽救工厂而努力。会后，他又走访了一些老员工的家里，向他们诉说自己的改革措施，争取他们的支持。平日里，王磊也经常对员工嘘寒问暖，就连中午吃饭时也和一些员工坐在一起聊家常。

不久，王磊就得到了大多数员工的爱戴和拥护。这时，他才着手进行自己的计划。他先是废除了一些当初由郭威制定的制度，同时宣布了新的绩效目标和激励机制。在新的激励制度下，只要工厂达到预计的业绩，上到管理者，下到普通员工，都可以分享效益增加所带来的利益。

不到一年时间，集团的管理层惊讶地发现，机床厂神奇般地扭亏为盈，从原来的“拖后腿”厂变成如今的先进代表。同时，集团高层实地考察时还发现，员工们士气高昂，工作努力，并且对王厂长交口称赞。

【思考】

1.为什么两名不同的管理者担任厂长，工厂的业绩大相径庭？

2.这两名厂长在能力上有什么差异？经历上有什么不同？个性上各有什么特点？

3.除了上述这些因素，还有什么原因导致了二者行为的差异？

本章提要

从个体的角度来分析人的行为选择，是研究组织行为的起点，因为行为的经验主体是个人，必然受到个体特点的影响。人的行为基础是主体的需要，需要可以转化为动机，并受到学习的影响。人与人之间的行为差异，集中体现于不同的人格。本章探讨什么是人的行为，行为有何特点，如何把握不同个体的行为特征，影响人的行为活动等。

2.1 行为

组织行为学研究人们在组织中的行为活动，因此对于什么是人的行为，首先要加以明确的界定。本节对人们行为的性质、动因和能力进行探讨，目的在于为观察人们的行为提供一个基本理论框架。

2.1.1 行为的性质

行为（behavior）是组织行为学的研究对象。理解行为的性质，需要先了解对于行为的不同界定，并在此基础上把握行为的机制。组织行为学认为，行为是个体表现于外并能被观察记录的活动总和，行为机制是人们行为过程中涉及的要素之间的关系。

1.行为的含义

行为是组织行为学中的基本概念，与心理学和社会学的研究成果相关。

（1）心理学

心理学对于“行为”的解释，有广义和狭义两种。

狭义的行为是指个体表现于外而且能被直接观察记录或测量的活动。例如，一个人的说话、走路、打球、游泳等活动，都是行为；这些活动不但可由别人直接观察，而且可以利用录音机、照相机、秒表等工具记录下来，加以分析处理。

广义的行为不仅包括直接可见的外显活动，而且包括以观察所见活动为线索，间接推断的内在心理活动或心理历程。按照这一意义，一个人的动机、思考、情绪等，也是行为。

（2）社会学

“行为”也是社会学的基本概念，被理解为个体或群体在主观意向支配下的举止[①]。在这里，“意向”要么是行为者自身存在的自觉不自觉的主观倾向，要么是观察者从某种假设出发推断的行为者主观动向。需要注意的是，还有一种行为是“社会的行为”，它指个体或群体行为者根据自身“意向”影响他人的行为。

组织行为学的行为定义，是对于上述两种定义的综合。

简单地说，组织行为学认为，行为是个体表现于外并能被观察、记录或测量的活动总和。研究行为的目的在于，揭示行为动机的来源和影响因素，从而理解、预测和控制人的行为，提高组织效率。

2.行为的类型与机制

所谓行为的机制，是指人们行为过程中相关要素之间的关系结构。需要注意

① 韦伯．经济与社会［M］．杭聪，编译．北京：北京出版社，2008.

的是，人们的行为有着不同类别，不同类别有着不同的形成过程和组成要素，需要分别讨论。

（1）行为的类型

人们的行为可以分为理性行为、有限理性行为、本能行为等（Luthans, 2006）①。

所谓**理性行为**（rational behavior），是指人们在比较成本收益之后采取的行为。经济学强调理性行为，通常“给经济人赋以一种全知全能的荒谬理性”②。这是因为经济学家假定：人们有完整而内在一致的偏好体系，总是能够在所面临的备选方案中做出决策；人们能够完全了解有哪些备选方案；进行成本收益比较时不受任何复杂条件限制。

然而，人们的行为不仅仅是理性行为，更不可能是完全理性行为。按照西蒙的观点，由于知识的不完备性、预见的困难性、可选行为的有限性，人们的理性是有限的。行为者通常不会追求最优的选项，而是会寻求满意的结果；行为者决策时不会考虑所有因素，而是重点考虑那些最要紧、最关键的因素。在组织中，人们的行为受到组织环境的影响，属于典型的**有限理性行为**（bounded rational behavior）。

除了上述类型，人们还有许多行为是本能行为。所谓**本能行为**（instinctual behavior），是指不经过思维直接产生的行动。按照洛仑兹的观点，本能行为是一种“先天诱发机制”，对于某种刺激存在天生的识别能力，产生固有的反应方式。一种行为必须符合四条准则，才能算作本能行为：首先是定型行为；其次是出现在同物种的所有个体上；再次是即使被隔离培养的个体也具有该种行为；最后是即使先前该行为被压制，过后还是会发生。

（2）行为的机制

按照上述行为性质分析，可以揭示行为赖以进行的主要影响要素：

首先是需要。这是人们行为的原动力。在实际生活中，人们总是追求内部平衡，一旦出现不平衡状态，就会形成需要③；人们的需要经过一系列心理过程，会产生某种特定的行为动机，从而导致具体的行为。每个行为都会按照某种标准加以评价，该结果反馈给行为主体，就会出现行为的效果。这种被行为主体认识到的效果会反作用于需要，促使行为主体调整自己的需要。

行为机制可以由图2-1表示。

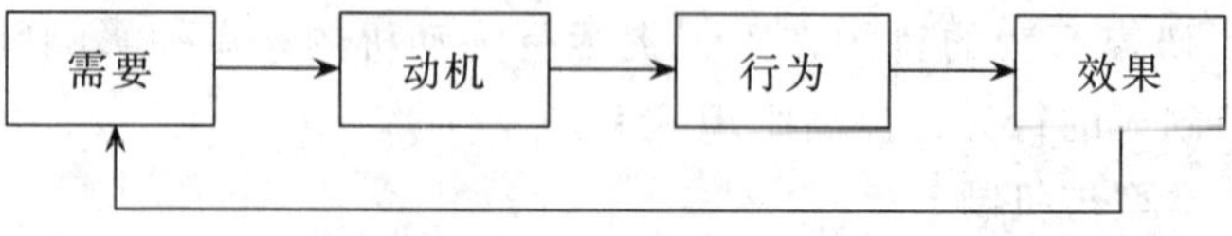

图2-1 行为机制简图

---

① 鲁森斯. 组织行为学［M］. 王垒，等，译校. 9版. 北京：人民邮电出版社，2004.

② 西蒙. 管理行为［M］. 杨砾，韩春立，徐立，译. 北京：北京经济学院出版社，1988.

③ 这些概念会在本章后面详细介绍。

值得注意的是，这里强调行为需要的可调整性。经济学研究人们的理性行为，假定人们的需要或者说偏好体系是给定的，是同质的；而组织行为学则认为人们的行为需要及由此产生的动机是异质的、可变的，因而关注差异的产生原因和影响机制。

行为机制表明，人们行为的背后有着复杂的心理过程，集中体现为行为动机，因此，要研究人们的行为，就必须研究人们的行为动机。

2.1.2 行为的动机

在行为结构中，行为动机具有特殊作用，是连接人们内在心理状况和外在行为选择的心理活动过程。行为动机是人们自觉意识到的行为动因。组织行为学的研究，正是基于人们行为动机异质性的假设，研究其差异的来源以及对行为的影响。

1.动机的概念

动机是组织行为学研究的中心范畴。心理学、行为科学对这个概念都做过深入研究。

（1）心理学

理查德·格里格（Richard Gerrig）在其《心理学与生活》一书中，对动机做了如下界定：**动机（motivation）**是一个概括性术语，是对所有引起、支配和维持生理和心理活动的过程的概括。这个词语来源于拉丁语movere，意思是“趋向于”（to move）①。

张春兴在《现代心理学》一书中对“动机”的界定是：引起个体活动，维持已引起的活动，并导致该活动朝向某一目标进行的一种内在历程②。

丹尼斯·库恩（Dennis Coon）认为，动机是行为的动力，它引发人们的行为，并推动和引导人朝某个特定目标坚持下去。

（2）行为科学

动机的原意是引起动作。行为科学将其视为一个过程，即引起个体行为、维持个体行为，并将此行为导向某一目标的过程③。

这个过程开始于个体生理上或者心理上的缺失，从而激发行为或驱力使个体向着特定的目标而努力。例如，一个人大热天外出归来，进门便去开冰箱，因为他渴了，而且知道冰箱里有饮料可以解渴。如果不巧，冰箱里没有饮料，他便会去找凉开水，甚至去商店里买水。这一系列行为都是被“渴”激起的。实际上，仔细分析一下就可以发现，人的行为背后无一不存在着行为动机。

综上所述，组织行为学认为，动机是人们自觉意识到的行为动因。一定的行

---

① 格里格，津巴多．心理学与生活［M］．王垒，王甦，等，译．北京：人民邮电出版社，2003.
② 张春兴．现代心理学［M］．2版．上海：上海人民出版社，2005.
③ 刘凤瑞．行为科学基础［M］．上海：复旦大学出版社，1991.

为动机产生于一定的需要，并指向能够满足需要的特定行为目标，从而推动相应的行为活动。

2.动机的意义

通过把握动机，可以解释和预测人的行为。动机不仅能解释人类一般性的行为模式，同时也能解释每个个体行为的差异。

（1）解释行为的一般性

人作为一个生物有机体，有复杂的内部机制来调节身体机能从而帮助自己生存。例如，你今天早上为什么起床早？可能是饿了、渴了或感到冷了。对于每种情况，内部状态会刺激你的身体做出反应，促使你采取行动。而动机就是将个体生物特点和行为联系起来的桥梁。通过动机，可以解释人这个生命体行为的一般规律。

（2）解释行为的多样性

不同的个体在相同情境下采取的行为可能不同。造成这种情况的原因不在于外在因素，而在于内在因素。动机这一概念的意义，在于能够解释这种差异性。当然，必须意识到这个过程的复杂性和困难性，其原因在于：

①没有一种动机是孤立的。以最基本的"饥饿"为例，虽然其本来性质（个体出生后）是属于原始性的、生物性的、生理性的动机，但受到学习及社会因素的影响，成人后的饥饿动机多已极大地失去了原来的性质。

②研究动机的目的在于了解个体行为，但是相同的动机未必出现类似的行为。有时类似的行为反而可能出自不同的动机。

③任何一种行为背后都可能蕴藏着多种不同的动机。正因为如此，在研究行为动机时，一定要考虑这些情况，避免犯将问题简单化处理的错误。

3.动机的类别

多数学者采取二分法进行动机分类，虽然名称不尽相同，但是就其性质和与行为的关系而言，所指范围大致相似。

有的学者把动机区分为"原始性动机"（primary motives）和"衍生性动机"（secondary motives）；有的学者将之区分为"生物性动机"（biological motives）和"社会性动机"（social motives）；有的学者将之区分为"生理性动机"（physiological motives）和"心理性动机"（psychological motives）；也有的学者将之区分为"原始性动机"（primary motives）和"习得性动机"（learned motives）。

本书倾向于将动机区分为生物性动机和社会性动机，因为组织行为学重在研究行为动机的来源和影响因素，这种分类较为明确地说出了行为动机的两种来源：一种来自于人这个生命体自身的需要；另一种则超越了生物基础，是经学习获得的而且与别人有关，因此含有社会性的意义。

2.1.3 行为的需要

行为动机总是产生于一定的需要。需要是个体内部失去均衡的情况，这是理解动机的关键概念。这部分首先介绍需要的概念，接下来按照马斯洛理论介绍需要的内容以及结构。

1.需要的概念

需要（need）是指个体缺乏某种东西的状态，描述的是个体内部失去均衡的情况，通常以生理的变化为基础。例如食物、水、氧气等，都是个体维持生命的基本需要。如果补充食物的时间延迟，体内养分消耗过多，就会出现对食物的需要。

需要产生驱力。驱力（drive）是一种内部状态，来自生理需要。人体就本身条件来说，会寻求动态平衡（homeostasis）。所谓的"动态平衡"，是指在正常情况下，其生理状况经常有维持平衡状态的倾向。当需要产生，即体内的平衡破坏了，就会产生心理上的紧张，驱力就会被唤醒，这些驱力会促使行为主体采取消除紧张的行为；当需要得到满足，即动态平衡得到恢复，行为主体就会停止这种行为。

这种"需要→驱力→行为"的关系，本来只限于解释以生理为基础的行为，后来也普遍用于解释一般的行为。

2.需要的内容

需要的内容极为丰富。美国社会心理学家马斯洛提出的**需要层次理论**（**Hierarchy of Needs Theory**）对此做了经典分析，至今影响极大。

马斯洛在经验观察的基础上，将人类的需要分成了几个等级，使需要理论有了一个较为完整的框架。马斯洛把基本需要的特性定义为：缺少它会引起疾病；有了它就不会得病；恢复它可以治愈疾病。马斯洛认为，人类有五种基本需要：生理需要、安全需要、社会需要、尊重的需要、自我实现的需要。它们是人类天性中固有的东西，文化不能扼杀它们，只能影响它们。

（1）生理需要

生理需要（physiological need）是最基本的需要，与基本动机相对应，包括对食物、饮用水、住所、睡眠和氧气的需要等，即通常所谓的衣食住行。生理需要在人的需要中占基础优势，是人类最基本的需要。但当这些需要被满足以后，它们就很难再起到激励作用了。

（2）安全需要

安全需要（safety need）具体包括安全，稳定，依赖，免受恐吓、焦躁与混乱的折磨，对体制、法律、秩序、界限的依赖等。在实际生活中人们偏爱熟悉的事物，而非不熟悉的事物，偏爱已知的事物，而非未知的事物，偏爱已有的行动规律与秩序，而非无规则的变化等，所有这些都是人类对安全需要的具体表现。因此，在组织中，如养老方案、工会、健康保险、员工扶助计划、补偿金、津贴等都是出于员工安全需要的考虑。

（3）社会需要

人们具有对朋友、爱人的渴望，并且渴望在团体、家庭等正式或非正式组织中有自己的位置，这就是社会需要，也就是归属与爱的需要（belongingness and love need）。人们希望能够真正地团结起来，共同应对外来危险，共同面对一件事情。人们渴望得到别人的爱，也希望给予别人爱。足球球迷在观看比赛中表现出的巨大的热情，是现代人归属感的一个有力例证。

（4）尊重的需要

尊重的需要（esteem need）包括外界对自我的尊重和自己对自我的尊重，相对来说后者更重要一些。自己对自我的尊重即自尊，自尊是指由于实力、成就、优势、用途等内在因素而形成的个人面对世界时的自信和独立。外界对自己尊重需要的满足，则表现为外界对自己地位、声望、荣誉、威信等的较高评价。个体对权力、成就和地位的需求应该属于这一类。

（5）自我实现的需要

自我实现就是一个人使自己的潜力发挥的倾向，即成为自己所能够成为的那种独特个体，成为自己想成为的那种人。一个人在其基本需要都得到满足以后，自我实现的需要（self-actualization need）开始突出。这时候他会很乐意去工作，对他而言，这时候的工作不是生活所迫，不是为了金钱，也不是为了获取荣誉，而是一种兴趣。这时候他确确实实是以工作为乐，而不是以工作为负担。自我实现是人类需要的最高层次。

3.需要的结构

人的需要层次并不是机械的、静态的、绝对的，而是相互交叉的、动态的、相对的。它受到历史、地理、人种、环境、法律、道德、风俗、宗教、文化、经济等诸多因素的制约和影响。

①需要层次就像一个金字塔，每一个人都具有这五种基本需要。不同的是，不同人的需要层次高低和顺序可能有所不同；不同的文化环境下，基本需要的表现形式也可能不同，甚至完全相反。

②一个人并不是等到一种需要完全满足以后才想起其他需要，往往基本需要只得到部分满足时，需要的重点已经开始转移。也就是说，每一层次需要只需相对满足即可。

③低级需要满足后，高级需要的出现并不是跳跃的、突然的，它实质上是缓慢地从无到有逐步发生的。

④一般而言，人的需要层次按照从低级到高级的顺序排列，但这并不是固定不变的，也存在着许多例外情况，比如为理想而献身的殉道者、一贫如洗但才华横溢的天才艺术家等。

⑤不同的人，有不同的素质，受不同的复杂因素的影响，对不同层次需要的认识和满足程度是不同的。比如，对尊重、自我实现需要的认识和满足程度，农民和知识分子就截然不同。

⑥如果一种需要长期得到满足，人们对这种需要的价值会估计不足，套用经

济学的术语，可以称之为“需要满足效用递减”。

生活在高级需要水平上，人可以实现更大的生物潜能和更满意的主观体验。高级需要并不像低级需要那样迫切要求满足。需要越高级，就越容易被长久地推迟，也更容易永远消失。对高级需要的追求与满足会导致更伟大、更坚强以及更真实的个性，会使一个人更加趋于自我实现；对高级需要的追求与满足有利于公众和社会。

2.1.4 行为的能力

能力作为个体的一个重要特征，同样影响着个体的行为。所谓能力是指完成某项任务的可能性，是对现时工作主体状况的一种评价。人的能力分为两大类，即心理能力和体质能力。不同个体有不同能力，不同工作需要不同能力，因此个体能力与工作的匹配非常重要。

1.能力的性质

能力（ability）一词的含义颇为笼统，常与很多类似名词混淆不清。总体而言，该词的含义有二：一是指个人“所能做的”；二是指个人“可能做的”。

（1）能力的含义

把能力解释为个人现在所能做的，符合一般常识的看法。例如，某人能说三种语言、会开汽车等，都是指个人对某种“事情”或“工作”的实际作业已经熟谙到某种程度。此类能力属于个人行为的实际变现，故称为实际能力（actual ability），亦即“所能做的”。显然，此类能力是个人的先天条件（遗传）以及在后天环境中学习的结果。也就是说，此类能力代表个人的知识与经验。

把能力解释为“可能做的”，是指一种“可造就性”（capability）或潜力（potentiality）。这种解释与实际能力有区别，不是指个人学得的知识经验或对某些作业熟谙的程度，而是指将来有机会学习或接受训练时可能达到的程度。换言之，这不是指已经发展出来的实际能力，而是指可能发展的潜在能力。

（2）能力的意义

了解了能力的一般性质以后，需要把握其意义。组织行为学对能力的研究，重在探讨其与个体行为之间的关系。总的来说，能力给定了人们行为选择的空间，影响人们的实际行为方式。

首先，由于人们的能力是有限的，因此个体只能在一定的范围内进行行为选择。在理性行为和有限理性行为中，这种限制能够为行为主体所察觉，并直接影响其选择过程及结果；在本能行为中，这种限制也会不自觉地发挥影响，限制行为主体的活动。

其次，在行为机制中，由于能力给定了行为选择的空间，会影响行为的效果，因而会反作用于人们的需要，调整动机形成过程。比如人们“理所当然”地不产生某些需要以及行为动机，这常常体现了能力对行为动机的影响作用。

2.能力的类别

对于个体能力的内容进行细分，又可将其分为心理能力和体质能力。

（1）心理能力

心理能力是指从事心理活动所需要的能力。

通常认为，心理能力包括7个维度：算术，即快速而准确进行运算的能力；言语理解，即理解读到和听到的内容以及词汇之间关系的能力；知觉速度，即迅速而准确辨认视觉上异同的能力；归纳推理，即鉴定一个问题的逻辑后果，并解决这一问题的能力；演绎推理，即运用逻辑评估一项争论价值的能力；空间视知觉，即当物体的空间位置变化时，能想象出物体形状的能力；记忆力，即保持和回忆过去经历的能力。一些智商测验可以测量心理能力，如各类考试等。

研究表明，对于所有的工作，通过言语理解、算术、空间视知觉能力的测验，能有效预测工作的熟练性。企业可以通过一些心理能力的测试来选拔、提升、培训员工。不同工作需要不同的心理能力。对于要求信息加工的工作而言，心理能力起着主要作用。

（2）体质能力

体质能力是指外显的活动能力。对于创造性技能要求较少而规范化程度较高的工作而言，体质能力是很重要的，如要求耐力、手指灵活性、腿部力量以及其他相关能力的工作。

基于对不同工作要求的调查，确定体质能力包括9项基本功能。它们可以分为三大类：力量因素、灵活性因素及其他因素。其中，力量因素包括动态力量、躯干力量、静态力量、爆发力量；灵活性因素包括广度灵活性、动态灵活性；其他因素包括躯体协调性、平衡性、耐力。

如果管理者能够确定某一工作对每项能力的要求程度，并保证从事此工作的员工具备这种能力水平，就会提高工作绩效。

3.能力的结构

能力是具有复杂结构的心理特征的总和。研究能力的结构，分析能力的构成要素，对于深入理解能力的本质、合理设计测试能力的方法，都有着重要的意义。有关能力结构方面的研究，主要有以下几种观点：

（1）能力的二因素结构

英国的心理学家斯皮尔曼（C. Spearman）在20世纪初期，用因素分析的方法，提出能力的二因素结构。该学说认为，能力由一般因素和特殊因素构成，完成任何一项任务都是两种因素共同决定的。他认为在智力结构中，第一位的是一般因素。这为智力测试奠定了理论基础。

(2) 能力的群因素结构

与上述理论相反，美国心理学家塞斯登（L. L. Thurstone）提出了群因素结构。根据这个学说，能力是由许多彼此无关的原始能力构成的。他总结了能力分解的7种原始因素：计算、词的流畅性、言语意义、记忆、推理、空间知觉与知觉速度。然而实证研究表明，这7个要素之间并不是割裂的，而是存在着一定的联系。

(3) 能力的智慧结构

近年来，美国学者吉尔福特（J. P. Guilford）提出一种新的能力结构设想，被称为“智慧结构”学说。他认为智慧由操作、材料内容和产品3个变项构成，像有长、宽、高3个维度的方块；每一个变项又由多个变量构成。其中，操作这一变项由认知、记忆、分散思维、聚合思维和评价5个变量构成；材料内容包括图形、符号、语义和行为4个变量；产品是智力活动的结果，包括单元、门类、关系、系统、转换和蕴涵6个方面。

该学说是对能力结构更深入的解释。

4.能力的测试

能力结构研究为能力测试提供了理论依据。所谓能力测试，是指用数量化方法表现人的能力。从目前的研究成果来看，能力测试大致可分为智力测试和能力倾向测试。二者都使用按照标准化程序编制的量表。

(1) 斯坦福-比奈智力测试

斯坦福-比奈智力量表是世界上最著名的智力测试量表，堪称标准化量表的典范。

1916年，美国斯坦福大学著名心理学教授推孟和他的同事们共同完成了对比奈-西蒙智力量表的修订工作，产生了著名的斯坦福-比奈智力量表。这个量表删去了比奈-西蒙量表中的许多旧题目，增加了1/3以上的新题目。各年龄组的题目也重新做了调整和安排，并以美国人为样本，重新标准化，样本数大约为1 000名儿童和400名成人。

量表附以详细的测量指导与记分方式，并且首次采用智商分数。在1937年到1972年间，推孟对量表进行了3次修订，最后于1986年完成并正式出版。新版斯坦福-比奈智力量表虽有过去版本的主要特征，但在测验的理论框架、测验题型、测验内容、施测程序及心理计量学上的观念等方面，皆有创新之处，是一个新颖的、现代化的智力测验工具。

(2) 韦氏智力测试

韦氏智力量表（Wechsler Intelligence Scale）由美国心理学家韦克斯勒编制，是继斯坦福-比奈智力量表之后国际通用的另一套智力量表。韦氏智力测试的内容见表2-1。

表2-1　　韦氏智力测试的内容

分测验名称		欲测试的内容
言语量表	常识	知识的广度、一般学习能力及对日常事物的认识能力
	背数	注意力和短时记忆能力
	词汇	言语理解能力
	算术	数学推理能力、计算和解决问题的能力
	理解	判断能力和理解能力
	类同	逻辑思维和抽象概括能力
操作量表	填图	视觉记忆、辨认能力，有视觉理解能力
	图片排列	知觉组织能力和对社会情境的理解能力
	积木图	分析综合能力、知觉组织及视动协调能力
	图形拼凑	概括思维能力与知觉组织能力
	数字符号	知觉辨别速度与灵活性

（3）明尼苏达职员测试

与一般能力测试不同，为了鉴别个体在某一方面是否具有特殊潜能，需要对特殊能力倾向进行测试。明尼苏达职员测试就是这类测试。

明尼苏达职员测试是为了弥补智力测试的不足而编制和使用的。由于职业选拔与咨询的需要，各种机械、文书、音乐及艺术能力倾向测试纷纷出现，同时视力、听力、运动灵敏度方面的测试也广泛应用于工业、军事上的人事选拔与分类。最早出现的特殊能力倾向测试是机械能力倾向测试。

一些传统的特殊能力倾向，如机械和文书，现在都已并入某些多重能力倾向测试中，但特殊能力倾向测试还是很有必要的。其原因有两个：一是多重能力倾向测试很少涉及视力、听力、运动技能及艺术才能等领域。二是特殊能力倾向测试具有很大的弹性，既可以结合使用，也可以单独使用。

（4）行政职业能力倾向测试

行政职业能力倾向测试是一种特殊能力测试，关注一个人在多年生活、学习和实践中积累而形成的稳定能力。这是基本潜在能力的考试，通过测量一系列的心理潜能，预测考生在行政管理职业领域里的多种职位上取得成功的可能性。

2.2　学习

学习是一个人社会性动机形成的主要原因。从某种意义上来说，人几乎所有的行为都是学习的结果。因此只有了解人们的学习活动，才能解释和预测他们的行为方式。

2.2.1 学习的性质

把握学习的性质，要从学习的含义出发。学习是人们对于环境的适应过程和适应结果，是由于获得经验所发生的行为改变。初步了解学习的含义以后，要进一步了解学习对个体行为的意义。

1.学习的含义

一般认为，学习（learning）是通过练习使个体行为发生改变的历程。例如，理查德·格里格的界定是：学习是基于经验而导致行为或行为潜能发生相对一致变化的过程。因此，可以简单地把学习定义为：学习是由于获得经验所发生的行为改变过程。

理解这一概念，需要把握以下几个要点：

首先，学习是一种历程。学习是指行为改变的历程（process），而不仅指学习后的行为表现结果。

其次，学习包含着某种经验的获得，这种经验可以是个体亲身经历的，也可以是间接获取的，比如听到了发生在某人身上的某种经历，导致了个体如同自己经历一般的学习。

再次，学习导致了行为的变化。任何学习都将带来行为上的改变，如果只是态度或认知上发生变化而未有行为的变化，则不能说是发生了学习。

此外，学习影响人的能力和素质。学习的结果就是自身对环境的适应，这种适应必然使个体的能力素质发生变化，因为适应的过程就是能力变化的过程。

最后，学习可以主动安排。学习需要经过对环境适应的过程，可以是被动的适应，也可以主动安排环境，使个体发生学习。

总之，学习的结果是个体行为变化；学习的参照物是个体所处的环境；学习的性质包括主动学习和被动学习。

2.学习的意义

对于个体而言，学习有着非常重要的意义。

（1）适应环境

人具有生物的以及社会的属性，会受到各种自然与社会规律的制约。人具有生命活性，能够活动、繁衍，会经历生老病死；人还是一种社会性动物，人与人之间能够通过语言、文字等方式进行交往。

与此相对应，人面临物理环境、生物环境以及社会环境的制约，必须通过学习不断适应这些环境，习得生存能力。尤其面对复杂的社会环境，人们更是必须在不断的交往过程中学习。可以说，人作为一个特殊的生命体，是通过自觉和不自觉学习逐渐适应环境、获得生存发展的。

(2) 提升自我

常言道，“做人难，人难做”。因为一个合格的人不是生出来的，而是“做”出来的，需要经历学习过程。人需要在学习过程中形成自我意识，了解他人，习得与他人交往的方式方法，才能知道自己应该做什么，不能做什么。一个人的价值观体系和行为方式，都是学习的结果。个体是在学习过程中学会做人的。

此外，人的许多能力也不是与生俱来的，而要在后天习得，比如语言、计算、思维和逻辑。这种提升自我的过程，集中体现在个体对于知识的学习上。知识是前人学习结果的归纳和总结。通过学习知识，一个人能够具备迅速提升自我的能力。

(3) 创造未来

值得注意的是，人们所面临的各种环境、各种知识，甚至是自身的价值观，都不是一成不变的。随着时间的推移、环境的变化，人们惯有的认识和行为方式都可能会无法适应。这就需要进一步的学习，掌握变化及其对自身的影响，在不断变化的世界中创造未来。

2.2.2 学习的基础

学习的主体是人。人作为具有自觉能动性的行为主体，既是生命存在物，又是社会存在物，体现着生物性和社会性的统一。二者之中，生物性是生命基础，受遗传因素影响；社会性是本质特征，在社会环境中习得。

1.人的属性

人是社会化的生命存在物，需要从生物性和社会性两方面加以把握。

作为一个生命体，人具有生物调节能力，即维持内部平衡的能力；不管人的内外发生多大变化，人都在努力继续生存。此外，人还有一种经验能力，即依据经验结果而改变自身调节的方式。这意味着，从人的身体来看，人是一个由物和生物部件构成的有机体，尽管物的因素可以同生物因素区别开来，但在具体有机体中是不能分开的。也就是说，个体是由其行为被认识的，而所有行为都是物的因素和生物的因素的综合体。

人的有机体同其他人相关联。不同于物体之间的相互作用，人们之间的相互作用存在着经验和适应。两个人的有机体之间相互作用，是对行为意图的反应。这种相互作用所特有的各种因素称为“社会因素”，而这种关系叫作“社会关系”。

2.先天遗传

在人的学习、生活中，先天因素和后天因素都起着重要的作用。其中，遗传(heredity) 或先天 (nature) 因素，是指父母对于后代生理和心理特征的基因传递[1]。

现代生命科学指出，人们的某些特征是由基因决定的，这些基因从父母那里各得到一半。其中，一部分基因是显性的，所控制的特性能够直接表现出来；一部分基因是隐性的，需要同另一段隐性基因配对才能发挥作用。

先天或遗传作用是影响人们学习及行为方式的普遍原因，这种影响从孕育到衰老甚至死亡都一直发挥着作用。同时，这种影响也表现在多个方面：在生理方面会影响一个人的体型、体重、智力以及某些疾病的易发性；在心理方面包括智力素质、个性特质等许多细微之处，也会产生重大影响。

3.社会适应

环境（environment）或后天（nurture）因素，是指一个人出生后，影响个体发展的外部条件总和。

对个体而言，后天的社会适应过程对其行为有着极其重要的影响。人是社会性动物，人出生以后，受到父母的影响，接触兄弟姐妹等亲戚，逐渐步入社会；随着建立更为广泛的社会关系，后天因素的影响也越来越明显，主要体现在做人和做事两方面。

所谓做事，是指人的工作能力，这种能力大都在社会适应过程中习得，包括体力与智力，例如语言、计算、归纳、推理等。所谓做人，是指个体在社会适应过程中学会如何成为一个人。这包含两个过程：首先是要形成“自我意识”。按照美国社会学家库利提出的“镜中我”（looking-glass self）理论，一个人对自己的认识是其他人关于自己看法的反映。“自我”这个概念，是个体适应社会的结果。其次是要形成“他人意识”，对其他人以及自己与这些人的关系产生进一步的了解。这样才能成为一个真正意义上的“人”。

4.传记特点

先天遗传和后天适应相互作用，对具体的学习过程产生影响。由于不同的先天遗传和后天环境，会出现不同的学习过程和状况。人们作为生命个体，在适应环境过程中所进行的学习和发生的变化，通常以传记特点（biographical characteristics）加以刻画。传记特点是对个体适应环境过程中的基本情况的简要刻画，是遗传因素和环境适应的综合表现。在传记特点中，年龄、性别、婚姻状况等因素居于中心地位。

（1）年龄

年龄作为一项重要的传记特点，对人们的行为动机有着重要的影响。

一般而言，年龄会导致人们需要的变化。容易理解的是，不同年龄阶段的人，其需要的内容会有着显著的不同。这种差异会显著地影响行为动机的形成。

组织行为学在以往的研究中已经对年龄与工作绩效的关系得出了一些结论，

---

① COON D. 心理学导论：思想与行为的认识之路［M］. 郑刚，等，译. 9版. 北京：中国轻工业出版社，2004.

基本上说明了不同年龄的人在工作情境中会表现出不同的行为方式。

（2）性别

过去的研究已经表明，男女在解决问题能力、分析能力、社会交往能力、学习能力等方面都没有显著的差异。当然，不可否认，在体质能力方面，二者还是存在一定的差异，这无疑会对二者的行为动机以及行为选择产生一定的影响。另外，男女在需要方面的差异还是比较显著的，这会使得性别对行为动机存在一定的影响。

（3）婚姻状况

相关的研究表明，已婚的员工可能有着更高的责任感。这可以理解为婚姻状况可能会影响人们的心理能力，尤其是与人交往的能力和方式。通过这种影响，婚姻状况会间接地对人们的行为动机以及行为选择产生影响。

2.2.3 学习的探讨

学习的重要性使人们高度关注学习，产生了不少关于学习的理论。从经典条件反射理论到操作条件反射理论，再到社会学习理论及双环学习理论，人们对学习越来越了解，并且越来越多地从学习角度来解释、预测人的行为。

1.经典条件反射理论

巴甫洛夫（Pavlov）使用狗作为实验对象进行研究，其成果**经典条件反射（classical conditioning）**理论有效推动了人们对学习的了解。

在实验中，巴甫洛夫将狗用一幅套具固定，用连接在狗颚外侧的管道收集唾液。他先对铃声与肉进行一系列配对尝试，然后只给出铃声不提供肉，并在此过程中，研究狗的唾液分泌情况。实验的结果是：条件作用之前，给出铃声（条件刺激）并无唾液分泌，给出肉（无条件刺激）产生唾液分泌；条件作用期间，铃声+肉（条件刺激+无条件刺激），产生唾液分泌；条件作用之后，给出铃声（条件刺激），产生唾液分泌。

通过巴甫洛夫实验，可以总结出以下的学习律：

①习得（aquisition）律：通过条件刺激和无条件刺激的配对可引起条件反射。

②消退（extinction）律：消退是指条件刺激（如铃声）多次重复而不伴随无条件刺激（如肉），条件反射逐渐减弱直至消失的过程。

③泛化（generalization）律：某一种条件反射一旦确立，就可以由类似于原来条件刺激的刺激引发。

④辨别（discrimination）律：当条件作用过程开始时，有机体需要辨别相关刺激与无关刺激。通过辨别学习，有机体有选择地对某些刺激做出反应，而不对其他刺激做出反应。辨别是与泛化相反的过程。

2.操作性条件反射理论

行为主义心理学家斯金纳（Burrhus Frederic Skinner）在很多观察中发现，

条件反射理论只能解释经历了类似于从“非条件刺激－非条件反射”到“条件刺激－条件反射”过程的行为，不能解释人类习得的所有行为，例如吹口哨不是通过这种方式习得的，也不具备巴甫洛夫的条件反射所需条件。首先，没有任何一种刺激物是人们吹口哨的“非条件刺激物”，吹口哨并不是一种“非条件反射”；其次，人们吹口哨并不是因为某种刺激的出现，有时候是自发的动作。

因此，斯金纳认为，人类习得的行为可以分为两类：一类是经由巴甫洛夫的条件反射过程建立起来的，服从巴甫洛夫的条件反射理论，是对一定刺激的应答反应，他把这类行为称为“应答性条件反射”；另一类习得的行为最初出现的时候并没有明显的刺激出现，也许有刺激（但不明显），也许纯粹是一种自发的行为，这一类行为称作**操作性条件反射**（operant conditioning）。

斯金纳认为，操作性条件反射和应答性条件反射的区别主要在于以下两点：

（1）刺激在反射形成过程中的作用

所有的应答性条件反射都可以用一个公式来表示：S—R。

S（刺激）在行为的形成中起着至关重要的决定作用。在条件反射的训练过程中，条件刺激总是伴随着非条件刺激而出现。例如，要想让狗对铃声形成条件反射（一听见铃声就分泌唾液），就必须在每次出现铃声之后紧接着向食桶中倾倒食物，这样持续多次，狗才会形成对铃声的条件反射，一听见铃声就分泌唾液。

另外，条件反射的分化、消退也都取决于铃声和食物以何种方式结合，如果只给铃声不给食物，条件反射很快就会消退，以后即使再给铃声，狗也会认为是在欺骗它，不会再分泌唾液了；同样，如果出现高频铃声的时候给狗食物，不出现高频铃声的时候不给狗食物，狗就学会了区分高频和低频铃声，只有当出现高频铃声的时候才分泌唾液。

巴甫洛夫认为，非条件刺激物必须紧接着条件刺激物出现，而不能在反射行为之后才出现；反射行为之后出现的非条件刺激物，根本不起任何作用。然而，在斯金纳的操作性条件反射行为中，刺激几乎不起任何作用。操作性条件反射也可以用一个公式来表述，但不是“刺激—反应”（S—R），而是“反应—强化”。在行为形成过程中起重要作用的，不是反应前出现何种刺激，而是反应后得到何种强化。

（2）强化在反射形成过程中的作用

在应答性条件反射中，人们重视的是反应前的刺激而不是反应后的结果，没有人关心反应以后会得到何种结果，因此“强化”在这类反射行为中没有任何意义；但在操作性条件反射行为中，强化是最重要的。斯金纳认为，如果人们在无意中做出某种行为之后得到了奖赏，人们以后就会多做出这类行为；如果人们无意中做出的某种行为导致了惩罚，则以后会回避这种行为。是行为后果而不是行为前的刺激导致了行为的保持或消退。

在斯金纳看来，人和动物并没有两样。在人的各种行为中，哪些行为会得以保持，哪些行为最终会消失，都取决于这些行为的后果，取决于人们做出这些行为之后是受到了奖励还是惩罚。因此，培养人们的行为习惯只需要不断地应用奖励和惩罚来进行控制就足够了。

斯金纳认为，经典条件反射理论只解释了反应性的行为，这些是被一个刺激引起的非自主性反应，而人类的行为仅用该理论解释是不够的。因此，他提出了操作条件反射理论。该理论认为，行为是其结果的函数。也就是说，人们采取某种行为是基于该种行为的结果，如果结果鼓励了个体，那么个体将会再次进行该行为；如果结果并不鼓励个体，那么个体就不再采取该行为。这就是所谓的R—S过程，即反应到刺激的过程。

经典条件反射理论和操作条件反射理论的差别是：首先，经典条件反射理论下的行为的强度和频率，是由激发性刺激的频率决定的；而操作条件反射理论认为行为的强度和频率，主要是由其行为的结果决定的。其次，经典条件下的每一次刺激都当作一种奖励被提供，而操作条件下必须通过行动并且是正确的行动才能被提供奖励。比如，手被针刺到时会马上缩回，这里的被针刺是一种刺激；只有工作才能获得薪水，这里薪水是一种奖励，是基于工作才获得的。

3.社会学习理论

继操作条件反射理论之后，班杜拉（Bandura）提出了**社会学习理论**（**Social Learning Theory**）[①]。该理论借鉴了经典条件反射理论和操作条件反射理论的许多重要原则，但又超越了这两个理论，认为更多的学习并非通过事前刺激和结果刺激引起。

该理论假定，学习可以通过模仿他人而发生。社会学习理论的观点是，人们可以通过观察和直接经验两种途径进行学习。班杜拉用实验法研究儿童观察性学习的结果。所谓观察性学习，是学习者通过观察别人的行为，使自己的行为习惯发生相应的变化。这种实验的基本做法是让儿童观察别人的行为，过后看他们在类似情境中是否模仿榜样的行为。

班杜拉认为，人类许多复杂的行为都是通过观察性学习获得的，学习者无须事事接受外来的强化，而可以通过观察别人得到强化。班杜拉做了大量的研究，证明个体可以向他人学习。这种学习分为两步：首先，个体观察他人如何行动，从而形成关于行为和结果的心理映像。然后，个体根据形成的心理映像行动，当这种行动的结果是正性的，个体倾向于再次进行该行动；当这种结果是负性的，个体就倾向于不再进行该行动。

观察性学习不要求必须有强化，也不一定产生外显行为。班杜拉把观察性学习分为以下四个过程：

---

① BANDURA A. Organizational application of social cognitive theory [J]. Australian Journal of Management, 1988, 13 (2): 275-302.

(1) 注意过程

注意和知觉榜样情景的各个方面。榜样和观察者的几个特征决定了观察学习的程度：观察者比较容易观察那些与他们自身相似的或者被认为是优秀的、热门的和有力的榜样；有依赖性的、自我概念消极的或焦虑的观察者更容易产生模仿行为；强化的可能性或外在的期望影响个体决定观察谁、观察什么。

(2) 保持过程

记住他们从榜样情景中了解的行为，所观察的行为在记忆中以符号的形式表征。个体使用两种表征系统——表象和言语。个体贮存他们所看到的感觉表象，并且使用言语编码记住这些信息。

(3) 复制过程

复制从榜样情景中所观察到的行为。个体将符号表征转换成适当的行为，个体必须：①选择和组织反应要素。②在信息反馈的基础上精炼自己的反应，即自我观察和矫正反馈。自我效能感是影响复制过程的一个重要因素。所谓自我效能感，即一个人相信自己能成功地执行产生一个特定的结果所要求的行为。如果学习者不相信自己能掌握一项任务，他们就不能继续做一项任务。

(4) 动机过程

因表现所观察到的行为而受激励。社会学习论区别获得和表现，因为个体并不模仿他们所学的每一件事，所以强化非常重要，但并不是因为它增强行为，而是提供了信息和诱因，对强化的期望影响观察者注意榜样行为，激励观察者编码和记住可以模仿的、有价值的行为。

除了直接强化外，班杜拉还提出了另外两种强化：替代性强化和自我强化。所谓替代性强化，指观察者因看到榜样受强化而受到的强化。例如当教师强化一个学生的助人行为时，班上的其他人也会花一定时间互帮互助。此外，替代性强化还有一个功能，就是情绪反应的唤起。例如当电视广告上某明星因穿某种衣服而风度迷人时，如果你体验到因明星受到注意而感觉到的愉快，这就是一种替代性强化。所谓自我强化则依赖于社会传递的结果。社会向个体传递某一行为标准，当个体的行为表现符合甚至超过这一标准时，他就对自己的行为进行自我奖励。例如，补习了一年语言的学生为自己设立了成绩标准，并根据对他成绩的评价而进行自我奖赏或自我批评。

此外，班杜拉还提出了自我调节的概念。班杜拉假设，人们能观察他们自己的行为，根据自己的标准进行判断，并由此强化或惩罚自己。人们都有过这样的经验：有时知道自己干得不错并因此而自我欣赏，无视别人说了些什么。要做出这些判断，不得不对自己的行为有一个期望。例如，在一次测验中一个学生可能因为得了90分而沾沾自喜，而另一个学生则可能感到大失所望。

4.双环学习理论

与之前关注学习诱因的诸多经典学习理论不同，**双环学习**（double-loop

learning）理论侧重于对学习效果的探讨。“双环学习”这一概念是由美国著名组织学者阿基里斯[①]提出的。他认为，存在着两种类型的学习：其一是仅仅注重对当前行为进行修正的“单环学习”；其二是“双环学习”。所谓“双环学习”，是指进一步追问行为的前提是否恰当，并谋求从行为的前提变量（即行为的前提假设）上取得根本性改善。因此，如果说单环学习强调的是对现状的“认知”，那么，双环学习就是强调对造成现状原因的“反思”，而且是从自身出发的反思。

在阿基里斯看来，和单环学习相比，双环学习是一种更为有效的学习方式。只有通过双环学习的方式，组织中的个体才能有效克服组织的“习惯性防卫”，实现行为的有效改善。作为组织行为学大师，阿基里斯的理论为组织学习的实践和操作提供了重要的借鉴。在代表作《个性与组织》一书中，他一针见血地指出，“双环学习”是促成组织学习达成的必要条件，而要实现这种学习模式，要求“学习的介入必须从最高层次开始，以及学习必须从个体层面出发，再贯彻到组织层面”[②]。

2.3 人格

个体之间的行为差异，通过人格集中体现出来。研究人格的目标，是说明人与人之间差异的本质和形成规律，以便对人们的行为做出预测。组织行为学对于人格的探讨，要从人格的本质特征出发，了解人格分类方法和主要人格类型，并把握人格的测试方法，研究不同类别的人格适合什么样的工作。

2.3.1 人格的性质

人格是个体内部身心系统的动力组织，决定了个体对环境独特的适应和调节方式。为了深入把握人格这个概念，必须了解人格的形成过程和决定因素。

1. 人格的含义

人格（personality）具有行为的独特性和模式性，决定着个体对环境独特的调节方式[③]。从心理学的角度来讲，人格是个体成长和发展的整体概念，包括天性（遗传和心理/生理角度）、教养（环境、发展的角度）、性情特质、人和环境间的交互作用、社会化过程中的自我概念。人格反映人们如何影响他人、如何理解和看待自己，包括他们内在和外在的可测量特质的模式，人–环境交互作用的稳定方式。在实践中，人格通过行为方式体现出来，是个体反应方式和交往方式的综合性稳定特征。

理查德·格里格在其《心理学与生活》中，对人格做了如下界定：人格是一

① 另一译法为“阿吉里斯”，在本书中统一用“阿基里斯”（参考文献中的作者译法遵照原书）。
② 阿吉里斯. 个性与组织［M］. 郭旭力，鲜红霞，译. 北京：中国人民大学出版社，2007.
③ 罗宾斯. 组织行为学［M］. 孙健敏，李原，译. 10版. 北京：中国人民大学出版社，2005.

系列复杂的、具有跨时间跨情景特点的，对个体行为模式有影响的独特心理品质。丹尼斯·库恩则强调人格的一贯性特点，认为“人格是每个人所具有的才智、态度、价值观、愿望、感情和习惯按照某种独特方式结合起来的产物”。也就是说，“一个人过去是什么样的人，现在和将来还是什么样的人”。

因此，可以简单地说，人格是个体反应方式和交往方式的稳定特征和心理要素的总和。通过了解人格的形成过程，可以更好地认识人格，并利用人格特质提高组织效率。

2.人格的形成

人格的形成受到遗传、学习以及情景三方面的影响。

首先是遗传。通过对在不同环境下成长的双胞胎进行研究，发现虽然环境不同，但是分开抚养的双胞胎仍然表现出很多相似之处。另外，通过对工作满意度的研究，也证明了遗传对人格的影响作用。例如当个体所在环境发生变化时，其工作满意度并没有发生变化，由此可以肯定工作满意度受到内在因素的影响。

其次，学习是影响人格的又一基本因素，体现个体对于环境的理解和适应。影响人格的环境包括：成长的社会背景，早年的生活条件，家庭、朋友和社会群体的规范，其他方面的经历。所有环境都会对人格的塑造起重要的作用。人格的发展是一个连续的过程，其结果在很大程度上基于可以获得的学习机会和社会化过程。社会化过程即来自社会环境的连续影响，起始于母亲与新生婴孩之间的最初接触，接着其家庭成员、社会团体、组织等都对其有影响。对组织有建设性作用的是，组织自身对个体也有社会化影响。

情景也同样影响着人格。一般来说，人格比较持久稳定，但是会在不同的情景中表现出不同的侧面。就目前的研究来看，在什么样的情景中，人格的侧面会如何变化，尚未得出结论。如果要说明这个问题，还需要对情景因素进行划分。

综上所述，一个人的人格会受到先天和后天因素以及自身学习的影响。通常认为，一个人的人格会在30岁左右定型。

2.3.2 人格特质分类

人格是个人行为方式的总和，通过行为表现出来，其中最为特殊、稳定的个性品质被心理学家们称为“人格特质”（personality trait）。人格特质是一个非常复杂并且综合的概念，研究者通常通过人格特质从过去行为推测未来行为。为更好地理解人格，需要介绍人格特质的研究成果，对人格特质进行分类。

1.早期研究

寻找人格特质的研究极为广泛。曾有研究找出了17 953种特质，后来研究者概括出171种特质，最后确定了16种人格因素，并称之为特质源。经研究证明，这16种特质源是个体行为持久而稳定的原因，其内容见表2-2。

表2-2　　16种主要人格特质源

特质	①乐群性	②聪慧性	③稳定性	④恃强性	⑤兴奋性	⑥有恒性	⑦敢为性	⑧敏感性
低分特征	孤独	迟钝	情绪激动	顺从	严肃	敷衍了事	胆怯	理智
高分特征	外向	聪慧	情绪稳定	支配	乐天	谨慎负责	冒险	敏感
特质	⑨怀疑性	⑩幻想性	⑪世故性	⑫忧虑性	⑬实验性	⑭独立性	⑮自律性	⑯紧张性
低分特征	依赖	现实	直率	自信	保守	随群	不拘小节	心平气和
高分特征	怀疑	幻想	世故	忧虑	激进	自立	自律严谨	紧张困扰

2.MBTI

迈尔斯-布里格斯人格类型量表（Myers-Briggs Type Indicator，MBTI）是一种人格测量工具，在组织中的应用非常广泛，尤其在职业咨询、团队建设、冲突管理和管理风格分析、管理和领导能力培训等方面，非常盛行。但到目前为止，仍没有证据证明这是一种有效的人格测量工具。

MBTI是在荣格特质理论基础上发展而来的。荣格特质理论认为，人格可以分为四个维度来考虑：内向/外向、判断/知觉、感觉/直觉、思维/情感。他认为各维度具有不同的结合方式，不同个体的优势维度不同，由此形成不同的人格特质。他认为，这些特质并没有好坏之分，只是适应的环境不同而已。

MBTI的开发者是美国心理学家凯瑟琳·库克·布里格斯（Katherine Cook Briggs，1875—1968）和她的女儿伊莎贝尔·布里格斯·迈尔斯（Isabel Briggs Myers）。在荣格特质理论基础上，她们编制了约100道测验题，询问测验者在特定情景中有什么样的感受，会采取什么样的行动。测验题主要涉及以下4个方面：人的注意力所在和精力来源，即外向性和内向性（extraversion vs. introversion）；人获取信息的方式或偏好，即感知和直觉（sensing vs. intuition）；人做决策的方式或偏好，即思考和情感（thinking vs. feeling）；人对待外界和处世的方式，即判断和知觉（judging vs. perceiving）。

MBTI理论分析的人格类型见表2-3。

3.大五模型

大五模型（**Big Five**）是目前最主要的人格理论，由美国心理学家科斯塔（Costa）和麦克雷（Mc Crae）于1992年编制，它从外向性、随和性、责任心、情绪稳定性、经验开放性五个方面描述一个人的人格。研究证实，这五项人格维度是所有人格因素的基础维度，如同三原色构成所有颜色一样。

外向性（extraversion）的标志是个体对外部世界的积极投入。外向者乐于和人相处，充满活力，常常怀有积极的情绪体验。内向者往往安静、抑制、谨慎，对外部世界不太感兴趣。内向者喜欢独处，内向者的独立和谨慎有时会被错认为不友好或傲慢。

表2-3 MBTI理论分析的人格类型

人的注意力集中所在和精力的来源	
外向性（E）	**内向性（I）**
对人友好的	安静的
相互作用的	集中的
先说后想	先想后说
爱交际的	沉思的
人获取信息的方式或偏好	
感知（S）	**直觉（N）**
实际的	一般性的
详情的	可能性的
具体实例的	理论性的
特定具体的	抽象性的
人做决策的方式或偏好	
思考（T）	**情感（F）**
分析的	主观的
用头脑的	热心的
规则的	环境的
公正的	仁慈的
人对待外界和处世的方式	
判断（J）	**知觉（P）**
结构性的	灵活的
时间导向的	结果开放性的
决策的	探索性的
有组织的	自发的

随和性（agreeableness）反映了个体在合作与社会和谐性方面的差异。随和的个体重视和他人的和谐相处，因此他们体贴、友好、大方，乐于助人，愿意谦让。不随和的个体更加关注自己的利益。他们一般不关心他人，有时候怀疑他人的动机。不随和的个体非常理性，很适合科学、工程、军事等领域要求客观决策的情境。

责任心（conscientiousness）指个体控制、管理和调节自身冲动的方式。冲动并不一定就是坏事，有时候环境要求快速决策。冲动的个体常被认为是快乐的、有趣的、很好的玩伴，但是冲动的行为常常会给他们带来麻烦。虽然冲动会给个体带来暂时的满足，却容易产生长期的不良后果，比如攻击他人、吸食毒品等。冲动的个体一般不会获得很大的成就。有责任心的人容易避免麻烦，能够获得更大的成功。人们一般认为有责任心的人更加聪明和可靠，但是有责任心的人可能是一个完美主义者或者是一个工作狂。极端的个体让人觉得单调、乏味、缺少生气。

情绪稳定性（emotional stability）指个体平和、热情、安全等积极的情绪体验和紧张、焦虑、失望、不安全等消极的情绪体验。情绪稳定性高的个体表现为平静的、安全的、高兴的、不忧虑的。

经验开放性（openness to experience）描述一个人的认知风格。开放性得分高的人富有想象力和创造力，充满好奇心，欣赏艺术，对美的事物比较敏感。开放性的人偏爱抽象思维，兴趣广泛。封闭性的人讲求实际，偏爱常规，比较传统和保守。开放性的人适合教师等职业，封闭性的人适合警察、销售员等职业。

大五模型除了提供总体人格框架外，还表明人格维度与工作绩效之间有一定的相关关系。调查结果表明，对于所有类型的工作，用责任心都可以预测其绩效。责任心强的个体工作绩效较高。其他四个维度对工作绩效的影响，要考虑具体的工作绩效标准和工作职务。

2.3.3 主要人格特质

在研究人格特质维度的基础上，研究者发现从不同角度考察人格特质，能够有效预测个体的行为。其中，代表性要素有：控制点、自尊、自我监控、冒险性、A型人格、马基雅维利主义等。

1.控制点

控制点（**locus of control**）是指个体对自己掌握命运程度的认知（Rotter，1966）。有些人认为自己是命运的主宰，另一些人则认为人由命运摆布，相信发生在自己身上的事情都是因为运气或机会。对于前一种情形，控制点是内在的，这些人相信他们掌握着自己的命运。那些认为自己命运由外部力量控制的人是外控者。研究表明，内控型比外控型的个体有更高的工作满意度、更低的缺勤率，但控制点与流动率的关系不一定。

2.自尊

自尊（**self-esteem**）是指个体自己知觉到的自我价值肯定。从性别来考察，男性比女性有较强的自尊。研究还发现，自尊与对成功的渴望有直接关系。例如，高度自尊的人认为自己有能力在工作中取得成功。自尊还会影响人们对外来影响的敏感性。低自尊的人比高自尊的人往往更加容易受到外界的影响，他们依靠外界对他们的积极评价，结果比高自尊的人更倾向于从别人那里寻求肯定，也更愿意与他们所尊重的人保持一致。在管理职位中，与高自尊的人相比，低自尊的人更倾向于让别人满意，因而不太可能做出不受欢迎的举措。对于工作满意度，证据表明高自尊的人比低自尊的人对工作更容易满意。

3.自我监控

某些人比其他人更能调整自己以适应变化，这是因为他们在**自我监控**（**self-monitoring**）上很出色。高自我监控的人对外界暗示非常敏感，能够根据具体情形调整自己的行为。他们能够隐藏真实的自我，针对不同情形而见风使舵。与之相反，低自我监控的人则保持一贯性，他们在任何情况下都表达真实的立场和态度。证据显示，高自我监控的人比低自我监控的人更加注意其他人的行为，并且更有能力与之保持一致。高自我监控的人更善于在组织中搞政治，因为他们对暗示很敏感，能够面对不同的对象而摆出不同的“脸孔”。

4. 冒险性

人们在抓住机会方面的表现也很不同。与低冒险倾向者比较，具有高度冒险倾向的人会更快做出决定，并且做选择时使用的信息较少。管理者们可以根据具体情况，给具有冒险精神的员工分配特殊工作任务。例如，一个有冒险精神的人可能成为证券公司的优秀交易者，因为这种类型的工作要求具有快速决策的能力。另外，这种个性特点对于需要从事查账操作的会计师来说是个很大的缺陷，会计类工作更适合低冒险倾向的人。

5.A 型人格

A 型人格（type A personality）的典型特征是不断努力，希望用最少的时间取得最大的收获。A 型人没有什么休闲时间，而是给自己拟订严格的人生计划和实现期限。从工作行为的角度看，A 型人干活很快，他们强调数量而不是质量。在管理职位中，A 型人通过延长工作时间来证明自己的能力，但也经常由于决定太快而做出糟糕决策。A 型人缺乏创造力，由于过于注重数量和速度，遇到问题时往往依赖过去的经验，他们不会专门花时间思考对新问题有没有独特的解决方案。A 型人更可能在销售这类工作中取得好的业绩，而不适合担任高级主管。

6. 马基雅维利主义

马基雅维利主义（Machiavellianism）的人格特征是根据尼科罗·马基雅维利而命名的。一个表现出强烈马基雅维利主义倾向的人往往具有较强的支配欲，与人保持情感距离，并且相信结果决定一切。“如果管用，就用”是马基雅维利主义者的座右铭。

显然，与低马基雅维利主义的人相比，高马基雅维利主义者们更加可能做出存在道德疑问的行为。高马基雅维利主义者是不是好员工，要取决于工作种类和在评估绩效时是否需要考虑道德意义。在需要讨价还价技巧或产生巨大赢利的工作中，高马基雅维利主义者表现出很强的能力，但如果结果不能证明方法是正当的或没有绩效评估的绝对标准，对高马基雅维利主义者的绩效预测能力就会大打折扣。

2.3.4 人格测试与匹配

为了准确地把握和了解一个人的人格特质，需要用结构性的测试方法。准确地测试出了个体的人格特质，就可以根据不同的工作需要，将个体和工作按照人格特质的类型进行匹配。

1.人格测试方法

人格测试方法有很多，这里主要介绍投射测验。

所谓**投射测验**（projective personality test），是指让人们在不自觉的情况下，把自己的态度、动机、内心冲突、价值观、需要、愿望、情绪等下意识水平的人格特征，在他人或环境中其他事物上反映出来。通过投射测验所获得的资料，可以揭示人格深层的无意识内容。

此类方法的特点是，通过向被试提供一些未经组织的刺激情境，让被试在不受限制的情境下自由表现出他的反应，通过分析反应的结果推断他的人格结构。

（1）投射测验的假设

①人们对外界刺激的反应都是有其原因的，而不是偶然发生的。

②这些反应固然决定于刺激或情境，但个人本身的心理状态、他过去的经验、他对将来的期望、他的整个人格结构、对当时的知觉与反应的性质和方向，都有很大作用。

③人格结构的大部分是处于潜意识之中的，很难凭意识进行说明，当个体面对一种不明情境时，常常将隐藏在潜意识中的欲望、需求、动机、冲突等“泄露”出来。

（2）投射测验的特点

①在测验的刺激上，使用模棱两可的刺激，如云迹图、墨迹图等。

②测验目的多是伪装的。

③被试可以完全自由回答。

④在结果分析上，以定性分析为主，有许多推论。

⑤在结果解释上，多是参照人格障碍标准进行测量的。

⑥对人格注重整体的分析。

⑦测验难以标准化，多由训练有素的专家进行。

⑧测验的内容以潜意识为主。

（3）投射测验的方法

投射测验采取的方法有：

①联想法：要求被试根据刺激说出自己联想的内容。例如，罗夏克的墨迹测验。

②构造法：要求被试根据他所看到的，编造出一个包括过去、现在和未来发展的故事，可以从故事中探测其个性。例如，主题统觉测验。

③完成法：要求被试对一些不完整的句子、故事进行自由补充，使之变得完整，从中探测其个性。

④选排法：要求被试根据一定的准则（意义、美观等）来选择项目或做出排列，被试在选择和排列的过程中显露出其人格特点。

⑤表达法：要求被试用某种方法（绘画、游戏、心理剧等）自由地表露其人

格。例如，画人测验、画树测验等。

2.人格与工作匹配

由于人格是个体惯有行为方式的集中表现，而不同类型的人能够胜任不同的工作，因此需要探讨人格与工作匹配的问题。心理学家约翰·霍兰德提出了人格-工作适应性理论（Personality-Job Fit Theory）。他认为工作满意度和流动性取决于人格特点与职业环境的匹配程度，并且划分了6种主要的人格类型，每一种人格特质都有与其相对应的工作。

表2-4罗列了这些类型及与其对应的合适职业。

表2-4 人格类型特点和职业参考对照表

人格类型	特点	职业参考
现实型：喜欢需要技巧、力量和协调的体力活动	害羞，诚恳，坚持，稳定，遵循，实际	机械师，装配线工人，农夫
研究型：喜欢涉及思考、组织和理解的活动	善于分析，富于独创，好奇，独立	生物学家，经济学家，记者
社会型：喜欢有关帮助和培养其他人的行为	好交际，友好，合作，宽容	社会工作者，教师，法律顾问，临床心理学家
传统型：喜欢有严格规范的、有秩序的和职责明确的工作	遵循，高效，实际，缺乏想象力，顽固	会计，银行出纳，档案管理员
企业型：喜欢有机会借言辞影响别人和谋求权力的行为	自信，野心勃勃，精力充沛，专横	律师，房地产代理人，小企业经理
艺术型：喜欢能提供创造性表达的模糊而无系统的行为	想象力丰富，混乱无序，理想主义，感情丰富，不实际	画家，音乐家，作家，室内设计师

图2-2表示不同人格特质与工作要求相匹配时，个体将产生不同的工作绩效、工作满意度和工作流动率。例如，当一个现实型的个体从事现实型的工作如机械师、装配线工人等时，将产生最大的绩效。位于对角线上的两种类型是最不匹配的，如让一个传统型的人从事艺术型的工作，可以想象其绩效应该不会太好。总之，离得越近的类型，人格与工作就越匹配，工作绩效也将越高。

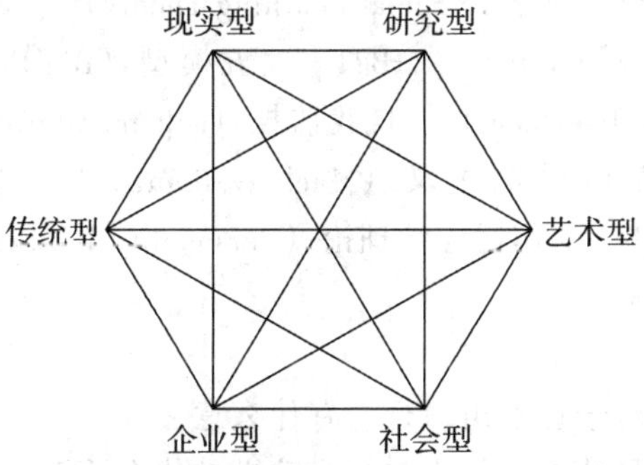

图2-2 霍兰德的职业与人格的关系

补充资料：智力与能力测试

本章小结

本章讨论个体特点对个体行为的影响。

学习本书，首先要对组织行为学的原初概念进行界定，这些概念包括“个体”“行为”“动机”。个体是指单独的、独特的、独立的、分离的、完整的人，包含生物、社会的要素。行为是指个体表现于外而且能被直接观察、记录或测量的活动。动机是指引起个体活动，维持已引起的活动，并导致该活动朝某一目标进行的内在历程。

动机来源于人的需要，需要一旦有了具体目标就会形成行为动机。人们的行为选择受到能力的影响，能力主要是限制行为选择范围并影响行为动机的形成。人在社会中的行为是学习的结果。不同的遗传因素和学习过程，导致了个体行为的差异现象，表现为各种类型的人格。

核心概念与关键术语

核心概念

行为　行为机制　动机　需要　能力　学习　人格

关键术语

行为（behavior）　理性行为（rational behavior）　有限理性行为（bounded rational behavior）　本能行为（instinctual behavior）　动机（motivation）　需要（need）　需要层次理论（Hierarchy of Needs Theory）　能力（ability）　学习（learning）　经典条件反射（classical conditioning）　操作性条件反射（operant conditioning）　社会学习理论（Social Learning Theory）　双环学习（double-loop learning）　人格（personality）　MBTI　大五模型（Big Five）　控制点（locus of control）　自尊（self-esteem）　自我监控（self-monitoring）　A 型人格（type A personality）　马基雅维利主义（Machiavellianism）　投射测验（projective personality test）　人格-工作适应性理论（Personality-Job Fit Theory）

思考题

1.研究个体特点对于理解组织行为有什么意义？

2.人的行为特点是什么？行为与行为动机是什么关系？

3.人的行为动机是怎样形成的？如何受到需要的影响？

4.什么叫作能力？能力由哪些因素构成？
5.能力测试有哪些主要方法？
6.学习的含义是什么？有哪些主要方式？
7.怎样从学习角度说明行为改变的原因？
8.什么叫人格？哪些因素决定人格？
9.人格类型有哪些划分方式？
10.什么是霍兰德模型？如何使用这一模型？

第3章 知觉作用

学习目标

通过这一章的学习，您应该掌握：

1. 感觉的定义及其特点
2. 知觉的定义以及其同感觉的联系
3. 知觉的地位与发展
4. 知觉的选择性与组织
5. 社会知觉的性质与内容
6. 归因理论与判断他人时的捷径

引　例　**两则故事**

下面介绍两个故事，引出本章的内容。

故事一：鲍勃·伊登斯的故事

鲍勃·伊登斯一出生即失明，在51岁时又幸运地复明了。后来在谈到恢复视力后的经历时，他说："我从来没有想到黄色竟是如此的黄！黄色太让我感到惊讶了，难以形容。红色是我最喜爱的颜色，但是，我难以想象这就是红色。天不亮，我就迫不及待地起床，想去看看一切我能看到的东西；夜晚，我遥望天空中的星辰和闪烁的光。有一天，我看见一些蜜蜂，它们美极了，我看到一辆卡车流星似的在雨中驶过，在空气中留下一道水雾，太美了！我还看见一片凋零的叶子在空中飘荡，让人难以忘怀，世界上的一切对于我都是那么美！你们能理解吗？"

我们对每天所看到的一切已熟视无睹，反而感觉不到世界上许多美丽的东西。鲍勃的话提醒我们，没有感觉，我们就不知道世界是什么样。

故事二："凶杀"现场

库恩正在一家超市购物，突然一个女孩跑过来，边跑边向后看，一路尖叫道："放开他！放开我爸爸！你会杀死我爸爸的！"

库恩快速沿着她来的方向跑过去，看见了可怕的一幕：一名男子躺倒在地，另一名男子骑在他的身上，上面那家伙是个大块头，身高不下2米，体重少说也有150千克。他看上去近乎疯狂，像是在用手掐着仰卧者的喉咙，满地是血！库恩当时的反应是，马上去把超市经理喊来。

当经理和库恩一起跑回“凶杀现场”时，警察也赶到了，他们这才弄明白这是怎么回事。原来，躺在地上的家伙喝得烂醉，跌倒在地上，撞破了头，伤口虽然不大，但弄得满地是血，在他身上的那名男子见醉汉倒下，立刻上前去，阻止他进一步自我伤害，并帮助他松开了领口。

库恩回想，如果当时他没有返回现场，他也许会在法庭上作证说自己目睹了一场凶杀，因为那个女孩的话完全引导了他的知觉。其实库恩认识那位热心助人的先生，他们是邻居，只是以前交往不深。现在，库恩永远也不会忘记他当时的样子：在众目睽睽之下压在“受害人”身上，像一头巨兽，令人毛骨悚然！

【思考】

1.通过故事一，你能说明感觉对于个体的重要性吗？感觉发挥了怎样的作用？

2.在故事二中，库恩的知觉反映了事实吗？为什么发生偏差？

3.错误的知觉导致了库恩采取了或将要采取怎样的行动？

4.如何解释库恩在此事件后对这位邻居的知觉？

本章提要

前面一章从个体特点探讨行为，但这是不够的。光凭个体特点不能说明行为动因，因为真实的行为是主体对于环境的能动反应，取决于个体如何理解环境的刺激。个体对于外界刺激是通过心理过程加以认识的，这种心理过程包括感觉、知觉、思维。而知觉在此过程中起着基本的中介作用。所谓知觉，是个体对环境对象化的把握，是联系主观与客观的桥梁。在社会生活中，个体面对的是一系列的社会现象，个体知觉的内容主要是社会内容，包括人以及人的行为。因此，社会知觉对于理解个体的行为动因有重要意义。为了说明个体的行为方式，有必要探讨知觉对于个体行为的影响。

本章主要解决以下几个问题：什么是感觉？什么是知觉？二者关系如何？什么是社会知觉？如何处理社会知觉？

3.1 感觉

人的行为是主体对于环境的能动反应。外界环境的刺激影响个体，个体表现为反应，并产生行为。不过必须了解，刺激与反应之间的关系并非机械的，个体对刺激的感受和行为必须经过生理与心理的历程，通过感觉和知觉加以中介。感觉是联系客观世界和主观世界的通道，也是知觉的基础。这一节介绍感觉的性质和特征。

3.1.1 感觉的性质

感觉（sensation）是人的感受器所产生的表示身体内外经验的神经冲动过程。它是人们认识客观世界的基本中介。把握这个概念，首先要理解感觉的特征，了解其他学科对这个概念的界定，接下来掌握感觉的形成过程。

1.感觉的含义

按照心理学的界定，感觉是指人的感受器——眼、耳等器官——所产生的表示身体内外经验的神经冲动过程①。客观事物直接作用于人的感觉器官，人脑就产生了对这些事物属性的反映，这种反映就叫作感觉。②

人对客观世界的认识是从感觉开始的。从这个意义上说，感觉是人关于世界一切知识的源泉。通过它，人才有可能逐步认识不依赖他而存在的客观世界。“不通过感觉，我们就不知道实物的任何形式，也不能知道运动的任何形式。”③

感觉是联系主观世界和客观世界的桥梁，按照列宁的说法，“物质作用于我们的感觉器官而引起感觉”，也就是说，感觉是客观世界的主观形象。它一方面属于主体，是在主体中产生，同时，它又是对客观存在的事物的反映。

2.感觉的形成

感觉的形成类似一个数据筛选系统，负责选择、分析和压缩外界输入的信息。每一个感觉过程都是对洪流般涌入的信息的提炼过程。

所有的感觉器官都会对信息做出选择，例如视觉器官。人能够看得见的光线称为可见光，这只是所有光线中的一部分。不难想象，如果视觉器官对于信息没有选择，我们将什么也看不清楚。

除了选择功能，感觉器官还必须完成转换功能，也就是将外部能量转换为内部能量，即神经冲动。人体的每一感觉器官对某一特定外部能量最为敏感，负责将其转换为不同的神经冲动，然后发送到大脑。发送之前，各种感觉器官会在信息转换过程中对其进行分析，将其中重要的特征信息找出来，如线条、形状、边缘、点或颜色等。这种特征察觉发生在信息加工的最初阶段。

在完成信息的选择和分析之后，感觉器官还要对信息进行编码。编码将重要特征转换为可以被大脑理解的神经信息。大脑的一些特定区域接受视觉信息，另一区域接受听觉信息，还有区域接受味觉或触觉信息。假如能够看到某人大脑被激活的区域，就能知道他体验到的感觉是什么。

因此，“看见”和“听见”不仅是眼睛或耳朵的功能，最终还是大脑的功能。感觉过程始于感觉器官，经过一系列过程之后由大脑完成。一般认为感觉系统就像照相机或录音机，给人发回关于世界的图片。其实不是这样，感觉系统像

---

① 格里格，津巴多．心理学与生活［M］．英文影印版．北京：北京大学出版社，2005.
② 曹日昌．普通心理学［M］．北京：人民教育出版社，1963.
③ 列宁．列宁全集：14卷［M］．中共中央马克思恩格斯列宁斯大林著作编译局，编译．北京：人民出版社，1957.

一个永不关闭的生物电脑，感觉的过程是收集、转换、分析、编码的过程，把数据源源不断地向大脑发送。

值得注意的是，并不是所有的信息都能有效地输入人的大脑，人的感觉有一定的特性，产生相应的感觉能力。

3.1.2 感觉的特征

感觉最为显著的特征，就是它具有一定的敏感性，也就是说：只有外界刺激达到一定的条件，才能通过感觉器官形成感觉。感觉的绝对觉阈、差异觉阈、感觉适应，是描述这种敏感性的指标。

1.绝对觉阈

从感觉的生理历程看，任何一个感觉的产生都必须经过多种器官联合发生作用。首先是刺激影响到受纳器引起神经冲动，其次是感觉神经将神经冲动传至脑或脊髓，再次是脑与脊髓的命令经运动神经传至反应器，表现出反应。

感觉是由刺激产生的，然而刺激必须达到某种强度才能引起受纳器的神经冲动。例如，在安装防音设备的实验室出现极弱的声音，初始不能察觉，只有到某一程度时人才能觉察该声音的存在。引起感觉所需要的最低限度刺激称为“绝对觉阈”（absolute threshold）①。“阈”是指一种强度，当刺激达到这一强度时，个体才能感觉其存在。

2.差异觉阈

若有两种不同强度的刺激出现，需要行为主体辨别差异时，刺激的强度差必须达到某种程度才能由感觉辨别。例如两个砝码，一个为100克，另一个为100.1克，一般人都无法只用手来辨别其轻重。辨别两种刺激差异所需的最低差异量即“差异觉阈”（different threshold）。

18世纪后半期，法国物理学家布格尔（P. Bouguer）初次发现，光觉领域中的差异觉阈有如下现象：从绝对值来说，由于原有光的强度不同，差异觉阈也就不同。但是，就相对值来说，差异觉阈值同原有光强度值之间的比值，在很大范围内是相当固定的。

19世纪前半期，德国生理学家韦伯（E. H. Weber）研究重量感觉时，也发现了同样的事实。例如，100克重量加上3克，人只用手即可感到重量的变化，那么200克重量之上，要加上6克人只用手才能感觉到重量的变化。这种现象后来被称为布格尔-韦伯定律②。

3.感觉适应

从感觉本身看，绝对觉阈与差异觉阈的性质，可以说是感觉器官对刺激的敏感度（sensitivity）。不过，某感觉对某刺激的敏感度并非一成不变的，当刺激持

---

① 心理物理学对于人类的绝对觉阈做了相关研究，详细可参见补充材料1“绝对觉阈”。
② 关于韦伯定律的具体内容可以参考本章末的补充资料。

续时间甚久时，感官的敏感度就会降低，这时绝对觉阈或差异觉阈均会随之变大。这种感觉器官因接受刺激的时间长短而使其敏感度改变的现象，被称为感觉适应（sensory adaptation）。

3.2 知觉

感觉是形成知觉的基础，前者来自各种感觉器官（如眼、耳等）获取的信息；后者是对感觉的分析与解释，依赖人们的心理整合能力和生活经验。由于组织行为学研究人们在环境中的行为动机和行为方式，而人们又是在对环境的认知基础上做出行为选择的，因此了解知觉的性质、知觉的选择、知觉的组织，对于把握人的行为方式有极其重要的作用。

3.2.1 知觉的性质

知觉（perception）是人们认识客观世界的心理过程，指人脑对环境刺激的整体反映，是主体对环境的对象化把握。知觉对于人的行为选择有着重要作用。为了更好地理解这个概念，有必要将知觉同相关概念进行比较，最后阐明知觉的特点、论述知觉同高级心理活动的关系。

1.知觉的含义

知觉是主体对环境的对象化把握，指人脑对环境刺激的整体反映，体现为个体为了理解环境而解释其感觉印象的过程。

人们努力根据事物本来面目认识它们，但这种努力离不开感觉和知觉的中介。也就是说，人们是在对现实世界的认知基础上做出行为选择，而非这个现实本身。而个体所知觉到的东西，与客观现实可能相差很大。所以，知觉被认为是一种“过滤器”，是对情景的解释而不是准确的记录。

知觉是对环境的对象化把握。首先，知觉是对于环境的直接反应；其次，知觉把对象从环境中区分出来；最后，人们通过知觉赋予对象一定的意义。对于环境的直接反应是指个体面对环境时，首先依靠环境信息做出反应，并不是通过思考而得到的。把对象从环境中区分出来，是指本来环境中不存在特殊对象，而当个体发生知觉的时候，对象就从环境中分离出来，它不同于一般的环境了。赋予对象一定的意义是说，本来无所谓对象，但当对象被分离出来的时候，对于知觉者来说，该对象就有特殊的存在意义了。

2.知觉与感觉

为了加深对于知觉这个概念的理解，有必要将知觉和感觉加以对比分析。

知觉和感觉都是当前事物在脑中的反映。其差别在于：感觉是对外界事物个别属性（如颜色、气味、温度等）的反映，知觉是对事物的各种属性、各个部分及其相互关系的整体反映。在知觉的时候，头脑产生的不是事物个别属性或部分的孤立映象，而是由各种感觉结合而成的具体事物映象（如房屋、车、树木等）。

任何客观事物都是由许多属性和部分组成的综合体，事物的整体跟它的个别属性和部分不可分割。我们看到红色，就知觉到这是一面红旗、一朵红花等。同时知觉又必须以感觉为基础。要知觉一朵红花，必须看到红的颜色和花的形状。感觉到的事物属性和部分越丰富，对事物的知觉就越完整、越正确。人在生活中都是以知觉形式反映事物的。就是说，客观现实是作为具体事物反映在意识中的，人很少有独立存在的感觉。

3.知觉的特点

知觉作为理解行为的重要认知过程，具有以下五点特性：

一是反映性，从客观到主观。环境本来是客观存在的，但是个体具有主观能动性，从环境到个体知觉是一个从客观存在到主观理解的过程。

二是直接性，从反应到反映。个体知觉是对环境的直接反应，这种反应到个体理解时，成为个体对环境的反映。

三是整体性，从感觉到知觉。感觉和知觉是不同的。感觉包括听觉、视觉、触觉、嗅觉和味觉。这五种感觉被身体内外的各种刺激所激发。感觉主要处理那些很大程度上由生理功能所决定的行为。当通过感觉将信息传递到个体时，知觉就开始发挥作用。它对于感觉到的原始数据进行加工或过滤，从而产生复杂的认知过程。

四是中介性，从知觉到思维。个体对于知觉到的对象进行信息加工，从而产生个体对对象的理解，因此知觉成为个体与对象之间的中间桥梁。

五是主观性，从理解到意义。知觉是主观性的，我们常可以看到不同的人对于同一件事持有不同的看法，那是因为不同的主体具有不同的特点，这种特点使得个体在理解环境时具有主观性。因此，行为主体通过知觉对对象赋予特殊意义，如果不是个体知觉到，这种意义可能就不存在了。

从这里可以看到，知觉是一个过程，是个体对环境的整体反映过程。从个体特点到环境，知觉起着中介作用。这个中介作用有三个层次，即从感觉到知觉再到思维。在知觉中，个体通过反应对对象进行判断。在思维中，个体使对象具有一定的普遍意义。

4.知觉的发展

知觉作为对于事物属性的整体反映，与更高级的心理活动相联系，导致概念、判断、推理的产生。而概念、判断、推理，是人类思维的基本形式。因此，知觉的发展推动思维的产生，使人类行为具有自觉能动性。

（1）知觉与概括

概括（summary）是从各种事物中抽象出共同特征的过程，分为初级概括与高级概括。所谓“初级概括”，是指感知和表象水平上的概括。而“高级概括”，则是在此基础上根据事物内在联系和本质属性进行的概括。概括是以知觉为基础的。知觉将感受器官收集到的零散信息整合起来，而概括是将这些整合信息中的共同特征抽象出来。

（2）知觉与语言

语言（language）是思维工具和交际工具。它同思维有密切的联系，是思维的载体和物质外壳。语言是符号系统，以语音为物质外壳，以语义为意义内容，音义结合的词汇和语法体系。语言是一种社会现象，是人类最重要的交际工具，是进行思维和传递信息的工具，是人类保存认识成果的载体。作为语言基础的语音和文字，包含着丰富的概念内容，来自于知觉。因此语言是以知觉为基础的。

（3）知觉与思维

思维（thinking）是主体能动地、连续性地获取各种信息，对信息进行一系列概括、整理和运算，最后得出应对环境的操作方案。在这里，运算包括转形、传递、提取、存储、删除、对比、排列、组合等多种操作。

思维具有三种主要形式，即概念，判断，推理。概念是人脑对事物本质特征的反映，通过概括产生。判断是对事物之间关系的反映，在概念基础上进行。推理是从一个或几个已知判断中推出新判断的心理活动，以概念和判断为基础。三者密切相关，其中概念是思维的基础和“细胞”，来自于知觉；判断和推理是对于事物本质属性和稳定关系的认识，也离不开知觉提供的信息。因此思维也是以知觉为基础的。

3.2.2 知觉的选择

知觉是对于环境的对象化把握，因此具有选择性。它并非无条件反映一切外部事物，而是只接受特定对象的刺激，产生对于该对象的注意。影响知觉选择和注意的因素，可以分为外部因素和内部因素两种。外部因素指刺激物的特征，如对象的大小、强度等；内部因素指与知觉者相关的特征，称为知觉定势。

1.外部环境

影响知觉选择的外部因素主要是环境因素，如事物的强度、大小、动静、反差、频率、新奇性与熟悉性等，这些因素直接影响知觉的选择。

（1）强度

强度原则认为，外部刺激越强烈，越可能被知觉到。喧闹的噪声、强烈的气味或明亮的光线，比悦耳的声音、微弱的气味或暗淡的光线更容易引起注意。根据这一原则，广告商就利用强度来引起顾客的注意。如使用明亮的色彩比黯淡的色彩效果要好。

（2）大小

与强度紧密相关的是大小。对象越大，越可能被知觉到。同样是街边的广告，广告的尺寸越大，就越能引起人的注意。比如，大型的路牌广告就比贴在柱子上的小广告醒目得多。

（3）动静

运动的物体比静止的物体更能引起人的注意。广告商利用这一点创作动态的路牌广告，这些广告比原来的静态广告要更能吸引人们的眼球。

（4）反差

反差是对象与环境的对比。反差越大，就越能引起人的注意。通常而言，突出于背景的事物，或者并非人们期望的外部刺激更会受到注意。

（5）频率

频率是外部刺激出现的重复程度。重复的外部刺激比单个的刺激更能引起人的注意。

（6）新奇性与熟悉性

新奇性和熟悉性看似一对相互矛盾的特点，但二者结合在一起，能引起人的注意。比如在新奇环境中出现熟悉事物，该熟悉事物更能引起人们的注意。同样，在熟悉环境中出现新奇事物，也更能引起人的注意。像在一个比较陌生的聚会中有一个你熟知的人，和在一个由熟人组成的聚会中出现了一个陌生人，这两种人都能引起知觉者的注意。

2.知觉定势

当在同一时刻同一地点面对同样的情景，为什么不同的人会有不同的反应呢？比如说，家长带着孩子去看病，家长和医生看待孩子的病情会有不同的态度。就医生的经验来看，这段时间小孩得此病没什么大不了。而家长不这么认为，他们看到小孩这么难受，很心疼。同样是孩子得病，医生和家长有不同的反应。之所以出现不同的看法或反应，是因为知觉者受其本身特点影响导致了知觉定势。不同的个体有不同特点，包括需要、学习、人格等，这些都会引起个体知觉的差异。由于个体特点比较稳定，因此个体的知觉角度也会比较稳定，由此产生选择性定势。了解这些定势的影响因素，可以更好理解人的行为方式。

（1）需要

人们常常把知觉集中在自己感兴趣的事物上，而把其他事物作为背景被排除在知觉之外。因此，能够满足人们需要，符合人们动机的事物，更容易被知觉。

这种现象在心理实验中充分表现出来。实验者看到一幅图画后看图说话，对同样的一幅图画，两名参与实验的人却说出了不同的内容：一个认为图画中的人收到了儿子的大学录取通知书；另一个则认为这是丈夫在海边和自己视频聊天。事后了解到，这两个人都在说着自己希望看到的情景。

（2）学习

知觉受到过去经验的影响，所以对事物的理解对知觉选择有重要意义。人在知觉的时候，会以一定的知识为依据来把握和理解事物，以此获得对事物的整体反映。因此，内行与外行对事物感知的深度有很大差别。

此外，知觉主体由于身处不同社会文化环境，处于适应环境的不断学习过程中，因此即使感觉到了同类事物，也会产生不同的知觉。

（3）人格

人们的个性、气质、性格特征都会对知觉产生影响，例如多血质的人群对事物感知速度快，而抑郁质的人群则对事物感知细致入微。

3.2.3 知觉的组织

知觉的组织是指知觉所获信息的安排与组合方式。个体所知觉的不是颜色、光线和声音的单位，而是具有不同信息要素的可辨认的整个客体。也就是说，人们通过知觉进行信息加工，将获得的信息组合成为有意义的整体。这种组织过程具有固定结构，遵循特定方式，服从一定原则。

1.知觉的结构

理解知觉组织的起点是认识知觉的结构。知觉结构是指知觉材料之间的关系，例如知觉的对象、焦点、背景。知觉对象是进入个体知觉范围内的物体。知觉焦点是指当个体锁定知觉对象时，关注的重点是什么。不同的人面对同一对象时，关注的焦点可能是不同的。知觉背景是指知觉对象所处的环境，不同背景下对于同一对象的知觉也是不同的。

知觉组织就是对这些要素进行结构化组织，使其成为整体并产生意义。

2.知觉的组织方式

知觉组织的过程主要有三步：首先是对象分离，接着是知觉归类，最后进行感觉评价而形成知觉。

对象分离是知觉最基本的步骤，是指知觉到的客体在背景中作为可分离部分被突出出来。比如，看画展的时候，人会自觉把画从墙上分离出来。画是知觉到的对象，而墙是对象的背景。

知觉归类是知觉的组合，指将几个刺激组合在一起形成可识别模式的倾向。人们倾向于使用连续性、封闭性、接近性、相似性等原则来进行知觉归类。这些原则来源于格式塔心理学派的知觉律观点。

感觉评价是对接受的信息进行评价并使其产生意义的过程。这涉及社会知觉的内容，包括定型偏见、光环效应、推己及人等。

3.知觉的组织原则

（1）图形-背景

图形-背景是知觉组织的最基本形式。该原则意味着知觉到的客体，可以在背景中作为可分离部分被突出出来。以读书为例，从光波刺激的角度而言，读者在接受无规则形状的黑色和白色的光斑刺激。然而读者不会以此种方式去知觉，他们会知觉到白色背景上的黑色形状——字、词和句子。从另外一种角度考虑，读者有意识将进入视野的刺激组成背景下可识别的图形①。

在一般的图形-背景知觉中，往往仅看见一个图形。可逆图形则是图形和背景可以相互转换的双关图案。心理学研究中常常用图3-1来解释图形-背景原则。

图3-1　图形-背景可逆图形

（2）知觉组合

知觉组合是指将几个刺激组合成一种可识别模式的倾向，这种倾向很大程度上是人与生俱来的，有潜在的组合一致性。当简单刺激群出现在人们面前时，人们具有按照封闭性、连续性、接近性或相似性进行组合的自然倾向。

封闭性是指，人有时会知觉到一个一个完全不存在的整体。人们的知觉将感觉没有填满的裂缝封闭起来。其结果，会出现只见树木不见森林的情况。

连续性与封闭性相关，是指人倾向于知觉那些比较连续的信息。

接近性原则认为，相互接近的一组刺激会被知觉为一种整体模式。

相似性原则表明，刺激的相似性程度越高，被当成统一体的倾向就越大。

（3）知觉的恒常性

知觉组织的另一个重要特点是恒常性。在知觉时，由于经验的参与，知觉条件在一定范围内变化时，知觉映象仍保持相对不变。知觉恒常性在视觉中最明显，在观察同一物体时，知觉并不完全随对象的情况变化而改变。

综上所述，知觉的形成需要经历选择和组织这两个过程，这说明了知觉是人们的主观活动，具有一定能动性。同时也为知觉调整提供了可能性。也就是说，即使面对同一事物，我们仍可以从知觉的选择或组织过程入手，影响人们的知觉过程。

3.3　社会知觉

人的知觉不仅在社会中形成，具有社会属性，而且它以社会为对象，具有社会内容。也就是说，人在社会环境中形成知觉，以社会为对象；当对象具体到人

① 鲁森斯．组织行为学［M］．王垒，等，译校．9版．北京：人民邮电出版社，2003.

及其行为时，也就是社会知觉。组织行为学研究知觉，以社会知觉为重点，关注人在社会组织中的行为方式。

3.3.1 社会知觉的性质

对于社会知觉的性质，不同学科有不同界定。组织行为学研究社会知觉时，强调对人及其行为动机的整体把握。为此必须把握社会知觉同一般知觉的联系和区别。

1.社会知觉的含义

所谓**社会知觉**（social perception），是个体在与他人的交往过程中，观察、了解他人并形成判断的心理活动。[①]也就是说，社会知觉强调的，不是知觉的社会性，而是对于社会对象的知觉。

实际生活中，社会知觉的刺激源自于社会行动者，既包括他人、群体、人际关系，也包括认知主体自身。值得重视的是，这里所说的社会行动者，不是行动的外在表现，而是行动的内在原因，即行为者的动机。也就是说，对于社会行动者的知觉，关键在于对于社会行动者行为动机的知觉。

2.社会知觉的特点

社会知觉的特点，在于理解他人的行为动机，以及人际关系中体现的思想感情。如何从人们的行为表现入手，把握行为者的内心世界，是社会知觉的难点。与此相对应，社会知觉具有试探性和完形性。

（1）试探性

社会知觉的最大特点是具有试探性。往往不是直接把握住他人的心理状况和行为动机，而是探索着做出关于行为动机的推断。这是因为，思想感情和行为动机不像外在行为，不能直接展现在人们面前，只能通过间接的途径来把握。

与此相对应，社会知觉具有倾向性。每个人的不同人格特点，必然会影响到其对于他人的知觉；在不同的人格特征影响下，对于同样的他人行为，不同的人会做出完全不同的判断。这种倾向性在知觉中普遍存在，在社会知觉中尤其明显。

不仅如此，个人为了适应他人和社会，会通过知觉机制抑制某些刺激物的作用，从而表现出认知的防御性。社会心理学家普遍认为，社会认知具有防卫机能。这是因为，个人总是在特定情绪状态下根据已有认知来感知社会对象，从而决定采取什么态度。

（2）完形性

人们在社会认知过程中，自觉不自觉地贯彻着完形性原则。人们总是倾向于把有关认知客体的各方面材料整合起来，加以规则化和结构化，从而形成关于社会对象的完整印象。

---

① 全国13所高等院校《社会心理学》编写组. 社会心理学［M］. 5版. 天津：南开大学出版社，2008.

例如，当感知到一个人既好又坏，既诚实又虚伪，既热情又冷酷的时候，人们会觉得不满意，认为没有完全认识这个人。在感知过程中，人们无法容忍自相矛盾的知觉和判断。桑普森把这种判断称为“认知分离”，认为个人智力和知识的局限性构成认知的弱点，造成认知和认知对象之间的分离。为了消除这种分离，个人一方面加强探求信息的欲望和动力，另一方面可能向幻想方向发展，想当然地给认知对象填补细节，使认知带有主观色彩。

3.3.2 社会知觉的内容

社会知觉作为对于社会行动者的感知，主要由自我知觉、他人知觉和人际知觉构成。三种知觉各有特殊的意义。其中自我知觉是对自我的了解；他人知觉是指对他人动机和人格的了解；人际知觉是对相互关系状况的了解。

1.自我知觉

所谓**自我知觉**（**self-perception**），是自我意识的一部分，体现主体对于自己身心状况、人-我关系的认知。自我知觉的形成是一个复杂过程，需要经历物-我知觉分化、人-我知觉分化和关于自我词的掌握三个阶段。

（1）物-我知觉分化

这个阶段又可以分为三个阶段。最初是物-我感觉分化。当人开始感觉到自己身体的存在，能够辨别身体同其他物体的区别时，就表明这个人出现了自我感觉。

在感觉分化的基础上，人们开始将自己的动作和动作的对象区分开来，这就形成了对自己的动作和动作的外物的分化知觉。

再进一步发展，人们开始将自己和自己的动作区分开来，出现最初的随意性动作。人们知觉到他的动作是自己发动的，自己是活动的主体。这标志着人们形成了主体意识。

（2）人-我知觉分化

这个过程也可以分为两个发展阶段。其一是对人做出反应。通常3个月大的婴儿开始对他人微笑，表明婴儿对他人发生了反应，这是最初的人际相互作用反映。其二是从形象上区分他人和自己。七八个月大的婴儿开始关注镜中的自我像，标志着人们出现了最初的自我知觉。

（3）关于自我词的掌握

1岁以后，婴儿开始将自己和表示自己的语句联系起来，到了发展期，产生对自己躯体的认识和对自己身体感觉的意识。知道使用人称代词“我”，是一个质的变化。人们从把自己当成客体的人，转变为把自己当作主体的人，最终形成了自我知觉。

2.他人知觉

他人知觉（**person perception**）包括对他人外部特征的知觉和对他人内在品

质的知觉。

（1）对他人外部特征的知觉

外部特征包括一个人的仪表、表情等肉眼可见的特性。

仪表是个人特征的重要组成部分，构成了人的具体形象。初次和一个人接触，首先看到的是这个人的衣着、高矮、胖瘦、肤色以及肢体等。将这些属于物理与生理方面的特征加以整合，就能直截了当地对对方做出某些判断。

仪表认知虽然以有关他人的感受材料为基础，却不只是凭感觉器官的活动来进行的。在这里，个人固有的经验知识以及性格等，渗入了认知活动。因此，认知者不是把他人仪表当作单纯的物理现象，而是把它们看作是他人向自己提供的有价值的认知信息。

社会知觉中，关于表情的知觉很复杂，表情包括面部表情、身段表情、眼神和言语表情，这些外部特征是了解对象内在思想感情的途径。

（2）对他人内在品质的知觉

对他人内在品质的知觉，主要指对于人格的把握。

了解一个人的人格，必须了解这个人对现实所采取的态度，以及与此相对应的习惯化行为方式。除此之外，人们还经常从他人的情绪表露中，甚至从相貌上判定他的性格。实际上，人们对于他人人格的认知，更多是通过与他人的实际交往。长期的、认真的交往，是实现人格认知的基本条件。

3. 人际知觉

人际知觉（interpersonal perception）是认知者对自己与他人关系的知觉和对他人与他人关系的知觉。

实践中，对他人的知觉包含着选择自己对他人的关系方式，例如对某些人反感、疏远，对某些人喜欢、亲近。这种选择直接影响知觉者的交往动机[①]。研究证实，一个人更愿意和与自己性格相似的人接近。人在选择交往对象时，颇为注意对方与自己是否相似。

人际知觉的另一重要方面，是估量他人与他人之间的关系状况，确认具体知觉对象在群体中的位置。

3.3.3 社会知觉的研究

由于社会知觉的特征涉及三个方面的内容：知觉者、被知觉者以及知觉的方式，因此对于社会知觉的研究从这三个方面展开。首先需要了解知觉者和被知觉者的特点，这种特点直接影响社会知觉的状况。除此之外，社会知觉过程中存在着不同的知觉方式，这是引起社会知觉偏差的主要原因，例如归因偏差和判断他人时走的捷径等。因此对社会知觉的方式也需要进行具体探讨。

① 关于交往的内容，详见第6章。

社会知觉研究的理论模型如图3-2所示。

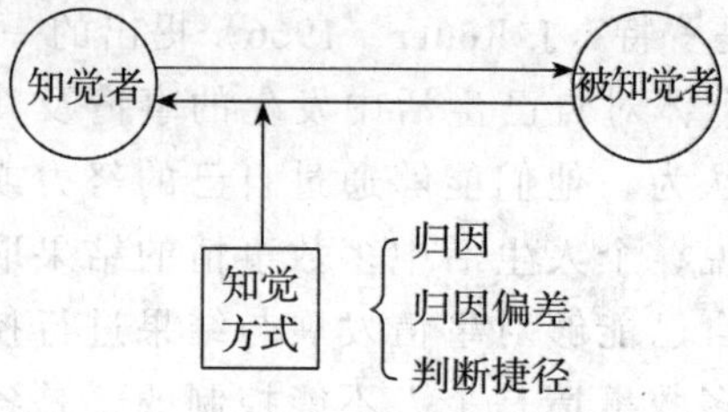

图3-2 社会知觉研究的理论模型

1.知觉者和被知觉者

社会知觉的复杂性，首先来自知觉者和被知觉者的特点。

知觉者的态度、动机、兴趣、经验和期望等都会影响着社会知觉。研究表明，知觉者在社会知觉过程中，倾向于通过了解自己来认识其他人，即所谓“推己及人”，因此个体自身的个性特点，必然会影响个体在他人身上看到的特点。例如自我接受的人，更可能看到他人的积极方面；反之亦然。

影响社会知觉的被知觉者特征有多种：首先是被知觉者的视觉特性，即呈现在知觉者眼中的形象，这在较大程度上影响了社会知觉。其次是被知觉者的社会地位和角色，这种地位和角色常常会被加以简单的分类，从而影响他人对其的知觉。

2.知觉方式与归因理论

由于社会知觉的特点在于把握人的内心世界，而内心世界不能直接被看到，人们只能通过外部特征对其加以推断，因此社会知觉方式具有推断性。如何从外部行为表现把握内部行为动因，是社会知觉必须解决的重大问题，关于这一问题产生了大量研究结果，其中归因理论具有代表性。

（1）归因理论的假设

所谓归因（attribution），是指通过人的外部表现来推测人的内在动机和意图，目的在于理解自己和他人行为的原因。归因理论认为，对于行为的判断取决于对行为动因的解释，这种动因分为两种，即内因和外因。所谓内因，是指行为来自行为者自身的控制；与此相反，外因是指行为原因不在行为者控制范围内。

归因理论的基本假设，是认为人们试图从主观方面理解社会现实，并以符合逻辑的方式解释人们的行为动因。归因问题首先由美国心理学家海德（F. Helder）于1958年提出，20世纪60年代中期引起社会心理学界的广泛重视，成为一个热门研究领域。1965年，琼斯（E. A. Jones）和戴维斯（K. E. Davis）提出了相应的推断理论，力图从行为者的外部可见行为推断其内在的不可见行为意图。

归因理论在组织行为学中具有重要的作用。理解不同的归因理论，有助于深入把握社会知觉的性质。下面介绍比较重要的几个归因理论。

(2) 控制点归因理论

控制点归因理论是罗特（J. Rotter，1966）提出的一种个体归因倾向观点。

这种理论认为，个体对自己生活中发生的事情及其结果的控制源有不同解释。内控型知觉者认为，他们能够通过自己的努力或能力来影响结果；也就是说，对某些人来说，个人生活中多数事情的结果取决于自己做这些事情时的努力程度，相信自己能够对事情发展与结果进行控制。而外控型知觉者不同，认为生活中的多数事情是个人不能控制的，是各种外部力量作用的结果。他们相信社会的安排，相信命运和机遇等因素决定自己的状况，个人努力无济于事。

由于内控者与外控者理解的控制点来源不同，因而他们对待事物的态度与行为方式也不相同。内控者相信自己能发挥作用，面对失败也不怀疑未来会有所改善，因此在面对困难的情景下能付出更大努力。而外控者看不到个人努力与行为结果的积极关系，面对失败与困难往往推卸责任，不去寻找解决问题的办法，他们倾向于以无助、被动的方式面对生活。

(3) 凯利归因理论

1967年，美国社会心理学家凯利（H. E. Kelley）发表《社会心理学的归因理论》，提出三维归因理论，也被称为三度理论。凯利认为，人们对行为的归因方式，涉及三个方面的因素：①客观刺激物；②行动者；③所处关系或情境。其中行动者的因素属于内部原因，客观刺激物和所处关系或情境属于外部原因。究竟对某一事件进行外部归因还是内部归因，取决于所获得的三种信息：

①区别性（distinctiveness）。这是指行动者是否对同类其他刺激做出相同反应，是在众多场合下都表现出这种行为还是仅在某一特定情境下表现出这一行为。例如，一名今天迟到的员工是否经常表现得自由散漫、违反规章纪律。如果行为的区别性低，则观察者可能会对行为做内部归因；如果行为的区别性高，则活动原因可能会被归于外部。

②一贯性（consistency）。这是指行动者是否在任何情境和任何时候对同一刺激物做相同的反应，即行动者的行为是否稳定而持久。例如，如果一名员工并不总是上班迟到，她有7个月从未迟到过，则表明某次迟到是一个特例，迟到行为的一贯性较低。而如果她每周都迟到两三次，则说明其迟到行为的一贯性高。行为的一贯性越高，观察者越倾向于对其做内部归因。

③一致性（consensus）。这是指其他人对同一刺激物是否也做出与行为者相同方式的反应。如果每个人面对相似的情境都有相同的反应，则行为方式表现出一致性。比如，所有走相同路线上班的员工都迟到了，则迟到行为的一致性就高。从归因的观点看，如果一致性高，对迟到行为就倾向于做外部归因。如果走相同路线的其他员工准时到达了，只有一个员工迟到，则认为迟到行为的原因在

于内部。

凯利认为这三个方面信息构成一个立体框架，根据上述三方面的信息与协变，可以将人的行为归因于行动者、客观刺激物或情境，呈现出内部归因或外部归因的倾向。

凯利还研究了归因中的错误或偏见。比如，尽管在评价他人的行为时有充分的证据支持，但我们总是倾向于低估外部因素的影响而高估内部或个人因素的影响。这被称为基本归因错误（fundamental attribution error）。个体还有一种倾向，就是把自己的成功归因于内部因素，如能力或努力，而把失败归因于外部因素，如运气，这被称为自我服务偏见（self-serving bias）。由此表明，对员工的绩效评估可能会受到归因偏见的影响。

（4）韦纳的归因理论

20世纪60年代，美国心理学家伯纳德·韦纳（Bernard Weiner）在《动机的情绪归因理论》中，提出了不同的归因理论。其主要观点是：

①人类行为不单由生理驱力或需要所驱使，而且也由其认识（尤其是思维）所控制。

②从产生不同结果的原因中确定几种可觉察的主要原因，分析原因的构成成分，并探讨它们与行为和情绪的关系。

韦纳认为，在社会认知中，对于成功和失败所做的归因具有重要意义。对其归因状况可以从归因方式和归因重点两个方面来把握。其中归因方式分为3个维度：内部归因和外部归因、稳定归因和不稳定归因、可控制归因和不可控制归因。归因重点在于4个因素：努力、能力、运气和任务难度。两种因素结合起来组成归因方式的“三维度模式”，见表3-1。

表3-1 **归因方式的“三维度模式”**

因素 维度	努力	能力	运气	任务难度
部位	内部归因	内部归因	外部归因	外部归因
稳定性	不稳定	稳定	不稳定	稳定
控制性	可控制	可控制	不可控制	不可控制

韦纳证明，对于成功和失败所做的归因是成就活动过程中的中心要素。在归因过程中，如果新结果与前不同，则归因于不稳定因素；与前相同则归因于稳定因素。并且内部归因较为明显。其中，努力和能力是描述个人特征的“内在原因”，是个人可以控制的；运气和任务难度是表示环境因素的“外在原因”，是个人较难控制的。能力和任务难度属于稳定的因素；努力程度和运气好坏则是不稳

定因素。

不同的归因倾向会使人对成功和失败产生不同的情感体验和情感反应，并由此影响个体对未来结果的预期和努力程度。

3.判断他人时的捷径

社会知觉虽然是一种很复杂的活动，但在现实生活中，由于经验的积累和习惯的形成，人们发展了一系列社会知觉的便捷路径，使人们能够对社会现象迅速做出判断。但这种快速判断也有很多的弊端，不是安全可靠的，所以需要进行深入分析。

(1) 首因与近因效应

所谓**首因效应**（primacy effect），是指初次收集的信息在社会知觉中占据主体位置。例如"一开始就给人留下好印象"，指的就是第一印象，存在着首因效应的作用。所谓**近因效应**（recency effect），是最近的信息占了主体地位。例如在与朋友分别时，给予他良好的祝福，你的形象会在他的心中美化起来。一般来说，在对陌生环境的知觉中，首因效应比较明显；在熟悉的环境中，近因效应的作用更明显（Lochins，1957）。

(2) 晕轮效应

所谓**晕轮效应**（halo effect），是指对人的知觉建立在某一特征之上，受这种特征的引导。晕轮效应是一种以偏概全的倾向，即人们在对人的某种特征形成好的或坏的印象后，倾向于据此推论该人的其他方面的特征。平时所说的"爱屋及乌"，就是晕轮效应的突出表现。在组织中，对人的绩效评估也是如此，常以某项明确的特点为基础评估其整体绩效，从而产生偏差。晕轮效应是一种普遍的评估者误差，导致评价维度之间的虚假相关，会产生负面效应。

(3) 对比效应

一位长相中等的女性与一位漂亮女性走在一起时会显得难看，并降低自尊。这种现象被称为**对比效应**（contrast effect），即感觉到与比较目标的差距，从而产生消极的情感体验。也就是说，对人的评价不是孤立进行的，常常受到所接触的其他人影响。人们常在无意识的比较中得出结论，而这种知觉是失真的。

(4) 投射

人们如果假定别人与我们相似，则很容易理解和判断别人。这种将自身特点归因到其他人身上的倾向，称为**投射**（projection）。投射心理使人们倾向于按照自己的特点来知觉他人，而并不是以他人真实的情况为依据。因此在投射心理发挥作用时，了解个体差异的能力下降了，对人们的理解趋向于同质化。

(5) 刻板印象

如果以某人所处群体的特征为依据，在形成对于个体的知觉判断时，所使用的捷径被称为**刻板印象（stereotyping）**。刻板印象强调人们之间存在的一致性，但以此简化了复杂的世界。比如公司招聘，当企业收到不计其数的简历时，一般会按照学校和专业先进行筛选。因为他们认为，同类学校和专业的应聘者具有类似的特质，这样可以快速找到所需的员工。与此相对应，如果刻板印象是在对于一个群体的虚假知觉基础之上，那么就会形成共同的不正确知觉。

补充资料：韦伯定律与幻觉

本章小结

本章介绍了联系主观和客观世界的重要心理活动——知觉。

人们是根据外界环境采取相应行为的；准确地说，人们是以自己对客观世界的认知为基础采取行动的。知觉的基础是感觉，感觉是人体感觉器官对于外界刺激的反映；知觉将感觉收集到的刺激整合起来，加以概括和整合，形成对于客观事物的整体印象。知觉有一定的选择性和组织性，这为知觉的调整提供了可能。

知觉受到社会的限制，反映社会的内容。当试图从社会主体的外在行为入手，了解其内在的行为动因时，就产生了社会知觉。社会知觉包括自我知觉、他人知觉和人际知觉，通过归因方式实现对社会主体内在动因的认识。在社会知觉中，存在着一些习惯性知觉和归因方式，有时会发生偏差。对于归因偏差，需要深入研究并加以防范。

核心概念与关键术语

核心概念

感觉　知觉　知觉的组织　社会知觉　知觉方式

关键术语

感觉（sensation）　知觉（perception）　社会知觉（social perception）　自我知觉（self - perception）　他人知觉（person perception）　人际知觉（interpersonal perception）　归因（attribution）　首因效应（primacy effect）　近因效应（recency effect）　晕轮效应（halo effect）　对比效应（contrast effect）　投射（projection）　刻板印象（stereotyping）

思考题

1.什么叫作知觉？

2.知觉是如何组织起来的？

3.知觉怎样影响人的行为方式？

4.社会知觉的特点是什么？

5.社会知觉包含哪些方面的内容？

6.什么叫作人际关系知觉？有何意义？

7.什么叫作归因？有哪些主要的归因理论？

8.什么是晕轮效应？它如何对人的行为产生影响？

第4章 价值观念

学习目标

通过本章的学习，您应当掌握：

1. 价值观的含义及形成
2. 价值观对于个体行为的作用
3. 价值观的结构和测量
4. 态度的含义及结构
5. 态度的影响
6. 态度与行为的关系
7. 态度调整的方式

引　例

会计人员的选择

小王、小李和小张是一家大型机械加工企业财务部的员工。其中，小王是一名刚从大学毕业的学生，进入公司不到2个月；小李是去年从另一家同业企业跳槽过来的，已经有了几年的工作经历；而小张则是公司的老员工了。

一天，采购部方经理找到小王，拿出一张购买大型机械设备的收据，让他负责入账。面对上级的要求，小王犯了难：根据公司的财务制度，只有交易对象开具的正式发票才能入账，其他任何形式的凭证都不能作为依据。但是，方经理却解释道，如果不向对方索要发票，采购的价格将会降低百分之十，这对于一台大型机械设备而言，是一笔可观的数字。一边是公司的制度规定，一边是上级的命令，权衡利弊中，小王想起了大学时期老师的教诲“一名会计人员最重要的操守，就是拒绝一切形式的假账”。因此，他最终拒绝了方经理的要求。

在小王那里碰了钉子后，方经理并不死心，他又找到了一向比较听话的小李。小李在公司中，素以会“做人”而著称。再者，在原来的企业工作过几年之后，他对职场中的种种微妙通融之处都有着一定的体会。所以，在听过方经理的叙述后，他并不觉得这是件难事。相反地，在他眼中，完成此事，既有利于公司，又能讨好上司，真可谓一举两得。在小李的帮助下，方经理的目的达到了。

转眼间到了月末，负责审理本月台账的小张发现了账本中的问题，疑惑之下他找到同事了解情况。很快，小张就明白了整个事情的原委。但是，如何处理这件事情，他也犹豫不已。按照规定，这件事需要向公司汇报，否则一旦被发现，自己不仅要承担不小的责任，升职更是无望；可告发又意味着要得罪方经理和小李，对自己的职业前景同样不利。思前想后，他终于想出了一个一石二鸟的好点子。首先他找到小王，告诉他这件事情的严重性，并怂恿其上报。之后他又告诉方经理，让其将发票补上。

几天后，公司上级领导得知此事，迅速做出了反应。方经理和小李被通报批评，并扣除了一个月的工资；小王受到嘉奖，可遭到了方经理和小李的记恨；小张平安无事，同时两边人都对他感激有加。

【思考】

1.故事中提到的几位员工，各自做出了怎样的价值判断，因而采取了怎样的行为？

2.小王、小李和小张三位员工对于这件事各有怎样的态度？尝试着解释原因。

3.人们的态度是否能发生转变？如果能，应当怎样调整？

本章提要

知觉来自于环境刺激，环境中不同事物对人的生存发展具有不同意义。究其原因，与人们在长期社会生活中形成的价值观相关。所谓价值观，是人们对于事物重要性的评价标准，在个体行为选择中起着引导和约束作用。在价值观的影响下，个体会对具体事物产生不同的态度，从而采取不同的行为方式。通过调整态度来影响行为，是一项重要的实践任务。本章讨论价值观、态度、态度调整。

4.1 价值观

人们所知觉到的事物中，某些事物比其他事物更有吸引力，吸引人们去追求。这种吸引力体现事物对于人们所具有的价值。不同事物的价值，不仅与事物本身的属性相关，而且与人们对于事物的评价标准相关。人们判断事物价值的稳定标准，体现为一定的价值观。在生活实践中，价值观通过一系列信念和准则体现出来，引导人们的行为方式。

4.1.1 价值观的性质

所谓**价值观**（values），是指人们对于事物所具有的一般评价标准，与世界观密切相关。价值观在知觉的基础上形成，产生于对事物价值的知觉与认识，具有稳定性。在社会生活中，不同的主体由于对事物具有不同的要求，往往具有不同的价值观。理解价值观的性质和形成方式，对于行为选择具有重要意义。

1. 价值观的含义

对于价值观的含义，不同学科有不同的界定。经济学把价值理解为事物的重要性，并力图通过价格来刻画，推崇理性价值观。在社会心理学中，价值观被理解为对待理想、风俗及社会规范的态度。社会心理学家克拉克洪（Kluckhohn，1951）认为，价值是一种外显的或内隐的属性；在对于价值的知觉基础上，产生什么是“值得的”的看法，影响人们对行为方式、手段和目的的选择。[①]而一个一个有关“值得的”看法背后，是一套具有普遍性的、有组织的构念系统，体现人们对大自然的看法、对人在大自然中位置的看法、人与人之间关系的看法，以及如何处理人与人、人与环境关系才有价值的看法。这种具有一般性的“价值取向”（value orientation）即价值观。

因此，社会心理学家罗克奇（Rokeach，1973）将价值观定义为：一个持久的信念，认为某种行为方式或存在状态，比与之相反的行为方式或存在状态更可取。他认为价值观是一般性的信念，具有动机功能；价值观不仅是评价性的，还是规范性的，是行动和态度的指导。他的著作《人类价值观的本质》（The Nature of Human Values），证明人们的态度与价值观具有联系[②]。

简单地说，价值观就是人们对于事物的评价标准，来自于学习过程，与知觉密切相关。知觉为人们的行为选择收集外部信息，而价值观是人们处理这些信息的基本原则。

价值观的形成是一个过程，受两个因素的影响，一是遗传，二是学习。事物的广泛联系体现在人的身上，是人与各种事物的相互影响。由于每个人的先天条件和后天环境不同，人生经历也不尽相同，每个人的价值观的形成会受到不同的影响，因此，每个人都有自己的价值观。在同样的客观条件下，具有不同价值观的人，行为方式也会不同。

价值观具有稳定性。虽然个人价值观随着生活的变迁而变化，但有些基本观念相对稳定，对行为长期起着指导作用。这是因为，价值观与世界观和人生观密切相关，在环境、教育的影响下逐步培养而成。一旦形成，就成为人们思想认识的深层基础，具有持久性。

2. 价值观的作用

价值观作为行为主体的选择标准，与社会规则相关，体现着社会生活对于个体行为的期望和要求。如果说知觉为个体选择提供客观世界的信息，那么价值观就是衡量、判断、处理这些信息并采取相应行动的标尺。

（1）影响人们的知觉判断

知觉过程为人们的价值判断提供信息依据，反过来价值观也会影响人们的知觉过程。这是因为，对通过知觉收集到的信息需要进行判断和比较，而价值观是

① 杨宜音. 社会心理学［M］. 北京：首都经济贸易大学出版社，2008.
② AIKEN L R. 态度与行为［M］. 何清华，雷霖，陈浪，译. 北京：中国轻工业出版社，2008.

重要的判断标准。不仅如此，价值观一旦形成，就会影响知觉过程，有选择地认知某些事物，使知觉具有选择性。

（2）引导人们的行为动机

如果说知觉作用是行为主体的信息收集器，那么如何对环境采取应对措施，还需要进行主观判断和选择，而价值观是最不易改变的判断标准。价值观会影响人们的判断和决策，决定哪些事情可以做、值得做，进而影响人的行为方式。

（3）建立人们的选择标准

在社会生活中，价值观有多个层次，其中社会价值观和文化价值观能够影响一个群体，乃至一个社会的行为取向。甚至整个社会按照某种行为准则行事。如果某种价值观为广泛的人群所共有，并且能够得到认同，就会形成"主导价值观"，主导价值观会对社会民众产生导向作用、秩序作用以及动力作用，是能够规范行为、稳定秩序、提供精神动力的价值观。

4.1.2 价值观的类型

在实际生活中，价值观具有多种多样的类型，可以从价值观的主体的价值观的内容进行划分。所谓价值观的主体，是指某种价值观为谁所具有。按此标准，可以划分出个体特有的价值观、普遍共有的价值观。所谓价值观的内容，是指价值观提供什么样的评价标准和行为导向。处于不同环境下的不同的人，常常具有不同的价值观取向。

1.价值观的主体

根据价值观覆盖的范围，可以将价值观区分为个体价值观和社会价值观。

（1）个体价值观

所谓个体价值观，是指体现个体特点的价值观内容和形式，包括对人与宇宙、自然、超自然关系的构想，对社会、社会与其成员关系的构想。这是社会成员必须具有的价值理念体系，能够为社会成员提供有意义的生活目标，保证社会制度稳定及正常运行。

（2）社会价值观

所谓社会价值观（societal values），是指"隐含在社会结构及制度之内的一套价值体系，这套价值体系使现有的社会架构得以保持。在这里，社会架构包括社会化、社会控制、社会规范及社会奖惩等。它通过规范、价值、惩罚等，给个人带来外在压力；也通过社会价值的内化，给个人带来就范的压力"（杨中芳，1994）。

2.价值观的分类

根据价值观中所体现的评价标准，可以区分出具有不同倾向的价值观。对此，心理学和社会学做了具体研究。

（1）佩里的价值观分类

佩里（Perry，1926）较早对价值观进行类型划分，根据价值观提倡的重点内容，将其区分为6类，即认知的、道德的、经济的、政治的、审美的和宗教的。随后，奥尔波特、弗农和林赛（Allport，Vernon & Lindzey，1960）将价值观分为经济的、理论的、审美的、社会性的、政治的和宗教的6类，并编制了"价值观研究"量表。这一量表被广泛使用，成为流行的价值观量表。

（2）罗克奇的价值观分类

罗克奇（Rokeach，1973）的分类突破了上述框架，将价值观分为"行为方式"与"终极状态"两大类，前者为**工具性价值观（instrumental values）**，后者为**终极性价值观（terminal values）**。每一类由18项价值信念组成。在罗克奇的基础上，布雷思韦特和劳（Brithwaite & Law，1990）发展出了"目标和方式价值观调查表"。其特点在于区分了社会目标和个人目标，测量了不同价值要素的绝对重要性而不是相对重要性。

（3）霍夫斯塔德的价值观分类

霍夫斯塔德（Hofstede，1980）从社会必须面对的人类基本问题出发，通过对40个国家11.6万个被调查者价值观的研究，确定了价值观的4个潜在维度：权力距离、避免不确定性、个人主义与集体主义、男性或女性气质。这种价值观分类方式，反映了价值观作为知觉和认识"深层建构"和"信仰体系"的特性，体现了社会知觉的特点，细化了"终极性"价值观并整理了"工具性"价值观，被广泛接受。

（4）施瓦茨的价值观分类

施瓦茨和比尔斯基（Schwartz & Bilsky，1987）对价值观的分类方式做了进一步发展。其分类标准有三条：①价值观可以是工具性的或终极性目标；②价值观的中心可以是个人的、集体的或二者兼而有之；③价值观与10个动机领域有关，这些领域存在于任何一种文化之中，源于3种普遍的人类需求，即生物需要、社会交往的需要以及群体生存与福利的需要。按照上述标准，他们将价值观分为守旧、和谐、平等的义务、知识的自主、情感的自主、控制、阶序7类。

（5）价值观分类框架

在已有分类方式的基础上，可以建立价值观分类的一般框架。其基本维度有两组（如图4-1所示）：一是"终极性"（目标）与"工具性"（手段、方式）维度划分；二是个体性与社会性的维度划分。这样，大部分价值观类型都可以在这两个维度构筑的4个象限中找到位置。

4.1.3 价值观的测量

为了准确地把握价值观的状况，进行价值观类型区分，需要相应的描述与测量办法。在长期研究的基础上，研究者已经开发出了一些具有普遍效应的价值观调查量表。

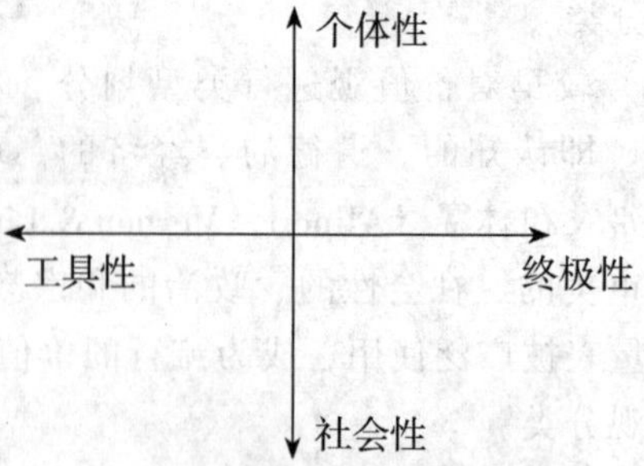

图4-1　价值观分类框架

1.奥尔波特的价值观调查

奥尔波特将价值观分为6种类型，并且设计了标准化问卷来测量人们的价值观状况，其操作方式是让人们选出在不同情景之下最符合他们自己的选项。

6种价值观类型分别是：理论型、经济型、审美型、社会型、政治型、宗教型。其中理论型的人具有智慧、兴趣，以发现真理为主要追求；经济型的人具有务实的特点，对有用的东西感兴趣；审美型的人追求世界的形式和谐，以美的原则如对称、均衡、和谐等评价事物；社会型的人尊重他人的价值，利他并注重人文精神；政治型的人追求权力、影响和声望；宗教型的人认为统一的价值高于一切，信神或寻求天人合一。

2.罗克奇的价值观调查——RVS

罗克奇设计的价值观调查量表，简称为RVS，强调对于终极价值观和工具价值观的区分。终极价值观是人们期望存在的终极状态，是一个人希望通过一生来实现的目标。而工具价值观是偏爱的行为方式或为达成终极价值观的手段。

研究发现，相同职业或类别的人倾向于共同的价值观，因此职业与价值观之间具有某种关联，因此，可以通过价值观来选择职业或来招聘人员等。

罗克奇价值观调查量表的具体内容见表4-1。

3.其他价值观测量方法

实际生活中价值观具有复杂性，因此，除了上述两种价值观测评量表之外，还有很多其他的调查方法和工具，表4-2中简单罗列了一些调查方法和工具。

4.1.4　价值观的探讨

除了经典的价值观研究，还有其他角度的探讨，其中关于组织成员价值观和跨文化价值观的研究，尤其值得重视。

1.组织成员价值观探讨

为了探讨组织成员的价值观状况，行为科学家格雷夫斯曾以企业组织为对象，对组织内各式人物做了大量调查，就其价值观和生活作风进行分析，概括出以下七个等级：

表4-1　　罗克奇价值观调查量表

终极性价值观	工具性价值观
舒适自在的生活	有抱负的
令人兴奋的生活	心胸开阔的
有成就感	有能力
和平的世界	欢愉的
美丽的世界	干净的
平等	有勇气的
家庭安全	宽容的
自由	愿助人
幸福	诚实的
内心的和谐	富于想象的
成人的爱	独立的
国家安全	智识的
快感	有逻辑
得救	有爱心的
自我尊重	服从的
社会认可	礼貌的
真正的友谊	负责的
智慧	有自制能力的

表4-2　　价值观测量方法一览表

量表名称	编制者	年份
价值观研究(The Study of Values)	Allport et al.	1960
价值观调查(The Value Survey)	Rokeach	1967
目标和方式价值观调查量表(The Goal and Mode Values Inventory)	Braithwaite & Law	1985
生活方式量表(Ways to Live)	Morris	1956b
生活方式量表简版(Revised Ways to Live)	Dempsey & Dukes	1966
价值观测描(Value Profile)	Bales & Couch	1969
生活角色调查——价值量表(Life Role Inventory-Value Scales)	Fitzsimmons, Macnab & Casserly	1985
价值观念量表(Conception of Desirable)	Lorr, Suziedelis & Tonesk	1973
实证价值建构量表(Empirically Derived Value Constructions)	Gorlow & Noll	1967
东西价值观问卷(The East-West Questionaire)	Cilgen & Cho	1979a
价值取向量表(Value Orientations)	Kluckhohn & Strodtbeck	1961
个人价值量表(Personal Value Scales)	Scott	1965
人际价值观调查(Survey of Interpersonal Values)	Gordon	1960
道德行为量表(The Moral Behavior Scale)	Crissman	1942
	Rettig & Pasamanick	1959
争议性道德行为量表(The Morally Debatable Behaviors Scales)	Harding & Phillips	1986

第一级，反应型：这种类型的人，并没有意识到自己和周围的人是作为人类而存在的，只是照着自己的生理需要做出反应。这种人非常少见，实际上等于婴儿。

第二级，部落型：这种类型的人依赖成性，服从传统习惯和权势。

第三级，自我中心型：这种类型的人信仰个人主义，自私和爱挑衅，主要服从于权力。

第四级，坚持己见型：这种类型的人对模棱两可的意见不能容忍，难以接受不同的意见，希望别人接受他们的价值观。

第五级，玩弄权术型：这种类型的人通过摆弄别人、篡改事实以达到个人目的，非常现实，积极争取地位和社会影响。

第六级，社交中心型：这种类型的人把被人喜爱和与人善处看得很重，重于自己的发展；受现实主义、权力主义和坚持己见者的排斥。

第七级，存在主义型：这种类型的人能容忍模糊不清的意见和不同观点，敢于反对制度和方针的僵化、空挂的职位、权力的强制使用。

对于这一分类方式，管理学家迈尔斯等人以美国企业为对象进行了检验和证明，发现，一般企业人员的价值观分布于第二级和第七级之间。管理人员大多属于第四级和第五级，但正在逐渐被第六、七级的人取代。

2.跨文化的价值观研究

跨文化的价值观研究在20世纪70年代比较兴盛。起因是文化人类学者发现，不同的文化类型下的人格有所不同。社会心理学研究者由此注意到不同文化中的价值观差异，由此展开比较研究。研究方式是使用价值观分类和测量工具，在全世界不同国家和地域进行测量。其中霍夫斯塔德和特雷恩迪斯（Traindis）的研究成果具有重要意义。

霍夫斯塔德对40个国家11.6万个被试者的资料进行分析，发现了5个价值观的维度[①]，并以此为依据对不同民族和地区的价值观进行区分。第一个维度是“权力的距离”（power distance）。这一维度得分高的国家，容易接受专断的领导人和雇主，家长喜欢听话的孩子；而得分低的国家，领导人或雇主比较愿意与下属商量，家长注意培养孩子的独立性。第二个维度是“避免不确定性”（uncertainty avoidance）。一些国家的人追求低风险和安全，拥有统一的国家宗教；而另一些国家的人却相反。第三个维度是“个体主义-集体主义”（individualism-collectivism）。个体主义指个体独立自主、自负其责、根据自己的兴趣选择职业而不依赖群体和他人，而集体主义则主张个人从属于社会，个人利益应当服从集团、民族、阶级和国家利益。第四个维度是“男性气质-女性气质”（masculinity-femininity）。前者指有些社会中人们具有较高的

---

① 罗宾斯．组织行为学［M］．孙健敏，李原，译．10版．北京：中国人民大学出版社，2005.

成就动机，这样的社会竞争激烈、压力较大。霍夫斯塔德认为，价值观渗透于社会成员生活的方方面面，比如儿童的教养方式、职业的选择等。第五个维度是“长期取向-短期取向”（long-term orientation-short-term orientation）。这是霍夫斯塔德文化架构中新增的部分，测量的是社会对传统价值观的接纳。长期取向的人对未来有长远的考虑，并因此看重节俭、持久与传统。短期取向的人则更加关注此时此地，因此容易接受变革，不把承诺视为变革的阻碍。

特雷恩迪斯关于“个体主义-集体主义”的量表，试图从价值观内容中抽象出最能反映文化差异的维度进行比较。这一量表涉及7种人际关系，即夫妻、父母、亲戚、邻里、朋友、同事、同学；7种假设情境，即为他人所做决定的考虑、分享物质财富、分享非物质财富、对社会影响的敏感性、自我表现与面子、分享成果、对他人生活的情感介入。研究表明，东西方文化下人们的价值观存在明显差异。在个体主义-集体主义维度上，东方人相对处于集体主义的一极，而西方人处于另一极——个体主义。

为了描绘出世界范围的价值观地形图（geography of values），施瓦茨等人（1995）发展出了**“施瓦茨价值观量表”（Schwartz Values Survey，简称SVS）**。这一量表囊括了57项价值观，用以代表10个普遍的价值观动机类型：①权力。指社会地位与声望、对他人以及资源的控制和统治，例如社会权力、财富、权威。②成就。指根据社会的标准，通过实际竞争获得的个人成功，例如有能力的、有抱负的、有影响力的。③享乐主义。指个人快乐或感官上的满足，例如愉快、享受生活。④刺激。指生活中激动人心、新奇和挑战性的事，例如冒险、变化和刺激的生活。⑤自我定向。指思想和行为的独立选择、创造、探索，例如创造性、好奇、自由、选择自己的目标。⑥普遍性。指为了所有人类和自然的福祉而理解、欣赏、忍耐、保护，例如社会公正、心胸开阔、世界和平、智慧、美好的世界、保护环境。⑦慈善。指维护和提高人们的福利，例如帮助、原谅、忠诚、诚实、真诚的友谊。⑧传统。指尊重、赞成和接受文化或宗教的习俗和理念，例如接受生活的命运安排、奉献、尊重传统、谦卑、节制。⑨遵从。指对伤害他人或违背社会期望的倾向加以限制，例如服从、自律、礼貌、给父母和他人带来荣耀。⑩安全。指安全、和谐、社会稳定、关系稳定和自我稳定，例如家庭安全、国家安全、社会秩序、清洁、互惠互利。

这10项价值观动机类型之间的关系，施瓦茨（1997）以图4-2表示。

图4-2中划分了4个维度，即自我超越、自我提高、保守、对变化的开放性态度。他特别指出，对立价值观在图中的方向上是对立的，而互补的价值观则相互接近。

图 4-2　跨文化的价值观研究

4.2　态度

态度是对于客观事物、人和事件的评价性陈述和相应的行动趋向，是价值观在具体事件中的表现。同价值观相比，对态度更容易进行调整和引导。态度是联系个体内、外世界的桥梁。由态度出发，向内可研究其心理状态，向外则可对行为进行某种预测。

4.2.1　态度的性质

态度（attitude）是一种评价性知觉和行为倾向，由认知、情感、意念构成，把人们对于事物的知觉和相应的行为方式联系起来。在组织行为学中，态度是一个重要概念，需要对其进行深入探讨。

1.态度的含义

态度一词出现于18世纪的西方文学，19世纪60年代被引入心理学。奥尔波特（Allport，1935）认为，态度是“当代美国社会心理学中最为特殊、最为不可缺少的概念”。

两位哲学家赫伯特·斯宾塞（Herbert Spencer）和亚历山大·贝恩（Alexander Bain），用态度一词说明行动准备的内心阶段。加涅和布里格斯（Gagne & Briggs，1974）将态度描述为“影响人们对待外界人、事、物的行为方式的内在状态”。罗克奇（1968）将态度定义为：“人们对事物和情境的反映，具有倾向性的、相对稳定的信念结构”，强调态度与信念的关系。

简单地说，态度是一种感受，体现行为倾向中的动力因素；这是一种可以自觉表述的感受，受意志支配，又是一种有具体对象的感受，趋向于相应行为选择。

2.态度的结构

态度由三种心理因素构成，即**认知成分**（cognitive component）、**情感成分**（affective component）、**行为成分**（behavioral component）。按照伊格利和柴肯（Eagly & Chaiken，1993）的说法，态度是："带有赞同或不赞同偏向评价事物的倾向，通常反映在认知、情感和行为的表现中。"其中认知是对对象特征的把握，情感是对象引起的情绪与感受，行为是与对象相关的活动方式。三者之中情感占主导地位。

三种成分通过语言和非语言方式体现出来，见表4-3。

表4-3 **态度的成分和反应模式结构**

反应模式	成分		
	认知成分	情感成分	行为成分
语言模式	表达对态度对象的信念	表达对态度对象的情感体验	表达对态度对象的行为意图
非语言模式	对态度对象的感觉反应	对态度对象的生理反应	对态度对象的外显行为反应

3.态度的表现

（1）方向

方向，即态度指向，个体对态度对象是肯定指向或否定指向。态度测量大多涉及这个维度，包括是与否、赞同与反对、接纳与拒绝、喜欢与厌恶等。

（2）强度

强度，即态度方向的程度。大多数人格量表涉及态度强度的测量。

（3）深度

深度，即个体对某态度对象的卷入水平。

（4）向中度

向中度，即某种态度在态度体系及相关价值观系统中接近核心价值的程度。

（5）外显度

外显度，即态度在其行为方向与行为方式的外露程度。

4.态度的特点

作为行为倾向的内在表现，态度具有如下特点：

（1）不稳定性

态度与价值观不同的是，价值观具有稳定性，一旦形成不容易改变；而态度却是不稳定的，容易变化。

（2）一致性

生活中经常见到“言行不一致”的情况，但当事人总是会找理由来说明他的行为正当性，原因在于人们希望保持态度和行为的一致性。研究表明，人们总是寻求态度之间的一致性和态度与行为之间的一致性。当不一致发生时，人们总是努力消除不一致。他们要么改变态度从而与行为保持一致，要么改变行为从而与态度保持一致，要么为这种不一致寻找适当的理由。

（3）行为相关性

态度与行为具有密切关系，这种关系受到许多中介变量的调节，其中重要的中介变量有态度与行为的具体性、社会对行为的限制性以及对态度的体验。

态度与行为越具体，二者之间的相关性就越强。比如，人们认为努力学习能够带来成果，所以应该努力学习，但人在事实上并不一定做出相应的行为。如果人们认为每天听英语半个小时能够提高英语听力，那么采取该行为的可能性就会提高。这是因为态度和行为之间的关系变强了。

社会限制是另一个影响态度和行为关系的变量。社会对行为的限制程度越高，行为的可选择范围就越小。如果个体不愿意做某事，但由于身处组织中较低的级别，必须这样做才能保住工作，此时个体的态度和行为就出现了高度的不一致。也就是说，社会对于行为的限制越大，态度和行为的关系越不明确。

对态度的体验也是影响态度和行为关系的中介变量之一。如果要评价的态度是个体曾体验过的，那么该态度与行为之间的相关性就比较强。比如，某人曾在学生阶段因贫困接受过他人的捐助，那么日后他对于捐款的态度和行为就会比较一致。

5.态度的测量

（1）直接（外显）测量法

确定态度最直接的方法就是观察他们对事物的举动。也就是说，在事物出现或事情发生的情境中，人们的举动和话语是其态度的具体表现。但人们可能会隐藏自己或欺骗他人，使直接的行为观察无法成为态度的有效测量指标。比观察法更为常用的是访谈法，即直接询问人们对某些事物的态度，如访谈和问卷调查。这种方法假设受访者能够意识到自己的态度，并且愿意坦诚表达自己的态度。此类方法也假设评估程序是非干涉性的，即直接询问不会改变或影响受访者原有的态度。

（2）间接（内隐）测量法

由于态度是个体对人和事物的倾向，目前还难以直接测量，因此态度测量一般使用间接方法。常用的态度间接测量方法有量表法、投射法、行为反应测量法。

态度测量始于20世纪。在使用态度量表进行测量时，主要测量态度的方向与强度。前者是对肯定或否定的测量，后者是对反应深度的测量。态度量表分单维量表与多维量表。单维量表有瑟斯顿-蔡夫的等距量表，李克特的累加量表等；多维量表中有奥斯古德的语义分化量表，博加达斯的社会距离量表等。

4.2.2 态度的作用

态度的作用集中体现为对于行为的影响。关于态度与行为之间的关系，人们进行了大量的研究，形成了不同的理论。

1.理性行为理论

理性行为理论（Theory of Reasoned Action）的基本观点是：人们的态度来源于有关行为结果的信念。这一理论由菲什拜因和阿耶兹（Fishbein & Ajzen，1975）提出。其特点在于，不是关注对于客观事物的态度，而是关注与可能行为相关的态度。按此思路，将态度和行为归结为4个组成部分：行为本身，行为指向的目标，行为完成的情境，完成行为的时机。

在理性行为理论看来，态度结合了人们对于具体对象特征的信念和评价，因此其状况与如下变量相关：目标行为（B），完成该行为的意愿（BI），对于该行为的倾向（A_{act}），个体对于其他人（I）认为他应该完成这个行为的信念（NB_i），达成n个人的期望的动机（MC_i）。加上从研究中得出回归权重w_1和w_2，目标行为与其他变量的关系可表示为：

$$B \sim BI = w_1 A_{act} + w_2 \sum NB_i (MC_i) \quad (1)$$

公式（1）是一个回归模型，用于确定态度和信念在预测行为意愿中的相对重要性，进而由这种行为意愿去联系可观测的行为（King，1975）。

2.计划行为理论

理性行为理论的延伸理论是**计划行为理论**（Theory of Planned Action），它整合了知觉和行为控制的概念。根据该理论，仅当可以控制自己行为时，人们才会按照自己的意愿行事，在通过态度预测行为时，控制感起着重要的作用。因此，人们需要通过计划来影响控制感。也就是说，行为是以特定模式进行有意识选择的结果。因此，当多个选择同时存在时，人们需要对相关信息进行有意识分析，以做出决策与计划。

对于事物或情境的态度、其他相关态度以及特定行为的得失，都是行动之前考虑的信息。然而，并非所有的行为都是通过有意识的认知过程。某些行为是自动化的，不需要一直控制，也并不需要决策和有意识的选择。当动机和意识水平都比较低时，态度如何影响行为，需要不同的解释。

3.态度-行为过程模型

当没有时间权衡各种行为选择，必须迅速决断时，关于态度对象的直接经验就特别有用。这种情况被整合到了**态度-行为过程模型**（attitude-to-behavior process model）中。根据这个模型，特定情境会激活某种特定的态度。这种态度会影响个体在该情境中的感知。当这种感知与个体对于该情境中恰当行为的相关经验结合起来时，就决定了个体对于情境的反应方式和行为选择。

4.态度表征理论

态度表征理论（Attitude Representation Theory）关注的，是用态度预测的行为和实际行为不一致的问题。

该理论基于两个假说：表征假说和匹配假说。根据表征假说，个体对态度对象的反应来自两个方面：对于某类事物的主观表征，以及当前环境下对特定对象的直接感知。根据匹配假说，和态度相关行为的一致性或稳定性，依赖于个体主观表征与即时感知之间的匹配。在此过程中，记忆、解析以及其他的主观认知过程，对决定个体在各种态度情境中的行为起到了重要的作用。

4.3 态度调整

与价值观相比，态度是具体的，不稳定的，经常处于矛盾和变化之中。态度的状况和变化，与态度中认知、情感、行为三者的关系密切相关，可以通过调整三者关系来对态度加以引导和改变，进而影响人们的行为方式。为此，需要在了解态度形成规律的基础上，认识态度的调整和引导。

4.3.1 态度的形成

态度作为行为倾向性的内在表现，并非与生俱来，而是后天形成的。但人们的先天遗传会影响到他们对于后天经历的知觉和评估，影响到他们如何应对这些经历，从而影响态度的形成。因此态度是遗传和环境共同作用的产物。

1.态度形成的影响因素

（1）先天遗传

相关研究表明，基因对于认知和情绪的作用是显著的（Bouchard，1994；Bouchard，Lykken，McGue，Segal & Tellegen，1990）。研究指出，遗传能够影响很多种态度，包括对待饮食的态度、对待工作的态度和对待种族的态度。其中遗传性系数高的态度基因的影响更大，稳定性更好（Grelia & Tesser，1996；Tesser，1998）。

（2）后天学习

态度的形成过程是社会化学习的过程，受到后天环境的影响。根据社会学习理论，人们通过观察和模仿他人来习得态度（Bandura，1997）。一个人通常在从小到大的过程中，会以某种社会标准来评价自己的经历，这些标准受到情感以及从他人获得的忠诚度和安全感影响。一个人成熟后，他的态度难免会和父母相似，也会变得像他社会圈子中的同伴或其他人。

2. 态度形成的过程

美国学者凯尔曼提出，态度形成的过程包括服从—认同—内化三个阶段。

服从是态度形成的开始，个体总是按社会规范表现得与他人一致，以期获得奖励，避免惩罚。此时行为受外因控制，服从是表面的、暂时的。

认同是指个体自愿接受他人的观点或群体规范，使自己与他人一致。在认同阶段，个体虽受到态度对象的吸引，但已超脱外部控制的奖惩，而主动趋同于对象。在这一阶段情感因素起明显作用，认同依赖于对象对个体的吸引力。

内化是态度形成的最后阶段。这时候，个体真正从内心相信并接受他人观点，使之成为自己态度体系的组成部分。内化是个体原有态度与所认同态度的协调过程，其中情感成分是中介因素，认同基于情感上的喜欢，但以理智为引导。

比如说，在导师带领学生学习的时候，导师特别强调理论学习的重要性。刚开始的时候，学生可能并不真正认为理论很重要，但迫于导师的威严，于是表现出理论学习很重要的态度，这是态度形成的开始，即服从。过了一段时间，与同学之间交流后，在情感上认为理论学习确实很重要，而不是迫于压力认为的，这是认同。后来，通过自己的实践证明或是其他原因，发现理论学习真的很重要，这是从理智上认识的，是态度形成的最后一步，即内化。于是，该学生对于理论学习趋于赞同的态度。

4.3.2 态度的矛盾

了解态度的结构和形成过程，可以为调整态度提供思路。能否对态度施加影响，进行改变呢？答案是肯定的。其理论依据很多，比较经典的是“认知失调理论”。认知失调理论是由莱昂·费斯汀格（Leon Festinger）提出的，该理论从态度的结构和形成过程出发，说明态度调整的可能性和方式。

1. 认知失调

现实社会中，不一致的、相互矛盾的事物处处可见。但外部不一致不一定导致内部不一致。因为人可以把这些不一致的事物理性化，从而达到心理或认知的一致。倘若不能达到这一点，实现不了认知的一致性，出现认知失调，人在心理上就会产生痛苦的体验。

所谓**认知失调**（cognitive dissonance），是认知要素之间的矛盾。假如两个认知要素相关且相互独立，可由一个要素导出另一个要素的反面，那么这两个认知要素就是失调关系。例如，如果一个人有这样两种认知：一是“抽烟能导致肺癌”，二是“我不能不抽烟”，这个人就会体验到认知失调。因为由“抽烟能导致肺癌”，可以推出“我不应该抽烟”的结论。

关于认知失调的含义，必须注意两点：首先是“认知”的概念。在认知失调理论创始人费斯汀格的原意中，认知被定义为认知结构中的“要素”，一个要素即一个认知。它们可以是一个人对自己行为、自己心理状态、人格特征的认识，也可以是对外部客观事物的认识。总之，可以是事实、信仰、见解或别的一切事物。任何两种认知或者是一致的，或者是不一致的，或者是不相关的。只有在两者既相关又不一致的情况下，才会导致失调。第二是“由……可以推出”的确切含义。在个体认知结构中，要素之间的一致或不一致完全是由个体心理决定的。换句话说，认知的一致与否不取决于是否符合客观逻辑，而取决于个体的心理逻辑。

认知失调的方式有两种。一是逻辑不一致。如果说所有的乌鸦都是黑的，那么如果见到某只白乌鸦，则认知就会产生逻辑不一致，失调就会随之产生。二是态度与行为之间的不一致，或者两种行为的不一致。一个人在态度上可能反对战争，但在行动上参加了战争。这样一来，“我反对战争”和“我参加战争”就是矛盾的认知，个体必然产生认知失调。这种范例同样可应用于两种不一致的行为。

在谈到失调的影响时，费斯汀格做了两个假定：“当失调存在时，由于个体心理上的痛苦，个体则试图减少失调，达到认知和谐，以减轻心理上的不舒适体验。当失调存在时，除了努力减少失调外，个体还积极地避开可能导致增加失调的情景和信息。”因此，可以通过三种方式减少失调：①改变对行为的认知。②改变自己的行为。③改变对行为结果的认知。例如，倘若抽烟导致认知失调，个体减少失调的方式是：停止抽烟，或改变对抽烟消极后果的认识。

2.认知失调的程度

认知失调具有不同程度；认知失调程度的不同与认知要素的重要性相关。要素的重要性程度越高，可能引起的失调程度也越高。例如，某人不喜欢吃菠菜，但又多少吃了一些，这会产生失调，但程度却不会太高，因为不喜欢吃菠菜和吃了些菠菜，在个体认知结构中不占重要地位。

在分析认知失调的程度时，必须考虑认知结构中所有与失调有关的要素。前面主要分析只包含两个认知要素的失调，但实际上失调常常牵涉两个以上的认知要素。例如，主张和平和参战是两个矛盾的认知，会导致认知失调，但个体参加战争可能与保卫祖国的认知一致，因而可以降低失调程度，或者根本不会产生失调。

认知失调的程度受多种因素影响。导致认知不协调的要素是否重要，是影响失调程度的重要原因之一。也就是说，如果个体认为导致不协调的要素不那么重要，改变这种不平衡的压力就比较小；反之，压力就比较大。另外，个体认为自己能够影响认知要素的程度，也是影响认知失调程度的原因之一。如果个体认为这种不协调是由于不可控的因素导致的，那么减少不协调的压力就会比较小；反之，压力就比较大。奖赏也影响着个体减少不协调的动机。当不协调伴随着高度奖赏时，减少不协调的动机就小。

4.3.3 态度的改变

前文说明了态度调整的可能性，下面进一步说明态度调整的方式。所谓态度的调整方式，是指调整者根据态度的特性和态度调整的原理，有意地对行为主体的态度施加影响。

1. 态度改变的影响因素

与态度改变相关的态度特性包括三个方面：态度的协调性、态度中的感情因素及其极端程度、态度的持久性。

态度的协调性。人们总是寻求认知和感情的一致性，从而保持态度与行为之间的协调。因此，当个体认知因素和感情因素不一致时，就能提供改变态度的机会。

态度中的感情因素及其极端程度。态度中的感情因素越强烈，态度就越难以改变。比如爱国主义情怀等，这种对国家的情感取向是难以改变的。

态度的持久性。态度形成的时间越长，态度就越稳定，并且持续的时间会更长。比如说，如果你从小就被教导要勤俭节约，那么这样的态度就可能会比较稳定；如果让你大手大脚地花钱，你可能会很不习惯。因此，态度形成的时间越长，其改变的难度就会越大。

智力、年龄与性别、自我防范心理的强弱等心理因素，都会影响态度的改变。年龄越大，态度改变难度也越大。女性相对男性而言，态度改变比较容易。自我防范心理强的人，态度改变难度要大一些。

物质和精神上的利益能够诱发态度的改变。当态度改变带来的利益越大时，改变就越容易实现。

2. 平衡理论

海德平衡理论（Heider's Balance Theory）重视人与人之间的相互影响在态度转变中的作用。海德认为，在人们的态度系统中存在某些情感因素之间或评价因素之间趋于一致的压力，即如果出现不平衡，则向平衡转化。海德指出，人们在改变态度时，往往遵循“费力最小原则”，即个体尽可能少地改变情感因素而维持态度平衡。

海德于20世纪50年代提出该理论。海德认为，个人在社会生活中建立的大部分与他人的关系是通过某些事件形成的。设主体本人为P，他以外的其他人为O，事件为X，这二者构成了环状的封闭系统，被称为P-O-X三角。处在三角某一端点的因素都与另外两个端点的因素有某种关系。这些关系有两种可能——正的或负的。它们都是由主体P的认知和态度决定的。判断当前起作用的P-O-X三角处在何种状态，首先将三角上各因素之间的关系按其正负特点分别取+1或-1为标志，然后将三角上所有+1或-1的值相乘，如果所得之积是+1，则此三角的状态是平衡的；反之，三角的状态是不平衡的。当人与他人及事物之间的关系处在不平衡状态时，人体验到不愉快。不愉快的体验可以作为一种动机，驱使人采用多种方式，将不平衡状态转化成平衡状态。

3.社会交换理论

这种理论从个体对得失权衡与比较后产生的趋向与回避动机的角度解释态度的形成与转变，认为决定个体采取何种态度以及转变态度的关键是诱因的强度。态度持有者不是被动接受环境的影响，而是主动对诱因周密计算的选择者。态度是肯定因素（得）与否定因素（失）的代数和。个体选择何种态度取决于这种态度能使其获得什么，失去什么，总收益如何。但是个体并非永远是理智计算的决策者，而且个体对这种精确的计算过程也未必意识到。

4.态度改变的条件

费斯汀格的著名实验发现，在导致态度改变方面，较少的报酬比起较多的报酬更有效果。由此得出结论说："如果某个人被诱惑去做或去说某件同他自己观点相矛盾的事，则个体会产生一种改变自己原来观点的倾向，以便于达到自己言行的一致。用于引发个体这种行为的压力越小，态度改变的可能性越大；压力越大，态度改变的可能性越小。"

这一结论得到了实验证明。实验要求被试者执行一项枯燥乏味的工作，分3个组进行，每组20人：①控制组。②1美元报酬组。③20美元报酬组。实验者告诉被试者他们正在从事的工作事实上是非常有趣的，并要求被试者告诉下面的被试者这项工作的确令人愉悦。上述过程进行完毕后，实验者要求被试者以5～15中的任一数值表示工作令人欢欣的程度。结果见表4-4。

表4-4 **实验结果**

条件	1美元报酬组	20美元报酬组	控制组
平均估值	+0.35	−0.05	−0.45

不出所料，所有实验组都比控制组对工作有更高程度的估值。这一现象用传统的强化理论是不能解释的。更少的报酬能导致更大的态度改变，而更多的报酬成了坚持原有态度的理由，因而更多的报酬不会导致认知失调体验，更无法导致观点或态度的改变。

费斯汀格的这一实验曾引发激烈的争论。许多学者重新设计实验以验证费斯汀格的发现，有的却没有发现支持结论的有力证据。1965年，罗森伯格（Rosenberg）曾设计过一项实验，实验结论与费斯汀格的结论恰好相反，态度的改变与报酬的多少成正比，即报酬越多，态度改变的倾向越大。

5.态度改变的过程

美国学者霍夫兰德（Hovland）等人提出了态度转变模型，这一模型描绘出了影响态度转变的因素。

（1）传递者

传递者具体包括以下三个内容：

①信息的传递者。其威信、与接受者的相似性都会影响他提出的信息的说服效果。威信越高，与接受者的相似性越高，说服的效果越好。

②说服的意图。如果接受者认为传递者刻意影响他们则不易改变态度；但如果他们认为传递者没有操纵自己的意图，心理上没有阻抗，对信息的接受较好，就易于转变态度。

③说服者的吸引力。接受者对高吸引力的传递者有较高程度的认同，因而容易接受他的说服。

（2）沟通信息

除了传递者，沟通信息本身也很重要，具体而言，又可以分为以下三个要点：

①信息差异。任何态度转变都是在沟通信息与接受者原有态度存在差异的情况下发生的。如果传递者的威信较高，这种差异越大，引发的态度转变就越大；如果传递者威信低，这种差异适中，则引发的态度改变也较大。

②畏惧。它与态度转变的关系不是线性关系。在大多数情况下，畏惧的唤起能增强说服效果。但是，如果畏惧太强烈，引起接受者心理防御以至否定畏惧本身，结果却只能是态度转变较少。研究发现，中等强度的畏惧信息能达到较好的说服效果。

③信息倾向性。对一般公众，单一倾向信息说服效果较好；对文化水平高的信息接受者，提供正反两方面的信息，说服效果较好。

（3）接受者

接受者是态度转变的主体，下列因素直接决定着接受者态度转变的过程：

①原有的态度与信念。已经内化了的态度作为接受者信念的一部分，难以改变；已成为既定事实的态度，即接受者根据直接经验形成的态度，不易改变。

②接受者的人格因素。依赖性较强的接受者信服权威，比较容易接受说服；自尊水平较高、自我评价较高的接受者不易改变态度。社会赞许动机的强弱也是影响态度转变的因素，高社会赞许动机的接受者易受他人及公众影响，易于接受说服。

③个体在面临改变态度的压力时，其逆反心理、心理惯性等心理倾向会使其拒绝他人的影响，从而影响态度转变。

（4）情境

态度转变是在一定情境下进行的，以下情境因素会影响态度转变。

①预先警告。它有双重作用。如接受者原有态度不够坚定，预先警告可促使其态度改变；但预先警告也可能有抵制说服的作用，例如，预先警告与接受者的利益有关时往往使其对态度转变产生抵制。

②分心。它的影响也是复杂的：如果分心使接受者分散了对沟通信息的注意，将会减弱他对说服者的防御和阻抗，从而促进态度转变；如果分心干扰了说服过程本身，使接受者得不到沟通信息，则会削弱说服效果。

③重复。沟通信息重复频率与说服效果呈倒U形曲线关系，即中等频率的重复，效果较好；重复频率过低或过高，说服的效果均不好。

补充资料：员工态度调查问卷

本章小结

上一章介绍了知觉作用，说明了知觉的作用是为行为选择提供了信息依据。但是在现实生活中，即使面对同一信息，人们还是会产生不同的行为倾向。原因就在于人们在社会生活中形成了不同的价值观，因此对于具体的事物会产生不同的态度。

组织行为学研究的目的在于解释、预测和影响人们的行为，本章介绍了价值观与态度的定义、性质、结构、测量方法以及它们与个体行为之间的关系。这为我们解释和预测行为提供了重要依据。而态度与价值观相比，是具体的，不稳定的，经常处于矛盾之中。这就为态度的调整提供了可能，也就是说，我们可以通过调整一个人的态度来影响其行为。

核心概念与关键术语

核心概念

价值观　价值观的类型　价值观的测量　态度　态度结构　态度形成过程　态度的矛盾　态度转变模型

关键术语

价值观（values）　工具性价值观（instrumental values）　终极性价值观（terminal values）　施瓦茨价值观量表（Schwartz Values Survey）　态度（attitude）　认知成分（cognitive component）　情感成分（affective component）　行为成分（behavioral component）　理性行为理论（Theory of Reasoned Action）　计划行为理论（Theory of Planned Action）　态度-行为过程模型（attitude-to-behavior process model）　态度表征理论（Attitude Representation Theory）　认知失调（cognitive dissonance）　海德平衡理论（Heider's Balance Theory）

思考题

1.价值与价值观有什么联系与区别?
2.常见的价值观有哪些类型?各有什么特点?
3.什么叫作态度?它与价值观的关系如何?
4.态度由哪些要素构成?要素之间具有什么关系?
5.态度是如何变化的?认知失调理论的基本思想是什么?

第5章 行为动机

学习目标

通过本章的学习，您应当掌握：

1. 动机的研究状况
2. 行为动机的特点和功能
3. 组织行为学关注的动机类型
4. 动机的形成过程
5. 动机的调整方式
6. 行为选择的机理
7. 行为选择的方式

引　例　**员工职业道德建设的问题**

在当今社会中，随着人们对于道德的要求逐步提高，职业道德建设成为企业的一项必修课程。企业员工的职业道德水平，不仅是企业健康发展的必要保障，更是企业取得竞争优势的利器。

仲某是北京市一家大型国有银行的银行卡部的一位职员，一年夏天，他为请托人办理贷款中收受索取82万元好处费，被北京市法院判处13年有期徒刑。当被问起犯案的动机时，他无奈地回答道："知道这样做不对，但是一方面碍于人情面子，一方面又是自己的贪欲作祟，所以最终就收了钱。"此外，仲某还指出，这种收取好处费的行径并非孤立事件，企业里不少和他一样的员工，都拿过数量不等的贿赂，这在很大程度上也影响了他的选择。

事实上，该银行的规章制度中一直对此类行为明令禁止，并且时常举办一些职业道德讲座，教导员工履行职业道德。但是，由于缺乏日常的软性教育及文化熏陶，此类事件还是频频发生。

相反地，在北京百年中药老店——同仁堂中，违反职业道德的行为几乎无处可觅。诚实守信、童叟无欺是同仁堂的生存之道，更是其恪守的基本原则。同仁堂的每一位员工，从称重员，到采购员，再至销售员，都秉承诚信二字，即便在巨大的利益诱惑面前也不例外。

同仁堂的成功，很大程度上取决于其强大的企业文化。除了建立完善的规章制度和管理模式，再辅以定期的道德教育外，企业更多要靠文化的潜在影响力来约束员工的行为。同仁堂的任何一名员工，无论职位高低，都必须对企业的历史了如指掌。历史告诉他们，同仁堂能够走到今天，靠的就是对诚信的信念。因此，即使是员工微小的行为，都可能影响到企业的形象，关系到企业的命运。此外，同仁堂十分强调为员工营造温馨团结的工作环境，以使得员工将企业作为自己的另一个“家”。这样，员工履行职业道德的行为，不再是利益权衡后的结果，而是情感上的自然之举。

从以上的例子可以看出，员工的职业道德履行状况是由其行为选择的机制决定的，而人的行为又取决于行为选择的三个坐标的作用。这三个坐标分别为：“是非坐标”，即对不对；“价值坐标”，即值不值；“情感坐标”，即愿不愿。因此，员工的行为总是建立在一定的是非、价值和情感基础上的，企业对其行为的控制和影响需要同时从以上三个方面入手，而不能片面强调某点而忽略其他。

【思考】

1.这个案例对于个体行为选择的机制做出了怎样的解释？用组织行为学的知识应当如何理解？

2.人的动机在人们的行为选择中起怎样的作用？它同个体特点、知觉作用、价值观念有怎样的关系？

3.人的行为是否只有上述的方式？结合生活经验，描述一下个体行为还有什么方式。

本章提要

态度引发一定的行为动机，而行为动机直接影响着个体的行为。个体行为动机的来源、差异及其原因是组织行为学的研究对象。前面三章从三个不同的角度对行为动机做出描述和解释，本章将对这些内容加以整合，进一步说明行为动机，并简要地介绍影响人们行为动机的原理。

从行为动机到具体的行动，还需要经历一定的过程，这也是组织行为学研究的重要内容，可以说，动机形成和行为选择的过程，构成了组织行为学探讨的主要内容，是解释行为、预测行为和影响行为的关键。

5.1 动机的性质

组织行为学的研究，目的在于解释、预测、影响人们的行为。所谓解释，是对人的行为，给予科学上的说明；所谓预测，就是从个体的心理倾向，推测其未来的行为；所谓影响，就是引导人们的行为。而上述三者的实现，都需要建立在对人们行为动机有深刻认识的基础上。

在前面章节中已经提到过，人的行为具有自觉能动性，行为动机即人们自觉意识到的行为动因。一定的行为动机产生于一定的需要，并且指向能够满足需要的特定行为目标，从而推动相应的行为活动。关于动机的含义，前面给出了心理学和行为科学上的解释[①]，随后的章节，分别从个体特点、认知作用和价值观念三个角度探讨了影响人们行为动机的因素，进一步加深了对行为动机的认识，下面将进一步阐释组织行为学中对于人们行为动机含义的解释。

5.1.1 动机的研究状况

前已述及，行为动机是指人们自觉意识到的行为动因。行为动机是社会心理学和行为科学等学科中的重要概念，因而不少研究者对其做过深入的探讨，本节将首先介绍有关行为动机研究的历史，回顾一些经典的研究结论，以加深对这个概念的认识。

1.发展历史

首先简要地回顾一下动机理论发展的历史，便于我们从动机研究纵向发展的角度加深对其的理解。

动机理论（Theory of Motivation）是指心理学对动机这一概念所进行的系统研究[②]。动机一词最早源于拉丁文的“Movere”，原意是指推动或引向行动。心理学中，**动机（motivation）**一词正式出现于20世纪30年代。可见，动机问题是心理学研究的一个较新领域。

动机问题的研究始于20世纪初，那时，占主导地位的是以詹姆斯、麦独孤、弗洛伊德为代表的本能论。20世纪30至50年代是动机问题研究的第一个黄金时期，以赫尔（Clark Leonard Hull，1884—1952）为代表的驱力论代替了弗洛伊德的本能论成为这一时期的主要动机理论；与驱力论同时存在的还有以巴布罗夫等为代表的诱因论、斯金纳的强化论以及马斯洛的需要层次理论。20世纪六七十年代是动机问题研究的转折时期，其特点是动机的研究由机械观向认知观转变，心理学家由过去的强调动机的内在起因（本能、需要、驱力等）和外在诱因（目标、刺激、奖惩等），逐步转向对人的中介认知调节因素的研究，主要理论有联结论、去理论、认知论、精神分析、归因论以及成就动机论等，研究的内容包括好奇（探索行为）、交往、失调、攻击、焦虑等。

20世纪80年代至今，认知观进一步发展和完善，并形成了一系列认知动机理论，如成就动机理论、自我效能论以及新近的自我决定论、预言论等。这些理论的共同特点是：强调动机的可控制性；从人类的行为出发来研究动机；重视自我认知在动机中的作用。

下面按照动机理论发展的线索，选取每一个阶段的代表性理论进行阐述。

---

① 详见本书第2章“个体特点”。
② 李文华．现代社会心理学［M］．武汉：华中科技大学出版社，2007.

2. 早期的本能论

本能论是动机问题研究中形成的第一个理论。在早期的哲学观点中，本能这个概念是用来解释动物行为的，到了19世纪，受达尔文生物进化论的影响，心理学家开始强调人类与动物之间的相似性，并试图根据本能解释人类的行为。达尔文在他的《人类的由来》一书中，强调本能是人的感情、欲望和意愿的基本来源，他写道："人的一些社会性本能，来源虽必然是很早，早到他的原始的时代，甚至更早地追溯到猿猴难以分辨的他的远祖的时代，却到今天还对他的一些行为提供最好的动力。"①

在心理学家中，最早将本能问题纳入心理学领域的是美国心理学家詹姆斯，他在1890年出版的《心理学》中，曾专门讨论本能问题。詹姆斯将本能定义为"以某种方式产生某种结果的官能，对于这种行为不需要预测其结果，也不需要实现的教育"。他强调引发刺激的条件，这种条件由于处于有机体的生理结构中，从而导致非习得的或基于目标预期的自动的行为系列。詹姆斯还根据大量的人类行为区分出以下几种本能：清洁、建设、好奇、恐惧、饥饿、嫉妒、谦虚、慈爱、忠诚、害羞、合群、同情。

继詹姆斯之后，麦独孤是本能论的集大成者，他将本能论进一步完善，他在1908年出版的《社会心理学导论》一书中，指出了心理学中动机问题研究的滞后性，试图建立一个由本能论统摄的动机理论体系："心理学中对社会科学至关重要的部分是研究人类行为的动力，即研究维持身心活动和调节行为的冲动和动机。然而，这却是心理学中最落后的部分，目前的状态仍然是最隐晦、含糊和混乱的。"在这本书中，他致力于为本能确立一种范围广泛的定义："我们可以把本能视为一种遗传的或先天的心理—物理意向，它影响主体感知、注意某类客体的过程，影响在感知时体验到的特定的情绪兴奋程度，以及对感知到的刺激做出的特定动作或者神经冲动。"麦独孤最初提出12个本能清单，后来扩展至18个。其本能论主要建立在达尔文的生物进化论和大量的动物实验的基础上。

3. 弗洛伊德的本能论

弗洛伊德的本能论与詹姆斯、麦独孤的本能论有所不同，他没有停留在对本能种类的划分，而是对本能发生作用的机制展开了一系列的研究。另外，弗洛伊德的本能论是建立在他的临床医疗和对大量异常心理现象的观察分析的基础上的。

弗洛伊德将本能定义为"促使大脑运转的需求程度"。在弗洛伊德早期的本能观中，他将性本能视为人的一切活动的源泉。他所说的性泛指一切感官的快乐，认为性本能包含人生来就有的所有本能的欲望和原始的冲动，以及驱使人去满足本能的欲望和冲动、寻求感官快乐的潜力。这种潜在的驱力被弗洛伊德称为

① 达尔文. 人类的由来［M］. 潘光旦，胡寿文，译. 北京：商务印书馆，1983.

“力比多”。与之相对应的是一种死的本能，弗洛伊德称之为“达那多斯”，它代表恨和破坏的力量，表现为求死的欲望。这种破坏的驱动力可以是向内的，如自虐和自杀，也可以是向外的，如攻击、仇恨等。

4.动力论

动力论最初由吴伟士创立，后来在著名的心理学家勒温那里得到进一步的完善。动力论旨在研究人的意识和行为的因果机制以及驱动行为的动力刺激与情境因素。勒温的理论包括场的结构及各部分之间的关系和力，因此这种理论也被称为场论。

场论首先假定人的行为取决于当时所处的场，而不是以前的经历在大脑中留下的痕迹，因此这种分析是非历史的，不同于弗洛伊德等人的历史的、经验的分析方法。场论的第二个假定是对行为的分析必须考虑个体当时所处的情境。为此勒温提出了生活空间的概念。生活空间描述的是个体在决定行为那个时刻的所有心理事实，它是个体知觉到的环境，即心理环境。心理环境与物理环境不一样。心理环境是被人们知觉到的，这种环境受到许多因素的影响，如需要、价值、态度、情绪和动机。而知觉到的环境同样也会影响个人，如紧急事件的发生很可能改变人的需要。

动力论是动机研究中认知论的早期代表，它从整体上研究人类行为的动力，为群体心理学的发展奠定了基础，也为认知理论的发展提供了重要的理论视角。

5.自我效能论

自我效能论（Self-efficacy Theory）是班杜拉在其社会学习理论基础上提出的一种动机理论，它是关于个人行为、个人动机、认知和环境之间交互影响的理论。在班杜拉看来，人的能力并不是一种固定的行为或者仅知道做什么，而是将认识与技能组合成统一的行动，并对不断变化的环境协调适应的一种本领。改变行动的始发与调节是由个人对自己的操作能力的判断决定的，这种对自己能力的判断就是自我效能，它包括在自我调节过程中，“一个人对自己能够怎样有效地组织和实施行动过程，以及包含对模糊不清、不可预测并经常令人紧张的成分的未来情境的判断”。“在特定的合适技能和合适的刺激条件下，效能预期将是人们遇到应急情境时选择什么活动、花费多大气力、支撑多长时间的努力的主要源泉。”①

对于自我效能的产生途径，班杜拉认为有三条。第一条，个人的直接经验。一个人经常成功，自我效能一定会升高；反之，则下降。第二条，替代性经验。观察别人在某类问题上取得成功会增强自己处理类似问题的效能感。第三条，社会的影响。例如，他人的劝说、舆论的影响。自我效能还能产生迁移、概括化。一般来说，自我效能判断根据要处理的具体问题而有所差异，它是指向具体问题

① 周晓虹．现代西方社会心理学流派［M］．南京：南京大学出版社，1990.

的，但人们往往因某一具体事件的成功而产生“一种更概括的效能质感，它远远超出了特定的治疗情境”。

班杜拉把自我效能作为人类动机过程的一种重要中介来看待，用它来解释各种复杂的社会行为。

6. 自我决定论

自我决定论（Self-determination Theory）是美国心理学家德西和赖兰提出的一种新型动机理论。该理论假设，人类是积极的生物，生来具有心理成长和发展的趋向。德西认为：“自我决定不仅是个体的一种能力，它还是个体的一种需要，人们拥有一种基本的内在自我决定倾向性，这种倾向性引导人们从事感兴趣的、有益于能力发展的行为，以及形成与社会环境的相互适应。”自我决定的标志在于灵活控制自己与环境之间的相互作用。在自我决定时，人们自由选择，并且这种选择基于对有机体需要的认识和对外在实践的灵活解释。德西将人的行为分为两种：自我决定行为与非自我决定行为，其中自我决定行为始于来自环境的信息和个人需要的结构，其中，这种信息加工体系与个人需要结构以及个人的因果取向形式相互作用，这导致动机形成。动机的形成是目标选择和目标行为的基础。

这个理论中，内在心理需要的满足与否是人类天然的自我动机发展和个性整合的关键。通过这个实验，研究者们总结出了三种基本的心理需要：自主需要、胜任需要和关系需要。在该理论中，自主需要即自我决定的需要，这种需要的满足最为重要。个体在某个活动上的自我决定程度高时，他体验到的是一种内部归因，感到能主宰自己的活动，此时他参加这个活动的内部动机就很高。胜任需要与班杜拉的自我效能感同义，指个体对自己的学习行为或行动能够达到某个水平的信念，相信自己能胜任该活动。而关系需要即个体需要来自周围环境或其他人的关爱、理解、支持，体验到归属感。因此，如果社会环境支持并促进这三种需要的满足，那么人类动机和天性就会得到积极的发展，人类自身也能健康地成长。

5.1.2 动机的本质特征

动机的原意是引起动作。行为科学的研究将其视为一个过程，即引起个体行为、维持个体行为，并将此行为导向某一目标的过程。[①]这个过程开始于个体生理上或者心理上的缺失，从而激发行为或驱力使个体向着特定的目标而努力。例如，一个人大热天外出归来，进门便去开冰箱。因为他渴了，而且知道冰箱里有饮料可以解渴。如果不巧，冰箱里没有饮料，他便会去找冷开水，甚至去商店里买水。这一系列行为，都是被“渴”激起的。实际上，仔细分析一下，人的行为

---

① 刘凤瑞. 行为科学基础 [M]. 上海：复旦大学出版社，1991.

背后无一不存在着行为动机。

要进一步了解动机的本质特征，需要从动机的特点入手，同时要掌握不同类型的动机。动机之间会相互联合，对行为产生综合影响，这就是动机的结构。动机对行为会产生一定的影响，集中表现在动机的功能上。最后，不同类别的动机对于行为的影响程度不一样，动机的力量主要阐述了这个问题。

1.动机的特点

介绍动机相关概念时，我们不难看出人们的行为动机具有一些十分显著的特点，如需求引致、错综复杂等，下面将较为系统地介绍行为动机的相关特点，以加深对其含义的理解。

(1) 需要性

需要性即行为动机产生于一定的需要。在前文叙述的所有相关理论中，都不难发现需要是行为的起点，按照心理学的观点，人们都是因为身心的不平衡状态导致了行为的驱力，人们的行为动机正是来源于这种需要，目的是满足这种需要，达到身心状态的平衡。

(2) 对象性

对象性，就是指这种需要可以通过一定的对象来满足。人们的需要出现以后，会产生行为的驱力，这种驱力会促使人们找到某个对象来满足需要，在心理学的研究中，这个对象就被称为诱因，人们的需要能够被诱因加以缓和。行为动机也是具体指向这个对象。

(3) 自觉性

自觉性，就是指个体有意识地寻找可以满足需要的对象。人具有主观能动性，即人们不是被动地接受或者像动物一样出于本能去寻找对象。人们总是有意识地在寻找对象。这里的“有意识”，是指人们能够自觉地意识到自己行为的信息收集过程、态度评价过程，以及最终选择过程。

2.动机的结构

人的动机多种多样。在很多情况下，不同的动机常常联合起来构成一个人的行为基础。这些同时存在、综合作用的动机被称为动机结构。

在一个人的动机结构中，各个动机的强度是经常变化着的。而决定人行为的，总是其中一个最为强烈的动机，这一最强烈的动机被称为优势动机。例如，人在周末有休息的动机，有整理房间的动机和逛街购物的动机。如果这天家里有客人来，那么整理房间的动机就成了优势动机。在该动机的引导下，人会早起打扫卫生；假如天气不错，又得到了某商场有展销的消息，则买东西的动机会成为优势动机；而购物回来，疲劳时，休息就成为优势动机，于是会先休息片刻。所以，人的动机与动机之间、动机与行为之间的关系是错综复杂的。

当个体同时出现的几种动机在最终目标上基本一致时，它们将联合起来推动个体的行为。其中，优势动机对其他动机具有调节作用。这种调节作用主要表现为：

①优势动机有凝聚作用，将相关动机联合起来，指向最终目标；同时优势动机还决定个体实现具体目标的先后顺序。

②优势动机具有维持作用，将相关动机的行为目标维持在一定的目标上，阻止个体行为指向其他目标。其他动机的影响力较小，但其作用也是不可忽视的。其他动机可以增强或削弱这种动机联合的强度。

3.动机的功能

动机在人的活动中有着重大意义，人的动机对活动具有引发、选择、强化和激励的功能。

（1）引发功能

动机是人类行为的直接驱动力。需要本身不能产生行为，只有当需要转变为动机后，释放心理能量的行为才被不可遏制地激发出来。例如，一个守纪律的学生在最后一节课时，尽管饥肠辘辘，仍可表现得十分安静，专心听课。而下课后，满足需要的目标出现，“饥饿”的动机驱使他往食堂去。

（2）选择功能

动机能指导人们做出相应的行为选择，朝着特定的方向前进，以达到预期的目标。我们常读到一些科学家的故事，他们为了完成某项科研项目，往往会做出超乎常人的行为选择。

（3）强化功能

行为的结果作为新的刺激，对动机产生作用。良好的结果使得动机加强，该行为便会重复出现，这是正强化；不良的结果使得动机变弱以致消失，该行为不再出现，这是负强化。例如，男孩子调皮，往往受到鼓励，于是他们的活动、逞强的动机得到正强化，而女孩子好动，却受到训斥，也就是负强化，所以，产生男女之间的行为动机的差异，并导致行为上的特征差异。

（4）激励功能

动机可以调动人的主观积极性，赋予人的行为以一定的意志力量去克服困难，排除干扰，实现目标。动机越强烈，层次越高，这种激励作用越大。例如，强烈的获胜动机，使得运动员在球场上跌倒后爬起，不知疲倦，不顾伤痛，不避危险，这就是动机的激励作用。

4.动机的力量

不同性质的动机，可以对人具有不同的意义，具有强度不同的推动力量。行动的方式、行动的坚持性和行动效果，在很大程度上受动机性质的制约。

马努依连柯的实验研究了不同动机对儿童行为的影响。学龄前儿童活泼好动，要他们长时间地站着不动是很困难的。但实验者安排了一种游戏的情景，儿童所扮演的角色要求他长时间地保持不动的站立姿势。这时情形就明显不同。比之成人单纯地提出要求，游戏情境中儿童保持站立的时间要长3～4倍。这里，除了游戏带来的情绪方面的有利因素以外，儿童的活动动机显然起着重要的作用。

在活动动机中，社会性因素起着重要作用。社会性动机所产生的力量可能如此之大，以致会超过和压制人的生物学本能。比如一些社会活动家，为了政治斗争的需要，可以抑制进食的自然需要，绝食长达十几天之久。

在实验室里，也见到类似结果。费约的实验中，要求三组成人被试大学生用右手食指拉起测力计上悬挂的重达3.4千克的砝码。对第一组被试者不说明任何理由；对第二组被试者，要求他们表现出自己的最高能力；对第三组被试者，则告之拉砝码的动作同电力输送到工厂、住宅的效果有关。结果显示，在三种不同的活动动机之下，社会性最丰富的动机能表现出最大的力量。

5.2 行为动机的状况

既然动机如此重要，我们就有必要进一步探讨动机的状况。这一节从动机的表现入手，抓住组织行为学研究中关注的一些动机。接下来，结合前面三章的内容，着重探讨动机的形成过程。动机的形成过程决定了动机调整的方式，最后我们简要地介绍动机调整的原理。

5.2.1 动机的表现

前文已经介绍了各种动机，这些动机是按照一定的关系联系起来的，这就是动机的体系，这部分主要介绍动机的体系。接下来，我们将重点探讨几种同组织行为密切相关的行为动机。

1.动机的体系

一个人的复杂而多样的动机，以其一定的相互关系构成动机的体系。

动机是在需要的基础上产生的。与人的需要相对应，动机可分为天然性动机（或称“物质性”动机）和社会性动机（或称“精神性”动机）。社会性动机按其内容的不同，可以有物质生产活动的动机、科学活动的动机、文化艺术活动的动机、社会政治活动的动机。文化艺术活动的动机还可分为艺术欣赏的动机和艺术创作的动机，如此等等。动机按照其社会价值，又可分为集体主义动机和利己主义动机等。可见人的动机是十分丰富而多样的。心理学的任务不在于研究这些动机的内容本身，而在于探讨不同动机对人的意志行动过程的作用和意义。

在同一个个体身上，各种不同动机所占的地位和所起的作用是不同的。某些动机比较强烈而稳定，另一些动机则比较微弱而不稳定。一个人的最强烈、最稳定的动机，成为他的优势动机。这种优势动机对他而言，相对地具有更大的激励作用。在其他因素相等的条件下，人采取同他的优势动机相符合的意志行动时，这种行动通常更容易实现。

在实际生活中，可以看到人比较容易实现与他的优势动机相一致的意志行动的例子。比如，少年儿童的游戏动机一般比较强。有的少年学生在学习方面害怕困难，意志表现较差，但他却可能在同伴们的游戏活动中对于困难表现出较强的顽强性和坚韧性。一个有着强烈的创造动机和探索欲望的科学家，要他坚持做一些日常琐事（虽然他也想做）也许难以持久，但他却能长期孜孜不倦，数十年如一日地专攻他所面对的艰难的课题。

前面说到，不同性质的动机可以具有不同的力量，但是某种动机对一定个体究竟产生多大的推动力，最终还得以个体的动机体系的特点为转移。比如游戏方面的动机对于儿童和对于成人，其激励作用就不一样；求知一类动机的激励作用，对一位学者和一位商人也不相同。当我们谈论动机体系对人的行为的作用时，着重指明的是同一种动机因在个体动机体系中占不同地位而对人的行为产生不同的影响；当我们谈论动机性质和它具有的力量的关系时，是指二者在多数社会成员身上表现出来的一般趋向。前者说的是个别性，后者说的是普遍性。普遍性是由个别性归纳而来的，并且普遍性又具体地表现于个别性之中。

人的动机体系在后天实践中形成，因此它是发展变化的。首先，随着个体年龄和实践活动的发展，动机不断地丰富和复杂起来。其次，动机体系的结构也发生变化，其中主导动机可能发生转移。比如吃喝、游戏方面的动机对于儿童十分重要；但到了青年时期，可能就退居次要地位。动机体系是随完整个性的改变而改变的。人在社会中生活并接受教育，在逐渐掌握社会行为规范的过程中，形成关于义务、行为的理想的观念，并根据社会需要逐渐学会做自我要求。当社会要求转化为个体的主观需要时，就在此基础上形成相应的动机，其他动机及整个动机体系也不断地经受着改造。由于动机体系是在个体接受社会环境的影响下形成的，因此，它反映着一个人的思想信仰、文化教养和道德面貌。

2.动机的内容

人类动机丰富复杂，其中成就动机、权力动机、亲和动机、地位动机以及安全动机，对组织行为的影响最为重要。

（1）成就动机

成就动机（achievement motivation）是指个体希望达成挑战的目标、在竞争的环境中获得成功、解决一个复杂的问题、发现更好的途径来工作以及渴望得到明确的绩效反馈的程度。麦克米兰对成就动机进行了大量的研究，发现高成就动机者的特征是：

中等的冒险水平。也就是说，高成就动机者会根据自己的能力确定合适的目标，并对自己的能力进行挑战。他们不会设定很容易就能达成的目标，因为那样没有挑战性；他们也不会设定离自己能力太远的目标，因为那样只是在碰运气而已。低成就动机者要么是低冒险倾向，要么是高冒险倾向，而高成就动机者是中等冒险倾向。

及时反馈的需要。也就是说，高成就动机者希望他们的行为能够得到及时、简要的反馈，告诉他们行为的效果。因此，高成就动机者一般会选择能够提供及时反馈的职业，如销售等。如果不能为其及时提供反馈的话，他们会极其痛苦。

对成就的满足。高成就动机者完成任务后的满足感是内在的，完成任务本身就是令人满意的；他们并不是希望必须有相应的物质奖励，相反，他们会认为物质奖励是反馈的一种，是对自己工作的认可和肯定。

全身心投入工作。也就是说，一旦高成就动机者确定了自己的目标，他们就会全身心地投入工作，直到成功完成任务。

（2）权力动机

权力动机（power motivation）的推动者是心理学家阿德勒（Alfred Alder）。权力动机是指希望影响人们以改变他们的态度或行为，控制员工和活动，占据一个高于别人的权威性的位置，对信息和数据源进行控制以及击败敌人或对手的程度。在组织中，权力动机主要有两种，社会权力和个人权力。社会权力是指能够用于培养追随者对其的信任和尊敬，经常与领导者的愿景联系在一起。而个人权力是指个体控制他人的能力以及领导者的个人目标。

（3）亲和动机

亲和动机（affiliation motivation）是指希望受到许多人的喜欢，被接受成为团队的一分子，与友好的和善于合作的同伴一起工作，保持和谐的关系，避免冲突，以及参加愉快的社会活动的程度。对亲和动机的研究可以一直追溯到霍桑的研究，当时亲和动机已经在组织中显示出了重要性。亲和动机与群体动力学和社会动机有紧密的联系。

（4）地位动机

地位动机（status motivation）是指个体对在团队、组织或者社会中的相对排名的追求。地位通常取决于流行的社会文化价值观和社会角色。个体对地位的需要与地位的象征紧密地联系在一起，具体表现在个体希望拥有一辆舒适的轿车，穿着合体，为合适的公司工作，并拥有合适的职位；从一个适合自己的大学拿到学位；居住在合适的社区，参加合适的俱乐部；具有执行官的特权等。

（5）安全动机

安全动机（security motivation）是指个体在生活中习得的动机，保护他们免受生活突发事件的影响，并且主动避免那些使他们的基本、一般以及次级动机无法得到满足的情景。比如说，有一份稳定的工作；免受失业和经济危机的威胁；免受疾病和残疾的威胁；避免身体受到伤害或者决策有失败的风险等。保险业就是基于人们的安全动机而发展起来的。安全动机是一种非常复杂的动机，这种复杂的、无意识的动机并不容易得到满足，但是可能会对个体的行为产生更大、更深远的影响。

5.2.2 动机的形成

从产生需要到最终动机形成，是一个非常复杂的过程。当个体产生需要的时候，他需要某种驱力来缓解其需要。一定的行为动机产生于一定的需要，并指向能够满足需要的特定行为目标，从而推动相应的行为活动。在这一过程中，知觉和态度起着重要的作用，在个体所知觉到的诸多对象中，其价值观引导了个体的态度，从而选择其认为最合适的诱因来使自身恢复平衡的状态。于是，行为的动机就产生了。

从图5-1可以看出，这个过程可能是一个长时间才完成的过程，也可能是一个瞬间就完成的过程。比如，某一个体需要处置闲置的资金时，他可能会投资，也可能会捐赠等，那么到形成最终的动机时，可能会需要一段较长的时间。又如，如果某一个体饿了，他就去食堂吃饭，这里从产生需要到他形成动机可能就是瞬间完成的过程。

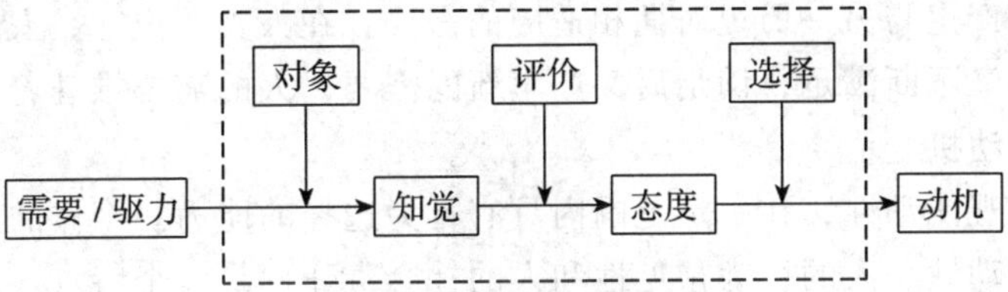

图5-1 行为动机的形成

探讨动机的形成过程是我们对工作动机中的内容理论和过程理论进行区分的关键。

1.需要与动机

从动机研究的历史中我们不难发现，需要是引发人们行为动机的源头。本书并不建议使用本能论的观点，原因是该观点过于强调人的动物性，忽视了人的主观能动性。

按照行为科学的观点，产生行为的直接原因是动机，而动机是受到需要制约的。当外部条件不变时，内在的需要是一个人产生行为的根本原因。

按照需要的起源，本书将需要分为自然性需要和社会性需要。自然性需要是指人为了延续和发展生命所必需的客观条件的需要，如对衣食住行和性的需要。人的自然性需要，不仅受生理需要的制约，而且受社会生活条件的制约。社会性需要是在自然性需要的基础上形成的，它表现为人们对理想、劳动、道德、纪律、知识、艺术、交往等的需要。社会性需要是人所特有的需要，是人所特有的社会生活所要求的产物。

人的需要具有如下特征：

(1) 对象性

任何时候，人的需要总有一定的实际内容，或者是对某种物品的需要，或者是对活动的某种结果的需要。就是说，人的需要都有一定的对象性。

（2）多样性

人的需要纷繁复杂，既有生理物质的需要，也有心理精神的需要；既有低层次的需要，也有高层次的需要。总之，人的需要多种多样，丰富多彩。

（3）周期性

需要是有机体生命活动的基础。人的需要是人生存、发展和延续的直接反映，是人体包含人脑机能在内的客观要求。一旦人的需要停止，人的生命活动也就消失了。因此，人的一生就是不断追求和满足各种需要的行为过程。然而，需要及满足不是一次完成的，往往是周而复始的周期性的产生和满足，是原来需要及其满足自身的重复。

（4）历史性

人的需要，就其内容和满足方式来看，并不总是停留在一种水平上，而是不断发展的，具有历史性。在一定的历史条件下产生与该历史条件相适应的需要，到另一时期又产生与另一历史时期相适应的需要。在人类历史上，人们总是不断产生新的需要又不断满足，满足后又产生新的需要。人的需要推动着人的行为。

2.知觉与动机

人具有主观能动性，在一定范围内具有行为选择的能力。个体的行为选择具有人的自觉能动性、人的行为预见性和人的社会责任性等三个特点。人的行为预见性是指人们对自己将采取短期还是长期行为的判断；人的社会责任性是指个体行为选择的后果以及要承担的责任。

知觉为行为选择提供了信息支持，主要表现在以下两个方面：其一，行为选择是针对问题做出的回应，由于事件的当前状态与期望状态不同，个体对问题的感知也不同，不同的个体对同样的现象有不同的看法，有的认为存在问题，而有的则认为没有问题，所以个体对于存在问题并且需要做出决策的认识是个知觉问题。其二，对于任何一种行为选择而言，对决策所需信息的解释和评估都需要知觉过程。任何一项决策都需要针对信息进行解释与评估。这些信息来自多种渠道，需要对它们进行过滤、加工和解释。决策者的认知都必须回答这些问题。决策者还需要开发、评估各种行动方案，明确优缺点，因此，决策者的知觉过程会对最终结果产生重大的影响。

3.态度与动机

研究和实践都证明，态度对于一个人的行为具有很重要的影响作用。前已述及，知觉为人们的行为选择提供了信息，不难理解，即使面对同样的信息，不同的人也会产生不同的行为倾向，这是由于人们会对通过知觉收集到的信息加以评价，而评价的标准，正是人们长期在社会学习中形成的价值观。由于每个人的经历、所处环境、能力、人格不同，因而会导致人们的价值观大相径庭。态度是价值观对于具体事物的表现，由于价值观的原因，态度也会因人而异，这使得人们即使有同样的需要，接受相同的信息，也会采取不同的行为。

4.社会与动机

人类的行为受到后天学习的影响，是从社会实践中学习、丰富、提高的，因此研究人的动机，必须探讨社会动机。**社会动机**（social motivation）有多种定义，有学者主张将其定义为人的动机的社会方面；有学者则认为，人的动机就其本性而言是社会的，故动机也可被称为社会动机①；另外有些学者从人的生理需要和心理需要的角度，将社会动机解读为以心理内驱力和心理性需要为动力源泉而形成的促使主体朝向一定行为目标的内在动力。

社会动机主要讨论两个方面的意思：首先是人们的动机有一部分是社会性动机，这一部分我们将其称为社会动机。与此同时，我们必须认识到人们的社会动机一定是来源于一个人社会化的过程，也就是说，人们的社会动机不是与生俱来的，而是一个人在长期的社会生活中，在与周围的人和环境相处的过程中习得的。社会动机体现着人们的社会属性，即人是“社会关系的集合”。

社会因素直接影响着人们的行为，最为直观的证明便是人们在婴幼时期，父母就对个人今后的行为加以言传身教。按照社会学的观点，在一个人的早期（具体是指5岁以前），个体缺乏基本社会生活经验，因此，个体在很大程度上是依靠模仿学习来获得生活的基本技能及行为的，包括衣食住行，个体基本上是以被动的、呆板的形式接受周围的人的教化和模塑的。

对这种他人对于个体行为动机的影响可以进行追叙，人的人格以及个体在社会中的角色，都是在与人交往的过程中形成的。人们在社会化的过程中对于自己在社会中的角色会有所了解，他如何看待该社会角色，是否愿意履行该角色的义务，都会受到他人的影响。

5.2.3 动机的调整

分析动机的形成过程，便会知道从“需要”转化为“动机”的这一过程，受到一系列因素的影响，而通过调整这些因素，就可以影响人们的行为动机。我们可以从对象、评价和选择入手调整人们的行为动机。

1.从对象入手

前已述及，需要是一切行为的最初动因，需要刻画了人们身心不平衡的状态，一定的行为动机产生于一定的需要，并指向能够满足需要的特定行为目标，从而推动相应的行为活动。因此可以从需要出发调整人们的行为动机。在操作上，需要考虑需要的特性。

需要具有对象性的特点，即需要可以通过一定的对象来满足。因此，调节者可以提供行为主体的需要对象，这样就可以调整个体的行为动机。一个生活中简

---

① 时蓉华. 社会心理学［M］. 杭州：浙江教育出版社，1998.

单的例子就能够说明这种情况，当运动员在烈日中进行完激烈运动后，会产生“解渴”的生理需要，进而产生找水喝的动机，如果这时能够为他递上一杯凉水，就能有效地调整这位运动员的动机。

需要具有多样性，因而从对象入手对动机进行调整要区分行为主体的需要的类别和层次，马斯洛理论描述的正是这方面的内容。

需要具有周期性，从对象入手调整动机，不可能一劳永逸。一般而言，无论是最底层的生理需要，还是较高层的自我实现需要，满足后一段时间后这种需要还会出现。因此，在调整行为主体的动机时，要注意不时地提供能够满足需要的对象，以避免调整失效。

需要具有历史性，也就是说，人的需要不可能一成不变，相反，人们的基本需要得到满足后，会向着更高层次的需要发展。因此，调整者需要了解规律，把握行为主体的需要的发展历程，注意改变对象，保持调整的效果。

从上面的叙述中不难看出，从对象入手调整人们的行为动机是一种非常直接的方式，具有从根本上影响人们行为动机的效果。但是，这种方式的局限性也是非常明显的，首先是这种方法忽视了人的主观能动性。其实从需要到行为动机还有相当复杂的心理过程，从某种意义上而言，人们能够认识到某种诱因能够满足需要，这本身就必须经过一个学习的过程。其次，这种方式忽略了资源的有限性，这种方式总是强调满足行为主体的需要，但无论是物质资源还是机会，都是有限的，不可能满足所有行为主体所有层次的需要。最后，这种方式具有一定的时限性，这是由资源的有限性和需要的历史性得出的，因为人的需要会不断发展，而调整者不可能提供所有的对象，因而这种方法本身存在一定的局限性。这就提出了新的调整思路。

2.从评价入手

所谓从评价入手，是着眼于人们的知觉和价值评价过程，调整人们的行为动机。个体通过评价来确定对象满足需要的程度，人们行为的自觉能动性主要体现在这个方面。因此，调整者可以通过所提供的对象的意义来进行引导，使行为主体知觉到对象的意义，或者影响行为主体对对象的价值评价，从而调整个体的行为动机。具体来说，包括：

（1）影响知觉过程

在第3章中已经提到，人们是根据自己知觉到的客观世界行为的，而不是客观世界本身。具体来说，人们对于具体的需要对象，也需要知觉的过程。前已述及，知觉具有选择性和组织性，也就是说，人们的知觉过程不是一台“照相机”，准确无误地反映客观事物，相反，它会受到主客观因素的影响，选择性地反映客观事物；同时，知觉会按照一定的方式组织起来。这些过程都是调整者可以作用的环节。举例来说，调整者可以改变对象的强度、大小、频率等客观条件，或者影响行为者学习过程等主观条件来影响行为主体的知觉选择，这样行为主体就会优先知觉到某些对象，或者这些对象的某些特征，这样就能有效地影响人们的行为选择。同从对象入手相比，这种方式不是被动地提供对象，而是作用于人们的主观意识，影响人们认识对象的过程。

（2）塑造价值观念

现实生活中常常会出现这样的情况，即使是面对同样的事物，不同的行为主体会做出不同的行为选择，这是因为人们知觉到某种事物后，还会按照一定的标准进行评判，这个标准就是在第4章中介绍的价值观。前已述及，价值观在人们的行为选择中起着引导作用，久而久之，价值观会促成人们的行为准则的形成。因此，从价值观入手，也能有效地调整人们的行为动机。

价值观是个体在长期的社会实践中学习形成的，因人而异，同时具有一定的稳定性，除非遇到重大的变化，否则一个人的价值观很难被动摇。因此，价值观需要一个长期的塑造过程。同塑造价值观相比，调整一个人的行为态度就更具操作性。

（3）调整行为态度

态度是价值观在具体事件中的体现，在第4章中已经详细地介绍了“认知失调理论”，从理论上说明了态度的可调整性；同时介绍了许多态度引导的方式，更具有可操作性地说明了态度调整的方式。

态度会导致人们行为倾向的差异，由于态度是人们能够自我觉察到的心理活动，因此，通过调整人们行为态度能够更为长久地影响人们的行为选择。

3.从选择入手

当然，人们并不是形成某种态度倾向以后，就会直接产生行动的。从态度到行为还会经过一定的过程，概括地来说，行为主体还会根据自身的能力和人格做出行为选择。能力是一个人考虑能不能完成某事的衡量标准，也就是衡量自己能否达到既定的目标；人格是一个人考虑会不会执行某事的参考指标，也就是考虑是否符合一贯的行事习惯。当然并不是所有的行为都会完整地考虑这两点，但是作为一种切实可行的调整行为的方式，还是有必要对其加以介绍的。

（1）培养行为能力

在第2章中，我们详细地介绍了能力这个概念，实际上，个人的行为能力直接制约着人们的行为选择。这种影响大致可以分为不自觉和自觉两个层次。第一个层次影响着人们的一般意义上的行为，这是人们在一定时期后不自觉地意识到自己的行为是有范围的。例如，一个人不会想着徒手飞行。第二个层次是指对于理性行为或有限理性行为①的影响，具体是指人们会自觉地衡量自己的能力，是否能够实现既定的目标。例如，一个高中生在填写高考志愿时会考虑自己的能力，谨慎地填写决定自己命运的志愿表。

---

① 详见第2章中行为的类型相关内容。

那么从能力出发调整一个人的行为动机，主要就是指培养一个人的能力，或者让行为主体意识到自己的某种能力。这里的培养含义较广，既包括通过学习的手段使个体具备某种能力，也可以指通过协作的手段，克服某种限制。

（2）塑造特定人格

人格是一个非常重要的概念，它反映了个体对外界独特的反应模式，前面已经提到，人格甚至会影响一个人的知觉和态度，由此可见其重要性。塑造特定的人格，是指通过学习的过程，改变一个人特有的行为模式。这个过程需要较长的时间和其他因素的作用，具体的内容会在后续的章节中加以介绍。

另一种比较可行的方式是根据人格，匹配适当的行为客体，也能有效地调整人们的行为动机。

总之，行为动机的调整是基于动机形成的过程，调整人们的心理活动。值得注意的是，调整行为本身带有一定的目的性，通常在特定的情境中才具有必要性和可能性，本书将在后续的章节中逐一介绍。

5.3 行为动机的作用

行为动机是行为的直接动力，并且通过行为选择的自觉性和可控性体现出来。本节将着重探讨行为动机对于行为的作用。要说明行为动机的作用，首先要介绍行为选择的机理，也就是说明个体形成一定的行为动机后，如何进行行为选择；接下来介绍几类典型的行为选择的方式。

5.3.1 行为选择的机理

行为本身是一个选择的过程。“一切行为都包含着对特殊的行动方案进行的有意或无意的选择。”[①]这里的选择，并不一定是精心或刻意的，一个人按照特定的行动方案行事了，在客观上就放弃了其他的行动方案。这部分将详细地剖析人们行为选择的过程，这是理解人们行为选择方式的基础。

1. 手段与目的

即使是在生理层次上，手段-目的关系也可以用来解释行为。在这个层次上，肌肉张力的协调作为手段，为的是进行简单的生理动作，如散步，伸手去够并拿到一样东西，转动眼球去看一样东西，等等。但是这种目的本身又是为了实现更远大的目标。

虽然许多行为选择都有这样的特性，但是这种分析范式有一定的局限性，主要体现在以下三点：第一，选择具体行动方案时所希望实现的目标，常常被错误、片面地表达了；第二，在实际的场合中，要想将手段和目的完全地分离开

① 西蒙. 管理行为［M］. 杨砾，韩春立，徐立，译. 北京：北京经济学院出版社，1988.

来，往往是做不到的；第三，在时间因素起作用时，这种手段-目的的分析范式往往会模糊不清。在下面的行为选择的某些具体方式中，我们能够清晰地看到这些局限性。

2.备选行为

作为行为主体的个人，在任何时候都面临着大量可以替代的备选行为。其中有些行动方案被意识到了，有些则不然。行为选择，就是指为做出任一行动，从这些备选行为中挑选其一，准备执行的过程。

不难理解，行为选择在确定了目标后，应当包含这样三个步骤：列出备选行为；分析行为后果；对后果进行对比性评价。值得注意的是，备选行为是否能穷尽地被列出，后果是否能够被完全地计算出来，这些后果能否清晰地得到评价，在不同的情景和理论假设前提下是大相径庭的，这就是后文会提到的多种行为选择的方式。

3.偏好与评价

前已述及，行为选择需要对后果进行对比性评价，也就是确定后果的优先顺序。人们会对各式各样的后果的价值进行权衡和选择。值得注意的是，人们的偏好体系本身是从何而来的、是否在人们进行行为选择之前就已经形成并且在决策过程中一成不变、人们是否按照自己的偏好体系进行评价，这个问题本身有待讨论。经济学家提出了一套用以描述这个过程的观念图示，即无差异曲线。但是随着对人们行为的深入研究，不少学科的研究者对这种理想的模式提出质疑，这样就形成了对多种行为选择方式的探讨。

本书认为，人们的行为选择，基本上包含手段与目的、备选行为、偏好与评价这三个要素，这是埋解人们行为的基础。无论行为主体是否自我意识到，其行为都是试图达到某种目的，按照自己的评价标准，在一定的备选方案中选择了一个方案的结果。

5.3.2 行为选择的方式

由于对行为选择机理中的基本概念的关键假设不同，所以，不同学科的研究者从各自的研究前提出发，探讨了不同的行为选择方式，如最优决策模型、满意决策模型、隐含偏爱模型和直觉模型。其中最优决策是一种理想化的方式，满意决策具有普遍影响。

1.最优决策模型

最优决策模型又称**理性决策模型**（rational decision-making model），该模型来自于经典的经济模型，要求决策者在限定条件下，做出稳定、价值最大化的选择，通常假定决策者在任何一方面都是完全理性的，这种理性达到了完美的程度。

（1）最优决策模型的步骤

①弄清决策需要。最优决策模型的第一步是明确行为的目标，该行为方式认

为行为的目标是可以明确的。

②确定决策标准。该模型认为决策的标准是既定的，所谓决策标准，可以理解为人们的偏好体系，这种模型接受了经济学的理论假设，认为人们的偏好体系是既定的，因而决策标准能够明确。

③标准权重分配。也就是将这些决策标准进一步细化，并按照固定的方式分配到各个要素中去。

④穷尽备选方案。这是该模型中非常关键的一步，也就是根据行为所要达到的目的，将能够达到该目的的方案全部罗列出来。

⑤评估备选方案。将比较这些备选方案的成本收益，按照边际分析的方法，对其加以评估，这种成本收益的划分标准，已经由第二步中的决策标准给出。

⑥选择最佳方案。将成本最低、收益最高的方案选择出来，这是该模型的最后一步，如果前面的步骤能够顺利完成，那么最后一步也必然十分简单。

（2）最优决策模型的假设

从上述步骤不难看出，最优决策模型需要一定的假设，具体而言包括：

①目标取向：最优决策模型假设不存在目标冲突。它假定决策者有一个自己最希望达到的意义明确的单一目标。

②所有选项已知：最优决策模型假定决策者可以确定所有的有关标准，并能列出所有的可行性方案。它认为决策者有足够的能力对标准和备选方案进行评估。

③偏好明确且稳定：它假定决策标准和备选方案的价值可以数量化，并能根据个人的偏好来排序。并且偏好不随时间的变化而变化，也就是说，决策的标准和权重都不变。

④最终选择效果最佳：理性的决策者将选择评估分数最高的方案。

⑤比较计算可行：对计算的复杂性并没有什么限制，通过计算可以了解最佳的备选方案。而且“概率的计算并不是令人畏惧的，也不是神秘的”[①]。

（3）对最优决策模型的批判

从最优决策模型的假设中不难看出，该模型具有一定的局限性。首先对其提出批判的是以弗洛伊德为首的社会心理学家们，他们认为人们的行为不可能有自己想象的那样理性。在生活中，我们也不难发现这样的现象：面对同样的100元钱，一个富翁和一个乞丐，他们可能会采取不同的行为。上述例子都说明，人们的偏好体系不可能是稳定且一成不变的，此外，人们也不可能具有如此高超的计算能力。这也使得大量的研究者探讨更为符合实际的行为模式。

2.满意决策模型

为了用一个更加现实的模型来解释、管理组织中的行为模式，西蒙提出了另

---

① 鲁森斯．组织行为学［M］．王垒，等，译校．9版．北京：人民邮电出版社，2004.

一个模型，即有限理性模型，或者说**满意决策模型**（satisficing decision model）。满意决策模型是指，人们常常寻求符合要求和充分的解决方案，他们建构简化的模型，从问题中抽取要点，选择遇到的第一个符合要求和可以接受的方案。

（1）满意决策模型的特点

①在备选方案中进行选择的时候，“管理人”[①]试图令自己满意，或是寻找令人满意的方案。满意的标准可以是足够的利润或者市场份额，以及公平的价格等。

②他们所认知的世界是真实世界的完全简化模型。他们对这样的简化表示满意，因为他们相信真实世界绝大部分是空洞的。

③由于他们使用满意的原则而不是最大化的原则，因此他们在进行选择的时候不用首先确定所有可能的行为方案，也不用确保这些方案是否已经涵盖了所有的可能性。

④由于他们认为世界绝大部分是空洞的，因此他们可以用相对简单的经验启发式原则，或者生意的窍门，或者是习惯来进行决策，这样的一些技术不会对他们的思维能力要求过高。

（2）满意决策模型的优点

总体而言，满意决策模型更加符合实际。

①同理性决策模型相比，西蒙的模型同样是理性的，但是这样的理性是有限制的。决策者以满意作为重点，因为他们没有能力进行价值最大化。

②信息几乎不可能完全，存在着很明显的时间和成本的限制，很少有条件对备选方案进行考察，环境因素所造成的影响并不能被忽略。

3.隐含偏爱模型

西蒙的有限理性和满意的概念是对整个理性决策模型的重要补充。

所谓**隐含偏爱模型**（implicit preference model）是指，在决策早期，决策者隐含选择了一个偏爱方案，而后的过程主要是决策证明练习，即通过而后的过程使决策者确信他的隐含偏爱方案确实是恰当的选项。在此模型中，决策者并不是理性而客观的。

（1）隐含偏爱模型的提出

该模型主要是由认知决策学家卡尼曼和特弗斯基提出来的。他们认为决策者主要是依靠启发法（简化的策略或者经验原则）来进行决策。

（2）隐含偏爱模型的步骤

①对过去的经验进行总结，并提供一个简单的方法对现实情况进行评估。

②指定简单的启发原则或者“标准操作程序”来收集复杂信息，并进行计算。

---

① 这里引用了西蒙的说法，他认为“管理人”是有限理性的，同完全理性的“经济人”是相对的概念。

③节约大量的心理能量和认知过程。

(3) 隐含偏爱模型的偏差

①可用性启发。在决策者对判断进行认知输入时，倾向于根据他们记忆中事件发生的频率、可能性来进行判断。如果一个可以唤起个体的情绪反应的事件是生动的和容易形成映象的，那么这样的事件就更加容易被记忆；而那些在自然中容易唤起个体的情绪反应，平淡的、模糊的以及难以形象化的事物则不容易被记忆。

②代表性启发。第二个主要的启发法是使用决策的经验原则，主要是依据相似事件发生的陈规来判断实际事件发生的可能性。

③锚定和调整的启发。在这种启发中，决策者的判断从一个最初的价值或标准开始，在这个标准的基础上进行调整，最后做出判断。

4.直觉模型

直觉模型（intuitionist model）是指个体决策时从经验中提取精华的无意识过程，这是决策者的第一感觉，是在经验积累的基础上得到的。在信息非常有限的条件下需要迅速做出决策时，这种决策模型是非常有用并有效的。这是从经验中提取精华的无意识的过程。它并不一定要脱离理性分析而独自运作，实际上，二者是相辅相成的。

(1) 直觉模型的提出

针对最优决策模型，心理学家提出了直觉模型。弗洛伊德认为人类的经验是由一系列的感受、情绪和直觉构成的，人类的行为主要是由无意识的需求驱动的。

所罗门·阿什（Soloman Asch）所进行的一致性实验的结果表明了人类的非理性。

(2) 直觉模型的前提

通常认为，在下列前提下，人们会用直觉模型进行行为选择：

①不确定水平很高。不确定是指人们对于未来的预期状况，不确定水平很高就是指行为主体对于未来的预期比较模糊，在这种情况下，理性的分析很难展开。

②几乎没有先例。先例能够对行为主体起到示范的作用，因而分析比较也比较方便；当没有先例时，行为主体很难进行比较分析，直觉分析就比较方便了。

③难以科学地预测变量。通常预测变量的方法也主要是对历史数据进行统计分析，如果没有历史数据，例如面对全新的事物，这种预测就很难进行。

④事实不足以明确指明前进道路。当行为主体所掌握的事实依据难以对未来的情况予以指导时，理性的分析作用就不再明显，直觉模型的方式更为符合实际。

⑤当需要从几个可行方案中选择一个，而每一个方案的评价都不错时。备选

方案都比较不错，而很难从中选择时，直觉模型确实是一种比较方便的行为选择方式。

⑥时间有限，但又有压力要做出正确决策时。这种情况是指，对行为选择有时间限制，而对行为选择的质量又有一定的要求，在这样的前提下，行为主体通常会做出直觉判断。

补充资料：耶克斯-多德森定律与成就动机的测量

本章小结

本章用行为动机的形成过程将前面4章的内容加以整合。组织行为学解释、预测、影响行为的关键在于理解人们的行为动机。

本章首先介绍了关于行为动机的相关研究及其成果。接下来介绍了行为动机的形成过程：动机产生于人们的需要，即身心状态的不平衡，因此产生了行为驱力；人们通过知觉作用为行为选择提供了信息依据；由于价值观的不同，形成了不同的态度，进而导致不同的行为倾向，最后产生了人们的行为。这个过程也为我们影响人们的行为提供了思路，即从对象、从评价、从选择入手，影响人们的行为动机。

动机形成后，会按照一定的机理作用于行为，也就是将动机付诸行动。对行为选择过程有一些关键的理论假设，从不同的假设出发，会得到不同的行为选择的方式。

通过第1~5章，我们已经详尽地介绍了一个简单的行为个体，他的动机是如何形成的，他又是如何行为的。在本书后面的各章中，我们将逐步地结合具体情境，引入新的变量，作用于动机形成和行为选择的过程，产生更为具体的行为方式。

核心概念与关键术语

核心概念

动机　动机特点　动机结构　动机功能　动机内容　动机形成　动机调整　行为选择机理　行为选择方式

关键术语

动机（motivation）　自我效能论（Self-efficacy Theory）　自我决定论（Self-determination Theory）　成就动机（achievement motivation）　权力动机（power motivation） 亲和动机（affiliation motivation） 地位动机（status motivation） 安全动机（security motivation） 社会动机（social motivation） 理性决策模型（rational decision-making model） 满意决策模型（satisficing decision model） 隐含偏爱模型（implicit preference model） 直觉模型（intuitionist model）

思考题

1.动机概念指的是什么？

2.动机理论发展经历了哪些阶段？

3.动机是如何形成的？动机的形成过程为影响个人行为动机提供了怎样的思路？

4.社会对动机会产生怎样的影响？

5.如何从评价入手调整人们的行为动机？

6.个体是如何进行行为选择的？

7.什么是满意决策模型？它和最优决策模型相比有什么特点？

第6章 人际交往

学习目标

通过本章的学习，您应当掌握：

1.交往活动的含义和内容

2.交往活动是如何产生的

3.人际关系的性质

4.人际关系对个体行为的意义

5.人际关系的结构和类型

6.社会测量的方法

7.如何改善人际关系

引　例

小王的实习生活

小王是北京市一所重点大学的大三学生。今年暑假，抱着锻炼能力的想法，小王决定去一家单位实习一段时间。经过一系列简历和面试考验，他进入一家大型银行的总部，承担审计工作。

实习第一天，小王怀着忐忑不安的心情走进了自己的办公室。在几十平方米的办公室内，已经坐着三位同事。办公桌位于最里面的是部门的负责人孙处长，对面是一位三十几岁的职场女性杜小姐，而坐在门旁的则是刚工作没几年的办事员小沈。

小王的办公桌在小沈的对面。为了让小王尽快熟悉工作的内容和方式，孙处长嘱咐小沈给小王做一个简单的培训。因此，在实习的头一周，小王主要是在和小沈交流沟通。其间，小王发现，小沈性格活泼、善于言辞，还带着学生的气息。在培训的时候，他也表现出很大的耐心，时常帮助小王解决一些工作上的难题。就这样，小王和小沈很快就成了朋友。在小沈面前，平日里比较内向的小王似乎也变得开朗了起来，工作之余还不忘开些玩笑。

随着实习的深入，小王逐渐接触了办公室的其他同事。在他看来，杜小姐是典型的职场女性，平时准时上下班，工作认真细致，但是除工作中的必要沟通外，和大家没有什么私交。所以，小王和杜小姐的交往仅限于一些工作事务的交流，对于各自的私人状况一无所知。孙处长作为部门的领导，身上少不了带着一些架子。整个部门的人每天的工作内容基本取决于他的指示，而大家和他的交往也基本停留在请示和汇报，小王自然也不例外。有几次，孙处长曾经向他询问了几个个人问题，小王也只是随便应答几句，事后回想心里还有一些紧张。

两个月后，小王的实习生活结束了。回到学校后，他和小沈一直保持着不错的关系，两人时有联系。至于杜小姐和孙处长，小王再也没有联系过他们。此外，经过职场的磨炼，小王的为人处世方式都发生了转变——原有浓厚的学生气息减弱了，说话办事变得更加成熟老练。

【思考】

1.为什么小王与部门的同事会进行交往活动？这种交往是以怎样的方式进行的？

2.孙处长为什么有特殊的交往地位？各个同事之间有着怎样的关系？

3.这种关系是如何影响各自的行为的？

本章提要

人们的行为是在与他人的互动中进行的。理解他人的需要，处理相互的关系，是人们行为选择必须考虑的问题，由此产生了人际交往。在人际交往中会产生一定的社会关系网络，影响人们的社会地位与行为动机。什么叫作人际交往？人际关系如何形成？人们在人际关系中处于什么位置？这种位置是由什么决定的？这是必须说明的问题。

6.1 交往活动

交往活动是指人们相互之间的直接接触，以信息沟通、情感融合、关系协调为内容，产生于人们的某些需要，按照一定的方式进行。交往方式是指人们在人际交往过程中采用的方式，即怎样与人交往。交往方式将直接影响人际关系，具体包括言语交往和非言语交往。在交往过程中，个体会展现出不同的交往能力。这些都是本节要加以介绍的内容。

6.1.1 交往活动的含义及内容

交往活动（communication activity）是社会中的个体的一种常见行为，交往活动的概念和特征是理解交往活动相关问题的基础。本书首先介绍交往活动的含义及交往活动的主要内容。本书认为，交往活动是人与人的互动，其内容主要包括信息沟通、情感融合、关系协调三个方面。

1.交往活动的含义

按照马克思的观点，“人的本质不是单个人所固有的抽象物，在其现实性上，它是一切社会关系的总和。”[①]这说明人不是孤立的个体，而是社会的人，是生活在社会关系当中的人。人从出生的那一刻开始就离不开社会，也离不开人际交往。心理学家的研究表明，人际交往是每个人的需要。可以说，人的一生就是一个与他人交往的过程。

交往活动是人与人之间的互动。宽泛地说，一切人与人之间的活动都可以称为交往活动。具体而言，交往活动是指社会中的个人有目的或无目的地使用符号与他人交流的过程。

交往活动有两层含义：一是处理人际关系；二是进行直接接触。处理人际关系是交往活动的一个重要的特点，体现在与处理事务的不同上，处理事务不需要考虑人际关系，属于单向的交流；而交往活动则要注重人与人之间的关系，是一种相互交流的关系。在交往活动中进行直接接触，其目的是要达到个体行为被理解和认同。

2. 交往活动的内容

交往活动包括信息沟通、情感融合、关系协调三个方面。信息沟通是指人与人之间的信息传递和接收，这是知觉的作用。情感融合是指通过交往活动达到情感呼应甚至共鸣的目的，体现了态度的作用。信息沟通和情感沟通两者既有联系又有区别。两者都是希望通过交往活动使信息得以传递；不同的是情感沟通不仅要使信息得到传递，而且还希望引起情感上的一致性。关系协调则是直接通过行为来实现的。

信息沟通是指人与人之间转移信息的过程，简称沟通，有时称之为交往、交流、人际沟通等。信息沟通是个体了解他人思想、感情、见解、价值观的一种途径。

情感融合是指交往双方相互间在感情上的好恶及对交往现状的满意状况。人际关系的基础是人们彼此之间的情感活动。情感融合是交往活动的主要成分。人际间的情感倾向可以归结为两大类：一类是使人们互相接近或吸引的情感，即连属情感；另一类是使人们互相排斥和反对的情感，即分离的情感。在第一种情况下，对方总是自己所希望的、满意的客体，个体有强烈的与其合作或结合的行为倾向。而在第二种情况下，对方则是自己不能接受的、难以容忍的，甚至是感到厌恶的客体。

关系协调体现了交往活动的作用；在相互交往中，人们能够彼此监督，互相影响对方的行为。从这个意义上讲，这种交往使人与人之间安定有序，避免矛盾和冲突，人们在交往过程中通过情感上的沟通取得了行为上的认可，进而调整了人与人之间的关系。

---

① 马克思，恩格斯. 马克思恩格斯选集：3卷［M］. 中共中央马克思恩格斯列宁斯大林著作编译局，编译. 北京：人民出版社，1972.

6.1.2 交往活动的形式

一切的交往活动都是按照一定形式进行的，一般而言，交往活动有言语和非言语两种形式，这两种形式各有特点，分析和考虑这两种不同形式的交往活动，有助于我们进一步加深对交往活动含义的理解。

1.交往的言语形式

语言是社会成员相互联系的桥梁和纽带，是相互沟通和表达思想的工具，社会须臾也离不开语言，没有语言，社会就会崩溃，不复存在。

交往的言语形式是指通过言语进行交往，包括口头和书面两种途径。其中口头形式包括面谈、电话、开会、讲演、联网电话、闭路电话等，书面形式包括信函、报告及备忘录、电报、传真、手册、布告、互联网络等。不同的言语交往形式具有不同的特点，主要表现在易获得性、成本高低、沟通速度、直接性以及信息的受关注程度等方面。表6-1列举了一些言语交往的类型及特点，个体可以根据其特点来选择合适的方式进行交往活动。

表6-1 **言语交往的类型及特点**

言语交往的类型	特点				
口头	易获得	低成本	高速度	直接性	受关注
面谈	+	+	+	+	+
电话	+	+	+	+	+
开会	+		+	+	
讲演	+		+	+	
联网电话			+	+	
闭路电话			+	+	+
书面	易获得	低成本	高速度	直接性	受关注
信函	+	+			+
报告及备忘录	+				+
电报			+		+
传真			+	+	
手册	+	+			
布告	+	+			
互联网络				+	+

注："+"表示交往类型所具备的特点。

2.交往的非言语形式

言语沟通一直被认为是很重要的，但是非言语沟通在近年的沟通研究中也越来越受到重视。非言语交往有时也被称为“无声的语言”，可以被定义为非字词的人类的反应（如姿势、面部表情）和知觉到的人类言语和非言语信息得以传递的环境特征。因此，不管人们说了什么或者没说什么，交往都会发生。

几种常见的非言语交往的类型及行为含义见表6-2。

表6-2　**非言语交往的类型及行为含义**

非言语交往的类型	行为含义
手势	柔和的手势表示友好、商量，强硬的手势则意味着“我是对的，你必须听我的”
面部表情	微笑表示友善礼貌，皱眉表示怀疑和不满意
眼神	盯着看意味着不礼貌，但也可能表示感兴趣或者寻求支持
姿势	双臂环抱表示防御，开会时独坐一隅意味着傲慢或不感兴趣
声音	演说时抑扬顿挫表明热情，突然停顿是为了营造悬念，吸引注意力

研究表明，阅读非言语线索并对社会情景做出相应反应的能力，对个体而言是非常重要的，以下是一些可以改善非言语交往的一些具体建议：

①观察情景中发生了什么。当非言语行为是一种情绪反应时，它会反映此时发生了什么，并能够更好地理解人的非言语行为。

②考虑非言语行为和言语陈述的差异。如果不匹配，就会有信号显示需要对当前情况进行更深入的分析。有时非言语的信号比言语信号更精确。

③观察非言语信号的细微之处。比如，通常能够查出真实和虚假微笑之间的差别。

6.1.3　交往活动的产生

无论是何种形式的交往活动，其形成都具有深刻的心理和社会原因。人际交往的需要可以从以下三个方面理解：本能的需要、合群的需要和认识自我的需要。

1.本能的需要

英国早期的心理学家麦独孤曾经指出，群集性是人的本能之一。按照他的观点，与人生来就会吃、喝、拉、撒一样，人的交往需要也是一种本能，是人类在发展进化过程中逐渐形成的适应自然界和社会生活的能力，它通过遗传基因直接传递给后代。在远古时代，人类的祖先就已经知道，只有采取集体行动才能抵御一切会伤害到自己的野兽。在从古至今漫长的进化和演变过程中，人类始终保持着集群的习惯，并通过种族繁衍流传给后代。所以，人类与人交往的本能是与生俱来的。我们看到，婴儿一生下来，就需要有人为其提供温暖、食物和安全，也需要母亲的拥抱和抚摸；儿童独处时常常会感到孤单和恐惧；普通人一旦陷入孤独的处境，就会感到不安全。这些都是人类具有与人交往的本能的表现。

人只有与他人进行正常交往，保持一定的情感联系，形成良好的人际关系，才能有安全感。英国比较心理学家哈罗曾做过一项恒河猴的有趣研究，说明了动物之间的依附行为或交往行为取决于机体寻求温暖、舒适的本能需要。人同样也有寻求温暖和舒适的本能。这种本能促使人与他人进行沟通交流。通过人际交往，人们得到情感的满足，包括归属感、安全感等，而这些感觉是人们天生就需要的①。

虽然本能论过分强调了人的动物属性和遗传的作用，但是该理论对人类交往活动给予了合理的解释。

2.合群的需要

合群的需要，即与他人在一起相处和交往的愿望。合群包括被他人接受或喜欢、与他人共享和分担某些情绪或感情等内容。马斯洛特别强调，人是社会的动物，没有人希望过孤独的生活，总希望有知心朋友，有个温暖的集体，渴望在团体中与他人之间建立深厚的感情，每个人都愿意为达到这个目标而努力。在生活中，人们经常有这样的体验，如果被他人排斥或孤立，就会感到沮丧、难过、无助和孤独；如果受到他人接纳或者欢迎，就会心情舒畅。这表明，每个人都有合群的需要，都喜欢与他人交往，而不喜欢孤零零的一个人。

合群的一个重要性在于，通过与人亲近，人与人形成相互影响，从而调整彼此的情绪。对于这点，美国社会心理学家费斯廷格做过相关论述。他的社会比较理论认为：亲和行为可成为消除不协调的一种有效工具。当人们在一起互动和讨论时，可引入消除不协调的认知因素，如新的消息和意见，从而使焦虑大大减轻。所以，人们情绪波动大的时候更加需要与人相处以减轻烦躁。

合群本质上是人的一种情感需要，它能给人带来安全感和归属感，可以分担人的不安，排除孤独与无助从而获得安全感。同时，人们通过交流思想或宣泄情感，可以得到彼此的理解与支持，产生对自己和他人的认同感，得到他人的认同和接纳，从而产生归属感。

3.认识自我的需要

人本身具有自我审视的内在机制，通过这个机制，人们不断地了解和改善自我。人们可以通过比较自己的现在和过去来认识自己，但更多时候是以他人为参考来认识自己。这就涉及与人交往，只有在人际交往的过程中，才能比较出自己的优点和缺点来，才能更为全面地了解自己。如果不能在人际交往中更好地认识自己，就会犯“井底之蛙”的错误。

20世纪初，美国社会学家库利提出了“镜中我”的理论（looking-glass self），他认为，一个人的自我观念是在与其他人的交往中形成的，一个人对自己的认识

---

① 李文华. 现代社会心理学［M］. 武汉：华中科技大学出版社，2007.

是其他人关于自己看法的反映。库利还认为，他人对我们建立自我意识起着决定作用：如果我们不能从他人的眼光中看待自己，就无法形成清晰的自我意识，因为我们无法从社会的角度去看待自己。他人的看法就像一面镜子，个体可以从中审视自己、界定自己，及时地调整自己的行为。例如，如果一个学生经常得到父母、老师和同学的夸奖，那么他就知道自己的行为表现很优秀，进而继续这种表现。而人际交往就为个体认识自己提供了一个参考平台。

6.1.4 交往能力

交往能力是人们进行交往的主体条件，决定着交往需要的实现程度。交往能力包括影响他人的能力和体现自我的能力。影响他人的能力是指理解、表达和说服的能力，也就是能理解他人的意思，表达自己的观点和想法，并且能说服他人的能力。体现自我的能力是指自我定位和自我展示的能力，即对自我能力恰当地定位并且恰当地展示自我的能力。

1.交往能力的含义

要研究清楚人际交往能力，首先我们就要搞清楚人际交往能力到底指的是什么，即其本质上是什么。而对于人际交往能力，不同的人有着不同的理解。

当代美国社会学家霍斯曼提出，人际交往能力就是人们在社会中通过一定的个人付出而获得自己期望的相应的酬赏的能力。这种观点是建立在强调个人主义的社会交换理论的基础上的，更多地把人际交往能力看作一种获利的工具。

作为法兰克福学派的代表人物之一，哈贝马斯认为应在交往行为和生活世界的视域内以及在交往范式的基础上，重建理性以拯救理性，从而建立以重建交往理性、实现人际关系和谐为目的的世界，因此人际交往能力也就成为实现这种目的的手段。

伯尔尼从精神分析的角度提出人际交往能力就是彼此之间的“自我”能否协调发展的能力。

综上所述，交往能力，是指一个人妥善处理人与人之间的关系，实现和谐的能力，它是人们进行交往的主体条件。

2.交往能力的内容

交往能力主要体现在以下两个方面：一方面是交往的主体体现自我的能力；另一方面是指交往的主体对他人的影响能力，即相互沟通的能力。

（1）自我体现能力

交往能力首先体现在个人体现自我的能力上。

自我体现是指个人能够在众人面前表现出自己的特点，能够使大家意识到自己的存在，这是人际交往的第一个步骤，也是构成人际交往能力的第一个因素。但是，需要注意的是，这里的自我体现绝不是绝对意义上的自我体现，因为过度的自我体现不仅不是交往能力的体现，更有可能成为交往活动的绊脚石。

显然，个人的体现可以包含多个方面的内容，可以有自我塑造、自我评价、自我控制等多个方面，而自我控制能力是其核心的体现。

自我控制能力，顾名思义，就是个人对自己的操控能力，实质上就是一个人对于感觉自己的认识进而控制自己做出与自己认识相符的行为的能力。它主要包括了两方面的内容，即自我感觉和自我表露。自我感觉就是个人对自己思想、愿望、行为和性格特点的判断和评价。自我感觉可以分为积极和消极两种。积极的自我感觉就是从实际出发，根据不同客观情况，实事求是地认识自己。充分认识自己的不足，但又对自己的发展能力抱有信心就是积极的自我感觉。消极的自我感觉主要分为两种：自我否定或称自我拒绝和自我扩张。自我否定是主体在群体中发现“理想我”和“现实我”差距过大，自己和他人差距过大，从而使自己在群体中的理想难以实现而导致的。这样的主体在人际交往过程中常常处于消极防御状态，自卑感强，自信心缺乏，因此导致其人际交往不顺利。自我扩张属于过度的自我接受或自我认可型，即在群体中和他人的交往过程中常常对自己和对他人的期望都过高，导致自我在群体中常常感到不如意，陷入不断否定他人的境地。

自我表露是指一个人在一定情境中自愿把自己真实的私密性信息展示和表达出来。社会心理学家认为：人际交往开始于低水平的自我表露，当一个个体开始表露自己时，信任的纽带开始建立，交往双方会以同样亲密的自我表露作为接受信任的信号。伴随自我表露的不断交换，直到形成恰当的人际关系。而一个从不表露自己或表露不恰当的人不可能建立正常乃至亲密的人际关系。自我表露是人际沟通能力不可或缺的要素。

（2）相互沟通能力

相互沟通能力包括信息接受和信息表达两个方面，因为相互沟通对于个体而言包括沟通主体和沟通对象，沟通主体即个体，个体既要能够接受沟通对象传递过来的信息，即信息接受；又要能够将自己的信息传递到沟通对象，即信息表达。信息接受能力应该具有：①兼容性，即能够倾听他人的愿望；②理解性，即能够理解他人传递的信息；③反馈性，即能够有效反馈所接受的信息。信息表达能力包括表达的内容和表达的方式，表达的内容要求准确，即能够准确表达出自己希望表达的意思；表达方式需要适宜，在不同的场合，应采取合适的方式使受众接受。

一般来说，有效的沟通包括三个环节：表达、倾听和反馈（如图6-1所示）。

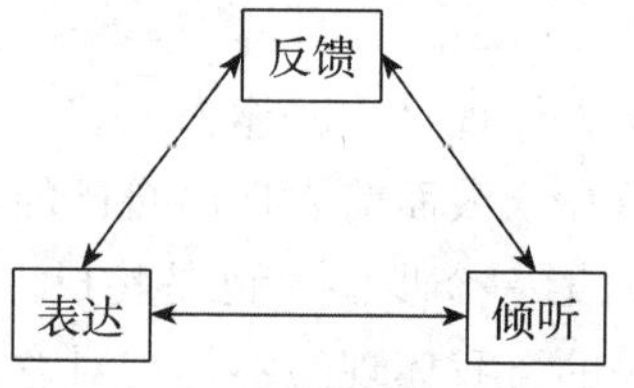

图6-1　有效沟通的三个环节

人际交往的过程实际上就是信息传递和接受的过程，以及由此产生的一系列相互作用。个人在信息传递过程中是积极主动的活动者，并且在信息传递过程中，信息还在不断地被充实与发展。相互沟通的能力保证了交往过程中最重要的元素——信息——被正确传递。

从信息的传递过程来看，我们可以把相互沟通的能力分为两类：一类是接受别人信息的能力，或者说是准确理解他人所提供信息（所谓的译码）的能力，这是相互沟通的基础，即信息接受能力；另一类是阐释自己信息的能力，或者说是准确地把自己的思想传达给他人的能力（所谓的编码），这是相互沟通的第二层条件，即信息表达能力。

6.2 人际关系

人际关系是交往活动的渠道和成果，直接制约人际交往的状况。在实际生活中，人际关系体现着人们之间相互沟通协调的网络结构和相对地位。同时，这种人际关系又会显著地影响到人们的行为选择。什么是人际关系？人际关系有哪些类型？人际关系如何影响个体的行为？这些是本节的主要内容。

6.2.1 人际关系的性质

人际关系体现着交往活动的渠道和成果，可以通过交往的对象和交往的条件来加以说明。交往活动的成果即由交往活动导致的结果，可以从对象的稳定性、方式的有效性和条件的约束性这些方面体现出来。

1. 交往的对象

交往活动总是针对特殊对象进行，并通过这种交往互动建立一定的相互关系，包括经济社会关系、心理关系和工作关系等。就每个人的具体活动而言，人际关系是其中最为直接的关系。

个体的交往对象通常可以分为以下几类：

（1）亲戚或伴侣

亲戚是基于婚姻、血缘和法律形成的社会关系。其中血缘关系是天生的，不可改变的，是最基本的，如父母与子女，兄弟姐妹，以及由此而派生的其他亲属关系。它是人先天的与生俱来的关系，在人类社会产生之初就已存在，是最早形成的一种社会关系。马克思说："家庭起初是唯一的社会关系。"亲属不等于家庭成员，有亲属关系的人可能分属于多个不同的家庭；亲属关系一半是先天的，一半是后天的。伴侣也是一生中对我们每个人都有重大影响的交往对象。这种交往对象多是人们出自包容的需要进行维护的。

（2）朋友和知己

和朋友在一起，个体可以相互合作，可以为自己的感情找到一个宣泄口，为自己的想法找到一个倾诉地；可以看清自我，进一步了解自己的优缺点；可以改善自身，提高自身；这种关系较为稳固。这些交往对象常常是出于情感需要进行交往，因为这些人和自己的人格有着相似之处。

（3）伙伴和下属

这些是人们在工作中直接面对的交往对象，他们通常和自己有着共同的目标，但由于无法独立达成目标，因此只能按照一定的方式组织起来，共同达成其目标。个体常常是出于支配的需要或某些功利性的需要和这些对象维持交往关系。

上述分类不尽完全，但是通过上述描述，我们能够清楚交往对象是能够满足其需要的，包括包容的需要、支配的需要和情感的需要等。而这些交往者本身会根据自身付出的代价和报酬来决定是否维持某种关系，当达到一种平衡时，双方或多方之间将维持这样的关系，因此交往对象将趋于稳定状态。人们交往对象的稳定性能够比较集中地反映出人们的交往活动的成果和渠道。

2.交往的条件

交往活动需要一定的条件。已经建立起来的人际关系，会成为继续交往和发展交往的条件，引导人们的交往活动。

交往关系受到各种条件的约束，包括内部条件的约束和外部条件的约束。内部条件包括自身交往能力、特点等，外部条件包括所处的环境、拥有的资源等。具体来看，影响交往的条件包括以下几点：

（1）物理距离

物理距离是影响交往的重要因素。人员在空间位置上越接近，越容易形成彼此间的亲密关系。空间距离的接近使双方相互交往、相互接触的频率不断增加，彼此间更容易熟悉。虽然地理位置并不是人际交往关系好坏的唯一决定因素，但远亲不如近邻，空间位置接近的优势是存在的。

（2）交往的频率

交往的频率由见面次数的多少决定。交往是人际交往关系的基础，交往的频率越高越容易形成密切的关系，频繁的交往才能形成共同的语言、共同的态度、共同的兴趣和共同的经验。交往不足会使彼此冷落。

（3）态度的相似性

“英雄所见略同”就是指态度的相似性。对具体的事物有相同或相似的态度和体验，就是所谓的有共同语言、共同理解、共同信念和价值观，就容易产生共鸣，交往双方在态度上越相似，交往的条件就越优越。

（4）需要的互补性

相互满足是形成人际交往关系的前提条件。如果没有需要和满足需要的期望，空间距离再小，交往再频繁，也有可能导致“鸡犬之声相闻，老死不相往来”的情形。而一旦有了需要和满足需要的期望，空间距离即使大些，也可能是“天涯若比邻”。

(5) 人格

人们的人格在很大程度上影响交往的态度、频率和方式，同时还会决定一个人的交往能力，有的人不太愿意与他人交往，但有些人天生就是一个交流家，非常愿意跟别人接触。

6.2.2 人际关系的意义

人际关系的意义，集中地体现在对于个体行为的影响上。要认识这种影响，首先应当明确人际关系在社会关系中的地位；接下来，我们将结合社会网络理论的研究成果，说明人际关系对于个体行为的影响，即人际关系的作用。

1.人际关系的地位

按照历史唯物主义和马克思主义社会学理论，生产关系是其他一系列社会关系的基础。社会关系不是简单的个体之间的相互作用和相互联系。在社会关系中的个体实际上是一定的角色载体，即每个人都处在社会关系体系的一定位置上，个体是一定社会集团的代表。因此，社会关系对于个体来说，是客观决定的，是建立在每个人在社会系统中占据一定地位的基础之上的，而不是建立在个人好恶的基础之上的。这就是说，社会关系具有非个人的性质。

然而，从另一方面看，社会关系系统中的人们又都是作为具有一定的独立人格的个体而存在的。因此，虽然社会关系按其本质来说是角色的非个性关系，而实际上在其具体的表现中却具有一定的个性色彩。在社会交往过程中，人们在以某一个社会角色的面貌出现的同时，也或多或少地投入了自己的个性成分，也就是说，个人的既有人格影响和制约着其对角色和扮演行为的选择、调适。这样，在非个性的社会关系系统内建立起了个人与个人之间的联系①。

事实上，人际关系渗透在所有的社会关系之中。所有的社会关系都离不开社会活动的主体——人，个人决定了在社会活动的一切领域都不可避免地会发生个性间的相互作用和联系。因此，那种仅仅把人际关系看成是低层次的社会关系的观点，是对人际关系本质的一种不够全面的理解。

基于以上分析，我们可以把人际关系理解为社会关系的一个方面，即社会关系的个性方面或心理方面。因为，归根到底人际关系是为客观的社会关系所制约的。人际关系的状况，从根本上来说是取决于社会关系性质的，或者说人际关系是客观的社会关系的一种复杂的折射。而社会关系正是透过人们之间的直接的心理关系，亦即人际关系这一中介因素，才能对人们发生作用。

2.人际关系的作用

人际关系为交往活动提供了交往渠道，即信息沟通渠道、情感交流渠道、行为依托渠道，由此形成一定的交往关系，影响人们的行为选择。在实际生活中，交往

---

① 全国13所高等院校《社会心理学》编写组．社会心理学［M］．5版．南开：南开大学出版社，2008.

关系的状况对人们动机和行为选择的影响很大，受到了社会网络理论的关注。

（1）交往关系的提出

要理解社会中人们的行为模式，就不得不考虑交往关系的影响。

在传统的经济学分析中，研究者总是认为社会关系或多或少只是人们经济行为的附属；常被引用的话是亚当·斯密的抱怨："交易的参与者很少见面，即使是为了余兴欢娱，他们的对话不是为了联合图利，就是为了涨价的奸计。"另外一些经济学家将"社会影响"视为行动者获取社会风俗、习惯于规范的过程，是机械性的，自动自发的，不涉及个人的理性选择。

上述两种分析方法，一个是低度社会化理论——认为个人决定中包含了他人的影响，但仍旧是社会性孤立的决定；另一个是过度社会化理论——认为行动者完全遵从被赋予的社会角色。

对个体行为的完整分析，应该尽量避免过度与低度社会化的问题，行动者既非完全运行在社会脉络之外，也不会完全依附于社会关系，他们具有目的性的行动企图实际上是嵌在真实的、正在运作的社会关系网络之中的。

（2）交往关系的作用[①②]

社会学尝试着分析上述这些问题，其中社会网络学派的观点比较有代表性，这里主要介绍格兰诺维特的镶嵌观点。他以经济生活中的信任与欺诈为例，说明镶嵌观点是如何证明社会网络对于经济行为的影响的。

欺诈总是令人生厌的，传统的经济学家的观点是，理性的手段能将这种负的外部性成本内化，例如通过制度设计让欺诈者付出高昂的代价；另一种观点是"普遍道德"能够有效地解决欺诈行为。

而镶嵌的观点则强调，具体的关系以及关系结构能产生信任，防止欺诈。一般而言，我们都会寻求更好的信息。比"听说某某人很可靠"更好的信息，是你所信任的人与这个人有过打交道的经验，而且说他/她可靠，这个信息好是因为：①它便宜；②一个人最新经历过的亲身经验——这种信息更加丰富、详尽而且精确；③一个人如果与交易对方有持续的关系，就会有保持诚实的动机，以免伤害到未来的交易；④除了纯粹的经济动机，长期的经济关系常常带来社会满意，进而使人们对新人有所期待并避免机会主义[③]。

（3）交往关系的影响

从上述论述中不难看出交往关系对于人们行为选择的影响，具体可以概括为：

①影响行为动机的形成。

这种影响方式主要体现在这几个方面：首先，它会影响人们的知觉过程，前

① 李正欢．社会网络结构对团队绩效的影响研究——以T连锁餐饮企业为例［J］．北京第二外国语学院学报，2008（11）．

② 20世纪80年代，格兰诺维特提出了"嵌入性"这一对网络研究具有理论指导意义的理论，标志着社会网络研究步入了成熟时期。这里主要借鉴了他的观点。

③ 格兰诺维特．镶嵌：社会网与经济行动［M］．罗家德，译．北京：社会科学文献出版社，2007．

已述及，知觉具有选择性，人们由于交往的原因，会优先知觉到其交往的这些人或者这些人提供的信息；其次，交往关系会改变人们对于具体事件的态度，人们对于交往关系中熟悉的对象，可能在态度上更加友好，也会在一定程度上予以倾斜；最后，交往关系会改变人们行为能力的预期。在和关系网络上的人互动时，人们对自己能力的认定会比同陌生人互动时要高。其结果就是，交往关系会使人们形成更为多样的行为动机，而且通常会有超越经济动机的部分。

②影响行为选择的过程。

交往关系对行为选择过程的影响主要体现在：首先，它会影响人们的行为目的，它使行为目的包含社会成分；其次，它会缩小备选行为的范围，这是因为交往关系会限制一些行为目的，使得人们放弃短视的行为，转而考虑一些比较长期的行为；最后，它会影响人们的评价，正如前文中提到的，人们更容易“信任”熟悉的人。

6.2.3 人际关系的结构

人们的交往活动体现了人们之间相互依赖的方式，从而形成在交往关系中的位置。交往就是相倚，交往的原因就是需要，交往的内容是互补，即人们之间相互依赖。相倚产生地位，在相互依赖过程中，个体处于主动还是被动决定了交往的地位。

人际交往的双方是一种依赖关系，但并非对等关系。依据人们进入互动情境时的要求和目的，以及对他人的反应可区分出社会互动的关系，琼斯和杰拉尔德（Jones & Gerald，1967）提出人际关系中存在四种相倚关系，即假相倚、非对称性相倚、反应性相倚、互动性相倚等类型。

1.假相倚（pooled interdependence）

在人际沟通过程中，参与互动的双方主要对自己的计划做出反应，而很少取决于对方的反应，即一方反应不依赖于对方行为。这是一种形式上的互动，双方只是做出了一种对对方有反应的样子，而实际上彼此行为独立，没有真正的相倚关系。假相倚常常发生在社交场合。这种反应属于虚假反应，是无意义行为。

例如，在讨论场合中，有些发言者只根据自己事先拟好的稿子发言。在履行某种社会仪式过程中，人们常刻板地进行沟通，也属假相倚。

2.非对称性相倚（sequential interdependence）

其特征是互动的一方（甲）以另一方（乙）的反应作为自己行为的依据，但是互动对方（乙）则主要以自己的计划做出反应。也就是说，行动一方是单纯的依赖行为，而另一方却是有计划的独立行为。这种互动常出现于程序化的工作场合。这种反应属于积极反应，是被动行为。

如面试者和求职者之间的沟通就是如此，前者按照事先准备好的问题发问，后者只是根据这些问题回答。口试时考官和考生之间的沟通也属非对称性相倚。

3.反应性相倚（reciprocal interdependence）

反应性相倚是指沟通双方都以双方的行为作为自己行为的依据，做出相应的反应，而并不按照原来的计划进行沟通。例如，顾客看到售货员的冷漠态度而发脾气，售货员则更以生硬态度对待顾客。这种反应属于消极反应，是被动行为。

4. 互动性相倚（comprehensive interdependence）

上述3种相倚在人际沟通中所占的比例较少，绝大多数的沟通都属于互动性相倚。所谓互动性相倚，是指沟通双方一方面按自己的计划同对方沟通，另一方面又考虑对方的反应来调整自己的沟通行为，也就是有目的地建立依赖关系的双向互动。这种反应属于积极反应，是能动行为。例如，朋友间的谈心就是互动性相倚型沟通。

6.2.4 人际关系的类型

在人际关系类型的划分中，以雷维奇（P. Lewicki）的划分方法较有代表性。他利用“雷维奇人际关系测量游戏”方法，通过对一千对夫妇进行研究，把人际关系归纳为如下八种类型：

1. 主从型

主从型的人际关系的特点是，一方处于主导的支配地位，而另一方则处于被支配或服从的地位。主从型的人际关系是八种类型中最基本的一种，几乎在所有的人际关系中都有主从型的因素。同时，主从型的人际关系也是最牢固的一种关系。属于这种关系的夫妇在共同的生活中，虽然一方感到有一定的压力，但是他们不会轻易离婚。

2. 合作型

在合作型的人际关系中，两个人有共同的目标，为了达到既定的目标，彼此能默契配合和互相忍让。在双方发生分歧时，往往能够互相谦让。一般来说，人们都希望与他人结成这种类型的关系。但是，大量的研究表明合作型关系的双方更适宜做好朋友，而并不十分适宜做夫妇。因为尽管这样的夫妇能够和睦相处，但是他们往往会感到单调乏味，容易产生厌烦的情绪。

3. 竞争型

竞争型的人际关系是一种令人兴奋、又使人精疲力竭的不安稳的关系。竞争的双方为了达到各自的目标，常常会竭尽全力去争取胜利。这种人际关系的主要优点是有生气、有活力，缺点是竞争时间过久，难免令人感到精疲力竭。

4. 主从-竞争型

这是一种难以相处的人际关系。双方在相互作用时，有时呈现为主从型的人际关系，有时则呈现为竞争型的人际关系。这种不断的变化使双方不得安宁、无所适从。而且，在这种混合型的关系中，常常包含了主从型和竞争型中最不好的特点。这种关系的结局常常是在他们忍无可忍时，不得不中断他们的联系。

5. 主从-合作型

这是一种互补和对称的混合型人际关系。此种人际关系较为理想，在这种关系中双方能够和谐共处，即使有些摩擦也没有多大危害。如果在这种关系中合作因素超过主从因素，那么双方会感到更加融洽。

6.竞争-合作型

这是一种自相矛盾的混合型人际关系。此种人际关系的双方，时而呈现出竞争关系，时而呈现出合作关系，如此反复循环。这种关系类型最适合朋友之间，而对夫妻关系来说则不甚适合。这是因为，要维持这种关系需要有一定的距离以避免双方过于频繁的互动。

7.主从-合作-竞争型

这也是一种混合型的人际关系。属于这种关系的双方，往往陷入困境，因为在他们的相互关系中，同时具有主从、合作、竞争三大类人际关系的特点，所以他们生活中的矛盾冲突比其他类型的关系要多。

8.无规则型

这种类型的人际关系较为少见。其特点是双方毫无规则，不清楚他们在干什么，只要外界对他们施加一种外力，就会转变成其他类型的人际关系。

雷维奇的八种人际关系类型，尽管是来自对夫妇关系的测试，但是对于大部分具有经常性的互动者之间的关系来说，都是具有一定的普遍意义的。对于人们选择什么样的人际关系以及如何处理好与他人的关系，也具有一定的指导作用。

综上所述，人们的交往活动是社会人的一种行为，其结果会形成特定的人际关系，而人际关系又会反作用于人们的行为选择。

6.3 人际关系测量

为了更好地把握人际关系，对交往关系的类型进行进一步的研究，以更好地解释其对人们行为选择的影响，有目的地调整、改善人际关系，研究人员提出了人际关系测量的方法——社会测量法。

社会测量法（method of social measurement），是测定个体在人际交往与相互作用的过程中形成喜爱、冷淡或反感的数量指标的方法。1934年莫里诺首次使用了这种方法，后来经过许多社会心理学家的探讨，这种方法有所改进，应用范围越来越广泛。

社会测量法的目的就是要了解人与人之间心理上的关系并予以数量化的表示，是对小群体心理结构研究特别有效的一种方法。这种方法有以下令人瞩目的特性：①涉及的变量是纯“社会性的”；②能评定个人在小群体内互动中的地位；③易于实施，且无须太多的经费支出；④研究结果可作具体的应用；⑤可以唤起被试者的强烈兴趣与动机；⑥对于诸如偏见、士气、社会地位、吸引与互斥等实证性的概念，能以容易被接受的指数加以说明。

6.3.1 测量的设计与实施

社会测量法是向一个团体中的成员提出一些问题，要求他们按照一定的标准选择自己的朋友，再根据这些选择来分析团体的人际关系。在设计社会测量和实施的过程中，研究者必须注意以下几方面的问题：

1.测量的设计

测量的设计主要在于确定“标准”(criterion)，它指的是被试者做选择的依据。标准通常是一个问题，如“你宁愿谁坐在你旁边?”确定标准时，需考虑三个问题：

①使用何种标准?

②使用多少种标准?

③准许有多少种选择?

标准的选择通常视团体的性质或施测的目的而定，莫里诺的学生詹宁斯（H. H. Jennings）曾指出两种类型的标准：一种是休闲标准，涉及心理团体（psychogroup)，强调的是人际亲昵的需要，如：“你宁愿谁坐在你旁边?”“你宁愿同谁一起去看戏?”另一种是工作标准，涉及社会团体（sociogroup)，强调的是达成团体目标所扮演的角色，如：“你宁愿与谁一起做实验?”“你宁愿与谁一起扫地?”无论是哪个标准，都要把握两个原则：①为被试者所了解，②具体而切实。就第二个原则而言，如果问：“你很喜欢的人是谁?”就比较抽象；如果问：“你喜欢与谁一起工作?”就比较具体了；如果改为：“你喜欢与谁一起讨论数学问题?”就更为具体了。

标准也可以消极的方式提出，如：“你不希望谁坐在你旁边?”此时所要探讨的不是吸引关系，而是拒斥关系了。由于这种问法容易引起被试者的疑惑、憎恨、焦虑和不安，所以最好不用，一定要用时，在修辞上也必须小心。

至于使用多少标准和容许多少选择为宜，按照莫里诺当初的构想，应该让被试者“爱选多少就选多少”，以便找出真正的孤立者。但是，这样会有很多的缺点，所以许多学者认为有必要限制选择数。一般来说，大多数只测量使用一个标准；至于选择数，大多使用三个选择。

2.测量的实施

测量的实施步骤非常简单，问题（标准）的提出通常伴以简要说明，包括：①限定团体的范围，仅让被试者在范围内选择适当对象；②提示测验的目的，以使被试者认真填答；③告诉被试者测验的保密性，以使被试者安心选答。

以在一所中学所做的测验为例，指导语如下：

“我们要成立几个委员会来讨论一些问题。大家都知道和谁在一起工作最感到愉快。他们可以是你的同班同学或别班同学。现在，在你的纸上写上1，2，3。在‘1’的后面写上你最喜欢与之工作的男生或者女生的姓名，在‘2’的后面写上你第二喜欢的，在‘3’的后面写上你第三喜欢的。我会根据你的选择来安排委员会，以便每个人都能与所选的三个或其中一两个同学在一起工作。今天缺席的同学，只要你愿意，也可以选。注意，你的委员会里将会有你选的一位以上同学在内。最好把你的选择保密，因为你的委员会里的同学不可能都是你所选的。”

"假如你觉得选某人时感到特别不安或不快，或你觉得他（她）与你相处时感到不安，就把他的名字写在'否'栏。如果没有，就空着该栏。如果有什么疑问，可以提出来。"

6.3.2 结果整理

结果的整理有两种基本方式：一是列表法，称为"社会矩阵"（sociomatrix）（如图6-2所示）；二是图示法，称为"社会图"（sociogram）。

1.社会矩阵

被选者

		男生													女生											
		A	B	C	D	E	F	G	H	I	J	K	L	M	a	b	c	d	e	f	g	h	i	j	k	l
男生	A	●	③	2								1														
	B	①	●		3							2														
	C			●				③			2	1														
	D			3	●		2					1														
	E			2		●	3	1																		
	F						●	③			①	②														
	G			②			③	●				①														
	H				3				●	1.				2												
	I		1	2	3					●																
	J						①	2			●	③														
	K						②	①			③	●														
	L				2		1						●				3									
	M			3		1				2				●												
女生	a														●		③		②			①				
	b															●			②	①					③	
	c											1			③		●					②				
	d															②		●		③					①	
	e														①		3		●			2				
	f															①		②		●					③	
	g																				●		②		3	①
	h														①		③			2		●				
	i																				①		●		3	②
	j														1				2			3		●		
	k															②		①		③					●	
	l																				②		③		1	●
第一选择		1	1			1	2	2		1	1	5			3	1		1		1	1	1			2	1
第二选择				4	1		2	1		1	1	2		1		2		2	2	1	1	2	1			1
第三选择			1	2	3		2	2			1	1			1		4			2		1	1		4	
总计		1	2	6	4	1	6	5	0	2	3	8	0	1	4	3	4	3	2	4	2	4	2	0	6	2
		A	B	C	D	E	F	G	H	I	J	K	L	M	a	b	c	d	e	f	g	h	i	j	k	l

图6-2 社会矩阵

注：方格中的数字表示选择的次别，第一选择为1，第二选择为2，第三选择为3。画圈者表示"互选"（不分选择次别）。

社会矩阵是一个n×n的方形表格（n代表团体人数）。如图6-2所示，左方一列字母表示各选择者所做的第一、第二或第三选择。如学生A以B为其第三选择，以C为其第二选择，以K为其第一选择（其中他从B获得回报，因为B也选择了他）。通常对角线的斜列是空的，因为被试者不得选自己。须注意的是，在计算个人的选择地位时，通常不对不同选择次第做加权处理。

2.社会图

社会图是以图形来综合表示在某种特定情况下的人际选择。常用的程序是这样的：每一个人用一个几何图形表示，一般用圆形代表女性被试者，用三角形代表男性被试者，图形中写上名字，以缺口或颜色图形来表示缺席者。男性被试者的图形归在一边，女性在另一边。各图形中间留有空隙，以便连线穿梭其间。通常把男女两组中被选择最多的放在各组临近中间的位置，被选择次多的放在其周围，被选择最少的放在最外围，然后用线连接。如果是单选，用箭头指向被选者；如果是互选，使用双箭头，并在连线中间画一黑点或短线。如果是“拒斥”，可用虚线或有色线来表示。

6.3.3 数据分析

整理后的数据可以进一步地加以分析，以此得出相关的结论。

1.社会图分析

综合社会图的基本结构，不外乎下列七种形态：孤立、被拒、互选（对偶）、互拒、串联、小团体、明星与领袖。社会图的分析，即根据这些形态来了解个人在团体中的地位、小团体的组成以及人际沟通的网络。

孤立（isolate）指的是不被任何人选择也不选择任何人的成员。在团体中，这种人几乎没有，所以有时候也可用来指选择数和被选数都极少的成员。

被拒（reject）指的是被拒数很多的成员。有时候也仅指受到任何拒绝的成员。

对偶（pair）指互选的一对成员，通常是一对好友。越是整合的团体，对偶数就越多。

互拒（mutual reject）指互相拒斥的一对成员。一个团体中互拒数越多，对立关系越尖锐，分裂性也就越大。

串联（chain）是三个人以上的连锁关系，是团体凝结的要素，串联越多，越长，越是凝结。它有两种类型：单选的串联与互选的串联。后者比前者的关系紧密。符号：［○A→○B→○C］或［○A←→○B←→○C］。

小团体（clique）是一种封闭的连锁关系，可视为串联的变形。它由三个以上成员组成，每个人至少选择一个小团体中的成员，并且至少获得其中一个人的选择。它可由单选关系而建立，也可由互选关系而建立。上述例子中存在四个小团体，三个女生团体，一个男生团体。第二组（b，d，f，k）与第三组（g，i，l）是完全互选的小团体。另外，从小团体中成员是否也选择团体外成员这一点上，可将小团体分为两种类型：开放型与封闭型。例如，第一组（a，c，h，e）

与第三组（g，i，l）是开放的。第二组（b，d，f，k）与第四组（C，F，G，J，K）是封闭的。社会图显示，这个团体的沟通网络虽然一般而言是不错的，但颇具排外性，加上男女界限分明，团体中的沟通，受到了相当的阻碍。

明星（star）指被选数特别多的成员，又称高选择者，如图6-2中的K与k。

领袖（leader）是团体中最具影响力的人物，在多数情况下，明星亦是领袖。但有时，领袖却未必拥有特别多的支持，但他所选的都是明星，而这些明星人物都有积极的回报，即形成了对偶。换言之，他所受的选择均来自团体中最负众望的人物。

从社会图中，我们可以得出以下几点推论：

①如果社会图显示有很明确的小团体和割裂现象，这个团体可能难免发生摩擦或敌对行为，而难以同心协力进行一项活动。

②如果社会图显示单项串连短而多，互选对偶又很少，则这个团体中成员缺乏时间或机会进行互动或认识。

②乱而缺乏重心（明星或领袖人物）的社会图，表明团体结构非常松散。

④有大量的互选对偶及长而重叠的串连，表明团体有相当完整的结构，良好的沟通网络，较好的人际关系，团体成员互相赏识。

2.指数分析

社会指数分析可以发现某种情境下个人在团体中的社会地位，而且能得到数量化的指标，因而有很大的实用价值。社会指数大致可分为有关个人地位的指数和有关团体性质的指数两大类。

（1）有关个人地位的指数

①情绪扩张性（emotional expansiveness）指数：表示被试者是否使用了所有它可选择的指数，仅在没有限制选择数时适用。

情绪扩张性=实际个人所用到的总选择数

②社会地位指数：（social-status index）：表明个人在团体中受重视的程度，又称社会强度（social intensity）。

社会地位指数=（受选总数+受拒总数）/团体人数-1

③受选地位指数：（choice-status index）：表明个人在团体中所受支持的程度。

受选地位指数=受选总数/（团体人数-1）

④高选择者（the overchosen）：指受选数在平均选择数一个标准差以上者。

高选择者=平均数+一个标准差

（2）有关团体性质的指数

①吸引率（ratio of attractions）：表明团体中吸引作用发生的程度。

吸引率=总选择数/（总选择数+总拒斥数）

②群体内聚力指数：又称凝结指数（cohesion index），表明团体凝结的程度。

凝结指数=团体中对偶数/团体中有可能的对偶数

③调和指数（compatibility index）：表明团体中调和的程度。

调和指数=团体中对偶数/（团体人数-1）

④相对名望指数（relative popularity index）：表明一个团体受团体外成员支持的程度。

相对名望指数=实际得自团体外的选择数/可能得自团体外的选择数

以上各种指数都是用来对成员地位及团体性质进行的较准确的比较，但在解释时要注意：

①社会计量分数在统计上相等，在心理上未必相等。因为其中涉及选择的次别差异问题。如在 a→b→c 这一串连关系中，b 和 c 虽得票相同，但 c 的实际影响力大于 b，因为 c 可通过 b 而间接影响 a。

②社会计量地位相等，在团体中的影响力未必相等。因为其中涉及选择者的权力差异问题，例如领袖和明星间的差异便属于此种情况。

3.统计分析

等级相关分析：主要目的在于比较两次社会计量地位的相关情况或研究社会计量的稳定性。等级相关分析的步骤是：①把原始选择分数转换成等级分数；②求取等级相关系数 $\rho=\frac{6\sum d^2}{n(n^2-1)}$，其中：d 是先后两次测量的等级分数差，$\sum d^2$ 是差之平方和，n 是人数。

群体的凝结性，或称群体内聚力。

群体凝结性=互选数 / 非互选数×q / p　（q / p=非互选概率/互选概率）

首先使用矩阵解析社会计量资料的是福西什（E. Forsyth）和卡茨（L. Katz）。他们把 n×n 矩阵表作为原始矩阵，然后移动成对的行与列，最后揭示了团体结构中的次团体、明星、孤立者等。

4.研究发现

关于社会测量分数的意义，诺思韦（M. L. Northway）提出下列几点：

①个人的社会地位是会改变的，即使同样的分数，未必具有同样的意义。

②个人很少会受到全体的喜爱，也很少被完全孤立。

③通过个人当前的社会地位可以预测他以后在同一团体中的地位。

④一般团体中，社会地位与智商、心理年龄和实际年龄的相关性不高，与技能稍有相关，与社会适应及社会参与也颇有关系。

⑤社会地位显示个人顺从团体习惯与价值的程度，它与个人内在的心理安全感并无密切关系。

⑥社会关系的类型，林林总总，不一而足。

⑦迄今为止没有证据显示何种社会关系类型是最佳的。

⑧有证据显示，孤立者有深度的心理问题，有些领袖人物带有内在焦虑，有

朋友的人比没有朋友的人更有安全感。

6.3.4 人际关系改善

研究人际关系的目的，就是为了改善人际关系，形成良好的人际交往环境。为了达到这个目的，国外社会心理学家提出了许多关于改善人际关系的理论与方法。本节中介绍几种常见的理论和方法。

1.海德的平衡理论

海德（F. Heider）的平衡结构理论，即为“P-O-X”模式。在此P代表一个知觉主体，O代表另一个知觉主体，X代表知觉对象。海德认为，P、O、X三种成分的相互作用可以组成一个认知场。对于知觉者来说，这个认知场有时是平衡的、稳定的，有时是不平衡、不稳定的。这两种情况可以用两组图形表示出来，如图6-3所示。

（1）平衡关系

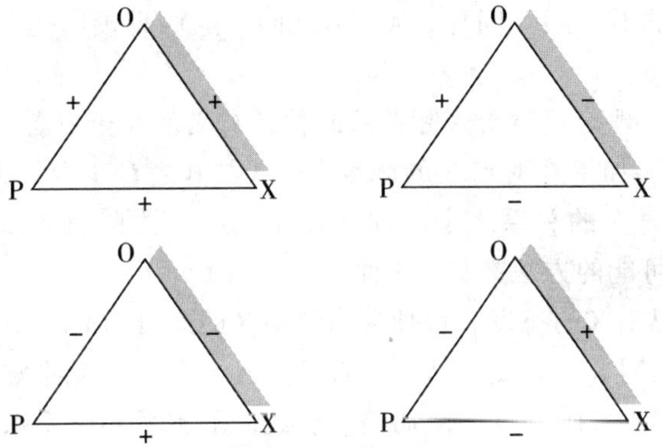

（2）不平衡关系

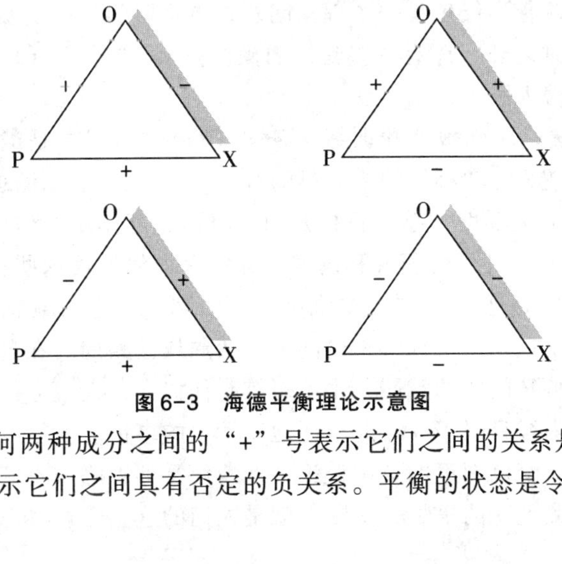

图6-3 海德平衡理论示意图

图6-3中任何两种成分之间的“+”号表示它们之间的关系是肯定的正关系，而“–”号则表示它们之间具有否定的负关系。平衡的状态是令人愉悦的，而在

非平衡的状态中，知觉者会感到紧张和压力，从而产生恢复平衡的力量。恢复认知结构平衡的途径之一就是知觉者改变对知觉对象的态度，如P改变对X的态度，从而改善与另一个知觉主体O的关系，或者P直接改变对另一知觉主体O的态度而改善与其的关系。从海德的平衡理论来看，人际关系改善的动力就在于人们有恢复认知结构平衡的需求。这种理论常被用来解释人际关系的变化情况。

2.纽科姆的沟通活动理论（Newcomb's A-B-X Mode）

美国社会心理学家纽科姆（T. Newcomb）把海德的平衡理论推广到了人际沟通领域，因此，在纽科姆的理论中就更加明确地讨论了人际关系的改善问题。如果说海德的平衡理论重点是考察知觉者内部的认知结构的话，那么纽科姆主要讨论的则是通过人际沟通来达到对现实的人际关系的改变。

纽科姆的理论被称作“A-B-X”模式。A表示知觉主体，B表示另一知觉主体，X表示与A、B都有关系的客体。当A和B对X的关系相似或相同时，将产生A与B之间的依恋性。相反，当A和B对X的关系有差别甚至完全不同时，将产生A与B之间的不和睦。同样，A与B之间沟通的发展，也将导致他们对X关系的相似性。

纽科姆的这一理论，对于人际关系改善的意义就在于三者之间的关系由不协调到协调的转变。如果在对待X的态度上，A与B之间产生了差别，并且A与B本来是处在相互肯定的关系之中，那么在A、B、X之间就出现了不协调，为了达到新的协调，可能的方法有如下3种：

①A改变自己对X的态度，以便使自己对X的态度与B对X的态度相类似。

②B改变自己对X的态度，从而使自己对X的态度与A对X的态度相一致。

③A改变自己对B的态度，从而使三者之间的关系趋于特殊的协调。

3.T小组训练法

人际关系的改善不仅仅是一个理论问题，更重要的是一个实践问题。除去以上的一般理论原则之外，还有一些具体的操作技术，T小组（T-group）训练法就是一种常见的改善人际关系的方法。

T小组训练法，又称**敏感性训练**（sensitivity training），是美国社会心理学家勒温于1946年创造的。T小组的主要目的有二：一是提高个体的社会敏感性；二是增强个体行为的灵活性，总的目标是通过群体相互作用的体验，学习对自己、对他人、对群体及对组织的理解和洞察，并掌握如何处理这些社会关系的技能。其通常的训练方式是把10～15名受训练者集中到实验室，或者是远离工作单位的地方，由心理学家来主持训练，时间为一两周或三四周。在这个小组里，成员没有要解决任何特殊问题的意图，也不想控制任何人，人人赤诚相见，坦率地互相交谈，交谈的内容只限于在“此时此地”发生的事情。

这种限定在狭窄范围里的自由讨论，逐渐使受训者陷入不安、厌烦的情绪当中。所谓“此时此地”的事情，实际上就是人们的这些心理状态和心理活动。随着这种交谈的进行，人们逐渐地更多地注意自己的内心活动，开始更多地倾听自己讲话。同时，由于与他人赤诚坦率地交谈，也开始发现别人那些原来自己没有注意到的语言和行为上的差别。经过一段训练之后，人们慢慢地发现了自己的内心世界，发现了平时不易察觉到的或者不愿意承认的不安和愤怒的情绪。另外，由于细心倾听了别人的交谈，也能够逐渐地设身处地地体谅别人、理解别人。

实践证明T小组训练法是一个有效地改善人际关系的方法。一些研究还证明，参加过T小组训练的学生比没有参加T小组训练的学生在达到自己的目标方面取得了更大的进步。另外的一些研究则表明，参加过T小组训练的人种族偏见明显减少，参加过T小组训练的人比未参加T小组训练的人形成了更大的内部控制倾向并且增强了对他人的信任感等。

补充资料：人际关系的三维理论及交往能力测量

本章小结

本章介绍了个体行为中的一种重要活动——交往活动。交往活动就是人与人之间的互动。交往活动总是产生于人们的需要，按照一定的形式进行，具体包括言语形式和非言语形式；人们在交往活动中由于个体差异会表现出不同的能力。

不同的交往能力会产生不同的人际关系。人际关系是交往渠道和成果的总和。交往关系最为重要的意义，体现在对于人们个体行为的影响上。不同的个体在人际关系中所处的地位不同，同时也存在着不同类型的人际关系。

为了深入地探讨人际关系，需要对人际关系加以测量，社会测量是一种定量测量人际关系的重要方法。

研究人际关系的测量方法，是为了在了解人际关系现状的基础上，改善人际关系。

核心概念与关键术语

核心概念

交往活动　交往活动内容　交往活动形式　交往能力内容　人际关系意义　人际关系结构　人际关系类型　人际关系测量

关键术语

交往活动（communication activity）　假相倚（pooled interdependence）　非对称性相倚（sequential interdependence）　反应性相倚（reciprocal interdependence）

互动性相倚（comprehensive interdependence） 社会测量法（method of social measurement） 社会矩阵（sociomatrix） 社会图（sociogram） 纽科姆的沟通活动理论（Newcomb's A-B-X Mode） T小组训练法/敏感性训练（sensitivity training）

思考题

1.什么叫作人际交往？它与社会知觉具有什么关系？

2.对于他人的行为预期如何影响人自身的行为选择？试举例说明。

3.人际交往包含哪些内容？信息沟通与情感沟通有什么联系与区别？

4.怎么理解情感沟通在交往活动中的作用？情感沟通对人的价值观有何影响？

5.言语交往在交往活动中占有什么地位？为什么会占有这样的地位？

6.什么叫作交往关系？由哪些方面的内容构成？

7.人们之间的交往关系具有哪些类型？各有什么特点？

8.怎么理解交往地位？如何分析交往活动中的人际互动状况？

9.交往能力由哪些方面构成？什么叫作自我控制能力？

10.为了进行有效交往，人们需要具备哪些沟通能力？试举例说明。

第7章 社会群体

学习目标

通过本章的学习，您应当掌握：

1.群体的定义及特征

2.群体的产生和形式

3.群体的结构及发展

4.群体规范及其对个体行为的作用

5.群体角色及其如何影响个体行为

6.群体行为的主要影响因素和模型

7.群体决策的利弊和具体方法

引　例

李想的小圈子

经过一天的忙碌，李想终于等到了下班时刻的到来。然而，与常人想象的不同，下班后的他并未直接返回家中，而是走进了街边的一间酒吧。那里，是李想今天约好与一群朋友聚会的地方。

在外人看来，身为一家知名跨国公司的中层管理者，李想是令人艳羡的。高额的收入，优厚的待遇，使他可以过上不错的生活。可是，李想本人却不这样想。沉重的任务，冷漠的环境，复杂的人际关系，这一切都让他每天倍感压力。同事之间微妙的关系，让他平时只能自己默默承受遇到的困难和受到的委屈，而无法向他人倾诉。因此，对李想而言，生活简直暗无天日。

一个偶然的机会，使这一切发生了改变。一天，正在上网冲浪的李想，意外结识了一位网友。通过这位网友，他加入了一个网络群体。这个群体的成员大多是工作多年的白领精英，由于难以忍受枯燥无味的工作及高压的环境，而选择上网消遣。加入这个群体后，李想发现自己似乎找到了真正的归宿。群体的成员来自不同地区、不同企业，却大多志趣相投。由于大家相互间不存在利益冲突，使得每个人都能够敞开心扉，畅所欲言，交流工作中的不顺和难题。

慢慢地，李想融入了这个群体。随后，他又和几位网友在现实中见了面，成了很好的朋友，从而拥有了自己的小圈子。他们每周聚会一次，互相交流过去一周的感受和想法。今天，恰恰又到了他们聚会的日子。

李想进入酒吧后，首先看到了坐在角落的老孙。老孙是他们中最年长的一位，目前在一家国企做高管。由于资历深、经验足，老孙在群体中有着很强的威信和话语权。他说的话，常常被大家所奉为圭臬。

没过多久，另一位成员小吴也到了。刚一到，他就大吐苦水，抱怨自己在工作中遭受的不公平待遇，并流露出跳槽的想法。但是，小吴又觉得自己现在的职位已经比较高，如果跳槽很可能又要从头干起。这次来聚会，就是想听听大家的意见。

听完小吴的话，李想心中一动。事实上，他也一直抱有这样的想法。然而，丰厚的薪水和待遇又令他迟疑不决。如今，面对和自己有同样经历的小吴，李想也希望能从朋友那里得到一些建议。

所有人来齐后，大家开始轮流发言。老孙先以自己为例，述说了在一个企业里踏实前进的好处。可是，立刻就有人反驳，劝说小吴以自己的兴趣和能力为重，选择最适合自己的工作。争论了半天，双方都无法说服对方。最后，一位朋友提议所有人举手表决，得出的结果作为最后的参考意见。表决的结果是大多数人还是认为小吴应该留在目前的公司，小吴最终也接受了大家的意见。

将这一切看在眼里的李想，同样做出了自己的决定。在他看来，多数人的选择往往是正确的，因此，坚持在现在的企业中发展也是明智之举。

【思考】

1.在你看来，群体是如何形成的？

2.群体如何影响着人们的行为？尝试分析案例中李想的做法。

3.群体中哪些因素在影响着人们的行为选择？案例中是如何体现的？

本章提要

人际交往使人们形成了一定的人际关系，当人们为了某一特定目标形成了关系组合，就会形成群体。实际生活中，人们不仅以个人的身份进行活动，而且以群体成员的身份进行活动。也就是说，在进行行为选择时，人们会考虑到自己所属群体的需要和利益，使个体行为动机中包含着群体内容。那么什么是群体？为什么会形成群体？人为什么进入群体？群体如何影响个体的行为？群体行为又是如何形成的？这些是本章需要解决的问题。

7.1 群体的性质

古希腊哲学家亚里士多德在他的《政治学》中写道："人在本质上是社会性动物，不能过社会生活的个体，或者自以为不需要因而不参与社会生活的个体，不是兽类就是上帝。"正如亚里士多德所言，社会生活都是以群体的方式进行的。人们在人际交往中形成了群体，群体在人们的日常生活中有着非常重要的意义，因此，本节首先介绍群体的定义及相关性质。

7.1.1 群体的定义

群体（group）是指两个或以上的个体为了实现特定目标而形成的关系组合。这个定义是了解群体性质的基础，群体是一个重要的概念，介于个体和组织之间[①]，要把握好这个概念，需要理解它的含义，掌握它的特征。尤其要注意它和几个易混淆的概念之间的区别。

1.群体的含义

群体是社会学研究的一个基本概念，有广义和狭义之分。广义的群体泛指一切通过持续的人际交往或社会关系而结合起来进行共同活动、有着共同利益的人类集合体；狭义上的群体，是指通过持续交往而形成起来的具有共同利益的人群[②]。

结合社会学的研究和本书的研究角度，本书对群体做了如下定义：

群体是指两个或以上的个体为了实现特定目标而形成的关系组合，群体成员之间相互依赖，并以特定的角色形成一定的关系结构，体现出相似的知觉属性和行为特点。

在该定义中，需要注意的是前一章已经论述了人们如何通过人际交往形成了人际关系，而群体是这种关系中的一种特例，即在群体这种人际关系（组合）中，个体之间是有一定特定目标的，或者说是由一种共同意识作为支持的。

需要注意的是，不是所有两个人以上的组合都是群体，比较容易混淆的概念主要是集群和社会类属，在这里加以强调。

集群是指两个以上个人的偶然集合，如飞机场和车站的临时乘客、公园的游客、影剧院里的观众、商场的顾客等。他们虽然是同时出现在同一空间场所的一群人，但是他们不是群体，因为他们不是为了实现特定目标，而是各有各的目标；即使有了共同的特定目标，但也没有形成相互依赖和相互作用的关系结构。

社会类属是有共同具有某种特定属性的个人合成的统计集合体，如企业组织中的经理、技术人员等都是社会类属。社会类属是比集群更为抽象的概念，通常也不具备群体的基本特征[③]。

2.群体的特征

根据群体的定义，可以明确以下几点群体的特征，这也是进一步理解群体含义的关键：

（1）人际互动

群体成员之间经常性的直接接触和联系。与普通的人际关系有所不同，群体

---

① 全国13所高等院校《社会心理学》编写组．社会心理学［M］．5版．天津：南开大学出版社，2008.

② 郑杭生．社会学概论新修［M］．北京：中国人民大学出版社，2000.

③ 于显洋．组织社会学［M］．北京：中国人民大学出版社，2007.

发生的接触和联系更为频繁和直接。群体成员有较持久的社会交往和较稳定的社会关系，而且群体成员的交往活动是经常性的、持续性的。

（2）共同意识

群体成员有共同理解和遵守的价值观标准。由于对待事物和人有着同样的评价标准，因此群体成员往往有着相似的行为基础；同时，群体成员也会产生同别的群体成员明显的差别感。

（3）相似行为

群体成员有相似要求，并对外界环境做出相似反应。前已述及，群体成员之间有着共同的意识，结合动机性的过程，不难理解群体成员易对事物形成同样的行为动机，进而做出相似行为。

（4）稳定关系

群体成员有相互依赖性与补充性，形成稳定的关系结构。群体成员之间的关系网络相对于一般的关系网络更加稳定，人与人之间的相互依赖程度较高。

（5）角色界定

群体成员具有彼此认同的成员资格，每一成员都以特定的角色存在，并且能够被识别。这个概念会在后面的论述中进一步深入讨论。

7.1.2 群体的状况

前文介绍了群体的定义和性质，接下来我们讨论群体为什么会形成。本部分将从个体需要的角度介绍群体产生的原因；接下来要介绍群体的两种类型，即正式群体和非正式群体，这两种群体产生于两种人们不同的需要，有着不同的功能和特点。

1.群体产生的原因

群体产生于人们的社会需要，每个人都有需要，不同的人有不同的需要。当满足个体需要的目标与社会的目标一致时，人们会在与社会的相互选择中产生群体。也就是说，群体的产生是为了使某些个体的需要在群体中得到更好的满足。这种个体需要包括以下6个方面：

（1）安全需要

安全需要是指寻找依托，增强自信心，降低不安全感，即通过加入一个群体，降低独处时的不安全感。个体加入到一个群体之后，会感到自己更有力量，自我怀疑会减少，在威胁面前更有韧性。

（2）情感需要

情感需要是指人们之间的理解与沟通的需要。群体可以满足其成员的社交需要。人们往往会在群体成员的相互交往中感受到满足。对许多人来说，这种工作中的人际相互作用是他们满足情感需要最基本的途径。

（3）自尊需要

自尊需要是指感受到自己在别人心目中的价值，人们只有在与他人交往的过程中，才有可能得到他人的认同，受到他人的尊重，因此，群体的形成是人们被尊重的前提。人们为了满足自尊需要，也会自觉形成群体或加入群体。

（4）地位需要

地位需要是指得到社会承认的稳定感，加入一个被认为是很重要的群体中，个体能够得到被别人承认的满足感。

（5）权力需要

权力需要是指支配他人的愿望，权力需要是单个人无法实现的，只有在群体活动中才能实现。权力是一种支配另一个人行为的能力[①]，既然涉及其他人，自然需要在群体中实现。

（6）成就需要

成就需要是指通过他人协助实现自身目标。有时，为了完成特定的目标需要多个人共同努力，需要集合众人的智慧、力量。在这种时候，人们就要依赖正式群体来完成目标。

2.群体的类型

群体形成于人们的社会需要，包括归属需要和协作需要。由于人们的协作需要，产生了正式群体。归属需要产生了非正式群体。这两种群体有不同的功能和作用。

其中，正式群体是指因任务产生，具有明确的组织结构界定，服从理性原则的群体。非正式群体是指为了满足个体社会交往需要，没有正式的结构但具有默认的行为规则，服从行为习惯的群体。

（1）正式群体

正式群体（formal group）是指由组织结构界定的、工作分配很明确的群体。正式群体可以划分为命令型群体和任务型群体。

①命令型群体

命令型群体（command group）由组织结构规定。它由直接向某个主管人员报告工作的下属组成。

②任务型群体

任务型群体（task group）也是由组织结构决定的。它是指为完成一项工作任务而在一起工作的人。但任务型群体的界限并不仅仅局限于直接的上下级关系，还可能跨越直接的命令关系。

（2）非正式群体

非正式群体（informal group）是那些既没有正式结构也没有既定的联盟关系，而是为了满足社会交往的需要自然形成的群体。非正式群体可以划分为利益型群体和友谊型群体。

---

① 详见第9章“权威关系”

①利益型群体

在**利益型群体**（interest group）中，大家是为了某个共同关心的特定目标而走到一起来的，因而这类群体遵循着“合则聚，不合则散”的原则，其聚散有一定的偶然性、随机性、临时性，内部关系呈现出变动和无序的特征。

②友谊型群体

群体往往是由于其成员具有某些共同的特点而形成的，我们把这种基于成员的共同特点而形成的群体称为**友谊型群体**（friendship group）。这种群体往往是在工作情境之外形成的，其赖以形成的共同特点可能是年龄相近、支持某个橄榄球队、同一所大学毕业、政治观点相同，等等。

7.1.3 群体的结构

群体形成以后，随着其不断地发展，会形成自身的结构。群体结构塑造着群体成员的行为，使我们有可能解释和预测群体内的大部分个体行为和群体绩效。群体结构的变量主要包括身份、规范、地位、规模等。身份是指群体成员是领导者还是追随者。规范是指群体成员共同接受的行为标准。地位是指对群体或群体成员位置的社会性界定。规模是指群体中成员的数量和内部的复杂性。

1.身份

在群体中，每个成员都是以一定的**身份**（identity）存在，有的以领导者的身份存在，也有的以追随者的身份存在。这是每个人在交往关系中所处的位置，由交往活动和个体的交往能力决定。在具体的工作情境中，几乎每个工作群体都有一个正式领导。他们的头衔可以是部门经理、部门主管、工头、项目领导、任务小组领导或委员会主席，群体领导[①]对群体绩效具有巨大影响。在生活情境中，我们也不难发现这种现象，在寝室生活中，会有一个辈分排序，寝室中会有一个扮演长辈的“老大哥”或者“大姐”，他们并不一定仅仅是年龄较大，而且在交往能力、为人处世方面常常有某些特点，因此在群体中有着特殊的身份。

2.规范

所有群体都形成了自己的规范。所谓**规范**（norms），就是群体成员共同接受的一些行为标准。群体规范让群体成员知道自己在一定的环境条件下，应该做什么，不应该做什么。从个体的角度看，群体规范意味着，在某种情境下群体对一个人的行为方式的期望。一旦群体规范被群体成员认可并接受，它们就成为影响群体成员行为的手段，而只需要最低限度的外部控制。不同的群体、社区和社会，群体规范都不相同。但不管如何，所有的群体都有自己的规范[②]。规范不仅体现着群体成员身份的具体内容，同时还具备预警和惩戒双重功能：预警功能是指通过各种清楚、明确和易于操作的规章为成员划出行动界限，目的在于鼓励成

---

① 详见第8章“领导活动”。
② 具体的内容将在7.4节详细介绍。

员自觉遵守；惩戒功能是指对违反规范的行为采取各种惩罚措施，其目的是使行动者不再发生类似行动。

3.地位

地位（status）是指别人对群体或群体成员的位置或层次的一种社会性的界定。即使是很小的群体也有自己的角色、权力、仪式方面的规范，以便与其他成员区别开来。而在理解人们的行为时，地位是一个重要的因素。

群体中的地位是怎么产生的呢？地位可以是群体正式给予的，也就是说，群体通过给予个体某种头衔或某类令人愉快的东西，而使个体获得某种正式地位。如一个大型组织中高层地位的外在标志有：宽敞明亮的大型办公室，令人眼花缭乱的头衔，丰厚的薪水，灵活的工作安排等。在更多的情况下，地位是通过非正式意义获得的。地位可以通过教育、年龄、性别、技能、经验等特征而非正式地获得。任何东西只要被其他群体成员看作是与地位有关的，它就具有地位价值。非正式地位不一定不如正式地位重要。

地位与群体中的规范和公平性有关。许多研究表明，地位对群体规范的效力和给人们带来的从众压力会产生有趣的影响。比如，与群体其他成员相比，一个地位较高的群体成员具有较大的偏离群体规范的自由：他们比地位低的同伴能够更好地抵制群体规范施加给他们的从众压力。如果一个群体成员很为群体中其他人所看重，而他又不在乎群体给予他的社会性报酬，那么在一定程度上，他就可以漠视群体的从众规范。

在群体中，需要让群体成员相信群体中的地位等级是公平的。如果群体成员认为群体中存在不公平现象，就会引起群体内的不均衡，并带来各种各样的修正性行为。

在群体内部，通常有一致的地位标准，因此，群体成员的地位等级比较一致。但在群体之间就不一样了。当人们从一个群体进入另一个群体时，他们可能会面临冲突情境，因为这个群体的地位标准不同，或者群体成员具有不同的背景。

4.规模

群体**规模**（scale）影响着群体的整体行为，其影响力与任务有关。当任务巨大、复杂时，群体规模可能大一些为好；而任务简单、小型时，群体规模小一些可能效果更好。

一个与群体规模有关的重要发现是**社会惰化**（social loafing）。所谓社会惰化是指一种倾向，一个人在群体中工作不如单独一个人工作时更努力。这个发现使下面的逻辑遇到了挑战：即群体作为一个整体的生产力，至少等于群体成员个体生产力的总和。

是什么原因导致了这种社会惰化效应呢？也许是因为群体成员认为其他人没有尽到应尽的职责。如果你把别人看作是懒惰或无能的，你可能就会降低自己的努力程度，这样你才会觉得公平。另一种解释是群体责任的扩散。因为群体活动的结果不能归结为具体某个人的作用，个人投入与群体产出之间的关系就很模糊了。在这种情况下，个人就会降低群体的努力。换言之，当个人认为自己的贡献无法衡量时，群体的效率就会降低。

有关群体规模的研究可以让我们得出另外两个结论：(1) 成员为奇数的群体似乎比成员为偶数的群体更受欢迎；(2) 5人或7人群体在执行任务时，比更大一些的群体或更小一些的群体，都更有效。群体成员为奇数时，在投票时就能降低发生僵局的可能性。而且，由5个人或7个人组成的群体足以形成大多数，允许发表各种不同意见，同时，又可以避免与大群体相关的一些弊端，如少数人占据统治地位，发展小团体，禁止某些成员参与决策，在决策时拖延时间等。

7.1.4 群体的发展

群体产生于人们的需要，不同的需要会形成不同的群体，群体一旦形成，就会经历一定的发展阶段。近20年以来，研究人员一直认为，大多数群体的发展遵循一种特定的顺序，而且我们了解这种顺序。事实上，最近的研究表明，群体的发展没有什么标准模式可言。在本节中，我们就对大家比较熟悉的**群体发展五阶段模型**（five-stage group-development model）和间断-平衡模型进行评述。

1.群体发展五阶段模型

从20世纪60年代中期起，人们大都认为，群体的发展要经过五个阶段的标准程序，这五个阶段是：形成阶段、震荡阶段、规范化阶段、执行任务阶段、解散阶段。

第一阶段：形成（forming），其特点是群体的目的、结构、领导都不确定。群体成员各自摸索群体可以接受的行为规范。当群体成员开始把自己看作是群体的一员时，这个阶段就结束了。

第二阶段：震荡（storming），是群体内部冲突阶段。群体成员接受了群体的存在，但对群体加给他们的约束仍然予以抵制。而且，对于谁可以控制这个群体，还存在争执。这个阶段结束时，群体的领导层次就相对明确了。

第三阶段：规范化（norming），在这个阶段中，群体内部成员之间开始形成亲密的关系，群体表现出一定的凝聚力。这时会产生强烈的群体身份感和友谊关系，当群体结构稳定下来，群体对于什么是正确的成员行为达成共识时，这个阶段就结束了。

第四阶段：执行任务（performing），在这个阶段中，群体结构已经开始充分地发挥作用，并已被群体成员完全接受。群体成员的注意力已经从试图相互认识和理解转移到完成手头的任务。

第五阶段：解散（adjourning），对于长期性的工作群体而言，执行任务阶段是最后一个发展阶段，而对暂时性的委员会、团队、任务小组等工作群体而言，因为这类群体要完成的任务是有限的，因此，还有一个中止阶段。在这个阶段中，群体开始准备解散，高绩效不再是压倒一切的首要任务，注意力放到了群体的收尾工作。这个阶段，群体成员的反应差异很大，有的很乐观，沉浸于群体的成就中，有的则很悲观，惋惜于共同的工作群体中建立起的友谊关系，不能再像以前那样继续下去。

五阶段模型的许多解释者都带有这样的假设：随着群体从第一阶段发展到第四阶段，群体会变得越来越有效。虽然这种假设在一般意义上可能是成立的，但使群体有效的因素远比这个模型所涉及的因素来得复杂。在某些条件下，高水平的冲突可能会导致较高的群体绩效。所以，我们也可能会发现这样的情况：群体在第二阶段的绩效超过了第三和第四阶段。同样，群体并不总是明确地从一个阶段发展到下一个阶段。事实上，有时几个阶段同时进行，比如震荡和执行任务就可能同时发生。群体有时甚至可能回归到前一个阶段。

因此，即使是这个模型的最强烈的支持者也不认为所有的群体都严格地按照五阶段或者四阶段发展这种假设总是合理的。

2.间断-平衡模型

研究人员在对10多个任务型群体进行了现场和实验室研究之后认为，群体的发展并非都经历相同顺序的发展阶段。但在群体的形成和变革运作方式的时间阶段上是高度一致的。应该特别指出的是，研究发现：①群体成员的第一次会议决定群体的发展方向；②第一阶段的群体活动依惯性进行；③在第一阶段结束时，群体会发生一次转变，这个转变正好发生在群体寿命周期的中间阶段；④这个转变会激起群体的重大变革；⑤在转变之后，群体的活动又会依惯性进行；⑥群体的最后一次会议的特点是，活动速度明显加快。我们称这种模式为**间断-平衡模型**（punctuated-equilibrium model），如图7-1所示。

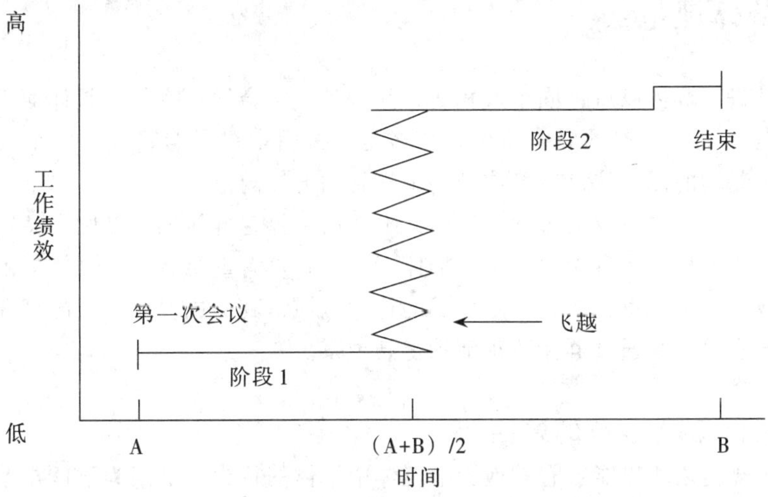

图7-1　间断-平衡模型

群体成员的第一次会议决定群体的发展方向。在第一次会议上，群体成员完成其项目所要求的行为模式和假设的基本框架得以形成。这种框架在群体存在的最初几秒钟之内就可能出现。

一旦这种框架确定，群体的发展方向就变成了白纸黑字，而且在群体寿命的前半阶段不太可能重新修订。这一阶段是依惯性进行群体活动的阶段，也就是说，群体倾向于静止，或者被锁定在一种固定的活动上。即使获得对初始模式和假设形成挑战的新创意，群体也不可能在第一阶段实施这些创意。

在这些研究中，一个更有趣的发现是，每个群体都在其寿命周期的同一时间点上发生转变——正好在群体的第一次会议和正式结束的中间阶段——尽管有些群体完成一个项目只用一个小时，而有些群体要用六个月。看起来，好像每个群体在其存在时间的中间阶段都要经历中年危机。这个危机点似乎起着警钟的作用，促使群体成员认识到，时间是有限的，必须迅速行动。

这个转变标志着第一阶段的结束，其特征是集中于迅速的变革，抛弃旧的模式，采纳新的观点。转变调整了第二阶段的发展方向。

第二阶段是一个新的平衡阶段，或者说又是一个依惯性运行的阶段。在这个阶段中，群体开始实施在其转变时期制订出来的新计划。群体的最后一次会议以迅速的活动来完成工作任务为特征。

总之，群体的间断-平衡模型的特点是，群体在其长期的依惯性运行的存在过程中，会有一个短暂的变革时期，这一时期的到来，主要是由于群体成员意识到他们完成任务的时间期限和紧迫感而引发的。如果从群体五阶段模型的视角来看，那就是群体通过其形成和规范化阶段的结合而开始存在，接着经历一个效率较低的执行任务阶段，随后是震荡阶段，然后是一个高绩效阶段，最后是结束阶段。

7.2 群体规范

人们进入群体以后，同个人相比，其行为一定会发生变化，具体而言就是个人的行为动机中出现了群体动机。那么是什么因素在影响着群体中个人的行为呢？这个新增的因素就是在群体结构中提到的群体规范。

群体规范是群体成员公认的行为标准，用以界定群体如何鼓励和惩罚其成员行为，对于维持群体凝聚力和引导群体行为方式具有重要意义。群体规范可能是明确的成文规定，也可能是约定俗成的行为习惯，其形成发展与人的理性选择和从众倾向有关，并通过群体矫正活动得到维系。

7.2.1 群体规范的属性

群体规范之所以能够有效地影响群体中个体的行为，是因为群体规范具有准则性和约束性这两种属性。

1.准则性

准则性是指群体规范具有对行为要求的界定以及评价行为的尺度的属性。

(1) 行为要求

群体规范为群体中的个人规定了行为要求，划定了群体个人各自的活动范围和行为方式。群体中的人们共有的行为标准会规定群体中的个体应该做些什么，不能做些什么，怎么去做等。

(2) 评价尺度

之所以规范能够要求人们的行为，是因为规范在群体的共同意识基础上，建立了一个能够为群体成员所共同接受的评价标准。群体规范就像一把尺子，衡量规范个体的看法和行为，从而为每个群体成员提供了统一的认知和评价标准。

2.约束性

约束性是群体准则性有效实施的保障。约束性是指群体规范对于群体成员行为具有信念、舆论、制裁的压力。约束性的存在，使得违反群体规范的行为得以被纠正和惩戒，从而对群体成员产生一种威慑力量，来确保群体准则的执行和实施。

7.2.2 群体规范的类型

群体规范并不是完全一致的，同群体的差异一致，它们在形式和内容方面都可以分为多种类别。

1.群体规范的形式

从形式上看，群体规范具有明文规定和隐含规定两种类型。明文规定的规范包括规章制度和相互间的协议，这种规范的特点是已经将其以语言的形式描述出来并且记录下来，能够为群体外的人，包括新加入群体者所观察到；与这种类型的规范相反，隐含规定是指没有明文写出的群体规范，具体包括群体默认的前提以及心理契约等，这类规范只能为群体内部成员所知晓。

2.群体规范的内容

比较常见的群体规范是形象规范，它包括：适当的服装；什么时候应该表现出什么样的精神状态等。社交约定规范也是比较常见的群体规范，主要出于非正式群体，用于规定群体中成员的交往活动。比如，群体成员应该与谁共进午餐、工作中的交友情况和社交活动等。群体规范的内容还包括资源分配规范，这类规范来自组织或群体内部，主要涉及任务安排、工具分配等[①]。

7.2.3 群体规范的产生

群体规范的形成发展与人的理性选择和从众倾向有关，并通过群体矫正活动

---

① 罗宾斯. 组织行为学［M］. 孙健敏，李原，译. 10版. 北京：中国人民大学出版社，2005.

得到维系。

1.理性选择

一般来说，群体规范是在群体成员掌握使群体有效运作所必需的行为的过程中逐步形成起来的。当然，群体中的一些关键事件可能会缩短这个过程，并能迅速强化新规范。大多数群体规范是通过以下4种方式中的一种或几种形成起来的：

（1）明确陈述

明确陈述是指群体成员所做的明确的陈述，这名群体成员通常是群体的主管或某个有影响力的人物。例如，群体领导可能具体地强调，在上班时不得打私人电话或者喝咖啡，休息的时间不得超过10分钟。

（2）历史事件

历史事件是指群体历史上的关键事件。这种事件通常是群体制定某种重要规范的起因。比如，在工作中，一个旁观者离机器太近而受了伤，从这以后，群体就有了这样的规范：群体成员应时时注意，除操作者之外，任何人不得进入离机器5米之内的地盘。

（3）私人交谊

私人交谊是指群体内部出现的第一个行为模式，常常就为群体成员的期望定下了基调。比如，学生中的友谊群体的成员在第一次上课时，就坐在一起。如果以后上课时，有人坐了“他们”的位子，他们就会感到恼怒。

（4）保留行为

保留行为是指过去经历中的保留行为。来自于其他群体的成员在进入一个新群体时，会带来在原群体中的某些行为期望。这就可以解释，为什么工作群体在添加新成员时，喜欢吸收那些原来的背景和经验与现在群体相近的成员，因为这种新成员所带来的行为期望，与现在群体中业已存在的行为期望可能比较一致。

不过，群体并不是为每一种可能出现的情境都制定规范，群体主要制定一些对自己很重要的规范。那么，是哪些因素决定着一种规范的重要性呢？

①如果它能促进群体的生存。群体当然不愿意失败，因此群体着力于强化那些能够增加成功机会的规范。这就意味着，它们要尽力保护自己不受其他群体或个人的干扰。

②如果它能增加群体成员行为的可预测性，能够增加预测性的规范，可以使群体成员相互预测彼此的行为，从而能够做出适当的反应。

③如果它能够减少群体成员中令人尴尬的人际关系问题。一种规范如果能够保证群体成员的满意感并尽可能防止人际摩擦，这种规范就是重要的。

④如果它允许群体成员表达群体的中心价值观，突出代表群体身份的标志。这种规范能够鼓励成员表现出群体价值观和群体身份，这将有助于强化和维持群体的存在。

2.从众倾向

除了一部分群体成员通过理性选择形成或接受了群体规范外，还有一部分成员是因为从众倾向接受了群体规范。

从众倾向（conformity）是指人们自觉不自觉地以多数人的意见为准则做出判断、形成印象的心理变化过程。寻求一致是一种人所共有的、极为普通的行为心态。

为什么会出现从众倾向？这是因为当一个人生活在群体中的时候，总会感觉到别人的存在，受别人的影响，要遵守群体的规范。群体借助于规范的力量形成了一种对其成员心理上的压迫力量，以达到对其成员行为的束缚作用，这种力量就是群体压力。阿希实验中的被试者就是屈从了群体压力，而做出了错误的回答（Asch，1951）。

被试者为什么会屈从于群体压力呢？这与许多因素都有关系。首先，它与一个人的个性特征有关。有的人缺乏自信心，认为真理是掌握在大多数人手里的，对自己的判断没有信心，虽然知道自己看到的与别人回答的不一样，但认为多数人总会比自己更正确一些，因此，从众以求心安。属于这种情况的人最多。其次，从众与问题情境是否清晰有关。当刺激物的特性不鲜明（如阿希的实验中三条线段的差别非常不明显）或刺激物非常模糊（如在没有参照物的黑暗环境中判断光点离自己的距离）的时候，从众就非常容易发生。这时人们会把别人的判断看成是正确的，以别人的判断作为自己的判断标准。但是当问题情境非常清晰的时候，这种情况极少发生。还有一种情况就是，明明知道别人的判断是错误的，但是不愿意自己成为“离群之马”，表面上会采取从众行为，但群体压力一旦解除，他就会说出自己的意见。

从众现象是一种较普遍的心理现象，是人的一种直接的、感性的心理反应。任何人都会不同程度地产生从众行为。它不简单地等同于随波逐流和丧失原则。从众行为对于一个人、一个社会有其积极的意义，它可以使一个人的思想和行为合乎群体的、社会的规范。在许多情况下，这种结果可以使群体和社会具有更高的一致性，有利于活动效率的提高和目标的实现。但是，从众也有消极的一面。当群体中大多数人所持的观点是错误的时候（如阿希的实验），从众会把群体的判断导向错误的结果。但不管怎样，从众倾向使得群体规范得以产生和维持。

综上所述，人们会在群体活动中按照群体中普遍的价值评判标准选择某些行为规范，这类规范会在群体活动中通过从众倾向的作用，逐渐被更多的群体成员所接受。

7.2.4 群体规范的作用

群体规范能够影响群体成员的行为，具体而言，群体规范的作用包括给出预期、约束行为以及维持团结等。给出预期是指，强化群体中的价值观，增强行为的可预测性。维持团结是指，减少人际关系摩擦，促进个体行为转变。

1. 给出预期

组织行为研究的目的之一是预测人们的行为，群体规范能够帮助人们更为准确地预测群体中成员的行为。这是因为群体规范强化了群体中的价值观，前面已经提到人们行为动机的形成过程，价值观是人们评价信息的标准，由此产生了对于具体事物的态度和行为倾向。群体成员的价值观更容易了解与把握，因此也就提高了行为的可预测性。

2. 约束行为

约束性是群体准则有效实施的保障，约束性是指群体规范对于群体成员行为具有信念、舆论、制裁的压力。这种约束性具体体现在预警和惩戒两个方面。第一是预警作用，前已述及，群体规范指出在不同环境下成员应持有的态度和行为，其根本目的就是把成员的行为限制在一定范围内，决定群体成员做什么和不做什么，从而将个体任意行为转化为群体有序行为。第二是惩戒作用，这一作用主要是通过舆论压力和从众压力的方式来实现的，群体成员的行为一旦偏离了群体规范，就会受到这些压力，进而调整自身的行为选择。

3. 维持团结

群体规范对任何群体都是必不可少的，群体规范使得群体能够继续维持下去，并不断巩固与发展，群体规范在群体成员的交往中起着媒介的作用，如果缺少了群体规范，成员之间就无法互相有效地交流和传递信息、经验和情感。同时群体规范能够减少人际关系摩擦，充当群体成员之间的“黏合剂”，当冲突发生时，群体规范能在一定程度上缓和这种冲突。

7.3 群体角色

角色是群体结构中的一部分，也是影响个人行为动机的群体成分的关键，这是因为，在群体中人们有着各自的身份和地位，同时群体规范给予了每位成员行为准则和要求，然而，人具有主观能动性，对于群体赋予自己的身份、地位以及行为准则有着自己的认识，这就是人们的角色意识，群体规范必须通过角色意识才能真正发挥作用。

下面将系统阐述角色的概念，为了理解群体中角色的概念，我们需要了解群体中角色的性质，角色是如何形成的，以及角色一个比较重要的特征——角色失调等问题。

7.3.1 角色的性质

社会角色（role）是指与人们的某种社会地位、身份相一致的一整套权利、义务的规范与行为模式，它是人们对具有特定身份的人的行为期望，它构成社会群体或组织的基础。简单地说，角色是指人们对于自己和他人稳定的行为期望。

1.角色的概念

首先把角色概念引进社会心理学的是米德（G. H. Mead）。但他并没有给角色下一个明确的定义，只是用作一种比喻以说明不同的人在类似情境中表现出类似行为这种现象。林顿（R. Lindon，1936）认为，当个体根据他在社会中所处的地位实现自己的权利和义务时，他就扮演着相应的角色。凯利和蒂博（J. W. Thibaut & H. H. Kelly，1959）认为，角色是他人对相互作用中处于一定地位的个体的行为的期望系统，也是占有一定地位的个体对自身行为的期望系统。弗里德曼（J. L. Freedman，1985）等人指出，社会角色是关于人们在特定类型的关系中应当如何行动的一套规则。苏联社会心理学家布耶娃（Л. Буева，1968）认为，对角色进行社会心理学分析固然要求首先研究角色行为的主观因素，但是要真正认清这些主观因素的实质，就不应当把它们抽象化，而应当把角色行为的主观方面与客观社会关系密切联系起来，因为角色期望无非是社会实践中存在的客观社会关系的思想形式、主观反映。她认为社会角色是社会职能，是在特定社会中形成的一定类型活动和相应行为方式不可分割的统一体，归根到底决定于个体在社会关系系统中所处的地位。社会给某一社会角色的执行者提出一般的行为方式或标准，每个人具体扮演这个角色时带有一定的个人色彩。这些说法虽然有所不同，但是综合起来可以看出角色在社会心理学中的基本含义。

2.角色的含义

根据角色的定义可以知道，角色包括以下四方面含义：

①角色是社会地位的外在表现；

②角色是人们的一整套权利、义务的规范和行为模式；

③角色是人们对于处在特定地位上的人的行为的期待；

④角色是社会群体或社会组织的基础。

7.3.2 角色的类型

从不同的角度出发，可以将角色区分为多种类型，这些不同类型的角色可以进一步加深我们对于这个概念的理解。

1.先赋角色与自致角色

所谓先赋角色，亦称归属角色，指建立在血缘、遗传等先天的或生理的因素基础上的社会角色。如一个人从一出生就被赋予了种族、民族、家庭出身、性别等角色。所谓自致角色，亦称自获角色或成就角色，指主要是通过个人的活动与努力而获得的社会角色。自致角色的取得既是个人活动的结果，又是个人选择的结果。

2.自觉的角色与不自觉的角色

这是根据人们承担社会角色时的心理状态所做的区分。所谓自觉的角色，指人们在承担某种角色时，明确意识到了自己正担负着一定的权利、义务，意识到了周围的人都是自己所扮演的角色的观众，因而努力用自己的行动去感染周围的观众。自觉的角色是每个人在社会生活中都经常体验到的。所谓不自觉的角色，指人们在承担某一角色时，并没有意识到自己正在充当这一角色，而只是按习惯性去做。一般说来，当前述的、形成自觉角色的那些原因不存在时，人们就容易形成不自觉的角色。

3.规定性角色与开放性角色

这是从社会角色规范化的程度上所做的区分。所谓规定性角色，是指有比较严格和明确规定的角色，即对此种角色的权利与义务、应当做什么、不应当做什么都有明确规定。属于这类的角色有警察、法官、各级党政干部、党员、团员等。所谓开放性角色，是指那些没有严格、明确规定的社会角色。这类角色的承担者可以根据自己对角色的理解和社会对角色的期望而从事活动。例如，父母、夫妻、子女、亲戚、朋友、同学、顾客、乘客等大量日常生活中的角色都是开放性的。

4.功利性角色与表现性角色

这是从社会角色追求的目标上所做的区分。所谓功利性角色指那些以追求效益和实际利益为目标的社会角色。这种角色行为的价值就在于实际利益的获得。如商人、企业家、经理等各种从事生产性、经营性活动，以营利为目标的社会角色，就属于这一类。功利性角色在社会上所起的作用主要是实现效率目标。所谓表现性角色，指不是以获得经济上的效益或报酬为目的，而是以表现社会制度与秩序、表现社会行为规范、价值观念、思想道德等为目的的社会角色，如各级党政干部、法官、警察、学者、艺术家等。

7.3.3 角色的扮演

只要是社会成员，都会承担某种社会角色。当一个人具备了充当某种角色的条件，去担任这一角色，并按这一角色所要求的行为规范去活动时，这就是角色的扮演。

1.角色认同

在社会舞台上，人们并不能随心所欲地扮演任何角色。这与戏剧中一位演员要担当某个角色，首先需经导演及有关人员认可和确定一样。一个人在社会舞台上担任角色也先要有一个确定的过程，或称**“角色认同”**（role identity），即证明一个人的实际地位、身份能力及其他条件与他所承担的角色是一致的、等同的。对于每一个个人来说，社会角色的确定也就是要回答“我是谁”的问题。在回答“我是谁”的过程中，确定自己的实际地位、与别人的关系，从而充当起某种角色。

人们在确定了所要担当的角色后，直接面临的一个问题就是怎样把这个角色表现出来。首先，与舞台上的表演需要装饰一样，社会角色的表现也需要布景与道具，所不同的是社会舞台上所需要的是真正的实物。一般说来，布景或道具的作用有二：一是象征性的，二是实用性的。其次，一个角色的更为直接的表现是他自己的仪表、风度。一般说来，一个人的衣着、打扮、仪容、外表往往会给人们留下深刻印象，并能引起人们对其内在品质的联想。此外，在角色的表现上，应注意台前与台后之分：所谓台前的表现，指人们正在充当这些角色时的表演；所谓台后的表现，指在表演某种角色以前的准备活动。在人们的生活中，这两种行为是有区别的。

2.角色活动

角色扮演不仅表现在上述静态的几个方面，而且表现为一个动态的过程。在这个过程中，角色的扮演通常要经历三个阶段：对角色的期望，对角色的知觉和对角色的实践。

角色期待（role expectations）是指，对于行为主体活动方式的期望，即在特定情景中期待别人应该有的表现。你的行为方式在很大程度上由你做出行为反应的背景所决定。当角色期待集中在一般的角色类别上时，就成为角色定势或角色刻板印象了。

角色知觉（role perception）是指，行为主体对他人期望的理解，即个体对于自己应当如何表现的认识和了解。我们做出某种行为反应，是以我们对于别人希望我们怎样做的解释为基础的。

角色形成是角色知觉和角色期待之间的心理契约。

人们按照自己知觉到的角色期待产生的行为称为**角色实践**（role practice）。一个人对于他所承担的角色，扮演得优与劣，水平高与低，很大程度上与角色距离有关。角色距离就是一个人自身的素质、能力、水平与他所要扮演的角色之间的差异现象。既然一个人扮演社会角色不完全是他本人，那么这个人与所要扮演的角色之间总会有差异，所以角色距离是普遍存在的。戈夫曼认为，在任何情况下，角色距离都不包括那些没有投入此种角色的行为，而仅仅包括那些与某种特定角色有关联的行为。

7.3.4 角色失调

人们对社会角色的扮演从来都不是一帆风顺的。正像社会的运行常会产生不协调因素一样，在社会角色的扮演中也常会产生矛盾，遇到障碍，甚至遭到失败，这就是**角色失调**（role incongruence）。常见的角色失调有以下几种情况：角色冲突、角色不清、角色中断、角色失败。

1.角色冲突

所谓**角色冲突**（role conflict），是指在社会角色的扮演中，在角色之间或角色内部发生了矛盾、对立和抵触，妨碍了角色扮演的顺利进行。角色冲突有两种情况，即一组由不同人承担的角色和多种角色集于一人之身，从这两种情况中就产生了两种不同类型的角色冲突：一种是角色间的冲突，即不同角色承担者之间的冲突，它常常是由于角色利益上的对立、角色期望的差别以及人们没有按角色规范行事等原因引起的，如领导与群众、服务员与顾客、婆媳之间、父母与子女之间等。另一种是角色内的冲突，即由于多种社会地位和多种社会角色集于一人身上，而在他自身内部产生的冲突，也就是说，个体面对多种分歧的角色期待，反映了角色统一性与多面性之间的冲突。角色的统一性指表现与期望的一致，角色的多面性指扮演多种角色。在极端情况下，可能包含这样的情境：个体所面临的两个或更多的角色期待是相互矛盾的。

2. 角色不清

所谓**角色不清**（role ambiguity），是指社会大众或角色的扮演者对于某一角色的行为标准不清楚，不知道这一角色应该做什么、不应该做什么和怎样去做。社会的急剧变迁，常常是造成社会角色不清的最主要原因。在社会与文化的迅速变迁时期，很多社会角色都在发生变化。人们会感到，很多角色的行为规范都超出了他们过去习以为常的那个范围。这样发展的结果是，很多人对这些角色的行为规范究竟应是什么样子，感到“不得而知”。

3. 角色中断

所谓**角色中断**（role interrupt），是指在一个人前后相继所承担的两种角色之间发生了矛盾的现象。人们在一生中随着年龄和多方面条件的变化，总会依次承担多种角色。在一般情况下，人们在承担着一种角色时常为承担后来的角色做某些物质上与精神上的准备，因而不会发生角色中断。角色中断的发生是由于人们在承担前一种角色时并没有为后一阶段所要承担的角色做好准备，或前一种角色所具有的一套行为规范与后来的新角色所要求的行为直接冲突。例如，一位一心渴望能上大学的青年学生，因高考分数不够，突然成为待业青年，这是他过去万万没有料到的。

4. 角色失败

所谓**角色失败**（role failure），是指角色扮演过程中发生的一种极为严重的失调现象。它是指由于多种原因使角色扮演者无法进行成功的表演，最后，不得不半途终止表演，或者虽然还没有退出角色，但已经困难重重，每前进一步都将遇到更多的矛盾。从角色失败的结果上看，通常可分为两种情况：一种情况是角色的承担者不得不半途退出角色；另一种情况是虽然还处在某种角色的位置上，但其表现已被实践证明是失败的。

7.4 群体行为

群体中成员角色意识形成以后，就会使人们产生群体的行为。群体行为是群体成员为实现共同目标而进行的协同活动，这种协同活动是如何进行的？这是本节的主要内容。

7.4.1 群体行为的性质

群体行为和个体行为之间有着很大的差别，最为显著的是群体行为具有凝聚力，即群体成员的行为会有一定的一致性。了解群体行为的性质，要从其基本的定义出发，并掌握其主要特点。

1.群体行为的定义

群体行为是群体成员为实现群体的共同目标而进行的协同活动。

这种活动从经验形态上来看依然表现为个体的行动，但是包含着群体的行为动机，也就是说，个人在进行这样的行为选择上，主要是出于实现群体共同目标的动机。

由于这个共同目标以及群体中规范和角色的影响，这种行为往往具有一定的一致性，体现出群体的凝聚力。

2.群体行为的特点

人在群体中的行为主要受到群体压力（产生从众行为）、社会助长作用、社会惰化行为的影响，因而表现出不同于个体独处时的行为反应，呈现出新的特点[①]。

（1）群体压力与社会从众行为

群体成员的行为通常具有跟随群体的倾向。当一个人发觉自己的行为和意见与群体多数人不一致时，一般会感到紧张，产生一种心理压力，这就是群体压力。这种压力促使个人与群体主流的行为和意见趋于一致。从众行为产生的原因之一是马斯洛指出的人的“安全需要”，即在群体中，标新立异或与众不同往往会使人担心由于背离群体的主流做法而丧失安全感，从而感到孤立、不安和不和谐。反之，当个人与群体保持一致时，就会有一种安全和舒适感。群体压力与正式的权威命令不同。它不是强制地影响个体的行为，而是由多数人的意向形成压力，使个体在心理上难以违抗。因此，群体压力对个体行为的影响，有时并不一定源于权威命令。从众行为产生的另一个原因是因为个体其他方面的实际需要。譬如，人要在工作和生活上获得成功，必须依赖于他人的帮助和群体的力量。个人生活在群体之中，任何一个群体、组织或整个社会都是一个合作系统。这就意味着，在一个群体中，个体为了避免犯众怒，在某些时间和场合会做出某种程度的让步，甚至委曲求全。

（2）社会助长作用与社会抑制作用

社会助长（social facilitation）作用是指在群体活动中，个体活动效率因群体中其他成员的影响而出现提高的现象。而**社会抑制**（social inhibition）作用则与

---

① 夏功成. 企业知识群体行为定性模拟研究［D］. 武汉：华中科技大学，2005.

此相反，是指个体活动效率因为群体中其他成员的影响而降低。现实工作生活中，社会助长作用的例子很多，譬如，在煤矿深处采煤的员工以团队形式工作的效率就比一个人工作时要高。产生社会助长作用的原因有几个方面：一是个体希望从群体中得到尊重、赞许以及某种程度的自我实现，因此，在群体环境下，个体会付出更多的努力和资源来取得好绩效，以赢得心理上的满足。二是个体在工作上或心理情绪上都可以得到其他成员帮助。譬如，产品设计人员独自开发新产品的成效就不如与其他相关部门（如工艺、生产和市场销售部）人员组织团队一起开发有效，因为在团队环境下，设计人员可以从产品生产的各方面了解到更多的有用信息和技术要领。三是个体可以从群体的反馈中了解到自己的工作状况，不断改进，以调整到最佳状态。当然，在现实工作中，我们也可以看到社会抑制作用方面的例子。譬如，当一个员工从事自己还不熟悉的操作时，如有领导在一旁观看，其操作水平会下降。产生社会抑制作用的原因，主要来自于个体非良性的心理紧张，具体说来，主要是由个体想从群体中得到尊重和赞许的愿望与对自身工作的信心（对工作的熟悉程度和自身能力）之间的差距造成的。

（3）社会惰化行为

在某些情况下，群体对个人行为的影响还表现在社会惰化行为方面。在管理工作中，我们常会发现在集体工作的环境下，群体中总会有一些不履行职责而“搭便车”的人。社会惰化行为的发生，或者是由于个人对群体缺乏责任心，不愿意尽心尽责地去努力，或者是由于分配上的平均主义，对个人的突出表现没有更多的激励和认可，或者是由于工作分工和责任不很明确，成员的行动缺乏方向感，等等。

7.4.2 群体行为的变量

群体行为会受到群体成员及群体本身多种要素的影响，在把握群体行为的过程和形式之前，应当了解这些具体的影响要素，具体而言，包括群体成员的个体能力和人格特点，以及这些成员的构成方式。

1. 群体成员状况

一个群体可能达到的绩效水平在很大程度上取决于群体成员个人给群体带来的资源。其中有关群体成员两个重要的变量是：个人能力和人格特点。

（1）个体能力与群体绩效

我们可以通过评价个体成员与工作有关的能力和智力水平来部分地预测群体的绩效。虽然一个群体的绩效水平不仅仅是其成员个人能力的总和，但其成员的能力使我们得以间接地判断群体成员在群体中能够做什么，工作效果如何。

对于群体成员的能力和群体绩效，我们可以做出哪些推断？

首先，事实证明，一个人如果拥有对于完成工作任务至关重要的能力，这个人更愿意参与群体活动，一般来说贡献也更大，成为群体领导的可能性也比更大，如果群体能够有效地利用他们的能力，他们的工作满意度会更高。其次，群体成员的智力和与工作任务相关的能力都与群体绩效有关，虽然相关度不高，但也是预测群体绩效的变量之一。

(2) 个体人格特点与群体绩效

大量研究探讨了人格特质与群体态度和群体行为之间的关系。一般的结论是，在美国文化中，具有积极意义的人格特质对群体生产率、群体士气和群体凝聚力有积极的影响，这些人格特质主要包括：善于社交、自我依赖、独立性强。相反，那些具有消极意义的人格特质，如独断、统治欲强、反传统等，对群体生产率、群体士气、群体凝聚力有消极的影响。这些人格特质通过影响群体成员在群体内部的相互作用方式，而影响到群体的绩效。

了解群体成员某一方面的人格特点就能很好地预测群体行为吗？答案是否定的。

任何单一的人格特点的影响力都是很小的，但是，把人格特点放到一起来考察，对群体行为的影响就有重要意义了。

2.群体构成方式

大多数群体活动需要具备多种技术和知识，才能顺利进行。就这一点来说，我们可以得出这样的结论：异质性群体——由不同的个体组成的群体——更可能拥有多种能力和信息，运行效率会更高。有关研究证实了这个结论。如果一个群体在性别、个性、观点、能力、技能和视野方面是异质的，就会增加群体有效地完成任务所需要的特征。这样的群体可能冲突较多，由于设置了多种职位，可能不太容易随机应变。但事实证明，在执行任务时，这种异质性群体比同质性群体更有效。

最近，有关群体构成问题的一个分支领域受到群体研究者的广泛关注。这个分支领域就是群体成员在多大程度上具有人口统计方面的一些特征，如年龄、性别、种族、教育水平和在组织内的服务年限，以及这些特征对员工离职率的影响。

群体和组织由同类者（cohorts）构成，这里所说的同类者，就是具有共同特征的个体。人口统计学理论认为，诸如年龄和某个人加入某个特定群体或组织的时间这样一些特征，能够帮助我们预测员工的离职率。值得特别指出的是，在那些由经历不同的人组成的群体中，由于群体成员之间沟通比较困难，因此，这种群体中的员工离职率较高。在这种群体中，冲突和权力之争一旦开始，就可能难以控制。在群体冲突越来越激烈的过程中，群体对其成员的吸引力就越来越小，他们离职的可能性就越来越大。同样，在权力之争中，失败者更容易自动辞职，或被迫辞职。

为了验明这种理论的正确性，学者们做了多次研究，研究结果是令人振奋的。举个例子，如果一个部门和工作群体的成员中，有一大部分是同时加入这个群体的，那么这些同类者之外的群体成员离职率较高。

同样，如果同类者之间隔阂较深，他们的离职率也会升高。如果人们是在同一时间或大致同一时间进入某个组织的，那么他们就很可能愿意彼此加强联系，对群体或组织持相似的观点，愿意留在组织中。相反，如果群体成员进入这个群体的时间很不一致，群体内部的流动率可能会升高。

上述研究的意义在于，就预测群体成员的离职率这一点来说，群体的构成成分可能是一个重要的变量。差异本身也许不能预测群体成员离职率的高低，但一个群体内部存在巨大差异，就会导致群体成员离职率升高。在一个群体中，如果每个人都与其他人存在一定差异，他们就不会有很强的局外人之感。因此，群体成员在某些方面的差异大小，而不是他们在某些方面的水平高低，才是最重要的。

我们可以认为，群体内部其他方面的差异，与群体成员进入群体的时间这一点相比，更可能造成群体成员之间的不平衡并使某些员工离职。这些差异主要是指：社会背景方面的差异、性别差异、教育水平差异等。进一步说，一个群体成员为女性，这一点对预测离职率并不重要。但如果一个群体共10个人，9个人为女性，1个人为男性，我们可以预测，这位男性员工离职的可能性较大。

7.4.3　工作群体的行为

下面结合工作群体这个特殊的群体，来具体分析一下其行为的过程和特点，并建立一个简单的模型，以更为形象地加以描述。

1.工作群体行为过程

工作群体行为过程，即工作群体内发生的互动过程，如群体成员交换信息所使用的沟通模式、群体决策过程、领导行为、权力结构、群体冲突等。

为什么群体互动过程对于理解群体行为非常重要呢？因为群体互动过程可能会促进也可能会降低群体绩效，导致社会惰化现象、协同效应、社会促进效应等结果。

（1）社会惰化现象

在工作群体具体情境中，社会惰化现象是指，在群体任务中，如果每个成员的贡献难以衡量，个体就可能会降低他们的努力程度。社会惰化现象会给群体带来损失。

（2）协同效应

群体互动过程也可能带来积极结果，也就是说，群体整体的产出可能大于群体成员个人产出的总和。图7-2列举了群体互动过程通过哪些途径可以影响群体的实际工作效果。

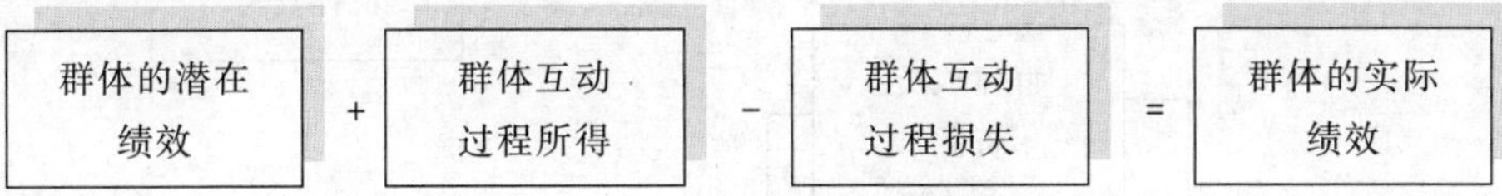

图7-2　群体过程的影响

协同效应（synergy）是指由两种上的物质相互作用所产生的效果不同于单一物质作用的总和（即1+1>2）。我们可以借用个概念来更好地理解群体互动过程。

例如，社会惰化现象所代表的是负协同效应。群体互动的结果小于个体力累加之和。在研究实验室里经常使用研究小组来完成工作任务，因为研究小组可以利用小组成员的多种技能，从事研究者个人无法单独从事一些研究。也就是说，他们的协同效应是正向的。他们相互作用过程的所得大于所失。

还有一个方面的研究有助于我们加深对群体互动过程的理解，这就是社会促进效应。

（3）社会促进效应

社会促进效应是指，在别人面前，绩效水平提高或降低的一种倾向。虽然这种效应不完全是一种群体现象（非群体成员也可以在别人在场时有这种表现），但群体情境却更可能提供社会促进效应发生的条件。有关社会促进的研究告诉我们，别人在场时从事简单的、常规性的任务，个体的操作会更快、更精确。但如果从事的是复杂的、需要高度集中注意力的工作，别人的出现可能会对绩效产生消极影响。那么，社会促进效应研究对于管理群体过程有什么意义呢？其意义与员工的学习和培训有关。如果一个人对于某项任务非常熟悉，别人在场时他可能会做得更好；反之，对于不太熟悉的任务，别人在场会降低他的操作水平。因此，通过集体训练员工完成某项具体任务，单独培训员工完成某项复杂任务，群体的相互作用过程会带来最大收益。

2.工作群体行为模型

群体本身蕴藏着由群体成员决定的各种资源，包括群体成员的智慧才能和工作动机等。群体本身还有一个决定其成员的角色和规范的内部结构。这些因素——群体成员所带来的资源和群体结构决定着群体内部的相互作用模式和其他过程。群体的相互作用过程与群体行为之间的关系，受群体所承担的任务类型的影响。

通常认为，群体行为受到群体成员的能力、群体规模、冲突水平和群体成员压力这几个变量的影响。群体行为的模型如图7-3所示。

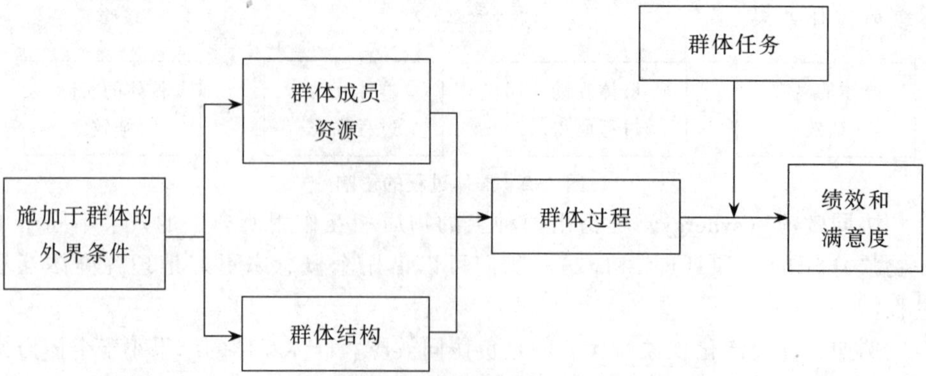

图 7-3　群体行为的模型

7.5 群体决策

毋庸置疑，个体行为都是由个人通过一系列心理活动后做出决策的，与之对应，群体决策是群体成员对于群体行为的共同决策，对群体活动具有重要意义。群体决策的关键在于体现群体意志和提高决策效率。在群体决策中，必须防范责任分散和小集团意识等问题。

7.5.1 群体决策的性质

群体决策是指群体成员确定决策的整个过程。群体决策现在越来越受到人们的重视，因此需要把握这个概念的性质，理解群体决策的定义，掌握群体决策的特点，也就是掌握为什么要进行群体决策、如何进行群体决策、具体如何操作这三个方面的内容，最后要全面地看待群体决策，了解其优点的同时也要知道它的缺点。

1. 群体决策的特点

群体决策（group decision-making）是指群体成员对于群体行为的共同决策。要把握这个概念，需要从下面三个角度加以把握：

（1）群体决策的目的是群体选择

群体决策是群体成员共同确定群体目标的过程，由于群体目标是群体成员个人目标的交集，为了能够确定一个更为准确、恰当的群体目标，需要进行群体决策。此外，群体决策还可以形成群体规则，显而易见，群体规则是否能够被群体成员接受，很大程度上取决于规则制定过程有多少群体成员参与并进行选择。可见，群体决策是为了实现群体选择，以形成群体目标和群体规则。

（2）群体决策的原则是共同参与

前已述及，既然群体决策的目的是群体选择，为了让群体选择的结构能为广大群体成员所接受，必须坚持群体成员共同参与的原则，这是保证选择结果有效性的重要方法。

（3）群体决策的方式是民主集中

群体成员共同参与的具体方式是民主集中，所谓民主集中，是指在民主基础上的集中决策，也就是说，群体成员充分表达自己意愿的民主权利，但涉及做出决定的问题方面，应当坚持集中制。这样才能保证群体决策能够有效地实现。

2.群体决策的分析

同个体决策相比，群体决策存在着其自身的合理性，但是我们也应当注意它的不足之处。具体而言，群体决策的优缺点包括：

（1）优点

与个体决策相比，群体决策有下面一些主要的优点：

①更完全的信息和知识。通过综合多个个体的资源，我们可以在决策过程中程中投入更多的信息。

②增加观点的多样性。除了更多的投入以外，群体能够给决策过程带来异质性。这就为多种方法和多种方案的讨论提供了机会。

③提高了决策的可接受性。许多决策在做出之后，因为不为人们接受而告夭折。但是，如果那些会受到决策影响的人和将来要执行决策的人能够参与到决策过程中去，他们就更愿意接受决策，并鼓励别人也接受决策。这样，决策就能够获得更多支持，执行决策的员工的满意度也会提高。

④增强合法性。欧洲和北美的资本主义国家比较重视民主的方法。群体决策过程与民主理想是一致的，因此，被认为比个人决策更合乎法律要求。如果个人决策者在进行决策之前没有征求其他人的意见，决策者的权力可能会被看成是独断专行。

（2）缺点

群体决策主要的缺点有：

①浪费时间。组织一个群体需要时间。群体产生之后，群体成员之间的相互作用往往是低效率的，这样，群体决策所用的时间与个人决策所用的时间比，就要多一些，从而就限制了管理人员在必要时做出快速反应的能力。

②从众压力。前文已经指出，群体中存在社会压力。群体成员希望被群体接受和重视的愿望可能会导致不同意见被压制，在决策时使群体成员都追求观点的统一。

③少数人控制。群体讨论可能会被一两个人所控制，如果这种控制是由低水平的成员所致，群体的运行效率就会受到不利影响。

④责任不清。群体成员对于决策结果共同承担责任，但谁对最后的结果负责呢？对于个人决策，责任者是很明确的。对于群体决策，任何一个成员的责任都会降低。

7.5.2 群体决策的问题

群体决策的不足之处不仅表现在相对于个体决策的时间浪费、责任不清等，它还会进一步导致更深层次的问题，这些问题在具体的工作过程中逐渐表现出来，引起了研究者的关注。

1.从众倾向

(1) 从众倾向的危害

群体决策中的从众倾向虽然有利于群体规范的形成和维护，但是其也带来了一系列的问题，如严重束缚决策者的决策动机，干扰问题的准确界定，严重压制方案拟订和选择时的不同意见，直接干扰方案制订的质量；同时也会危害方案后期执行的有效性。

(2) 从众倾向产生的原因

①决策个体的自身素质。

从众行为与决策个体有着非常密切的关系，决策者自身所具有的一些缺陷大大增加了群体决策中的从众概率。具体而言，这些缺陷主要有：

A.职业素养不高，主要表现在决策参与意识不强以及缺乏公共责任感，怕担风险、怕负责任等。

B.心理素质不强，心理素质是个体在心理上所具备的基本条件、状况和特征。较弱的心理素质主要表现在情绪不稳定，独立意识不强，自控能力较差等方面。

C.能力有限，主要表现在决策知识、技能的欠缺，单项度、片面化的思维方式及较低的决策分析能力等。

②决策群体的具体状况。

任何组织都是一定数量的成员，根据一定的行为规范（包括非正式规范），为了共同目标而结合在一起的一个群体。因而，决策组织的构成，相应的决策文化以及决策者之间的凝聚力是任何决策组织的主要构成要素。实践中，导致从众概率提高的组织因素主要有：

A.不合理的组织构成，主要表现在组织成员间在能力、地位上的差距过大，导致少数能力强、地位高的决策者的意见吞噬其他多数成员的决策意见和要求；而且，如果组织成员之间在诸如价值观、知识结构、思维方式、利益等方面的共性过多，也很容易出现从众行为。

B.缺乏宽容的组织文化，主要表现在对组织中持不同意见的决策成员的不能容忍，如对其进行孤立、惩罚等。

C.过高的组织凝聚力，组织凝聚力指的是成员与组织之间的吸引程度，包括组织成员之间的吸引程度。适度的组织凝聚力是组织生存运转的前提，也是组织目标得以顺利实现的保证。但有学者研究发现，过高的组织凝聚力容易使组织产生一种不利的症状——群体思维，他们认为过高的群体凝聚力是群体思维产生的至关重要的前提条件。在群体思维的主导下，决策成员之间会有意寻求一致，为尽早达成决策一致而有意从众。

③决策者面临的问题。

这一点亦往往为我们所忽略，实验发现，当决策者在面对一些比较复杂、难以准确把握又与自身无多大利害关系的问题时比较容易出现从众行为。从众概率与个体对问题的了解程度有着密切的关系。

总之，个体因素、组织状况及决策者所面临的问题是影响群体决策中从众效应发生的概率的几个关键因素，它们有时单独发挥作用，有时共同发挥作用，决定了从众行为的发生频率和危害程度。

2.群体思维

群体思维（groupthink）与群体规范有关，指的是这样的一种情形：由于群体中从众压力的影响，严重抑制了那些不同寻常的、由少数派提出的或不受欢迎的观点。

群体思维现象表现出多种特征：

①群体成员把任何与他们假设不一致的意见合理化。无论事实与他们的基本假设之间存在多大冲突，群体成员都会按照可以继续巩固自己假设的方式行为。

②对于那些对群体的共同观点有怀疑的人，群体成员会对他们施加直接压力。

③那些持有怀疑态度或不同看法的人，往往通过保持沉默，甚至降低自己看法的重要性，来尽量避免与群体观点的不一致。

④存在一种无异议错觉。如果某个人不说话，大家往往认为他默认了这一看法。此外，缺席者也会被视作赞成者。

群体思维在以下三个特点存在时，最容易出现：明确的群体认同感；成员愿意维护群体的积极形象；成员感到群体的积极形象受到严重威胁。

3.群体偏移

群体偏移（groupshift）指的是这样一种情况：在讨论备选方案、进行决策时，群体成员倾向于放大自己最初的立场或观点。在某些情况下，谨慎态度占了上风，形成了保守偏移；有时则恰恰相反。

在群体讨论中往往会出现这种现象：群体讨论时群体成员的观点朝着更极端的方向偏移，这个方向是讨论之前他们所倾向的方向。

事实上，群体偏移可以看作是群体思维的一种特殊形式。群体决策反映的是在群体讨论中发展起来的主要决策规范。群体决策的结果是更加保守还是更加激进，取决于群体讨论之前的主导规范。

一些实证研究也表明，经验对于群体决策有着重要的影响，有经验的团队比无经验的团队效果好，同时，反馈对于群体决策也起到了重要的作用[①]。

7.5.3 群体决策的方法

人们在长期的实践中总结了一套具体的操作性办法，能够在发挥群体决策优势的同时尽量避免群体决策的问题，具体包括头脑风暴法、名义群体法和德尔菲法。

1.头脑风暴法

头脑风暴法（brainstorming）的意思是克服互动群体中产生的妨碍创造性方案形成的从众压力。其方法是，利用产生观念的过程，创造一种进行决策的程序，在这个程序中，群体成员只管畅所欲言，不许别人对这些观念加以评论。

在典型的头脑风暴法讨论中，6~12人围坐在一张桌子旁，群体领导以清楚明了的方式把问题说明白，让每个人都了解。然后，在给定的时间内，大家可以自由发言，尽可能地想出各种解决问题的方案。在这段时间内，任何人都不得对发言者加以评价，无论是受到别人启发的观点或稀奇古怪的观点，不许任何人做评价。所有方案都记录在案，直到最后才允许群体成员来分析这些建议和方案。但头脑风暴法只是创造观念的一种程序。下面两种方法更容易达成最后方案。

2.名义群体法

名义群体法（nominal group technique）是指在决策过程对群体成员的讨论或人际沟通加以限制，这就是名义一词的含义。像召开会议一样，群体成员都出席会议，但群体成员首先进行个体决策。具体方法是，在问题提出之后，采取以下几个步骤：

①群体成员聚在一起，但在进行讨论前，每个群体成员写下自己对于解决这个问题的看法或观点。

②在这个阶段之后，每个群体成员都要向群体中其他人说明自己的一种观点，一个人接一个人地进行，每次表达一种观点，直到所表达的观点都被记录下来，通常使用记录纸或记录板。所有的观点都记录下来后再进行讨论。

③现在，群体开始讨论每个人的观点，并进一步澄清和评价这些观点。

④然后每个群体成员独自对这些观点进行排序。最终决策结果是排序最靠前、选择最集中的那个观点。

名义群体法的主要优点是，允许群体成员正式地聚在一起，但是又不像互动群体那样限制个体的思维。

---

① HOLLENBECK J R，ILGEN D R，LEPINE J A，et al. Extending the Multilevel Theory of Team Decision Making：Effects of Feedback and Experience in Hierarchical Teams［J］. The Academy of management Journal，1998，41（3）：269-282.

3.德尔菲法

一种更为复杂，更费时间的方法是**德尔菲法**（Delphi technique）。除了不需要群体成员见面这一点之外，它与名义群体法相似。事实上，德尔菲法从来不让群体成员面对面地聚在一起。德尔菲法的步骤是：

①在问题明确之后，要求群体成员通过填写精心设计的问卷来提出解决问题的方案。

②每个群体成员匿名并独立地完成第一次问卷。

③把第一次问卷调查的结果在另一个中心地点整理出来。

④把整理和调整的结果分发给每个人一份。

⑤在群体成员看完整理结果之后，要求他们再次提出解决问题的方案。结果通常是启发出新的解决办法，或使原有方案得到改善。

⑥如果有必要，重复步骤4和步骤5，直到找到大家意见一致的解决办法为止。

就像名义群体法一样，德尔菲法能够保证群体成员免受他人的不利影响。因为德尔菲法不需要群体成员相互见面，它可以使地理位置分散的群体成员参与到一个决策中。例如，索尼公司可以用这种方法让东京、布鲁塞尔、巴黎、伦敦、纽约、多伦多、里约热内卢、墨尔本等地分公司的经理出谋划策，以决定公司的产品在世界范围内的销售价格。这样可以节省把这些经理人员召集到一起的巨额费用。当然，德尔菲法也有其不足。因为这种方法要占用大量时间，如果需要快速做出决策，它就不适用了。另外，这种方法也许无法像头脑风暴法或名义群体法那样，可以提出丰富的解决问题的方案。由于群体成员之间热烈的讨论而激发创意的情况，在使用德尔菲法的时候是不会出现的。

补充资料：阿希实验

本章小结

本章在上一章介绍人际交往的基础上，进一步讨论了一种比较稳定的交往关系，即群体。群体是指两个或以上的个体为了实现特定目标而形成的关系组合。群体的形成与人们的需要密切相关，其发展需要经历一定的阶段；不同的需要会形成不同类型的群体，包括正式群体和非正式群体。

群体的出现，使得个体行为中包含了超越个体的部分，群体的某些因素作用于个体动机形成和行为选择的过程。

群体规范是影响群体中个体行为的重要因素。但由于人们具有主观能动性，这种对于自己地位和作用的规范必须通过个体自己的认同，形成角色意识，才能真正影响个体的行为。角色是影响群体中个体行为的另一个主要因素。

群体成员为了共同目标进行的活动是群体行为。群体行为遵循一定的模式，受到具体变量的影响。群体成员对于群体行为的共同决策即为群体决策。群体决策有一定的利弊。

核心概念与关键术语

核心概念

群体　群体类型　群体结构　群体规范属性　群体规范类型　群体规范产生　群体规范作用　角色　群体行为　群体行为模型　群体决策

关键术语

群体（group）　正式群体（formal group）　命令型群体（command group）　任务型群体（task group）　非正式群体（informal group）　利益型群体（interest group）　友谊型群体（friendship group）　身份（identity）　规范（norms）　地位（status）　规模（scale）　社会惰化（social loafing）　群体发展五阶段模型（five-stage group-development model）　间断-平衡模型（punctuated-equilibrium model）　从众倾向（conformity）　角色认同（role identity）　角色期待（role expectations）　角色知觉（role perception）　角色实践（role practice）　角色失调（role incongruence）　角色冲突（role conflict）　角色不清（role ambiguity）　角色中断（role interrupt）　角色失败（role failure）　社会助长（social facilitation）　社会抑制（social inhibition）　协同效应（synergy）　群体决策（group decision-making）　群体思维（groupthink）　群体偏移（groupshift）　头脑风暴法（brainstorming）　名义群体法（nominal group technique）　德尔菲法（Delphi technique）

思考题

1.什么叫群体？群体有哪些基本属性？
2.人们为什么进入群体？群体对于个体的意义是什么？
3.正式群体和非正式群体有什么联系与区别？
4.群体结构由哪些因素构成？
5.群体中的角色冲突是怎么产生的？如何解决？
6.群体规范有什么意义？通过什么形式体现出来？
7.理解群体行为结构有什么意义？
8.群体决策有哪些方法技术？

第8章 领导活动

学习目标

通过本章的学习，您应当掌握：

1.领导的含义

2.领导者、领导关系和领导作用

3.领导特质研究的特点、观点和评价

4.领导行为研究的观点和评价

5.领导权变研究的意义、观点

6.领导类型及其影响

引　例

无领导小组讨论

无领导小组讨论是评价中心技术中经常使用的一种测评技术，采用情境模拟的方式对考生进行集体面试。它通过一定数目的考生组成一组（5~7人），进行一小时左右的与工作有关问题的讨论，评价者来观测考生的组织协调能力、口头表达能力、辩论的说服能力等各方面的能力和素质是否达到拟任岗位的要求，以及自信程度、进取心、情绪稳定性、反应灵活性等个性特点是否符合拟任岗位的团体气氛，由此来综合评价考生之间的差别。

无领导小组讨论由一组应试者组成一个临时工作小组，讨论给定的问题，并做出决策。这个小组是临时拼凑的，并不指定谁是负责人，目的就在于考查应试者的表现，尤其是看谁会从中脱颖而出，成为自发的领导者。在无领导小组讨论中，或者不给应试者指定特别的角色（不定角色的无领导小组讨论），或者只是给每个应试者指定一个彼此平等的角色（定角色的无领导小组讨论），但这两种类型都不指定谁是领导，也并不指定每个应试者应该坐在哪个位置，而是让所有受测者自行安排、自行组织，评价者只是通过安排应试者的讨论题目，观察每个应试者的表现，给应试者的各个要素评分，从而对应试者的能力、素质水平做出判断。

在一次模拟面试中，A、B、C、D四位同学在进行着无领导小组讨论，讨论的题目非常有趣，以至于四位同学都争先恐后地发言，讨论时间过了1/4，

B同学突然提议道："我们先不要这样漫无目的地讨论了，看一看时间吧。"经他提醒，另外三位同学才打住准备说的话，B同学接着说："要不这样吧，A同学你负责计时，时间过了一半就提醒我们一下。"接着，B同学提出此次讨论的结果应当是什么样的形式，并且指出应当先给出一个评判标准，然后再进行比较……另外三位同学听了以后表示赞同，于是，四个人又开始新一轮的讨论……

【思考】

1.无领导小组讨论的关键在于检验参与者的什么能力？

2.在案例给出的具体情境中，谁扮演了领导的角色？为什么？

3.领导应当发挥怎样的作用？又应当采取怎样的行为？

本章提要

在群体活动中，有的人比别的人更有影响力，能够把群体成员聚集在一起，引领大家为实现共同目标而努力。这样的人称为领导者。领导者影响着人们的行为选择，调整着人们的行为动机，促使群体形成和发展。因此，什么叫作领导，领导是如何产生的，怎样才能提高领导效率，是必须说明的问题。领导特质理论、领导行为理论以及领导权变理论围绕这几个问题而产生。

8.1 领导属性

各学说对领导的属性做了大量的研究，本节将一一介绍。

8.1.1 领导

领导是群体的一种重要现象，领导一词的含义可谓众说纷纭，本书将从自身逻辑出发，综合参考各学说的观点，给领导下一个定义。

1.领导的探讨

什么是领导？仁者见仁，智者见智，众说纷纭。

有人认为：领导的本质是一种对于群体活动的影响力。

有人认为：领导是社会群体活动中的一种行为，是在一定程度的自愿追随的基础上，主体率领、引导社会群体活动朝着某种目标前进的行为。

有人认为：领导是社会群体活动中的一种关系，是作为主体的领导者与作为客体的被领导者之间的互动关系。

有人认为：领导是社会群体活动中的一种职能，是主体率领、引导人们朝着某种目标前进并为之服务的职能。

有人认为：领导是社会群体活动中的一种过程，是领导者起主导作用，被领导者起基础、动力、源泉作用，二者相互依存，相互制约，相互推动，在一定条件下相互转化的过程。

这些概念分别强调了领导的影响力、领导的行为属性、领导是一种互动关系、领导是一种职能以及领导是一种过程。那么领导到底是什么呢?

本书认为,**领导**(leadership)是指能够影响一个群体实现共同目标的能力,包括领导活动和领导者。其中,**领导活动**(leading)指领导者影响和支配他人的活动,**领导者**(leader)是指领导活动的推动者,以对他人行动有较强的影响力为特征。

2.领导的含义

从领导的概念中,可以看出领导这一概念包含的三层意思:

(1)领导是对他人行为的支配力

领导这个概念首先是指群体中某个个体对于其他人行为的一种支配力,这种支配力具有两种类型:一种是强制,另一种是引导。

①强制支配力取决于被赋予的法定的权力[①]和地位。领导者手中拥有法定的能满足他人需要的物质或非物质的奖励手段,又拥有某种能使他人不愉快,甚至痛苦的惩罚手段,成员不得不听从和服从这种指挥。强制支配力与领导者自身素质或现实行为无关,是外界赋予的,因而其服从也是消极的、被动的、强制的,表现为一种无可奈何的"外推力"。

②引导支配力取决于领导者自身的素质。领导者的高尚的品德、渊博的知识、丰富的经验、特殊的才干,乃至过人的风度,使被领导者发自内心地产生一种对领导者的亲切感、信任感、钦佩感,因而其服从也是积极的、主动的、心悦诚服的,自然而然形成一种"内驱力"。

本书认为,领导对于他人行为的支配力,更多的是一种引导支配力,因为引导支配力能更为有效地影响下属和群众,而且引导支配力既是领导者取得领导权的基础,也是领导者加强强制支配力的重要条件。

(2)领导是对他人行为的支配者

领导这个含义中也包含具有支配力的个体,也就是这个支配者,通常这个人有着特殊的能力、高远的眼光、更高的境界。前已述及,领导是影响一个群体实现共同目标的能力,在上一章中提到,团队的协作离不开共同的目标、成员的协作意愿以及良好的信息交流。领导者之所以能够支配其他的团队成员,是因为他具有高远的眼光,能够最先概括出团队的共同目标;同时又具有特殊的能力,能够保证带领大家实现共同目标;最后,领导者的境界更高,不在乎眼前的利益,从而能够维持其他成员的协作意愿,因此,团队成员愿意受领导者的支配,在其影响下协作,以达到共同目的。

---

① 关于权力的内容将在第9章中具体介绍。

（3）领导是对他人行为的支配活动

领导除了是一种能力、一个特定的个体，还指这个个体运用其能力所实施的行为。领导的行为既包括一个人想成为领导的意图，也包括他成为领导后进行的领导活动。

8.1.2 领导者

前已述及，领导这个概念包含了领导者这个概念，所谓领导者是指拥有领导能力的具体个人，能够支配他人的行动。大量的领导研究，都是以领导者为具体的研究对象。组织行为学对领导者的研究，主要是从领导者的产生过程以及领导所具有的特点展开。

1.领导者的产生

本书主要是从团队协作的角度探讨领导者的产生。本书强调，领导者是在团队协作的过程中自然形成的。当团队的某个成员做出了以下的行为，他就成为实际上的领导者。

（1）提出共同目标

前已述及，团队和群体的最大区别在于团队成员之间有着共同目标。共同目标是个人目标的交集。这个交集在群体活动的初期其实并不为成员所发现，因此团队协作也不会产生。在这个阶段，如果有人能够概括出群体成员的共同目标，并促使协作的产生，这个人就是实际上的领导者。

（2）促成协作意愿

共同目标的提出，为团队协作提供了必要的基础。除此之外，还需要团队成员有着协作的意愿。这是团队协作的一大重要条件，实质上涉及团队和个人之间利益关系的问题。领导者需要较好地处理这个问题，维持团队成员的协作意愿。领导者必须能够准确地把握群体成员的个体需要，并且能够协调好成员之间以及成员和团队之间的关系，使协作能够顺利进行，确保共同目标的实现。

（3）维持信息沟通

前面已经提到，良好的沟通是团队协作的基础。而沟通必须按照一定的方式进行，同时也会遇到一些障碍。如果有成员开始承担维持信息沟通渠道、扫除沟通障碍的任务，这个成员就会成为实际的领导者。

2.领导者的特点

研究领导者特点的学术观点很多，本书这里承接上部分的内容，概括了成为领导者所必须具备的特点。

（1）眼光高远

这里所说的眼光高远，主要是指领导者能够准确地把握群体成员的个体目标，并能够在一定的高度概括出这些目标的共同部分，同时能够将其表述出来，得到群体其他成员的认同。

（2）境界高尚

境界高尚，是指在短期利益和目标实现之间，领导者更重视目标的实现。这可以维持团队成员的协作意愿，使团队成员愿意围绕着这个领导者共同协作。

（3）能力卓越

能力卓越是指领导者必须能够维持一个协作体系，并且有足够的能力完成必要的项目以实现团队的共同目标，使得团队成员相信在这个领导者的带领下能够实现组织目标。

当然，上述三点是由协作的观点引出的，因此不能全面地概括出领导者的特点。在后文中将介绍其他的理论观点。

8.1.3　领导关系

领导关系包括领导主体（决策指挥者）、客体（服从追随者）、目标（群体共同的目标）和措施（影响他人的方式）。

1.领导主体

这是指各级各类组织中履行一定领导职务的个人或群体。他们是领导活动的主体，是领导活动的推动者。

2.领导客体

这是指领导者所辖的个人或组织，是在领导者的影响、率领、引导下，按照领导者的决策、意图，为实现组织目标而从事政治的、经济的、军事的、文化的等具体实践活动的个人或群体。在领导活动中，他们身兼二任：对领导者而言，他们是领导活动的客体；对领导活动的作用对象而言，他们又与领导者共同组成领导活动的主体。在组织结构中，领导者与被领导者具有一定的相对性。处于中间环节的领导班子或个人，相对于上一层级来说是被领导者，相对于下一层级来说则是领导者，由此区分为高层领导、中层领导和基层领导。

3.领导目标

这是指群体共同想要达成的目标。这种目标是由领导者在群体沟通过程中提出来的，代表的是群体共同的需要，当这种需要被群体成员接受认同时，群体的目标就产生了。目标导向规律是领导活动的基本规律。领导活动是为实现人们的目的性行为而进行的有目标、有计划、有步骤的社会现象，是领导者影响和支配他人的活动。因此，领导活动必然受到目标导向规律的影响，领导活动必然在一定的领导目标下进行。领导目标的确定，决定了领导活动的方向，也直接影响了领导活动的效果。

4.领导措施

这是指领导主体影响他人的方式。领导主体通过传递思想、威信、榜样的力量来影响他人，其依靠吸引力和人们的自愿服从。它相当于另一个概念——领导手段，领导手段是领导者实施领导的凭借和工具，是把领导活动的主体、客体、环境联系起来以构成一个有机整体的中介和桥梁。

8.1.4 领导作用

领导者之所以能够有效地影响群体中他人的行为，是因为领导者能够在团队协作中发挥不可替代的作用，具体包括：

1.形成群体合力

领导可以形成群体合力，是群体的聚集中心，可以促使正式群体的形成。前已述及，领导由于自身高远的眼光，能够概括出群体成员的共同目标，正式群体得以产生，同时领导会成为该群体的聚集中心。

除此之外，合理地使用惩罚手段，也能有效地形成群体的合力。需要注意的是，在使用惩罚手段时，一定要考虑成员的自尊、道德素质和身体素质，否则惩罚的效果会适得其反[①]。

2.适应环境变化

在现实生活中，环境是不断发生变化的，尤其在当今全球化的大背景下，环境变化也更加明显，环境是领导活动的客观基础，制约着目标的实现。目标能否顺利实现，一定程度上受到领导者素质的影响，高素质的领导者能带领他的团队适应环境的变化，甚至利用环境的变化，更好地实现领导目标。因此，能否适应环境的变化关系到群体的生存和发展。领导作用必然要突出适应环境的变化，才能使群体得到发展。

3.处理协调问题

领导作为群体的核心、领导活动的推动者，要在如何达到群体共同目标上进行协调分工，并控制人们的行为。当行为与目标出现偏差时，需要领导以目标为依据，对成员行为进行调整。群体成员之间由于利益、文化、价值观等方面的差异，可能会发生矛盾冲突，冲突具有随机性，这时领导者可以对此进行协调沟通，及时解决问题，以使团队更好地发展运行，达到更高的协作绩效。

8.1.5 领导研究

领导在社会生活中具有极为重要的意义，因此引起人们的高度关注，产生了对于领导的深入思考。对于领导的思考，围绕着领导怎么产生和如何发挥作用的问题展开。

---

① ATWATER L E，DIONNE S D，CAMOBRCCO J F，et al. Individual attributes and leadership style: predicting the use of punishment and its effects [J]. Journal of Organizational Behavior，1998，19 (6)：559-576.

从最简单的开始，不断深入研究问题，形成了三种领导理论：特质理论、行为理论、权变理论。第一种理论是了解领导者与非领导者相比具备哪些人格特质。第二种理论是试图根据个体所采取的行为解释领导。第三种理论运用权变模型引入了情境变量，并将各种研究发现综合在一起。

1.领导特质研究

关于领导特质的研究始于20世纪30年代，当时许多心理学家对领导者进行了大量的研究，希望发现领导者与被领导者在个性、社会、生理或智力方面的差异。他们认为，领导者的特质是决定领导者和其工作成就的关键因素。

领导特质研究一般包括如下一些问题：生理特征，包括年龄、性别、身高等，在早期的研究中，一些学者研究得很详细，但研究结果相互矛盾，在实践中难以确认，没有得出实质性结论；研究者还将注意力放在了智力因素、个性因素上，其中智力因素同领导特质的联系并不大，而个性中的情绪因素与领导的效果有着明显的联系；此外，解决问题的能力、社交能力等，也被研究者纳入了考虑的范围。

领导特质的研究对于理解领导做出了一定的贡献，但是这种观点容易抹杀后天学习、环境的作用，大量的研究并没有证实领导者的成功同遗传的关系。这就引发了关于领导行为的研究。

2.领导行为研究

对于领导行为的研究主要流行于20世纪40年代末到60年代中期。这种研究主要是针对领导特质研究的缺陷而进行的探索。这一时期，研究人员开始把注意力转移到领导者的行为方式以及和下属的互动行为上，也就是说，研究者重点关心的不再是领导者本身“是怎样的”，他们的禀赋和素质如何，而是他们都“做了些什么”以及“如何去做”的。

对领导成效的研究，考查领导方式比领导者素质更加贴近领导工作的实际，因为它不再是孤立、静止地考查领导者自身素质，而是把领导工作上下级之间相互作用的关系及工作任务统统包容到自己的视野中，因而具有更大的说服力和应用性。但是，领导行为理论都只是提出了领导者的行为类型，而没有在这些行为方式与领导成效之间建立起理性的逻辑关系。这也是领导行为理论的局限性①。

除此之外，行为理论似乎对影响成功与失败的情境因素欠考虑②。例如，领导者所生活的年代、地点以及被领导者的特点，同他的领导行为及效果，也有着密切的联系，行为主义的观点并不能解释这些情境因素。

3.领导权变研究

领导成效除了受领导素质和领导者行为方式这两个因素影响之外，更重要的

① 于显洋．组织社会学［M］．北京：中国人民大学出版社，2007.
② 罗宾斯．组织行为学［M］．孙健敏，李原，译．10版．北京：中国人民大学出版社，2005.

是受环境因素的制约。它已成为近20年来领导方式研究的重点。权变理论的观点是把所有涉及领导工作的内外因素全部列入考查范围，对其进行归纳与分类，由此探索领导方式与领导成效的关系。涉及领导方式的环境因素主要有如下两个方面：

（1）下属的特征

领导方式的成效不仅取决于领导自身的特征，还会受制于所领导的下属的特征。了解下属的特征有利于领导者选择恰当的领导方式。

（2）组织因素

组织因素同领导活动的关系也非常密切，具体包括职位权力、时间要求等。

权变理论将领导研究又向前推进了一步，加入了具体的情境变量，为人们在实际生活中理解领导行为，进行领导活动，提供了重要的理论依据。

4.组织行为学对于领导的研究

本书主要探讨人们的行为动机及其影响因素，毋庸置疑，领导是群体中影响个体行为动机的重要因素，这是因为，领导活动能够有效地作用于个体的动机形成及行为选择过程，使得个体积极地参与团队协作，具体包括以下几个环节：

（1）维持协作的动机

领导是一种带领团队成员实现共同目标的能力，而团队协作离不开所有成员的协作意愿，领导影响团队成员行为的重要环节，在于维持个体成员的协作动机。领导能够把握个体的需要和能力之间的差距，这意味着个体要满足自身需要必须通过同他人协作来克服能力上的限制。领导会让团队成员意识到这一点，使得团队成员能够维持协作的动机。

（2）明确行动的目的

团队中的领导者往往最先概括出团队成员个体目标的交集，即共同目标。这一目标的准确提出将使得各成员明确行动的方向，避免盲目地行事，也正是因为这个原因，团队成员才会自觉地服从领导的安排，向着共同的目标不断努力。

（3）减少备选的行为

领导的另一作用在于指导团队成员进行协作，具体的做法就是告诉团队成员，为了实现共同目标，应该做什么，应该怎么做，实质上在众多的备选行为中进行了一次筛选，使得团队成员易于做出有利于团队协作的行为选择。

（4）给出评价的标准

此外，领导会通过沟通等手段，给出团队成员行动的评价标准，无论是通过群体规范的力量，还是通过强制性支配力，都可以达到这样的目的。例如，对于那些有利于团队协作的成员，领导会对其进行表扬或者物质奖励，这无疑是给出了一个标准，并按照这个标准对团队成员的行为进行反馈。

组织行为学研究领导问题，是从群体结构和角色意识的角度进行探讨，因此注重的不是如何进行领导的方法和策略，而是不同领导活动对于群体成员行为方式的影响，为此需要分析领导活动发挥作用的途径。而上述三种关于领导的研究，正是从三个不同的侧重点，讨论领导活动发挥作用的途径。领导特质理论关注个性、能力和人格的影响力；领导行为理论关注人际交往的方式；领导权变理论关注对于交往方式的灵活选择，以更好地实现群体要求。

8.2 领导特质

领导特质是指从事领导工作所要求的个体条件，包括能力、品质与个性特征。从这种观点来看，领导就是具有某种特质的主体，与领导状况没有必然联系。领导特质理论的研究，集中于找出领导者实际具有的特性或个人品质，以期预测具备什么样的人格特征或品质的人最适合充当领导者。

8.2.1 领导特质的含义

领导特质的研究对于领导是如何形成的这一问题，给出了自己的回答。把握领导特质的研究，需要了解特质研究的意义，掌握特质研究的方法，抓住特质研究的重点。

1. 特质研究的意义

领导特质研究的意义在于有助于发现、使用和培养领导者。因为据研究发现，领导者相对于非领导者来说，在某些方面如雄心和精力、领导意愿、正直和诚实、自信、智慧、专业知识等有区别。这些特质可以作为发现、使用和培养领导者的一个参考依据。

2. 特质研究的方法

领导特质理论（Trait Theory of Leadership）是在已确定领导的情况下，再去研究其存在的特点，是在经验指导下的研究，通过个体特征的比较和行为原因的推断并借助描述统计方法得出领导者具有的特质。虽然该理论比较简单，但却是研究的起点，因为没有解释清楚“如何成为领导”的问题，也迫使研究者寻找新的研究解释方式。

3. 特质研究的重点

特质研究表明，领导特质包括品质特征和技能结构两方面，这两方面能够区分领导者和非领导者。其中品质特征有决断力、心态、人际沟通、成就需求；技能结构有操作能力、沟通能力、概念能力。

8.2.2 领导特质的研究

1949 年以前，传统的领导特质理论认为，领导者的特性或品质是先天的，天赋是一个人能否充当领导者的根本因素。

1.传统领导特质理论

(1) 吉普：7种个性

心理学家吉普（J. R. Gibb）认为，天才的领导者应该具备7种个性特点：外表英俊潇洒，有魅力；有言辞；智力过人；具有自信心，心理健康；善于控制和支配他人；性格外向；灵活敏感。

不难看出，该研究主要是从领导者的人格和能力来界定领导特质。

(2) 斯托格迪尔：16种先天特性

斯托格迪尔（R. Stogdill）则认为，领导者应具有16种先天特性：有良心；可靠；勇敢；责任心强；有胆略；力求革新与进步；直率；自律；有理想；良好的人际关系；风度优雅；能胜任；身体健康；智力过人；有组织能力；有判断力。

2.现代领导特质理论

上述两种领导特质理论主要强调了领导者的遗传、天赋方面的特征。现代领导特质理论反对传统领导特质理论强调遗传、天赋的片面观点，认为领导者的个性特征和品质是在后天的实践中形成的，并且可以通过培养和训练加以造就。

(1) 包莫乐的理论

美国的包莫乐（W. J. Baumol）教授曾对企业家应具备的条件做过研究，他提出企业家应具备下面10个方面的条件：

①合作精神：能赢得人们的合作，愿意与其他人一起工作，对人不是压服，而是感服和说服。

②决策才能：依据事实而非想象来进行决策，有高瞻远瞩的能力。

③组织能力：善于组织人力、物力和财力。

④精于授权：能抓住大事，把小事分给部属去完成。

⑤善于应变：权宜通达、机动进取而不抱残守缺、墨守成规。

⑥勇于负责：对上下级以及整个社会抱有高度的责任心。

⑦勇于求新：对新事物、新环境、新观念有敏锐的接受能力。

⑧敢担风险：要敢于承担改变企业现状时遇到的风险，并有创造新局面的雄心和信心。

⑨尊重他人：重视和采纳别人的合理化意见。

⑩品德超人：在品德上为社会和企业员工所敬仰。

(2) 日本企业界的要求

日本企业界要求领导者应具有10种品德和10项能力。

10种品德是：

①使命感：无论遇到什么困难，都要有完成任务的坚强信念。

②信赖感：同事之间、上下级之间保持良好的关系，互相信任与支持。

③诚实：在上下级之间和同事关系中，要真心实意，以诚相待。

④忍耐：具有高度的忍耐力，不能随意在下属面前发脾气。

⑤热情：对工作认真负责，对同事与下级热情体贴。

⑥责任感：对工作敢负责任。

⑦积极性：对任何工作都要主动，以主人翁的态度去完成。

⑧进取心：能在事业上积极上进，不满足现状。

⑨公平：对人对事都要秉公处理，不徇私情。

⑩勇气：有向困难挑战的勇气。

10项能力是：思维、决策能力；规划能力；判断能力；创造能力；洞察能力；劝说能力；对人的理解能力；解决问题的能力；培养下级的能力；调动积极性的能力。

（3）科特的理论

科特教授在对成功企业的领导者进行研究后，总结出成功实施领导过程中对领导者个人素质有如下的要求：

①行业和企业知识。有广泛的行业知识（市场、竞争、产品、技术）；广泛了解公司情况（主要领导人及其成功原因、公司文化、历史、制度）。

②在公司和行业中有良好的人际关系。在公司和行业中建立了一整套广泛而稳固的人际关系。

③信誉和工作记录。在公司主要活动中，有很高的声望和出色的工作记录。

④能力和技能。思维敏捷，有很强的分析能力，良好的判断力，以及能从战略上、全局上考虑问题的能力；有很强的人际交往能力，能迅速建立起良好的工作关系、感情投入，有说服力，注重对人及人性的了解。

⑤个人价值观。十分正直，能公正地评价所有的人和组织。

⑥进取精神。有充沛的精神；有很强的领导动机，它是建立在自信心基础上的对权力和成就的追求。

（4）瓦伦·本尼斯的理论

瓦伦·本尼斯（Warren Bennis）研究了90位美国最杰出和最成功的领导者，发现他们有4种共同的能力：有令人折服的远见和目标意识；能够清晰地表述这一目标，使下属明确理解；对这一目标的追求表现出一致性和全身心的投入；了解自己的实力并以此作为资本。

（5）康格和凯南格的理论

康格（Conger）和凯南格（Kanungo）研究发现，具有领导魅力的领导者特点如下：他们有一个希望达到的理想和目标；为此目标能够全身心地投入和奉献；反传统；非常固执和自信；他们是激进变革的代言人而不是传统现状的卫道士。

具有领导魅力的领导者与下属的高绩效和高满意度之间有着显著的相关性。为具有领导魅力的领导者工作的员工受到激励而愿意付出更多的工作努力，而且由于他们喜爱自己的领导，也表现出更高的满意度。

具有领导魅力的领导者的关键特点见表8-1。

表8-1　　具有领导魅力的领导者的关键特点

①自信：对自己的判断和能力充满信心
②远见：有理想的目标，认为未来定会比现状更美好。理想目标与现状差距越大，下属越有可能认为领导者有远见卓识
③清楚表达目标的能力：能够明确地陈述目标，使其他人都能明白。这种清晰的表达表明了对下属需要的了解
④对目标的坚定信念：具有强烈的奉献精神，愿意从事高冒险性的工作，承受高代价。为了实现目标能够自我牺牲
⑤不循规蹈矩的行为：行为是新颖的、反传统的、反规范的。当获得成功时，这些行为令下属们惊诧而崇敬
⑥作为变革的代言人：是激进变革的代言人而不是传统现状的卫道士
⑦环境敏感型：能够对需要变革的环境加以限制和对资源进行切实可行的评估

8.2.3　领导特质理论的评价

应该看到，特质理论是人们研究领导活动的起点，对于理论和实践都做出了突出的贡献，当然，也必须看到该理论的不足之处。

1.领导特质理论的贡献

领导特质理论，对于具备什么样的素质和能力才能成为领导者，做了有价值的探讨。研究发现，如下特点对于建立领导力具有重要意义。

能力：言辞能力；智力过人、良好的人际关系；风度优雅；能胜任；身体健康；组织能力；判断力；决策才能、组织能力、精于授权、善于应变；思维、规划能力；创造能力；洞察能力；劝说能力；对人的理解能力；解决问题的能力；培养下级的能力；调动积极性的能力；行业和企业知识；很强的分析能力；从战略上、全局上考虑问题的能力；感情投入，注重对人及人性的了解。

人格：具有自信心，心理健康；善于控制和支配他人；性格外向；灵活敏感、勇敢；责任心强；有胆略；力求革新与进步；直率、自律；有理想；合作精神；勇于负责；勇于求新；敢担风险；忍耐；热情；积极性；进取心。

价值观：有良知；可靠；尊重他人；品德超人；使命感；信赖感；诚实；公平；信誉。

2.领导特质理论的不足

但是领导特质理论也有不足的地方，即不能充分解释领导力和领导行为。原因主要有以下4个方面：①它忽视了下属的需要。②它没有指明各种特质之间的相对重要性，因此其操作性较差。③它没有对因与果进行区分，例如到底是领导者的自信导致了成功，还是领导者的成功建立了自信。④它忽视了情境因素。这些方面的缺欠使得研究者的注意力转向其他方向。

因此，虽然在过去的10年中研究者对特质理论表现出复苏的兴趣，但从20世纪40年代开始，特质理论就已不再占据主导地位了。40年代末至60年代中期，有关领导的研究着重于对领导者偏爱的行为风格的考查。

3.组织行为学中的领导特质研究

从组织行为学的角度来看领导特质研究，需要看到以下两点：

（1）领导的形成

领导特质理论说明了在一个群体中，领导是如何形成的。该理论认为，成为领导者是因为其个体特点，包括更强的能力和某些人格特质。正如前文所述，具有提出共同目标的能力、维持协作的能力，以及更高的境界①，使得个体能够在群体中“脱颖而出”，成为领导。

（2）领导的作用

领导是如何影响团队成员的行为选择的？领导特质理论给出的解释是领导的个体特点会通过组织能力、协调能力等影响团队协作，相比较而言，领导特质理论对于领导的作用机制并没有详细地给出，这也是领导特质理论的一个局限。

8.3 领导行为

领导特质理论普遍认为领导者是先天的，由于生来既有的优良素质使其成为有效的领导者，但是现代领导行为学家大多认为，有效的领导行为是在后天的不断实践过程中习得的，可以学会，于是人们把重心转移到了领导具体的行为上了。领导行为是指领导者为实现共同目标对人们进行的支配活动。领导行为认为领导是具有某种行为方式的主体，解决了什么是有效的领导的问题。

8.3.1 领导行为研究的特点

领导行为研究同领导特质研究相比，具有自身的特点。本部分将从领导行为研究的角度和领导行为研究的意义，说明该研究的特点。

1.领导行为研究的角度

总的来说，领导行为的研究是以用人办事为主线，以重视事和重视人为行为分类的依据。

领导特质理论强调了素质对领导效果的影响；而**领导行为理论（Behavioral Theoy of Leadership）**是研究在同样的素质条件下，选择不同的行为方式，以取得

① 可以理解为一种人格特质。

不同的领导效果。通过给定的领导者行为标准来分析领导行为，得出什么是有效的领导行为，解释了什么是有效的领导者的问题。该研究力图通过对不同的领导行为的特点和效率进行比较，以确认最有效的领导方式，从而通过行为塑造提高领导能力。以管理方格理论最具代表性。

领导行为理论是在世界发展比较稳定且易于预测的时代提出来的，或许基于此原因没有考虑到设定一个重要的变量——情境，所以就出现了领导行为理论缺乏在所有情境中的有效性的问题，往往会出现许多例外的现象。这一问题将在领导权变理论中解决。

2.领导行为研究的意义

领导行为的研究解决了领导者天赋观的困境，以可观察的行为方式为对象，通过行为塑造培养领导者。领导行为理论最大的贡献是把团队协作问题归结为人/事二维模型，把行为分离出来作为一个独立的维度，把领导理论往前推了一大步。

8.3.2 领导行为研究的内容

了解了领导行为研究的特点，接下来就要说明领导行为研究的具体内容。在该研究领域，俄亥俄州立大学、密歇根大学的研究，以及管理方格理论、勒温的领导风格理论是比较经典的理论。

1.俄亥俄州立大学的研究

20世纪40年代末俄亥俄州立大学对领导行为进行研究，最后得出两个可以代表大多数员工对领导行为的描述维度：结构维度和关怀维度。**结构维度**（initiating structure）是指领导者为了实现工作目标对自己与下属的角色进行界定和建构的程度。它包括设立工作、工作关系和目标的行为。高结构特点的领导者向小组成员分派具体工作，要求员工保持一定的绩效标准，并强调工作的最后期限。**关怀维度**（consideration structure）是指领导者尊重和关心下属的看法与情感、建立相互信任的工作关系的程度。高关怀特点的领导者帮助下属解决个人问题，他友善而平易近人，公平对待每一个下属，并对下属的生活、健康、地位和满意度等问题十分关心。

俄亥俄州立大学的研究表明领导的职能是用人办事，受职责关系和人际关系影响，这两方面的处理水平都可测量，从而可以测量领导的行为，预测工作绩效和工作满意度。

2.密歇根大学的研究

同期密歇根大学进行了相似的研究。研究表明，领导行为可以划分为两个维度：员工导向和工作导向。**员工导向**（employee-oriented）是指领导者重视人际关系，考虑下属的个人兴趣，并承认人与人之间的差异。**生产导向**（production-oriented）是指领导者倾向于强调工作的技术和任务事项，关心的是群体完成任务的情况，把群体成员视为达到目标的手段。

3.管理方格理论

管理方格理论（Management Grid Theory）是由布莱克（Blake）和莫顿（Mouton）二人在前面两个理论基础上提出的，该理论使用两个维度提出了领导风格的观点。该理论将每个维度划分为9个等级，从而得出81种领导类型，并且认为“9.9”型的领导风格最为有效，如图8-1所示。该理论提供了领导风格的概念化框架，但是缺少了情境的变量。

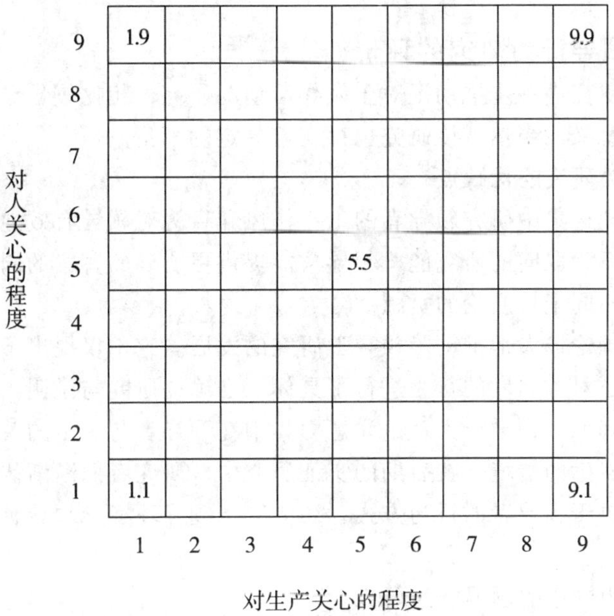

图8-1　管理方格理论

4.勒温的领导风格理论

心理学家勒温根据领导者运用职权的方式，将领导者在领导过程中表现出的极端工作作风分为三种类型：

（1）独裁式或专制式（autocratic）

具有这种作风的领导者从不考虑别人的意见，所有决策都由自己做出；很少参加群体的社会活动，与下级保持相当的心理距离；他主要依靠行政命令、纪律约束，罚多而奖少；下级没有权力，没有参与决策的机会，只能服从。

（2）民主式（democratic）

具有这种作风的领导者鼓励下属参与决策，下属个人拥有相当大的工作自由和灵活性；在领导工作中主要应用个人权力和威信，而不是依靠职位权力和命令使人服从；在分配工作时尽量照顾到个人的能力、兴趣和爱好；积极参加团体活动，与下级没有任何心理上的距离。

（3）放任式（laissez-faire）

除了以上两种方式，勒温还识别出另外一种领导风格，即放任式。这种领导者把权力完全给予组织成员或群体，自己对工作尽量不参与，也不主动干涉，毫无规章制度；工作的进行几乎完全依赖于组织成员自负其责。

事实上，独裁式与放任式不过是领导行为的两个极端。美国管理学家坦南鲍姆和施密特提出的领导行为连续流理论，很好地说明了领导风格的多样性和领导方式所具有的因情况而异或随机制宜的性质。

8.3.3 领导行为研究的评价

领导行为研究进一步推动了对于领导活动的研究，相比较领导特质理论，具有显著的进步意义，当然，该研究也存在着一定的不足。

1.领导行为研究的优缺点

领导行为理论集中研究领导者的工作作风和行为对领导有效性的影响。行为论研究者希望行为取向的研究能对领导效能提供更明确的答案的同时，也能在管理实务上得到不同于特质论的贡献。

领导行为理论极大地推动了领导学研究的发展。它不仅提出了领导行为的二元向度模式，还对各向度的行为进行了具体、准确的研究与说明。但与早期领导特质理论研究相似，领导行为理论注意力集中在领导者与员工的关系上，同样忽略了这种关系发生的情境。在后期的实证研究中，研究者们渐渐认识到，领导的效能不仅仅取决于领导者的行为方式，还取决于领导环境给领导者提供的控制和影响结果的程度。

2.组织行为学中的领导行为研究

在第6章中已经提到，人际交往能够影响一个人的行为选择，在一个群体中，领导者会通过人际交往的方式，发挥领导作用。“关注人”的领导行为是运用人际交往的过程，同被领导者建立良好的交往关系，以保证信息的顺利沟通，并维持较高的协作意愿。群体成员在这个过程中知觉到了领导对其的信任与关注，会在日常的行为中表现得更为努力。“关注事”的领导则是将人际交往视为一种手段，目的是保证共同目标的实现，相比较而言，群体成员在人际交往的过程中知觉到了交往地位的差距，因而在行动上主要表现为服从安排。

8.4 领导权变

领导权变是指在不同领导情境中对于领导行为方式的选择。领导就是在特定情境下的决策方式。领导权变理论引入了情境变量，在领导行为理论之上又往前了一步。领导权变理论研究的目的是希望通过对不同的领导行为与不同的领导情境的关系进行考查，找到其结合方式对于领导效率的影响，为领导决策提供参考。对领导情境的不同理解，形成不同的领导权变理论，包括费德勒三要素模型、赫塞的不成熟-成熟理论、豪斯的路径-目标理论、领导者-参与理论、Heller-Wilpert权变模型、交换型领导行为和变革型领导行为理论等。

权变理论（Contingency Theory）或**情境理论**（Situation Theory）的基本观点认为，不存在一成不变、普遍适用的最佳领导理论和方法，领导应根据团队所处的内部和外部条件随机应变。权变理论把内部和外部环境等因素看成是自变量，把领导思想、领导方式和领导艺术看成是因变量，因变量随自变量的变化而变化。领导者应根据自变量与因变量之间的函数关系来确定一种最有效的领导方式。

权变理论的产生，起源于系统理论的发展，系统理论强调从整体出发而不是从局部出发去研究事物。权变理论的主要特征之一，就是把团队协作绩效看成是各种因素相互作用的结果。

领导权变理论是继领导行为研究之后发展起来的领导学理论。这一理论的出现，标志着现代西方领导学研究进入了一个新的发展阶段。

8.4.1 费德勒三要素模型

最早对权变理论做出理论性评价的人是心理学家费德勒（F. Fiedler）。他于1962年提出了一个**有效领导的权变模式**（**contingency model of leadership effectiveness**），即费德勒模式。这个模式把领导人的特质研究与领导行为的研究有机地结合起来，并将其与情境分类联系起来研究领导的效果。他经过15年的调查，提出：有效的领导行为，依赖于领导者与被领导者相互影响的方式及情境给予领导者的控制和影响程度的一致性。

费德勒指出，有效的群体绩效取决于领导风格以及领导对情境的控制程度。他根据对最难共事同事的评价将领导风格分为任务取向和关系取向两种。根据领导者-成员关系、任务结构和职位权力三个变量来界定领导情境，分为八种情况，总的来说有三大类：有利、中等、不利。根据不同的情境采用不同的领导风格。

1.影响领导行为的三种情境因素

领导情势亦称“团体-任务”情境，是指发生领导行为所处的人际环境。它包括领导者-成员关系、任务结构和职位权力三个要素。

（1）领导者-成员关系（leader-member relations）

这是指团体成员对其领导者的情感，它包括尊重、友谊、信任、合作、接纳、支持以及忠诚程度。

（2）任务结构（task structure）

这是指团体目标与任务的界定是否充分明确而妥当，它包括目标对成员来说是否清晰，成果的可测度如何，解决问题的方法是否具有正确性及完成任务的途径或手段之多寡等。

（3）职位权力（position power）

这是指领导者现居职位所具有的权力之多寡或能使部属服从指挥的程度。换句话说，也就是领导者现居职位能对部属施展多大影响力，包括领导者的地位、权威以及奖罚、升贬、任黜、加薪、指派等能力。

在领导情势的三个因素中，领导者与成员的关系是最重要的因素。在费德勒看来，一个领导者要想取得理想的领导效能，必须通过一定的领导方式来对领导情势实施有效的控制，而领导者对领导情势的控制程度又决定于领导者使领导情势三因素相互配合的状况。根据这三个因素不同的配合情形，可以看出领导对情势的控制程度有多高。因此，费德勒模式的最大优点于在它吸收了过去有关领导行为的研究成果，分清了不同领导方式能够发挥领导效能的情境。

2. 领导情境的分类

费德勒认为，领导者的行为及其所要追求的目标具有多样性。这种多样性的存在，是由领导者之间在基本需求方面的差异决定的。因此，应当而且必须以此种需求结构来界定领导方式。这是费德勒权变理论的基本出发点。所以，费德勒将领导方式（领导形态）归纳为两类，即“员工导向型”领导方式和“工作导向型”领导方式，如图8-2所示。前一领导方式以维持良好的人际关系为其主要需要，而以完成任务之需要为辅。后一领导方式则以完成任务为其主要需求，而以维护良好的人际关系之需求为辅。在这里，费德勒将领导方式认定为领导者的一种人格特质，这种人格特质是一种具有持久性且不易改变之特征。费德勒还设计出一种LPC量表，用以鉴别不同的领导方式，并认为无论何种领导方式均有利弊，十全十美的领导方式是不存在的。

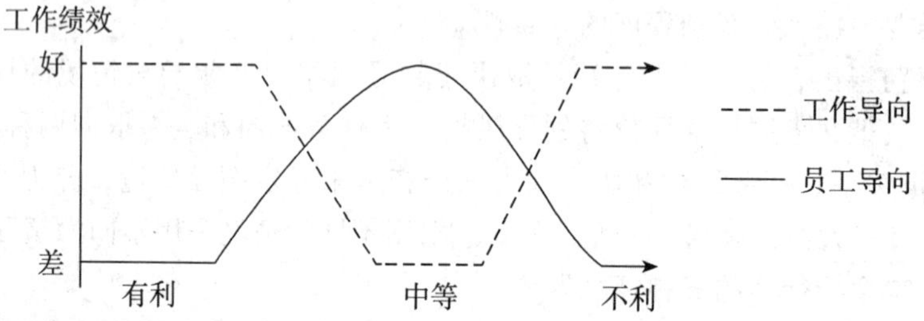

类型	Ⅰ	Ⅱ	Ⅲ	Ⅳ	Ⅴ	Ⅵ	Ⅶ	Ⅷ
领导者-成员关系	好	好	好	好	差	差	差	差
任务结构	高	高	低	低	高	高	低	低
职位权力	强	弱	强	弱	强	弱	强	弱

图8-2　费德勒模型

3. 不同的情境需要不同的领导行为方式

费德勒不仅对领导方式做了分类，还对领导效能做了界定，并在此基础上深入地探讨了如何使各种领导方式充分发挥其功能的问题。费德勒认为，一个领导者，无论他采取何种领导方式，其最终目的都是获取最大的领导效能，要想取得理想的领导效能，必须使一定的领导方式和与之相适应的领导情势相配合。

4.费德勒模型的缺陷

总体来说，大量研究对费德勒模型的总体效度进行了考查。并得出十分积极的结论。也就是说，有相当多的证据支持这一模型。但是，该模型目前也还存在一些缺欠，可能还需要增加一些变量进行改进和弥补。另外，在LPC量表以及该模型的实际应用方面也存在一些问题。比如，LPC量表的逻辑实质尚未被很好地认识，一些研究指出回答者的LPC分数并不稳定。最后，三项权变变量对于实践者进行评估来说也过于复杂、困难，在实践中很难确定领导者-成员关系有多好，任务的结构化有多高，以及领导者拥有的职权有多大。

5.费德勒权变模型的新发展——认知资源理论

1987年，费德勒及其助手乔·葛西亚（Joe Garcia）重新定义了先前的理论以处理“一些重要的、需要引起注意的疏漏之处”。具体来说，他们想解释领导者通过什么获得了有效的群体绩效这一过程。他们将这一重新界定的概念称为**认知资源理论**（Cognitive Resource Theory）。

这一理论基于两个假设：第一，睿智而有才干的领导者相比德才平庸的领导者能制定更有效的计划、决策和活动策略。第二，领导者通过指导行为传达了他们的计划、决策和策略。在此基础上，费德勒和葛西亚阐述了压力和认知资源（如经验、奖励、智力活动）对领导有效性的重要影响。新理论可以进行下面三项预测：

第一，在支持性、无压力的领导环境下，指导型行为只有与高智力结合起来，才会导致高绩效水平；

第二，在高压力环境下，工作经验与工作绩效之间呈正相关；

第三，在领导者感到无压力的情境中，领导者的智力水平与群体绩效呈正相关。

费德勒和葛西亚承认他们所得到的数据还十分有限，不足以从根本上支持认知资源理论，而这些证明该理论的有限研究证据所得到的结果也较为混乱。显然，这方面还需要进行更进一步的研究，但是，从费德勒原有的领导理论对组织行为学的影响、新理论与原有模型之间的关系以及新理论把领导者认知能力的引入作为领导有效性的重要影响因素三方面来看，认知资源理论应不会被人们所忽视。

8.4.2 赫塞的不成熟-成熟理论

赫塞把领导情境用下属成熟度水平来衡量，根据下属完成某项工作的能力和意愿来确定其成熟度。赫塞确认了四种领导风格——从高度指示型到高度放任型：指示型、支持型、参与型和放任型。根据不同的下属成熟度来采用不同的领导风格。

1.基本假设与逻辑结构

赫塞（Paul Hersey）和布兰查德（Kenneth Blanchard）开发的**情境领导理论**（**Situational Leadership Theory**）认为：

①领导的效能取决于下属（或雇员）接纳领导者的程度。无论领导者的领导风格如何、领导行为如何，其效果最终是由下属的现实行为决定的。

②领导者所处的情境是随着下属的工作能力和意愿水平而变化的。下属的技能、能力与意愿水平是非均质的、多样化的；下属不愿意工作，往往是因为他们缺乏必要的技能和能力，或缺乏自信心和安全感。

③领导者应对下属的特征给予更多的关注和重视，根据下属的具体特征确定适宜的领导风格。例如，对于能力不足或缺乏自信的下属与对于技术熟练、工作能力强且充满自信心的下属采取不同的领导风格。

2.主要考查变量

该理论主要考查变量是下属特征中的成熟度。

成熟度（maturity）是对下属特征的一个度量。赫塞和布兰查德将其定义为：个体对自己的直接行为负责的能力和意愿。它包括两个要素：

①工作成熟度，包括一个人的知识和技能。工作成熟度高的下属受过良好的教育和培训，拥有足够的知识和能力，经验丰富，能够不需要他人指导而独立完成工作任务。

②心理成熟度，指一个人做某事的意愿和动机。心理成熟度高的下属自信心强，工作积极主动。他们不需要太多的外部激励，而主要靠内部动机的激励。

3.个体成长的四个阶段

赫塞和布兰查德将下属的成熟度划分为由低到高的四种类型（或阶段）：

第一阶段：下属缺乏执行某项任务的技能和能力，不能胜任工作；而且，他们又不情愿去执行任务，缺乏自信心和积极性。

第二阶段：下属目前还缺乏完成工作任务所需的技能和能力，但他们愿意执行必要的工作任务，具有积极性。

第三阶段：下属有较高的工作技能和较强的工作能力，但他们却不愿意干领导希望他们做的工作。

第四阶段：下属既有能力又有很高的工作意愿。

这四个连续的阶段实际上反映了一个雇员从不成熟到成熟的成长过程。当个人刚刚接手一项陌生的工作时，出现第一种情况是很普遍的：他往往感觉自己处于一种无所适从的状态，处于一种消极被动的尴尬地位。当他对工作的性质和基本内容获得比较全面的了解之后，就会产生一种很快适应和胜任工作的愿望——在这个阶段，虽然他还缺乏必要的能力，但会积极主动地去提高自己。

在第三个阶段，一个人在长期的工作中获得了能力与经验，因此他也拥有了一定的资本。这时，他可能会提出一些有利于自己职业发展的要求，寻求广泛的参与机会，试图在参与中体现自己的价值并得到组织或上级的肯定。如果这些愿望得不到满足，他会深深陷入一种挫折感之中。当然，如果这些愿望得到满足，他会更加努力和主动地工作。不过，这时他可能产生更高的要求（按马斯洛的需求层次理论，这属于一种自我实现的需求），试图控制局面，并获得独立决策和行动的机会。

4.领导风格的类型

（1）领导行为的两个维度

与费德勒的分析方法基本相同，在分析领导风格时赫塞和布兰查德也从两个维度来进行考查：任务行为和关系行为。不同的是，赫塞和布兰查德认为，每一维度可以有高低之分，并可以组合成四种具体的领导风格。

（2）四种领导风格

具体如下：

①指导（telling，高任务-低关系）：领导者制定所有决策，为下属确定角色，告诉下属应该干什么、怎么干以及何时何地去干。

②推销（selling，高任务-高关系）：领导者既作为一个指导者出现（权威型风格，或以任务为中心），又作为一个支持者出现（支持型风格，或以员工为中心）。作为指导者，领导者制定所有决策，为下属确定角色，指导下属的行为；作为支持者，领导者对下属的要求不超过其力所能及的范围，愿意向下属解释自己的决策，公平、友好地对待下属并帮助下属解决个人问题，在下属很好地完成任务时给予赞赏和表扬。

③参与（participating，民主式或参与式风格，低任务-高关系）：领导者允许下属讨论组织的政策，并且鼓励他们参与重要决策；不仅允许他们讨论现在的工作，而且允许他们讨论将来的工作；鼓励下属参与群体活动。在上述活动中，领导者的主要角色是提供便利条件和沟通。一般认为，有效的员工参与可以减少人际的敌意、挫折、攻击和悲哀，创造良好的群体感觉，提高工作满意度和士气。

④授权（delegating，低任务-低关系）：领导者为下属设立挑战性的目标，并显示对他们的信任，允许他们在一定范围内独立地进行决策甚至确定自己的工作内容；领导者提供极少的指导或支持。

5.具体情境下领导风格的确定

随着下属成熟水平的不断提高，领导者可以减少对下属活动的控制，而且还可以减少关系行为。

在员工成长的第一阶段，下属需要得到明确而具体的指导。在第二阶段，领导者需要采取高任务-高关系行为；高任务行为能够弥补下属能力的欠缺，高关系行为能够使下属在心理上"领会"领导者的意图，或者说能够给下属提高技能和能力的愿望以更大的激励。在第三阶段，领导者运用支持性、非指导性的参与风格能够有效地满足下属的参与欲望，消除其现实的挫折感，从而向下属提供更强的内在激励。在第四阶段，领导者无须做太多的事情，因为下属既愿意又有能力完成工作任务。

8.4.3 豪斯的路径-目标理论

路径-目标理论（Path-goal Theory）的核心是，领导的工作是帮助下属达到他们的目标，并提供必要的支持和指导来确保他们的目标与群体的目标一致。该理论提出了两类情境变量：环境的权变因素和下属的权变因素。当领导者弥补员工或工作环境的不足时，可能会对员工的绩效和工作满意度起积极的影响。环境的权变因素主要有任务结构和工作压力，下属的权变因素主要有控制点、经验和能力。领导者的风格有：指示型、参与型、支持型和成就取向型。

继费德勒的权变理论之后，20世纪70年代初，一种新型的领导权变理论颇受重视，这就是加拿大多伦多大学教授豪斯（R. J. Howse）的路径-目标理论。该理论把伊万斯（W. G. Evans）的研究加以延伸，又把期望理论与俄亥俄州立大学的领导行为二因素理论（关心人和抓组织）结合起来。该理论的基本前提是：某些领导行为之所以有效，乃是因为在该情境之中，这种行为有助于下属人员达成和工作有关的目标。豪斯等人认为：领导是一种激励部下的过程，领导方式只有适用于不同的部下和环境时，才是有效的。该理论的核心是要求领导者用抓组织、关心生产的办法帮助员工扫清达到目标的路径，用体贴精神关心人，满足人的需要；帮助员工通向自己预定的目标。因此，豪斯提出了四种领导方式：指导型、支持型、参与型、成就导向型。而这四种领导方式必须根据部下的不同情况分别选择，选择时主要考虑两个方面的因素，即部下的人格特性和环境因素。人格特性包括能力、需求等。环境因素包括任务的性质、组织的权力系统和工作群体等。

与费德勒的理论不同，路径-目标理论认为这四种领导方式可由同一领导者在不同情况下使用，这就比费德勒的二维领导模式更进了一步。但路径-目标理论关于高效率的领导行为的预言，并未完全得到一致性结果。这可能是由领导行为的测定方式以及工作结构的测量尺度不完善所致。因此，和其他权变理论一样，路径-目标理论也是了解有效领导行为的主要方向之一，但是必须进行更进一步的研究，以提高本理论的有效性。

1.基本假设

路径-目标理论认为，领导者的工作就是帮助下属达到他们的目标，并提供必要的指导与支持以确保下属各自的目标与群体或组织的总体目标相一致。路径-目标理论基于这样一种信念：指明下属的工作目标，指明实现工作目标的途径，为下属清理各种障碍和危险，并通过奖酬对下属完成任务进行内在激励，这样可以有效地实现组织目标，从而提高领导的效能。

如图8-3所示，领导者可以通过明确下属实现工作目标和得到有可能得到的奖酬的路径，或提高下属认为有价值并渴望得到的奖酬的价值来激励员工。

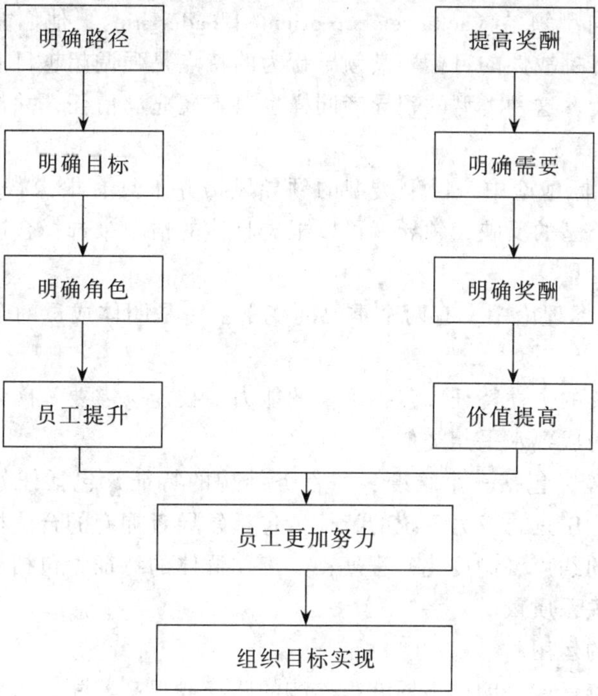

图8-3 路径-目标理论的基本假设

明确路径意味着领导者必须接近下属，以帮助他们认识和掌握圆满完成工作任务和获得奖酬所必须采取的正确的行动。提高奖酬则意味着领导者必须接近下属，以了解对下属来说哪些奖酬是最有价值的——他们是渴望从工作本身中获得奖酬，还是渴望得到诸如晋升、提薪之类的奖酬？领导者的责任就是提高下属渴望得到的奖酬的价值，并使下属得到这些奖酬的路径清晰和易于达到。

2.三种权变因素

这一模型的权变性质在于它包括了三种权变因素：领导风格；环境变量；奖酬的运用。

（1）领导风格

①指导型领导（directive leadership）：他们非常精确详细地告诉下属他希望下属做什么。其领导行为包括制订计划、指定工作进度表、建立绩效目标和作业标准以及严肃规章制度。

②支持型领导（supportive leadership）：他们对员工福利和个人需求极为关心。其领导行为是开放的、友善的和平易近人的，领导者能够创造一种团队氛

围，对下属平等相待。

③参与型领导（participative leadership）：他们能够与下属一起进行决策。其领导行为包括向下属征询意见和建议，鼓励下属参与决策，鼓励集体决策和书面建议。

④成就导向型领导（achievement-oriented leadership）：他们能够为下属确立清晰明确的具有挑战性的目标。其领导行为的特点是强调超越目前水平的、高质量的绩效和成就。这种类型的领导者同样也对下属充满信任，并帮助他们了解如何去实现目标。

在路径-目标理论中，以上类型的领导风格并不具有根深蒂固的个性性质，它们只是行为类型的反映，领导者可以根据具体的情境来选择合适的领导风格。

（2）环境变量

在路径-目标理论中，有两个重要的变量：一是团体成员的个性特征；二是工作环境。

①团体成员的个性特征，包括下属的能力、技能、需要等因素，与赫塞和布兰查德理论中的成熟水平相类似。

②工作环境，包括三个维度：A.任务结构的特征，包括任务的确定性程度和复杂性程度；B.正式权力系统的特征，包括领导者拥有的合法权力的大小，以及对下属行为的约束（制度化）程度；C.工作群体的特征，包括下属的受教育程度，以及人际关系质量。

（3）奖酬的运用

领导者的责任就是明确下属获得奖酬的路径或提高奖酬，以增加下属的满意度和提高工作绩效。在一些情况下，领导者需要接近下属，以帮助他们掌握完成任务和获得奖酬所必要的技能，而在其他一些情况下，领导者需要提供新的奖酬，以满足下属特有的需求。

3.具体情境下领导风格的运用

下属缺乏自信（情境1）：支持型领导。

工作任务模糊（情境2）：指导型领导。

工作缺乏挑战性（情境3）：成就导向型领导。

错误的奖酬（情境4）：参与型领导。

路径-目标理论模型如图8-4所示。

4.一些假设

以下是由路径-目标理论引申出的一些假设：

①与具有高度结构化和安排完好的任务相比，当任务不明或压力过大时，指导型领导会带来更高的满意度。

②当下属执行结构化任务时，支持型领导会带来员工的高绩效和高满意度。

③对于能力强或经验丰富的下属，指导型的领导可能被视为累赘多余。

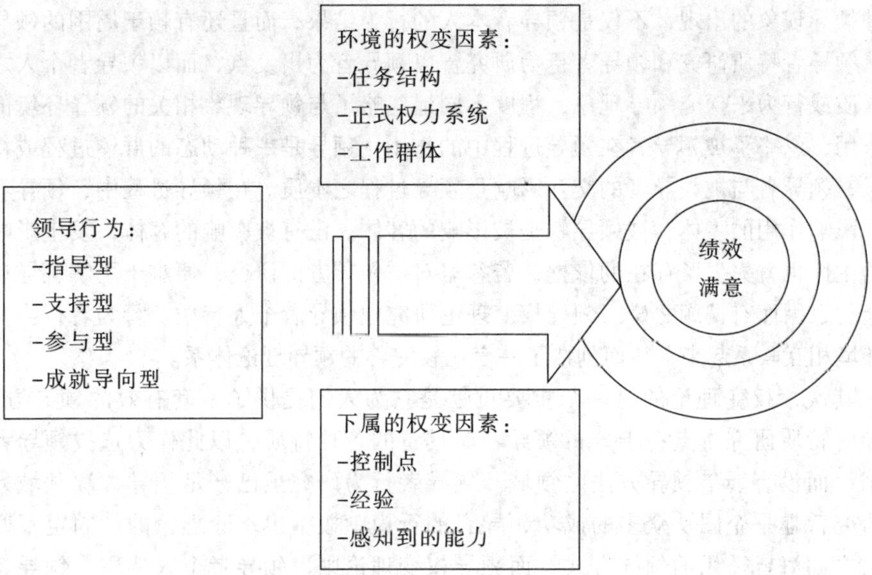

图8-4 路径-目标理论模型

④组织中的正式权力关系越明确、越官僚化，领导者越应表现出支持型行为，降低指导型行为。

⑤当工作群体内部存在激烈的冲突时，指导型领导会带来更高的员工满意度。

⑥内控型下属（即相信自己可以掌握命运）对参与型领导更为满意。

⑦外控型下属对指导型领导更为满意。

⑧当任务结构不清时，成就导向型领导将会提高下属的期待水平，使他们坚信努力必会带来成功的工作绩效。

对诸如这些假设的验证性研究的结果通常是十分积极的。这些证据支持了理论背后的逻辑实质。也就是说，若领导者弥补了员工或工作环境方面的不足，则会对员工的绩效和满意度起到积极的影响。但是，当任务本身不明确或员工有能力和经验处理它们而无须干预时，如果领导者还要花费时间解释工作任务，则下属会把这种指导性行为视为累赘多余甚至是侵犯。路径-目标理论的前景如何？它的结构框架经历了实证检验，不过，我们预期这一理论将会纳入更多的中间变量，进一步得到改进和扩展。

8.4.4 领导权变研究的评价

领导权变研究相对于前两种研究，更为符合实际情况，对于具体工作更具指导意义，下面简单地小结一下该理论的研究。

1.领导权变研究的小结

首先，权变理论统合了领导现象的复杂性。领导是一个极为复杂的社会现象。

一种领导现象的出现，不仅是领导者本人的行为结果，而且还有赖于周围的领导环境。领导者特质研究和领导者行为研究皆以领导者为出发点，而以领导者个人之内在素质或行为来探究领导现象，程度不同地忽略了与领导现象相关的领导环境的重要作用，忽略了被领导者在领导过程中的作用。领导是一种动态的群体过程或社会关系，领导者与被领导者的交互影响是领导过程之本质。在领导过程中，领导者是发生影响作用的主体，被领导者是被影响的客体。没有被影响的客体，发生影响作用的主体也就失去了存在的依据，若忽略对被领导者的研究，便难于了解领导现象之全貌，因而有偏颇之嫌。领导权变理论研究把领导者个人特质、行为者行为及领导环境相互联系起来，从而创造了一套比较完善的领导理论体系。

其次，权变理论的另一个重要贡献是它为人们提供了一套有效的领导方法。领导者特质研究重点在于分析领导者应具备的各种特质，以此作为选拔领导者的依据，而没有涉猎领导方法之领域。领导者行为研究虽已涉足领导方法领域，但其研究旨趣是企图从众多的成功领导者的行为中概括出一套理论的、固定不变的和放之四海皆适用的领导方式。而领导权变理论则以领导者个人特质、领导者行为及领导环境交互影响来解释领导现象，否认有任何固定不变、普遍适用的领导方式的存在，认为任何领导方式在与环境做适当的搭配情况下，均可能成为最有效能的领导方式，因此它没有提出有关最佳领导方式之主张，而代之以领导方式与情境搭配之模式。

最后，领导权变理论更切合实际领导工作者的需要。由于领导本身是一种极为复杂的社会现象，加之研究者的观点和研究方法的不同，不论是领导特质研究还是领导行为研究，所得的研究结果都矛盾丛生，使实际领导工作者有无所适从之叹。由于领导权变理论以统合之方式和权变之观点解释了领导现象的复杂性，吸收了前人的有益研究成果，从而为人们提供了研究领导现象的新途径和提高领导效能的新方法，这就在很大程度上拉近了领导理论与领导实际的距离，满足了实际领导工作者对领导理论的需要。

2.组织行为学中的领导权变研究

领导研究实质上是将领导同下属的交往方式进一步细化，提出了一些情境变量，具体包括下属的状况和任务的状况，也就是说，该理论认为，领导的交往方式是由领导所面临的具体情境决定的，面对不同的下属和任务，就应当选择不同的交往方式。一般而言，当下属能力不强、任务比较简单时，领导应当表现出交往地位的差异，以命令、指导为主；反之，领导就应当维持较好的交往关系，发挥员工自身的能动性。

8.5 领导类型

1978年，伯恩斯（Burns）在对政治型领导人进行定性分类研究的基础上，提出交易型和变革型两种领导行为，这一分类为领导行为的研究开辟了新的思路；1985年，巴斯（Bass）正式提出了交换型领导行为理论和变革型领导行为理论，它比以往理论采取更为实际的观点，是以一个“走在大街上的”普通人的眼光看待领导行为，具有实际的应用价值，在实践中得到了广泛应用。

8.5.1 领导类型的划分

前文所涉及的研究，如费德勒模型、路径-目标理论大都针对**交易型领导**（transactional leaders）进行描述。这些领导者通过澄清工作角色和任务要求，来使下属向着共同目标的方向前进。不过还有另一种领导者，他们鼓励下属为了组织利益而超越自身利益，并对下属产生超乎寻常的深远影响，他们是**变革型领导**（transformational leaders）。以下将介绍这两种领导类型的基本理论框架。

1.交易型领导行为理论

在一些有关领导行为的研究中，领导行为常被理解为一种交易或成本-收益交换的过程。交易型领导行为理论的基本假设就是：领导-下属间的关系是以二者一系列的交换和隐含的契约为基础，当下属完成特定的任务后，便给予承诺的奖赏，整个过程就像一项交易。其主要特征为：①领导者通过明确角色和任务要求，指导和激励下属向着既定的目标活动，领导者向员工阐述绩效的标准，意味着领导者希望从员工那里得到什么，如满足了领导的要求，员工也将得到相应的回报；②以组织管理的权威性和合法性为基础，完全依赖组织的奖惩来影响员工的绩效；③强调工作标准、任务的分派以及任务导向目标，倾向于重视任务的完成和员工的遵从。

根据伯恩斯理论，交易型领导行为建立在一个交换过程的基础上，主要包括权变与非权变性两种奖励行为和权变与非权变性两种惩罚行为，实施不同的奖励和惩罚会导致不同的结果。所谓权变性奖惩是指根据下属的绩效进行奖励和惩罚；非权变性奖惩是指领导进行奖罚时不依据下属的绩效。巴斯则将交换型领导行为分为权变奖励领导行为（contingent reward leadership）和例外管理领导行为（management by exception leadership）两种，并随着领导者活动水平以及员工与领导相互作用性质的不同而不同。

①权变奖励领导行为是指领导和下属间的一种主动、积极的交换，领导认可员工完成了预期的任务，员工也得到了奖励。

②例外管理领导行为则指领导借助于关注员工的失误、延期决策、差错发生前避免介入等，与下属进行交换，并按领导者介入时间的不同分为主动的和被动的两种类型：

第一，主动型的例外管理领导者，一般在问题发生前，持续监督员工的工作，以防止问题的发生。同时一旦发生问题，立即采取必要的纠正措施，当然也积极搜寻有可能发生的问题或与预期目标偏离的问题。领导者在员工开始工作时，就向员工说明具体的标准，并以此标准监督差误。

第二，被动型的例外管理领导者，则往往在问题已经发生或没有达到规定的标准时，以批评和责备的方式介入。一般情形下，领导者一直等到任务完成时才对问题进行确认，并以此提醒员工，也往往在错误发生后才说明自己的标准。当员工所处的工作以及环境已不能为员工提供激励、指导和带来满意感时，这种领导行为才具有效率。

20世纪80年代以前创立的领导行为理论和权变理论都是以交换型领导行为为基础。交换型领导行为理论已得到了广泛的验证，如路径-目标理论、领导-成员交换关系理论。这些理论都强调环境因素对领导行为产生缓冲效应的重要性，也注意到了领导-下属这对关系，并认为应运用综合性指标对其进行测量，以便能预测领导行为对个体的作用。

2.变革型领导行为理论

变革型领导行为是一种领导向员工灌输思想和道德价值观，并激励员工的过程。在此过程中，领导除了引导下属完成各项工作外，常以领导者的个人魅力，通过对下属的激励、刺激下属的思想、对他们的关怀来改变员工的工作态度、信念和价值观，使他们为了组织的利益而超越自身利益，从而更加投入于工作中。该领导方式可以使下属产生更大的归属感，满足下属高层次的需求，获得高的生产率和低的离职率。变革型领导行为的前提是领导者必须明确组织的发展前景和目标，下属必须接受领导的可信性。其主要特征为：①超越了交换的诱因，通过对员工的开发、智力激励，鼓励员工为群体的目标、任务以及发展前景超越自我的利益，实现预期的绩效目标；②集中关注较为长期的目标，强调以发展的眼光，鼓励员工发挥创新能力，并改变和调整整个组织系统，为实现预期目标创造良好的氛围；③引导员工不仅为了他人的发展，也为了自身的发展承担更多的责任。变革型领导行为拓宽了领导行为的研究范围。

虽然对变革型领导行为的研究相对较晚，但已有许多研究注意到了该理论的结构效度。根据伯恩斯理论，它由个人魅力、智力激励以及个人化考虑三个因素构成。巴斯和阿华立（Bass & Avolio，1994）则提出变革型领导行为应包含以下四个维度：

（1）理想影响力（idealized influence）

理想影响力指能使员工产生崇拜、尊重和信任的一些行为，包括领导者承担风险、考虑个人之外员工的需求以及良好的道德品质。

（2）鼓励性激励（inspirational motivation）

鼓励性激励指向员工提供富有意义和挑战性工作的行为，包含明确描述预期目标，而且该目标受到整个组织目标的约束，同时通过积极乐观的态度唤起团队精神。

(3) 智力激励 (intellectual stimulation)

智力激励指领导者启发员工发表新见解和从新的角度或视野寻找解决问题的方法与途径，鼓励员工采用全新的方式完成任务。

(4) 个人化考虑 (individualized consideration)

个人化考虑指领导者仔细倾听并关注员工的需求。

我们在以往的一项关于中西方企业领导行为研究中曾提出六种变革型领导行为，包括远见卓识、智力激励、寄予厚望、树立榜样、促进合作和提供个人支持。研究结果表明，在中国文化背景下，促进合作（促进员工合作，使他们为共同目标而工作的程度）、提供个人支持（领导关心下属个人感受和需求的程度）和树立榜样（领导树立与其力求推广的价值观相一致的行为榜样）与中国文化特征和传统中国领导哲学相一致；远见卓识、智力激励和寄予厚望三种领导行为则在中国文化中不是很受重视。由此可见，变革型领导行为是一种动态性的结构，具有多维性，在不同的文化背景和工作环境下，它的维度具有权变性，并且有一点可以肯定，变革型领导行为着重突出了领导者对组织的变革效应。

区分交易型和变革型领导行为，并不意味着二者是不相关的。伯恩斯认为这两种领导行为是同一连续体的两个极端，而巴斯认为它们是两个分开的维度，一个领导者既有变革型的一面，同时又具有交换型的一面，变革型领导行为以交换型领导行为为基础，但反向则不然。变革型领导行为可以说是交换型领导行为的一种特例，可以同时与一些目标和目的的实现相联系，这两个模式的不同主要表现在领导激励下属的过程和目标设置的类型上。在竞争较为激烈的今天，研究变革型领导行为尤为必要，正如巴斯在《领导行为手册》一书中写道：遗憾的是许多经验性的研究都关注于交换型领导行为的研究，其实这方面真正的原动力和撼动者是变革型的领导行为。变革型领导行为理论拓宽了正受系统检验的领导特质理论的范围，超越了交易理论的边界。

在另一项研究中，帕瓦尔和伊士曼（Pawar & Eastman）对于变革型领导的定义和巴斯、伯恩斯以及萨金（Sashkin）是一致的。然而，他们进一步区分它与其他两个相关概念，即战略型领导和魅力型领导。

战略型领导（strategic leadership）的一个主要方面是为了影响组织绩效，领导介入组织的战略、结构和过程的确定。战略型领导的这项内容和变革型领导是相同的。但是，战略型领导概念的拥护者不明确论及提高下属需要水平或融合个人和组织的利益。变革型领导可以被看作一种特殊的战略型领导方式，和战略型领导方式一样，它致力于塑造组织形式和过程来获得更大的绩效，但是，它是以组织成员的变革和个人与组织利益的融合这种方式来进行的。

同样，**魅力型领导者**（charismatic leader）通常会给予部属高度的信任感，让部属感受到来自领导者的支持与激励，从而使其对领导者和组织有强烈的认同，并积极主动地工作。领导魅力是一种作用力很强的、非语言的交流方式，是领导者感染被领导者、吸引追随者的一种特殊的力量。因领导魅力而吸引进来的人才更稳定，更容易潜心努力工作，能提高积极性，进而充分挖掘自己的潜能。领导的魅力是可以在后天的学习和锻炼中不断培养和提高的。魅力领导的部属通常会被激发出更多的努力，因为他们对其领导者认同，相对表现出更高的工作满足度。

因而，他们认为变革型领导行为是一种领导向员工灌输思想和道德价值观，并激励员工的过程。他们考查了变革型领导的情境变量，得出了下面四个结论：

结论一：组织在适应定位期间比在效率定位期间更易于接受变革型领导。

结论二：以跨界限统治的组织比以技术核心统治的组织更易于接受变革型领导。

结论三：简单的结构形式比机械官僚、职业官僚的结构形式更易于接受变革型领导。

结论四：以氏族方式管理的组织比以市场方式和官僚方式管理的组织更易于接受变革型的领导①。

8.5.2 领导行为的影响

不同类型的领导会采取不同的领导行为，这些行为各会产生什么样的影响，这是这部分会着重探讨的内容。

1.交易型领导行为的影响

变革型和交易型领导行为将对下属产生不同的影响。通常认为，以权变奖励为基础的交换型领导行为可使下属达到双方协商的绩效水平，只要领导和下属发现这种交换是互利的，那么这种关系就将持续下去，成员也将达到预期的目标绩效。许多研究结果显示，以权变奖励为基础的交换型领导行为对下属的绩效和满意感产生积极的影响，然而在某种情境中，这种作用可能是负面的，其主要原因是：①如果领导与下属的交易并没有充分达成一致，那么权变奖励的领导行为是低效率的。在这样的团队背景下，成员很有可能从本质上要求较少的权变奖励的领导行为，如正在发生变革的环境下，权变性的领导行为是不适当的或者低效率的。②如果对团队的奖励制度是固定的，领导与成员的交易对生产率的作用是逆向的。如果成员意识到权变奖励的领导行为是领导控制成员行为的一种企图而不是奖励，企图限制他们的行动自由，那么成员的动机水平就会下降。③在测量时与权变奖励的量表项目有关。以往的研究有关权变奖励量表包括两个方面：一是以成员认知为基础的一些项目，二是对奖金的预期和分配方面的阐述，而有的研究所设计的量表只包括了基础的交易性项目，这将会导致结论的不一致。

有证据显示，例外管理与工作绩效相关，但这种相关性比工作绩效与权变性

① PAWAR B S，EASTMAN K K. The nature and implications of contextual influences on transformational leadership：a conceptual examination［J］. The Academy of Management Review，1997，22（1）：80-109.

奖励间的关系要复杂得多。许多研究结果显示，领导者的权变性惩罚与成员工作绩效间的关系是混合型的，即有的研究显示二者为正相关，有的显示为负相关，而有的显示不相关。被动的例外管理对工作绩效产生负面的影响，尤其是如果领导者在标准设置和采取必要的行动之前被动地等待问题的发生，在事后批评成员，没有说明采取哪一种行为可以避免受到惩罚，那么这样的领导行为将对成员的绩效产生负面的影响，这种领导行为代表了被动型的例外管理。很难想象，没有对绩效进行监督，也不采取必要的纠正措施的领导者会是一个有效率的领导者。但是，合理的权变性惩罚代表了领导行为的一个重要的特征，如果领导者的批评被认为是公平的，领导者阐明了绩效标准，用一种可以使成员接受的方式对低绩效状况进行改进，从而避免产生消极的后果，那么这种权变性惩罚（代表了较为积极的例外管理方式）会增强成员的绩效，帮助下属辨明角色，很可能对下属的满意感和绩效产生积极的影响。从上述分析我们知道，领导行为的有效性具有权变性，较多地依赖于工作的情境以及领导与成员的关系，但较多依赖于例外管理的领导者则会获得较低的工作绩效。

2.变革型领导行为的影响

有充分的证据显示，变革型领导行为的每一个因素，包括领导魅力、智力激励和个人化考虑与工作绩效有紧密的联系，并能预测成员的工作绩效。事实上，变革型领导行为鼓励下属完成较为困难的目标，从全新和多种不同的角度去解决问题，同时促进了成员的自我发展。作为领导影响力的一个结果，成员出于对领导的承诺，从发自内心的工作动机出发，会根据自身的发展水平以及目标实现和任务完成的潜在意义，加倍努力工作，最终导致其超额完成预期的绩效。也就是说，变革型领导行为通过引导下属超越自我利益，向下属灌输共同的价值观，可以帮助下属达到最大的绩效水平。

变革型领导行为对成员的组织承诺感、公民行为有较为直接的影响。从因果关系的角度看，这些指标可预测成员的工作绩效。许（Koh）等人的研究发现，学校领导的变革型领导行为对学生的成绩并无直接的作用，但它通过影响教师的组织承诺感，间接作用于学生的成绩。由此可以推断，变革型领导行为与绩效之间可能存在某种缓冲变量或中介变量。博萨科夫（Podsakoff，1990）的研究结果显示，下属对领导的信任度作为中介变量，可以较好地解释领导魅力对成员公民行为的影响。而变革型领导行为对下属的角色和任务分配知觉有直接的影响，这些知觉随后影响到下属对领导者的效能知觉，变革型领导者的效能知觉依赖于在整个团队目标的完成过程中领导者的沟通能力以及成员的角色知觉、任务明晰度和沟通开放性。

3.变革型领导行为的权变适用性

情境因素将缓冲变革型和交换型领导行为对绩效的影响。存在变革倾向和风险承受趋势的团队中，容易接受变革型领导者；相反，受传统的习惯、规章和法令所约束的团队中，常把对现状存有疑虑、完成任务时常寻求改进方法的领导者看作是缺乏稳定性的，变革型领导者不适合领导具有结构稳定性和连贯性的团队。因此，革新、风险承担和开放性较高的团队与结构稳定、秩序井然的团队相比，前者对变革型的领导者更具有吸引力。有研究显示，革新支持对于智力、个人化考虑的领导行为和工作绩效间的相关性具有缓冲效应，而魅力型领导行为与绩效间的关系，并不受革新支持的影响，主要有两个方面的原因：①具有较高领导魅力的领导者通常希望拥有内化领导者价值观和目标的成员，并诱导下属超越即时的环境，完成领导所布置的任务，达到预期的目标。魅力型领导者不受生产率高低标准的影响，能使下属达到高任务绩效、高任务调整及对领导和群体的高适应性。②与较为规范和稳定的环境相比，在较为混乱和不稳定的环境中，魅力型领导者对成员的绩效影响更大。

上述观点得到了克莉丝汀·M.谢伊（Christine M. Shea）的检验，她对生产型企业的领导进行研究，探讨不同的领导风格对于绩效的影响，研究表明，体恤型领导的组织，其生产的产品质量要高于个性化领导和结构型领导的组织，尤其在工作任务很复杂、不熟悉的情况下，体恤型领导能降低员工的压力和不确定性[①]。

补充资料：领导权变研究相关理论

本章小结

管理学中的领导强调的是组织形成以后，个体获得了职位权力，在此基础上行使一种专门化的管理职能的这种行为；而组织行为学中的领导是指个体在群体中，尤其是正式群体中获得了某种特殊的交往地位，并为自己和他人所接受，成为一种特殊角色的过程，研究的是这种角色对行为动机的影响。

同时还需要讨论，为什么这个个体能够成为领导？领导特质理论从个体自身的素质出发给出了解释；领导行为和领导权变理论则分别从领导的行为和环境变量给出了解释。

从组织行为学的角度来看，领导特质关注领导者的能力和人格的影响力；领导行为侧重人际交往的方式；领导权变则重视交往方式的灵活选择。

此外，另一些研究人员关注变革型领导同交易型领导的差异，两种不同类型

---

① SHEA C M. The effect of leadership style on performance improvement on a manufacturing task [J]. The Journal of Business, 1999, 72 (3): 407-422.

的领导行为会带来不同的影响。

核心概念与关键术语

核心概念

领导　领导特质理论　领导行为理论　领导权变理论　交易型领导　变革型领导

关键术语

领导（leadership）　领导活动（leading）　领导者（leader）　领导特质理论（Trait Theory of Leadership）　领导行为理论（Behavioral Theory of Leadership）　结构维度（initiating structure）　关怀维度（consideration structure）　员工导向（employee-oriented）　生产导向（production-oriented）　管理方格理论（Management Grid Theory）　权变理论（Contingency Theory）　情境理论（Situation Theory）　有效领导的权变模式（contingency model of leadership effectiveness）　认知资源理论（Cognitive Resource Theory）　情境领导理论（Situational Leadership Theory）　路径-目标理论（Path-goal Theory）　交易型领导（transactional leaders）　变革型领导（transformational leaders）　战略型领导（strategic leadership）　魅力型领导者（charismatic leader）

思考题

1.什么叫领导？领导是如何产生的？

2.什么叫领导力？领导力的基础是什么？

3.什么叫领导特质理论？它有什么贡献与不足？

4.领导行为研究的意义是什么？对领导行为分类的标准是什么？

5.什么叫管理方格理论？五种典型的管理风格各有什么特点？

6.领导权变的基本思想是什么？有什么意义？

7.如何进行领导权变的情境分析？如何使用分析的结果？

8.费德勒的领导情境变量主要有哪些？如何与领导风格匹配？

第9章 权威关系

学习目标

通过本章的学习，您应当掌握：

1.权力的含义和产生过程
2.权力的类型
3.权术的性质与权谋的产生
4.从群体的角度理解权力运作
5.制度的性质、产生及作用
6.权威的性质和特征
7.权威的程度和主体
8.权威关系

引　例

如何树立权威

段磊是北京一家国有企业的部门经理。就在上周，他从上级那里接到调令，成为企业公关部门新一任的带头人。在权力交接之时，前任主管找到段磊，详细探讨了部门未来的发展方向和规划，并针对目前存在的问题展开了深入的交流。他们得出一致结论：公关部门当前发展的最大瓶颈就是如何树立领导者的威望，以便更好地凝聚成员、开展活动。

公关部是公司的职能部门之一，主要负责企业关系网的建立、公众形象的维护和危机处理等事务。经过几年的成长，部门目前共有成员50余人；部门的最高领导者为部门经理，此外还设3名副经理，及分部经理若干人。从规模上来讲，公关部在企业中并不算小，但是在近几年企业的内部总结会上，却一直因为工作目标完成不佳而受到批评。究其原因，主要还是在职能的履行上，公关部门与其他优秀部门均有着不小的差距。而造成这一差距的根源，则是以部门经理为代表的领导层威望不高，导致成员执行不力，相互协调性差等。

公关部门的经理，一向由公司高层从其他部门调进，而非从部门内部产生，这造成了新任经理往往不能服众，员工平时开会时迟到、不到现象严重；下属对经理的指令，不是阳奉阴违，就是拖沓敷衍；各个分部门间互不买账，内耗严重。这些问题，都阻碍着部门前进的脚步。同样，段磊上任之后，也面临着众多员工的质疑和挑战。一些副经理、分部经理认为他的能力、资格不足以担任经理一职，对他的意见、想法不以为然；部门的气氛愈发消极。

针对这一情况，段磊的解决之道是采取铁腕手段，打压不服者，树立自身权威。他出台了严格的例会考核制度，规定每周召开一次会议，所有分部经理以上人员必须到会；如有无故不到者，第一次给予严重警告，再犯则直接进行降职处分。此外，部门还专设机构，负责考核每次活动各个部门的表现，根据情况嘉奖表现优良者，惩罚不合格者。最后，段磊还宣布，由他颁布的指令代表公司的最高指示，各员工必须遵守，否则将予以警告、撤职甚至解聘处理。为了杀一儆百，段磊在上任第一个月就以不服从命令为名，撤销了一名分部经理的职务，在部门中引起了不小的震动。

通过一系列强硬措施，段磊希冀建立起自己的绝对权威，统一政令，使部门上下齐心，协调一致，共同朝着既定的目标努力。新规定出台的第一个月，确实取得了较好的效果：部门现在每周都举行固定的会议，到会率极高；员工对于经理的命令很少有异议，原来说三道四的场面也不见了。看到这幅景象，段磊心中很是得意。

然而，随着时间的推移，段磊发现事情并非他想象的那样顺利。公关部原来那种轻松欢快的气氛不见了，取而代之的是冷漠沉重的氛围。自己的命令，尽管很少受到下属的质疑和诘问，但是他们在执行中却经常消极怠工，应付了事。部门中不少人对新规定敢怒而不敢言，只能在背后抱怨；整个部门士气低落，情绪黯淡，一些人开始萌生跳槽的想法。

事情没有按照自己的意愿发展，这让段磊很是气馁。他万万没有想到，自己绞尽脑汁想出的方法，只是让下属更“怕”，而不是更加“尊敬”他。权威没立起来，反而弄得下面怨声载道，究竟是什么造成了如今的困境？段磊陷入了深深的沉思。

突然间，他想到了大学在管理学课程上学到的内容。管理学课本上在谈及权威时，曾经援引了一些著名管理学家对权威性质的剖析和论断。其中，最有代表性的无异于巴纳德的权威理论，其认为“命令具有的一种性质，使得下属能够理解、接受和执行”。在巴纳德看来，仅仅注重权威的客观方面，即命令本身具有的性质是不够的，权威之所以能存在，首先要得到下属的接受。这一点，需要领导者制定共同的目标，促进下属的协作意愿和信息交流方能实现。

回想自己面临的境况，段磊发现，原来犯下错误的原因正在于对权威的片面理解。自己实行的所有措施，都只是加强了领导者本身的威慑力及命令的强度，而完全忽略了下属的理解接受情况。发现了症结所在之后，段磊及时调整了做法，出台了一连串新规定：部门管理者定期向成员公告最新的发展动态、近期目标、活动概括等；最高领导层但凡发布命令，必须向员工进行解释；今后每一位员工都可以直接向经理等主管领导反映情况，提出批评和建议；建立反馈机制，使得成员可以就工作中的问题阐述自己的意见。同时，部门也保留了原来的例会考核和活动考评制度，但在执行方式上更加注重与各个干系人之间的沟通交流，及时平息不满情绪，促进和谐氛围的形成。

新政出台后，大家的反应普遍比较积极。很多人认为这样的做法，使部门的运行更加透明，让每一个成员更加了解部门的状况，还增强了每一位员工的参与感和归属感。由于信息沟通的加强，现在大家对于经理的命令接受程度大大提高；即使有所异议，也可以心平气和地提出，而不用将不满藏在心里。无形之中，段磊的威望日益提高，他的想法和思路得到更多的理解和赞同，更强的支持和执行，公关部开始朝着健康的方向发展。

一年之后的公司内部评选中，公关部以优良的业绩及和谐的氛围受到了表彰。在表彰大会的发言中，段磊将自己的成功简单归为了八个字“恩威并用，以德服人”。

【思考】

1.段磊的权力是如何获得的？

2.从组织行为学的角度来看，段磊颁布的各项制度是如何影响部门成员的？

3.在你看来，段磊是否具有权威？为什么？

本章提要

领导者与被领导者之间的关系，是一种支配与服从关系，体现着领导者的权力。领导权威来自于权力，产生于人们之间的依赖关系。在社会生活中，权力具有重要意义，约束着人们的行为选择。权力一旦与规范结合，就会形成制度。制度包含正式制度和非正式制度。为了获得与加强正式制度所赋予的权力，存在着权术活动。只有具有合法性的权力才能转化为权威，这种权力往往得到了非正式制度的支持，是权力与威信的统一。本章将探讨什么是权力，权力从何而来，怎样转化为权威，如何理解权威关系的结构等问题。

9.1 权力

权力是指一个人用以支配另一个人的能力，这种能力能够使另一个人做在其他情况下不会做的事。权力的来源是依赖性，当一个人控制了别人所期望拥有的事物之后，就拥有了对别人的权力。因此，依赖性越大，权力越大。

9.1.1 权力的性质

权力作为一种对其他主体行为施加影响的能力，有着独特的性质，要理解这种性质，需要从权力的含义出发，同时要着重区分权力同几个相关概念之间的联系与区别。

1.权力的含义

作为社会生活中的一种基本现象，权力受到人们的高度关注，从不同角度加以研究，从而产生了丰富的成果。其中法学、政治学、社会学具有重要地位。这些学科都研究权力，但是研究旨趣各不相同。法学研究的旨趣在于权力的合法性，政治学研究的旨趣在于国家和政府权力的行使，社会学对权力的研究宽泛得多，除了国家和政府权力之外，还包括个人、群体、组织在社会交往中的权力。

那么什么是社会学研究的权力呢？

①韦伯对权力的定义是："权力是指某一种社会关系内的行动者取得贯彻实现自己意志的职位的可能性，而对那些无视这种可能性存在的基础的抗拒行为置之不理。"

②彼得·布劳从交换论的角度给权力下了这样的定义："它是个人或群体将其意志强加于他人的能力，尽管有反抗，这些个人或群体也可以通过威慑这样做。威慑的形式是：撤销有规律地被提供的报酬或惩罚。"

③默顿则认为权力是将自己的意志强加于人的能力。

④伯兰特·罗素指出，社会学的基本概念是权力，"权力可以定义为有意努力的产物"。他把权力分为影响个人的权力和组织的权力。影响个人的权力包括：对他直接的物质权力；以奖赏和惩罚引诱；舆论的力量。组织的权力包括：军队、警察行使对身体强制性的权力；经济团体的奖惩；学校、教会、政党的舆论。

⑤美国未来学家阿尔温·托夫勒在他的《权力变移》一书中更明确地解释说："我们用权力（power）这个词来指有目的地支配他人的力量。这个定义排除了用以抵御自然和物体的力量。"

组织行为学所关注的权力，是日常生活中普遍发挥作用的权力，因此与社会学所说的权力具有较大的相似性。在组织行为学看来，所谓**权力（power）**，是指一个人用以支配另一个人行为的能力，这种能力使另一个人做在其他情况下不会做的事。

2.权力的特征

为了进一步理解权力的概念，需要对比几个同权力比较接近的概念，包括暴力、权利、领导以及权威。注意权力同这几个概念之间的联系与区别。

（1）权力与暴力

权力与暴力的区别主要在于稳定性。也就是说，暴力是指在短期内通过使他人强制性地服从而支配他人行为的能力；但是权力则具有一定的稳定性，能够在一段较长的时间持续地支配他人行为。

（2）权力与权利

权利与利益有关，但不同于权力。只有当支配者利用支配力为自己带来利益时，权力才和权利发生联系；同时，有权利的行为主体不一定有权力，例如，每个人都有言论自由的权利，但是，并不是每个人都有支配他人言论行为的权力。

（3）权力与领导

这两个概念的主要区别在于其支配力是否固定在一个人的身上。领导是特定的主体，领导的影响力是一种权力，权力如果固定到某个个体上，这个个体就被我们称为领导；而领导所具有的这种影响力就是权力。

（4）权力与权威

权力与权威[①]的主要区别在于被支配者是否自愿服从。权威是一种自愿服从的关系，而权力则不强调受支配行为客体的主观感受。按照马克斯·韦伯（Max Weber）的界定，权力是指“一个人或一些人在某一社会行动中，甚至是不顾其他参与这种行为的人进行抵抗的情况下实现自己意志的可能性”。而权威则是“一个人在相信他或她施行影响的权力的合法性基础上要求别人服从的可能性”。很显然，权力是一种“强制性控制”，而权威则建立在合法性的基础上。权力更多地表现为一种物质性力量，无论权力的作用对象是否同意，权力主体都有一种强迫其服从的冲动和能力，而权威则主要是一种精神性力量，其作用主要是一种社会心理过程，它主要借助掌权者的权威在公众情感、信仰等方面的影响来发生作用[②]。

9.1.2 权力的产生

权力对任何人来说都是非常有价值的东西，因为谁掌握了权力谁就可以支配别人，就可以把自己的意志强加于人，使别人服从自己。但是权力并不是人人都可以得到的，它总是掌握在少数人手里，多数人是无权的服从者。那么权力是怎么产生的呢？自古以来对权力的产生有多种理论，有中国孟子的“贤能论”、古希腊柏拉图的“神权论”、中国董仲舒的“君权神授论”、法国卢梭的“私有制论”、德国杜林的“暴力论”、马克思的“私有制和阶级、阶级斗争论”，还有彼得·布劳的“交换论”等。

以上各种理论，除去“君权神授论”外，每一种理论都可以从经验中找到证据证明其存在，也可以从经验中找到证据证明其不存在。比如“贤能论”者会说，许多人争夺一个权力地位，当然是最有道德、最有能力的人获得，这是经验常识；反对它的人会说，并不是每个有能力的人都可以得到权力的。“暴力论”者会说，权力都是用暴力夺取并用暴力维护的，不然为什么要有武器和军队？反对它的人会说，恐怖分子最相信使用暴力，但是他们总是处在相对无权的地位。自从马克思发现私有制产生剥削，剥削产生阶级，阶级产生统治与被统治的理论以来，权力的来源似乎有了定论，但是即使在统治阶级内部，也

---

① 权威的概念将在9.4节中具体介绍。
② 殷凤春．领导权威和权力制约论［J］．行政与法，2003（2）．

不是每个人都有权力，权力仍然掌握在少数人手里。在民主制国家，虽说这少数人手中的权力来自人民，但人民手里只有权利（rights）而无权力（power），这是不争的事实。

在这里，我们要探究的不是社会上为什么会产生权力和服从，而是现实生活中哪些人能够获得权力，以及通过什么方式去获得权力的问题。这个问题的答案也必须从经验中去寻求。

1.权力的基础

权力主客体之间的依赖关系是导致权力产生的直接原因，因此，那些能够使他人对自己产生依赖的人就能获得对其的权力。那么什么是依赖关系，这种依赖关系是如何产生的呢？

当你拥有他人需要的某种东西，而你是唯一的控制者时，你就使他们依赖于你，你便因此而获得了对他们的权力。依赖是与可替代的资源成反比的。如果某种资源充足，拥有此种资源不会增加你的权力。

如果你掌握的资源是重要、稀缺且不可替代的，那么人们对你的依赖将会增加[①]。

（1）重要性

如果没人对你掌握的资源感兴趣，那就谈不上什么依赖。因此，要想产生依赖，必须使他们感觉到你掌握的资源很重要。重要性是依情境的不同而有变化的。不同的组织情况不一样，毫无疑问，随着时间的推移，同一组织的情况也会发生变化。

（2）稀缺性

如果某种资源充足，那么拥有这种资源并不能增加你的权力。一种资源必须被认为是稀缺的才能使他人依赖于你。

（3）不可替代性

一种资源越是没有替代物，则实现对它的控制而带来的权力就越大。这可用权力弹性（elasticity of power）这一概念来表述。在经济学中，大量的注意力关注的是需求的弹性，它是指当价格变化时，需求量的相对变化。这一概念经过修正也可以用来解释权力的强度。权力弹性可定义为：对于可供选择的资源的变化，权力发生的相对变化。一个人影响他人的能力取决于其他人对于他们自己可选择范围的判断。

如图9-1所示，假设有两个人，A的权力弹性曲线相对来说较B的弹性小。这表示一个员工相信除了目前的工作外，他在组织外部还有大量的就业机会可选择，被解雇对于A来说影响很小，因为他知道还有很多的选择余地。于是A的上司发现，用解雇来威胁A，对A的行为造成的影响微乎其微。

---

① 罗宾斯．组织行为学［M］．孙健敏，李原，译．10版．北京：中国人民大学出版社，2005.

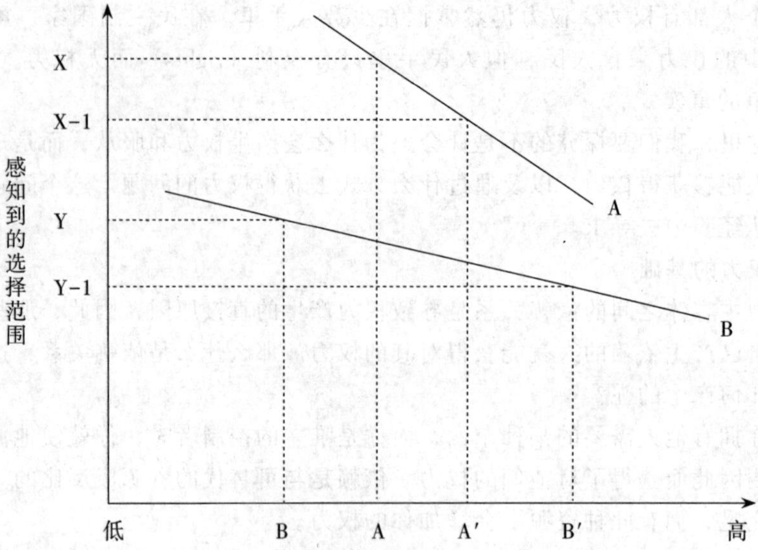

图 9-1　权力的基础：权力弹性

如果A的选择范围缩小（从X到X-1），那么A的上司的权力只会稍有提高（从A到A′）。但是，B的曲线较有弹性。他发觉他寻找其他工作的机会极其有限。他的年龄、受教育程度、现有薪金、消息闭塞的状态，都对他再谋职形成极大的限制。因此，B依赖于现在的组织和上司。如果B失去工作（从Y到Y-1），他将面临无限期的失业。这本身表明B的上司的权力明显增加。只要B认为再找工作的可能性很小，而B的上司拥有终止雇用的权力，B的上司就拥有了对B的权力，在这种情况下，对B来说，让上司觉得他的选择余地比实际上要大得多是很重要的。否则，B的命运就掌握在他的上司手中，而且他将不得不任上司随意驱使。

2.权力的获取

弗伦奇（French）和瑞文（Raven）认为，产生权力的源泉可分为：合法权、专家权、奖赏权、强制权和榜样权。有的学者认为，权力产生于职位、个人能力、财富和角色，据此把权力分为职务权力、非职务权力、资源性权力和角色权力。虽然权力的来源很多，但是几乎都可以归于两大类：职务权力和个人权力。随着对权力来源的进一步分析，很多学者都是从权力主体（即施加者）来理解权力。

权力的基础在于掌握了对方需要的稀缺性资源，那么，讨论权力的获取，主要就是讨论这种稀缺性资源是如何获取的，如果按照前人的研究将权力分为职务权力和个人权力，不难理解，这种稀缺性的资源是通过担任某一职务或者个人个体特点获得的。具体而言，又可以分为几种具体的类别，由此产生了对于权力类型的划分。

3.群体与权力

组织行为学中探讨权力，更加强调的是个人权力，也就是说，一个群体中，在没有职务安排的情况下，个体是在人际交往的过程中获得了这种特殊的能力，因此，这部分着重探讨群体结构同权力的关系。

群体结构是指群体形成后不断发展而形成的内部状况，它会塑造群体成员的行为，具体包括身份、规范、地位、规模，其中身份、规范和地位同个体在群体中获取权力密切相关。具体而言，人们在交往过程中由于交往能力和具体的交往活动的原因，会形成不同的交往地位，从而形成了不同的身份，其中，群体中的一部分个体成为领导者，另一部分则成为追随者。一般而言，领导者对于追随者的行为就会有一定的影响力，这种影响力是权力的基础。

规范为权力的行使提供了保障。规范发挥着行为准则的作用，影响着群体成员的行为，值得注意的是，规范的产生部分源自特殊身份的群体成员的明确陈述，因而这些成员可以通过影响群体规范的形成来保障自己权力的行使。

地位为权力的稳固奠定了基础。规范会将成员的身份确定下来，形成群体中的地位，这种特殊人际关系的确定会使权力稳固下来，地位高的个体，通常成为领导者，具有影响地位较低的成员行为的能力。

9.1.3 权力的类型

弗伦奇和瑞文提出了权力的五范畴分类法：强制、奖赏、法定、专家、参照。这五种权力可以分为两大类：正式权力和个人权力。正式权力以个体在组织中所处的位置为基础，包括强制性权力、奖赏性权力、法定性权力；个人权力是以共同特点为基础的权力，包括专家性权力、参照性权力。

一个人具备一种还是多种权力的基础？对下列问题的确定性反应就可以回答这个问题：

①这个人可以为难他人，你总是避免惹他生气。（强制性权力）

②这个人能给他人以特殊的利益或奖赏，你知道与他关系密切是大有益处的。（奖赏性权力）

③这个人掌握支配你的职位和责任的权力，期望你服从法规的要求。（法定性权力）

④这个人的知识和经验能使你尊重他，在一些问题上你会服从于他的判断。（专家性权力）

⑤你喜欢这个人，并乐意为他做事。（参照性权力）

1.强制性权力

弗伦奇和瑞文定义的**强制性权力**（coercive power）是建立在惧怕基础上的，一个人如果不服从的话就可能产生消极的后果，处于对于这种后果的惧怕，这个人就对强制性权力做出了反应。这种权力取决于使用或威胁使用生理或心理的处罚，如肉体的痛苦，精神上的打击，对基本的生理及安全需要的控制。

凯普尼斯（D. Kipnis）认为，从个人的角度讲，强制性权力依赖于强健的体魄、蛊惑人心的言辞、激发或抑制他人情感支持的能力，具备了这些条件，一个人就能够对他人进行身体的伤害和恐吓，使他人蒙受耻辱，或拒绝向他人敞开心扉。

从组织的角度来讲，如果A能解雇B或使其停职、降级，并且B很在乎他的工作，那么A对B就拥有了强制性权力。同样，如果A能给B分派他不喜欢的工作或以B感到尴尬的方式对待B，那么A对B也拥有强制性权力。

总之，强制性权力是指能够剥夺对他人有价值的东西或对他人施加不良影响的能力。依托他人对可能受到的惩处的畏惧，通过制裁手段维持。

2.奖赏性权力

与强制性权力相反的是**奖赏性权力**（reward power）。人们服从于一个人的愿望或指示是因为这种服从能给他们带来益处。因此，那些能给人们带来他们所期望的报酬的人就拥有了权力。这些报偿可以是人们认为有价值的任何东西。在组织情境中，我们考虑的是金钱、良好的绩效、评估、晋升、有趣的工作任务、友好的同事、重要的信息、有利的工作转换和销售领域。

强制性权力与奖赏性权力实际上是一对相对的概念。如果你能剥夺他人的有价值的东西或给他造成不良的影响，那么你对他就拥有了强制性权力。如果你能带给他人某种积极的利益或帮助他免于消极的影响，那么你对他就拥有了奖赏性权力。

与强制性权力一样，你不一定非要成为管理者才能通过奖赏性权力来施加影响。诸如友好、接受和赞扬之类的奖赏，组织中的任何一个人都可以使用。由于人们在组织中追求这些东西，如果你具有给予或取消这些奖赏的能力，那么你就拥有了权力，其大小，取决于人们追求这些东西的程度。

总之，奖赏性权力是指能够给他人带来某种积极利益或帮助他人免除消极影响的能力。依托他人对可能利益的期望，通过资源支配实现。

3.法定性权力

在正式的群体或组织中，获取一种或多种权力基础的最常见的途径大概就是通过个人在组织中的职位了，由此获得的权力就是**法定性权力**（legitimate power）。

职位的权力包括强制性和奖赏性权力。但是，法定性权力的涵盖面比强制性和奖赏性权力更为宽泛。特别值得一提的是，这种权力包括组织成员对职位权威的接受和认可。

总之，法定性权力是指组织中正式职位赋予的权力，代表了控制和使用组织资源的正式职权。依托组织对行为秩序的要求，通过规章制度建立。

4.专家性权力

专家性权力（expert power）是指由于个人技能、知识、专长而形成的他人对其的依赖性，从而拥有对他人的权力。依托他人或组织对方法技术的需求，通过能力比较来体现。

专家性权力来源于专长、技能和知识。由于世界的发展日益取决于技术的发展，专门的知识技能也由此成为权力的主要来源之一。工作分工越细，专业化越强，我们目标的实现就越依赖专家。正因为我们知道医生具有特殊的技能，由此其也具有了专家性权力，所以我们大多数人都听从医嘱。而计算机专家、税收会计师、太阳能工程师、工业心理学家以及其他各种专家都会因为他们的技能而获得一定的专家性权力。

5.参照性权力

弗伦奇和瑞文确认的最后一种影响力为**参照性权力**（referent power）。它的基础是对拥有理想的资源或个人特质的人的认同。如果我崇拜并认同你，那么，你就可以对我施加权力，因为我想取悦你。

参照性权力的形成是由于对他人的崇拜以及希望自己成为那样的人。从某种意义上来说，这也是一种超凡的魅力。如果你景仰一个人到了要模仿他的行为和态度的地步，那么这个人对你就拥有了参照性权力。参照性权力可以解释为什么人们要花几百万美元去请名人做产品广告。市场研究表明：像比尔·考斯比（Bill Cosby）、伊丽莎白·泰勒（Elizabeth Taylor）、迈克尔·乔丹（Michael Jordan）等名人能影响人们对于照片加工器、香水和运动鞋等商品的选择。在组织中，如果你能言善辩、极富主见、形象良好、极具魅力，一般说来你就具备了个人特点，能够影响他人去做你想做的事。

总之，参照性权力的基础是对拥有理想资源或个人特质的人的认同，依托对于生活原则的追求，通过人格形象塑造。

9.2 制度

当群体规范同一定的权力保障结合起来，制度就产生了。制度一直是学者研究的焦点，具有一定的特性。从本质上看，制度就是有权力保障的行为规范，一般认为包含正式制度和非正式制度。制度具有许多功能，其中最为重要的是将群体活动转化为组织行为。

9.2.1 制度的性质

制度（institution）是一种具有强制执行力的行为规范，关于制度的性质，大量的学者对其进行了研究，本部分将从这些研究的内容开始，描述制度的特性，最终给制度下一个定义。

1.制度的研究

长期以来，制度现象一直是社会学研究的一个主要内容。一般来说，社会学家对制度的界定包含以下两个方面：

第一，制度是社会公认的比较复杂而有系统的行为规则（孙本文），是维系团体生活和人类关系的法则和社会行为模式（龙冠海，1985），是在特定的社会活动领域中比较稳定和正式的社会规范体系（郑杭生，1987）。美国著名政治学家萨缪尔·亨廷顿（Samuel P. Huntinton）也是这么认为的。

第二，制度包括正式的、成文的、理性化的形式，还包括风俗、习惯、道德、文化、价值观念等非正式的、不成文的、非系统化理性化的表现形式（陈颐，1988；白秀雄，1985）。美国早期的社会学家萨姆纳把制度看成是民风和民德的高级结晶。

2.制度的特性

综合以上各学者的论述，本书认为，制度有如下特性：

第一，制度是一种行为规则和活动空间、范围。它不仅约束人们的行为，又为人们提供了其可以自由活动的空间。换句话说，制度不仅告诉人们不能、禁止和如何做什么，同时也告诉人们能、可以自由选择地去做什么，这两种作用是同等重要的，不能厚彼薄此，只谓其一。

第二，制度是一系列权利和义务或责任的集合。这是从另一个角度界定了制度的行为约束和活动空间的双重作用。一套制度安排的核心就是其下各类人的不同权利及其相对称的义务的总和，权利实质就是规定人们的行为规则和活动空间，义务则是行使权利后的约束与责任。无权利人们也将不承担义务，无义务人们将滥施权利，二者均会导致制度的毁灭。

第三，广义而言，制度不仅是正式的、理性化的、系统化的、形成于文字的行为规范，同时也是非正式的、非理性化的、非系统化的、不成文的行为规范，如道德、观念、习惯、风俗等，此外制度还可以是一种动态运行中的体制架构，也即行动中、实践中的制度。成文的制度只是名义上的，运行中的制度则是实际的，二者并不相等，甚至有时相去甚远，名实完全不符。现实中已通过的法律条文与其实际的执行常常偏离即是例证。

3.制度的含义

综上所述，本书认为，制度是由权力维护的、具有强制执行力的行为规范。上述定义说明了制度的本质，即群体规范，同时也说明了这个概念同规范的联系与区别，它是规范和权力两者相互作用的结果。在后文中将详细介绍制度同这两个概念之间的关系。

9.2.2 制度的类型

前已述及，对制度的研究普遍认为制度包含正式制度和非正式制度，这两种制度是相互补充的，所以应当加以关注。

1.正式制度

正式制度是人们有意识建立起来的并以正式方式加以确定的各种行为规范，

如各种成文法律、法规、政策、规章和契约等。一般是一套明确标明的正式的行为准则，由专门的强制机构保障实施。

从这个定义中不难看出，正式制度通常是由强制性权力和奖赏性权力维护的一套行为规范，这套行为规范通常是书面表述的，有着强制的执行力。

在群体中，正式制度还有一个非常重要的作用，即可以赋予某些特殊的成员以法定性权力，也就是前文所提到的职权。

2.非正式制度

非正式制度是指对行为的明确或含混的期待，体现了亲密团体中群体成员的利益和偏好。非正式制度产生于由个体互动形成的社会关系网络，并被演进变化中的社会关系所强化。

一般而言，非正式制度是通过专家性权力和参照性权力维护的行为规范，这种制度较之正式制度来说没有强制的执行力，但是通过人与人之间的社会关系网络和个人的影响力发挥作用。

3.二者关系

非正式制度是正式制度形成的基础，人类的许多正式制度都是在非正式制度的基础上确立起来的；同时，它也是正式制度有效发挥作用的必要条件。在人类行为的约束体系中，虽然正式制度构成了基本结构，但是对人们行为的具体约束大部分是由非正式制度来维持的。正如诺思所说，即使在最发达的经济中，正式规则也只占决定人们选择的总约束中的一小部分（尽管是非常重要的部分），人们行为选择的大部分行为空间是由非正式制度来约束的。

9.2.3 制度的产生

制度是群体发展的结果，从本质上来说，制度是群体规范发展的产物，二者的区别就在于制度有了权力的维护，下面具体介绍一下制度的产生。

1.规范与制度

规范是制度产生的基础。前已述及，在人与人的交往活动中，通过对客观现象的本质和规律的知觉和学习过程，将其内化为自己的价值观念、生活态度和行为规范[①]，在交往的过程中形成一定的交往关系，这些关系的集合就会形成群体。通常群体中的个体由于有着共同的意识[②]，因而个体的行为规范之间往往存在交集，这就是群体规范形成的基础。

不难看出，尽管群体中人与人的意识会存在一定的差别，但是一般情况下群体成员会有着大体相同的规范性意识，群体规范会潜移默化地影响人们的行为，具体作用机制在于群体规范给出了每个人的角色期望，通过人们的角色意识自觉地进行某种行为选择。

---

① 李松玉．制度权威与社会交往［J］．理论学刊，2005（2）．
② 即群体成员有共同理解并遵守的价值观标准。

制度在影响人们行为选择这一方面也有着同样的作用，也能够影响人们的行为动机，并且指导人们的行为选择。二者在形式上的区别在于，通常制度都是明文规定的，有着书面记录并且让成员知晓；而规范更多是表现为默认前提或者心理契约，是一种隐含的规定。二者在实质上的区别在于，制度有着强制执行力，如果有人不遵守，会有权力进行惩治并强制矫正行为；规范通常只是通过群体压力、角色意识作用于个体，如果违反，也不会有太多的惩治措施。

2.领导与制度

制度是领导活动的产物。领导活动从其目的出发，无非可以归为两种类型：一种是带领群体成员实现共同目标，另一种是出于自身利益考虑的权术活动。无论哪种活动，都需要影响群体成员的行为，通过影响其行为动机，改变其行为选择，使自己的权力能够有效地行使。于是为了使自己的意志得到贯彻执行，需要将这种领导与被领导的关系稳定下来，而制度就可以达到这样的目的。按照制度经济学家对制度的界定，他们更多地强调制度是一种博弈的产物，是权利与义务的集合，也就是把制度视为一种领导与被领导之间关系的约定。

从制度的形成过程来看，通常领导者在其中也发挥着重要的作用，领导者往往是制度的提倡者，因为规范往往就是由这些有影响力的个体明确陈述而形成的。例如，在制定班级纪律的过程中，通常都有班主任和班长的参与。同时，制度的执行和维护也与领导者是分不开的。从这个意义上来说，制度是领导者自觉努力的结果。

3.权力与制度

权力的存在是社会共同生活的需要。权力之所以是必需的，是因为它是安排和维持社会秩序的力量，不管人们愿意不愿意，生活总得有秩序，秩序性安排就是制度。可见社会生活需要秩序，也就需要权力。制度的顺利执行离不开权力的保障，例如，为了保证考试中公平公正的制度，就必须有老师监督考试并对违纪学生进行惩罚的权力，否则这项制度将很难真正地贯彻下去。从另一个角度来看，制度又会通过一定的形式，将权力赋予某些行为主体，并保证权力的行使过程规范化、结构化。例如交通警察的权力是通过维持交通规则（交通规则就是一种制度）来实现的。掌权的人是人格化的、特殊的，谁掌握权力以及权力的大小，会被看得清清楚楚。制度是非人格化的、一般的，但是一旦违反它就会受到惩罚。只有非人格化的无处不在的制度才能实现权力的秩序化行使。

9.2.4 制度的作用

制度的产生是必要的，这是因为制度对于群体有着极为重要的作用，下面介绍制度的两大作用：

1.约束群体成员的行为

首先，制度具有规则约束功能。制度是人们交换活动和发生联系的行为准则，它是由生活在其中的人们选择和决定的，反过来又规定着人们的行为，决定了人们行为的特殊方式和社会特征。制度的目的和作用是为人们的社会关系和社会活动立规矩。它要求人们的行为举止都要遵循一定的规矩和模式，从而管理、控制人们的行为，维持社会秩序。值得注意的是，制度不仅能够约束群体普通成员的行为，也能够约束权力的主体，即领导者的行为，权力必须同一定的制约联系在一起，否则权力就有可能异化，产生权术行为。

其次，制度还能够激励群体成员，制度的激励功能是制度总体作用的基础。制度设置支配着所有社会成员的行为，规范着他们行为方式的选择，影响着他们的利益分配。这是因为制度具有配置资源功能，即将一定的人、财、物按一定的比例组合起来，以使其发挥作用。资源配置是任何制度下都必须进行的，不同的制度，其资源配置效果不同。制度的最优配置是人尽其才、财尽其利、物尽其用等，没有闲置和浪费，各种资源组合的比例也是最恰当、效率最高的。

再次，制度能够保障安全。制度的保障功能完善可以使人产生稳定的预期，避免短期行为，由此也能实现制度和社会的稳定。

最后，制度具有传递文化的功能。社会制度中凝结着人类大量的文化成果，许多文化成果是凭借各种社会制度流传给后代的。制度也可以说是社会的认识定式和行为定式；它以强有力的力量把社会成员的认识和行为统一到社会制度上来，迫使人们以社会制度的眼光认识和观察事物，理解和解释对象，解决和处理问题；同时，制度也以某种方式为该时代的人们确定了认识的对象，规定着认识的任务。

2.促进群体向组织发展

制度的另一项重要作用在于，促进群体向组织发展。有关组织的定义，本书将在下一章中详细介绍，这里需要强调的是，组织同群体最大的区别在于，组织中有着明确的制度分工、稳定的工作职权、清楚的行动边界。上述特征之所以能够存在并且得以维系，全是因为组织中有着明确的制度安排，就这一点而言，权力构成了组织产生的基础，而制度的出现则进一步促使了组织的形成。韦伯认为组织之所以能够协调多个人的活动和力量，很大程度上依赖了支配行为的特殊规范即制度的作用。

从这个意义上来说，制度是一个重要的变量，它既是群体行为的产物，又是使群体行为上升为组织行为的重要因素。

9.3 权术

权术是对正式制度赋予的权力的获取和应用策略，是随着权力活动而产生的常见的非常规使用权力现象。人们可以根据权力的不同来源，从中寻找重要的变量关系，以此为指导采取措施，通过加强别人的依赖性来提高自己的权力水平。

与此相对，如果由非正式角色进行的权力活动，通常称之为权谋。二者在实际生活中非常常见，因此必须提出来加以研究。

9.3.1 权术的性质

权术（power tactics）是领导活动的一种。把握权术的有关性质，需要从权术的产生出发，然后是权术的概念和出现的原因；接下来认识权术的作用方式，了解权力如何获取、如何应用以及如何巩固；最后要掌握权术的运作，包括运作的策略和应用的频率。

1.权术的产生

权术是随着权力活动而产生的，是一种为了获取权力的工具。由于权力既可以获得，也可以丧失，因此，为了获得正式制度赋予的权力，产生了一系列专门的技术——权术。

权术的关键是要找出影响依赖关系的因素，采取措施加强他人对自己的依赖程度。由于权力是依赖的函数，因此权术作为一种获取权力的工具，关键在于对这种依赖关系的理解和认识，如果能够找出产生依赖的资源，获取产生依赖的资源，加强依赖程度，就可以获得权力。

2.权术的作用方式

权术的作用方式表现为权力的获取方式、应用方式以及巩固方式方面。

（1）权力的获取方式

权术首先是指一个人在没有权力的情形下，通过种种手段，获取权力，而这个过程的关键，在于占有能够使他人产生依赖的资源。

（2）权力的应用方式

权力的获得是一个动态的过程，它不仅仅包含获取权力，也包含获取权力以后如何应用这种权力，权力的应用方式非常多样，可以从迥异的领导风格中反映出来。权力的应用方式在一定程度上决定了权力获取过程是否能够真正有效。

（3）权力的巩固方式

除了合理地运用权力，权术还包括巩固已经掌握的权力，这才构成一个完整的权力获取过程。如何维持权力拥有者的支配力，理论上来讲是维持对于稀有资源的所有权，但在实际中，也要注意自己在应用权力时的方式方法。

3.权术的运作

（1）权术的运作策略

在权术的运用上，主要表现为七个维度或七种策略。它们分别是：

①合理化：用事实或数据使要表达的想法符合逻辑或显得合理。

②友情：提出请求之前，先进行吹捧，表现得友好而谦恭。

③结盟：争取组织中他人的拥护以使他人支持自己的要求。

④谈判：通过谈判使双方都受益。

⑤硬性的指示：直接使用强制的方式，如要求服从、重复提醒、命令，并以制度来要求服从。

⑥高层权威：从上级那里获得支持来强化要求。

⑦规范：运用组织制定的奖惩规定，如工资增长与否，是否能获得良好的绩效评估或停止晋升等。

（2）权术的使用频率

权术的使用频率见表9-1。

表9-1 **权术的使用：按使用频率排序**

项目	影响上级	影响下级
高常用	合理化	合理化
↑	结盟	硬性的指示
	友情	友情
	谈判	结盟
	硬性的指示	谈判
↓		高层权威
低常用		规范

9.3.2 权术的选择

研究者发现，人们并不是均等地运用这七种技巧，如表9-1所示，最常用的策略是合理化。不管这种影响是自下而上还是自上而下。此外，研究者还发现了影响权术选择的三个权变因素：运用权术的目的、权力既有的情况、对成功可能性的预期。

1.运用权术的目的

总的来说，运用权术是为了完成任务或者巩固地位。

例如，当个体想从领导那里获取些好处时，他们更多地依赖情感上的沟通来促进与领导的友好关系，也就是说，他们使用友情。当他想说服领导接受新的建议时，往往使用合理化的策略。这种权术与目标的匹配同样也适用于处理对其余个体的影响。比如，领导运用合理化的方法给成员灌输自己的思想并运用情感的手段来赢得下属的好感。

不同的目的会使人选择不同的权术手段。

2.权力既有的状况

既有权力的稳定性和约束力影响着权术的使用。领导的相对权力通过两种方式影响权术的选择。首先，那些被视为掌握了有价值的资源的领导和被认为占据支配地位的领导，运用的权术多于那些权力相对较小的领导。其次，有权力的领导比权力较小的领导更频繁地使用硬性指示。我们可以推断，大多数领导都试图采用简单的、合理化的要求，硬性的指示是备用的策略，当影响对象拒绝或看起来不太愿意服从时才使用这种策略。当下属对权力产生抗拒则导致领导使用更直接的策略，典型的例子是由提出简单的要求转为坚持必须满足要求；但权力较小的领导如遇到抵制，更容易停止行动，因为他感到进行强硬的指示对他来说代价太大。

3. 对成功可能性的预期

领导对成功的期望也影响他对权术的选择。过去的经验表明，成功率很高时，他往往运用简单的要求来获得服从；当成功不太容易预测时，领导更愿意运用硬性的指示和法规的力量来达到他的目的。

另外，我们知道，组织文化各有特色，差异很大。例如，在一些组织中，人际关系很和谐、轻松，大家相互支持；另一些组织则很正规、很保守。因此，组织文化对领导权术的选择有极大的影响。某些组织的文化鼓励领导使用友情策略，而有的则鼓励合理化，还有一些组织依赖规范的约束力和硬性的指示。所以，组织本身会影响领导所使用的权术的可接受程度。

9.3.3 权谋的产生

权谋（machiavellianism）是指不由正式角色产生但又影响利益分配的活动。权谋的特点是采用不公开的手段构建利益纽带，从而提高自己在群体中的权力水平。

1. 权谋的含义

把握权谋的含义，需要从以下三个方面加以掌握：

（1）利益调整行为

权谋行为的第一个特征是与利益紧密相关，这是由这个概念推演出来的，通常权谋行为都是从利益目标出发进行的活动，同时这种活动本身同利益关系密切相关。

（2）非正式角色行为

权谋使用的主体在使用权谋达到自己的目的时通常不是站在自身在公司中的正式角色上的，因此这种行为通常具有不可公开性，同时也不符合群体中的规范。

（3）群体构建行为

当人们集结成群体时，权力就会发生作用，人们希望找到一个适合的位置来实施影响、获得报酬、取得事业的发展。当组织中的员工把他们的权力付诸行动时，他们会使用权谋来实现自己的权力和目标。

2.权谋的出现

并非所有的群体或组织的权谋行为都是相同的，有的群体中权谋行为公开而且盛行；有的群体中这种行为的影响则十分有限。出现这种差异的原因是权谋行为是由一些因素引致的，具体而言包括个体的和环境的因素，如图9-2所示。

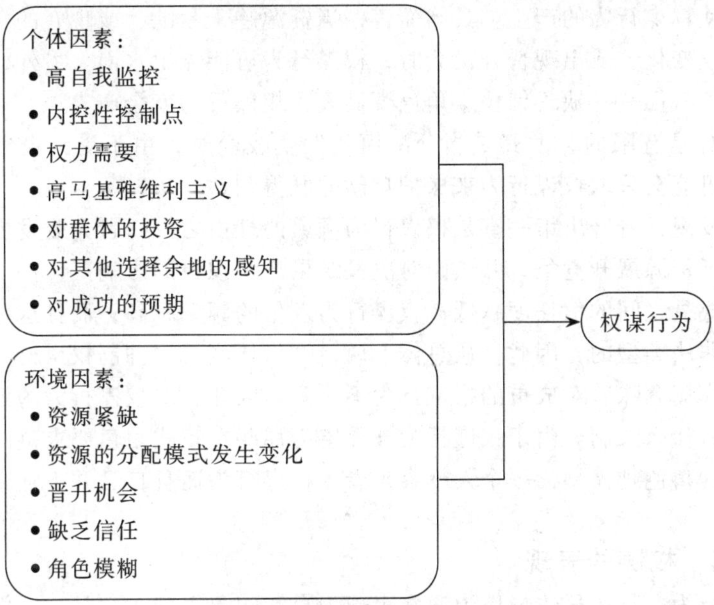

图9-2　权谋行为的引发因素

(1) 个体因素

在个体水平上，研究发现，一些人格特质、需要等因素可能和权谋行为有关。人们发现，高自我监控、内控性控制点、权力需要等因素可能导致权谋行为。

与低自我监控者相比，高自我监控者对社会线索更为敏感，表现出更强的社会遵从倾向，而且更可能擅长权谋行为。那些在控制点上属于内控性的人，他们相信自己能控制所处的环境，因此更趋于采取主动的行为，并试图按他们的愿望操纵形势的发展。此外，具有马基雅维利主义特点的人（具有控制的愿望和权力的需要），对于通过权术手腕巩固自我利益感到心安理得。

此外，个体在群体中的投资、对于其他选择余地的感知以及对成功的预期，都会影响人们采取非法手段追求政治活动的程度。在增加未来效益的预期方面，一个人在群体中的投资越大，那么他离开群体造成的损失就越大，因此，他就越不可能采用权谋行为；一个人选择的机会越多，例如，声望很高，或就业形势比较有利，则越可能冒一定风险采取权谋行为；如果一个人预计使用权谋行为获得成功的可能性很低，他也不会贸然行事。对使用权谋行为获得成功有着较高期望的往往是两类人：经验丰富而且有权力的人，同时他们的权谋技巧比较娴熟；另一类是那些天真的、毫无经验的人，他们错误地判断了自身所处的环境。

(2) 环境因素

权谋行为可能更多地受到环境因素的影响而不是个体差异变量的影响。虽然我们承认个体差异在促进组织权谋行为方面的作用，但是研究表明：特定的环境情境会促使权谋行为的产生。具体而言，当资源趋于紧缺，或现有的资源分配模式正在发生变化，或出现晋升机会时，权谋行为可能浮出水面。另外，如果群体中存在如下特征——缺乏信任、角色模糊等，权谋行为就会产生。

资源总是有限的，尤其是当分配模式发生改变时，由于受到丧失资源的威胁，人们可能会采取权谋行为来保护自己的既得利益。

研究发现，晋升决策一直是权谋行为频繁的理由之一，晋升或发展机会鼓励成员们为了资源展开竞争，并试图对决策结果产生积极的影响。

通常成员之间的信任度越低，权谋行为发生的频率越高，而且这些权谋行为更可能是非法类型的，因此，从总体上说，高信任度可以抑制权谋行为。

角色模糊意味着对成员的指定行为不明确，因此，对权谋行为的范围和功能也几乎没有什么限制。由于权谋行为被界定为那些在正式角色要求范围之外的行为，因此，角色越模糊，一个人越容易卷入权谋行为而且自己并不觉察。

9.3.4 权谋的表现

权谋行为在具体群体情境中通常表现为自我印象管理，它是指人们试图管理自我在群体中他人心中的形象，意图改变他们对自己的看法；而对于权谋行为，有些成员会对其进行防御，以减少对自己的影响。

1. 自我印象管理

自我印象管理又称印象管理，这一课题最近引起了研究人员的关注，这里主要介绍它的含义和主要方法。

(1) 印象管理的含义

所谓**印象管理**（impression management），就是人们试图影响和控制他人对自己或其他人形成某种印象的行为活动。印象管理不仅管理着自我在他人心中的形象，而且还影响着他人对其他人甚至他人对其自身的看法。现实生活中人们通过各种手段来进行印象管理，例如，我们的所作所为和行为方式，我们的所言所语和表达方式，我们的衣着打扮甚至面部表情或体态姿势，这些细节无不为我们的印象管理服务。他人也是通过这些貌似零散的信息来判断我们，估计我们的性格特征。事实上，这些因素也确实能够传递关于我们的客观信息，包括我们希望别人如何看待自己的愿望。例如，“一个留着蓬乱长发、一身破衣服、嘴里还叼着劣质香烟的青年，人们多数时候会把他归为不务正业的流浪汉”。人们进行印象管理的原因，可能在于人们希望和他人建立良好关系，得到他人的欣赏和赞同，因而要表现出自己最完美的一面，同时隐蔽其他的个人特征，尤其是他们所要讨好对象不喜欢的东西。这时，他们会留意他人对自己的印象并渴望影响他人对自己的看法。当这种动机增加到一定强度时，人们就会选择合适的形象进行管理。

当然，印象管理也会有失败的时候。例如，“一些小青年为了争取成人的权利，渴望得到像成人一样的待遇，因而想要塑造一种非常成熟的形象，于是他们模仿大人抽烟喝酒，甚至穿稀奇古怪的衣服，结果不但没有达到预期效果，反而让人觉得幼稚”。一般情况下，无论在组织内部还是组织外部，我们都希望被人积极看待而不是消极看待，因而我们习惯于进行印象管理。

(2) 印象管理的方法

人们在权谋中自我印象管理的主要方法有：

①从众：同意别人的观点以获得他的赞同。

②借口：降低他人对事态严重性程度的估计。

③道歉：及时请求原谅。

④宣扬：扩大自己的有利影响。

⑤吹捧：使别人觉得自己有眼力见儿，惹人喜欢。

⑥恩惠：帮助他人以获得他人的好感。

⑦拉关系：通过操纵与自己有关的人或事来保护自己的形象。

2.防御行为

防御行为是指个体将权谋视为一种威胁，认为会对自己的工作或者人际关系产生负面影响，因而要采取一定的手段减少这种负面影响。具体包括回避行为、避免责备以及避免变革。

(1) 回避行为：没有行为

①过度遵从。采用“规章制度明确表明”，或“这是我们常用的方式”等方法，来严格解释和定义责任。

②推诿责任。把任务或决策的执行责任转移给别人。

③装聋作哑。以疏忽大意或能力不足为借口，回避那些自己不愿做的工作。

④耽搁时间。通过延长工作完成的时间来让人觉得你时间不够，忙得脱不开身。

⑤搪塞。在公开场合下表现出或多或少的支持，而在私下里做得很少或根本不做。

(2) 避免责备：想好退路

①减震缓冲。这是一种意指“不留后患”的友好说法。描述的是，为了形成一种有能力的和考虑周全的形象，所以积极从事的一种严谨记录的活动。

②明哲保身。逃避那些可能反映出不利状况的情景。包括只承担那些成功可能性很高的项目，把冒风险的项目决策留给上级，定性地表达判断结果，在冲突中保持中立的立场。

③合理化。为了减少不利结果的个人责任而做出解释，或是在表达悔恨的同

时做出辩解。

④替罪羊。将不利结果归结为外部因素，而外部因素常常不是主要原因；虚报信息；通过歪曲、润色、欺骗、选择性表达，或模糊事实来操纵信息。

（3）避免变革：防止威胁

①阻止变化。试图阻止具有威胁性的变化的出现。

②自我保护。在变革过程中通过控制信息或其他资源来保护自己的个人利益。

9.3.5 群体中的权力运作

无论是权术还是权谋，都是群体中围绕权力进行的一系列行为选择，从群体的角度来看，可以从以下角度进行理解：

1.权术与领导活动

前已述及，当权力固定在群体中某个个体时，这个个体就被称为领导。权术是一种典型的领导活动，相比较前面所介绍的领导活动，权术这种行为的目的不是群体的共同目标，而是权力本身。因此，领导会更加注重通过人际交往的手段，例如结盟、合理化等，来获取特殊的交往地位，同下属建立一种依赖的交往关系；接下来，领导者会关注如何应用自己手中的权力，并运用群体规范等手段将这种权力固定在自己身上。

从领导的定义中不难看出，权术行为并不是领导最为首要的任务，因为领导者应当带领群体成员实现共同目标，而权力仅仅是实现这一目标的手段，不应作为领导者行为的最终目标。

2.权谋与人际交往

权谋是非正式角色为了自身利益进行的权力运作行为，正如前文所说，由于这种行为多是由非正式角色做出的，因而往往会违反群体规范，具有不可公开性。

从本质上来说，权谋行为是一种典型的人际交往活动，是群体中的成员为了自身利益，通过一定的人际交往活动，例如从众、拉关系等，影响群体中其他成员对自我形象的知觉和评价，从而改变自己在交往关系中的地位，获得某种利益。

必须看到的是，权谋行为对于群体中其他个体会产生显著的影响，比较典型的就是防御行为，这是群体成员对于权谋行为的一种极端反应。由于在权谋行为中，行为主体的目标仅仅是个人的利益，并且对群体中其他成员产生了影响，因此在实际工作中应当予以控制。

9.4 权威

权威是权力与威信的统一，体现为人们对于权力主体的自觉服从，权威与信任有关，权威主体往往具有较高的信誉，从而成为人们的行为指导和追随对象。

权威可以分为制度权威和个人权威。

9.4.1 权威的性质

权威与权力的差别，在于其具有使人自觉服从的效果。对于这一概念的研究，始终是社会学家、经济学家关注的重点，本部分将简要地介绍这些研究的成果，给出权威的定义，在此基础上进一步明确权威同权力的区别与联系，以加深对这个概念的认识。

1.权威的定义

“权威”一词，是从拉丁文autoritas派生出来的，原意是威信、创始人、财产权或所有权。其基本意与动词augere相关，意为增大、增加。Autoritas就是通过增添理由来扩大行动的意志。权威这个词在英语中是authority，在德语中是authoraet，在法语中是auctor。

西蒙把“权威”定义为指导他人行动的决策的指定权。它是“上级人员”和“下级人员”二者之间的一种关系。上级人员制定并传达决策，同样预料下级人员接受这些决策。下级人员预料上级人员下达这些决策，并靠他们决定自己的行动①。

对权威的研究，早在柏拉图那里就开始了。柏拉图虽然没有明确提出权威概念，但他在对国家的研究中，谈到过权威关系，即对意志的服从关系，而且这种权威关系带有研究权威的意义。柏拉图从他的人性论出发，认为国家的权威应该具有理性的、追求智慧、善于把政治权力与聪明才智结合起来的哲学，在历史上开创了权威研究的先河。中世纪的宗教神学及宗教改革后的新教，都强调以信仰为基础的宗教权威。启蒙运动否认除理性之外的一切权威，只承认理性的权威，一切都必须在理性的法庭上进行审判。

马克斯·韦伯是较早从合法性②的角度对权威进行系统研究和论述的人。韦伯对合法性的研究是建立在理性（目的理性和工具理性）和对合法性信仰的基础之上的。他认为，权威的本质在于合法性，而合法性可以有三种类型，或者说权威的来源有三种类型，即法理型权威、传统型权威和魅力型权威。韦伯关于权威合法性理论成为西方在这个问题上的经典理论，对后人的影响很大，以至要研究权威就不能不与合法性联系起来。所谓合法性，就是权力主体所具有的、使权力客体自觉服从的力量。因此，从这个角度看，权力与权威的重要区别就在于权威具有合法性。

综上所述，本书将**权威（authority）**定义为：一种被自愿服从的权力。这种自愿服从是建立在服从方对于权力主体的认同和信任的基础上的。

---

① 西蒙.管理行为［M］.杨砾，韩春立，徐立，译.北京：北京经济学院出版社，1988.

② 西方政治学上的合法性原则或合法化原则的意义与我们平常所讲的合乎法律的意义完全不同。“合法性”一词的英文是legitimacy，德文是legitimation，法文是klegitime，有正当性、证明合法、得到认证等意，法律的存在也必须有合法性依据。

2.权威与权力

权威与权力是两个十分相近的范畴，但要仔细品味起来，它们之间还是存在着差别的。弄清楚二者之间的差别，有助于更深入地理解权威的性质。

从权威与权力的区别来看，西方学者一般都认为二者的区别在于有无合法性，权威是具有合法性的权力，而权力在西方是一个比较宽泛的范畴，而且一直存在着争论。

权力既是一种能力，也是一种控制与被控制的关系。也就是说权力的直接表现是一种控制与被控制的关系，服从与被服从的关系，但这种关系是与能力有着密切的关系的。既然权力包含有形要素和无形要素，权威也包含着有形要素和无形要素，而且二者都是以服从为特征的，那么二者的区别在什么地方呢？西方学者认为权力的服从是具有强制性的，拥有权力的一方强迫权力接受的一方接受，也不管接受方的意愿如何，不管同意不同意，认同不认同，反正一方发布命令，一方接受命令，权力就得到了行使。权威则不一样，权威是建立在合法性基础之上的，是建立在服从的一方认同的基础上的，是服从方的自愿服从，也就是说权威排斥强制性服从。这样，西方学者就认为他们把权威与权力区分了开来。

实际上，权威也是以权力为基础的，如果否认这一点，起码会否认强制性权威的存在，那也很难说清楚权威。可见权力与权威是相互联系、互为基础的。为什么权力变成权威以后，服从的效果就变好了呢？哈拉尔（William E. Halal）说："领导在被视为合法的时候最有效，这时被领导者们承认一位领导者的权力，因为他们相信这种权力是足够公正和恰当的，或者是心甘情愿地遵守时所必需的，而不是勉强地服从或反对这位领导者。"

3.权威与制度

正式制度可以赋予个体法定性权力，但是这种法定性权力显然不能等同于权威。一般来说，权威往往是得到非正式制度承认的权力，这种权力得到了人们的自觉服从，在群体的日常活动中指导着人们的行为选择。

9.4.2 权威的特征

从组织行为学的角度研究权威的特征，要把握其实质，从个体行为动机的形成和行为选择的机制来探讨权威的作用。本书认为，权威的表现是一种特殊的人际关系，权威的基础是共同的利益。

1.权威的表现是人际关系

权威与权力的最大区别在于，权威是对权力主体的自觉服从，从这个意义上来说，就是服从者认同行为指令，这就表明在权威作用下的人际交往程度远远深于权力作用下的人际交往程度；在这两种情况下交往关系也有着显著的不同，因为不仅需要服从者认同这种指令，同时服从者还必须为此放弃行为选择。从这个意义上说，权威的表现是一种更深层次的人际关系。

更进一步思考，权威的另一层作用在于，其使群体的行为有了一致性，或者说有了行动的凝聚力，因为权威会使群体成员自觉服从于权威主体，放弃自己的行为选择，跟随权威主体的行动，权威实际上形成了群体行动的中心，人们的行为选择的前提和方式都由权威主体给定。需要注意的是，权威关系不能解释一个人的言语影响另一个人的行为，类似“劝说”“建议”，权威同其他影响分别开来的特征是群体成员暂时放弃他自己行为选择的能力，采用接受命令、服从安排的行为准则。权威正是通过这样的人际交往方式，建立了特殊的交往关系，成为群体行动的中心。

2.权威的基础是共同利益

那么为什么服从者要认同权力主体的支配行为呢？其基础就在于这二者有着共同的利益，他们必须存在共同的需要，这是从人们行为动机的形成过程来看的。前已述及，人们的行为动机最初总是形成于某种特定的需要，在此基础上形成行为动机，群体成员之所以会产生服从于权威的行为动机，根本而言，是同权威主体有着共同的利益需要。

具体而言，在一个群体中，存在着共同目标，实现共同目标可以说是一种共同利益，领导者也正是在这个意义上才能够影响群体其他成员的行为选择，但仅仅这样还是不够的，它必然还有着维持协作意愿意义上的共同需要，就是说认同支配行为后能给自己带来一定的利益。按照协作学派的观点，就是个体对于群体的贡献应当小于或者等于群体给予其的诱因，一旦群体成员意识到了这一点，就会形成服从权威的行为动机，自觉地放弃行为选择，接受权威的安排。

9.4.3 权威的程度

权威根据其影响他人行为动机情况的不同，可以划分为不同的程度，表现为不同的行为方式，这些程度按照由深到浅可以划分为：

1.意志统一

所谓意志统一，是指行为要求已经内化，表现为行为活动高度一致。也就是说，权威主体对于群体成员的行为要求已经完全地被他们接受，并形成了潜移默化的影响，通过其人格作用于平时的行为选择中。达到这种程度的权威，会使群体成员在行为中意识不到自己的行为受到了权威的影响，在这种情况下仍然能够同权威主体保持高度一致的行为方式。

比较典型的是宗教组织的权威。宗教通过宗教条例、宗教伦理的方式，影响着教徒的行为选择，而这种要求已经内化为行为主体自身的行为过程，使行为主体不自觉地按照这样的要求进行行为选择，而具有同样信仰的教众之间的行为也具有高度的一致性。

2.自愿服从

所谓自愿服从，是指权威主体的行为要求得到群体成员的认同，在这种情形之下，群体成员能够意识到权威主体对于自己的行为要求，但是仍然自愿地接受这种要求，从内心里接受这要求，在行动上表现为自觉、主动地进行协调，使行为同权威主体保持一致。

比较典型的是魅力型权威。所谓魅力型权威，是指一个人因具有某种特殊品质而获得特殊的合法性，并依据这种合法性建立权威。这种魅力的使用范围由被支配者自愿给予的承认所确定，这种承认的具体保证就是一种会切实得到履行的献身义务，从心理学的角度讲，这项承认是对权威主体的完全效忠和献身①。

3.行为控制

所谓行为控制，是指权威主体的行为要求得到推行，但前提是群体成员的行为活动会受到约束。在这种情况下，权威主体对于群体成员的行为要求已经很难被行为主体在主观上接受，但是由于行为主体自身的行为选择受到了权力的约束，因而这种行为要求还是能够得到推广，相比较而言，这种权威的服从程度已经相当低。

比较典型的是军队中的权威。一般认为，士兵是绝对服从命令的，但是这种推断的前提是军队会对违抗命令的士兵予以严厉的惩罚，这就是一种行为约束，一旦这种约束不复存在，很难保证军队的权威能够发挥作用，这就不难理解为什么当一支军队被歼灭之前，通常其成员会拒绝服从命令。

4.活动失范

所谓**活动失范**（anomie），是指权威的行为要求受到成员的抵制，行为活动出现混乱，在这种情况下，权威几乎不复存在。这种情况的出现通常是由外部环境所致，或者权威客体在认识上发生了变化，使得权威主体的行为要求无法被群体成员接受，因而在行动上出现了不一致的情况。

近些年来研究者比较关注教师群体权威动摇的情况，这是一种比较典型的行为失范。高校教师一直以来享有极高的社会权威，然而随着网络时代的到来，青年大学生主体意识和判断力增强，传统的“师道尊严”已不适合现代社会，由社会制度和文化传统等外在因素所赋予的教师权威开始发生动摇②。

9.4.4 权威的主体

权威的主体是指权威这种受到自觉服从的权力的来源，按照来源的不同，可以将权威的主体划分为个人权威和制度权威，二者有着明显的区别，同时也有着密切的联系。

1.个人权威

个人权威是指人们对某个个人的意志的服从关系。这是一个在现实生活和学术界，尤其在社会学和政治学界一直引起人们关注的重要问题。

---

① 韦伯. 经济与社会［M］. 杭聪，译. 北京：北京出版社，2008.
② 杨艳花. 高校教师权威变化的社会学分析［J］. 长春工业大学学报，2007（3）.

我们认为，从单纯的个人“魅力”出发探讨个人权威是一种孤立的抽象的方法，至少存在以下难以说明的问题：一是具有相同人格或“魅力”的人由于其所处社会地位的差异并非都能得到他人的服从和尊重，甚至在一定条件下具有较高人格的人要服从具有较低人格的人的权威；二是具有相同人格或“魅力”的同一个人在不同的条件下并非都能得到别人的服从和尊重。因此，要真正解决个人权威问题，必须到个人之外去挖掘更为深刻的根源。

首先，个人权威是个人特殊交往地位的表现，是个人对社会资源拥有支配权并得到他人认可的结果。现实的人在其行为的过程中总要处理各种各样的社会关系，总要依赖于维持社会关系秩序的社会资源。当这种社会资源为某个个人所支配并得到行为者认可的时候，行为者就不得不对这个个人表现出服从。前文中已经提到，权力产生的基础正是掌握了他人依赖的资源。行为主体因而会在行为上服从于权力主体，而个人权威也是通过这种方式建立起来的。

其次，个人权威是个人能力的结果，是在特定实践活动中个人能力的展示并得到他人认可和一定程度上依赖的产物。这种意义上的个人权威不是靠外在的强制力量来维持的，而是靠人们对某一个人的认可和信赖来维持的。人们在从事社会生产、处理社会关系的实践活动中，总是表现出能力上的差异。谁能正确认识事物发展的客观规律，成功地找到解决问题的方法，并在实践中取得令人满意的效果，谁就能得到人们的信赖，就能够成为他人服从的对象。

最后，个人权威依赖于个人的品格，是在一定社会环境中个人品格得到他人追随和尊重的结果。个人的品格是个人特有的精神状态和处事态度的集中表现。一旦某个个人的人格得到了他人的认可和赞许，就会转变为赢得他人尊重和服从的精神力量。在这一意义上，个人的人格是构成个人权威的一个重要的条件和因素。丹尼斯·朗（Dennis H. Wrong）把个人的“性格”和“能力”看作个人权威的基础。这里我们不追求对“性格”和“人格”的分析和比较，只就其一般意义上的相似性而言，丹尼斯·朗的观点存在着合理之处。马克斯·韦伯把人格看作个人魅力的一项重要内容。他把具有魅力的人格规定为能够“引起激动和倾心”的“英雄主义”在个人身上的表现，由这种关系形成的权威关系对于追随者来说“无论如何是有有效的神圣性”的。在丹尼斯·朗和韦伯那里，能够构成个人权威的人格具有某种永恒性和神圣性的特征。

2.制度权威

制度权威是人们对制度的服从和尊重。这种服从和尊重涉及两个方面的因素：一是制度因素，二是人的因素，这里主要从制度方面的因素看来。制度是作为一种较为稳定的规范而存在的，其本身包含着人们对它服从的要求，这一点学术界已经达成了共识。但是，制度对人们服从的要求，并非来源于制度自身，而是缘于它所代表的一定社会发展阶段上的现实的物质力量以及与之相适应的文化状况。这种现实的物质力量和文化状况对制度权威的要求，表现在以下三个方面：

首先，制度权威体现了物质生产过程的规范性需求。物质生产过程是人类社会存在和发展的基础，从而也是人的行为规范性的首要前提。人类社会的物质生产过程是人们运用一定的生产工具作用于一定劳动对象的过程。在这一过程中，实现了劳动者、劳动工具和劳动对象之间以及劳动者之间的动态结合。为了保证社会生产的有效进行，从而保证人的“中心”地位，在这里，人们必须暂时以生产过程中的物质对象以及生产过程之间的内在联系为中心。因此，生产对象和生产工具的客观属性、生产过程中资源配置的数量性和秩序性、生产过程的顺序性和严密性以及人们在生产过程中的协作性是生产过程中一切制度权威的最终根源，制度权威在这里就是生产过程和生产效率的权威。

其次，制度权威体现了社会关系和社会组织的规范性要求。人总是生活在一定的社会关系当中。在一定的物质生产状况的基础之上，人们总要形成一定的经济的、政治的和文化的关系。社会关系构成了一定社会的特定存在形态。人们以社会关系为纽带形成了与自然界既对立又统一的特有的存在系统——以各种组织为存在形式的人类社会。人们既要按照一定的制度要求去进行物质生产活动，又要按照一定的制度去处理人与人之间的关系。社会系统的存在与发展总是表现为社会关系以及建立在此基础上的社会组织的存在和改进。但是，无论是社会关系的处理还是社会组织的存在与改进，都需要有一定的制度和制度权威作为保证。在这一意义上，制度权威就是社会关系的权威，主要是一定社会的经济关系的权威。

最后，制度权威体现了一定社会阶段思想文化的规范性要求。人总是生活在特定的文化环境之中。这种文化环境既包括传统文化的积淀，也包括现实的物质生产过程和各种社会关系的文化显现。历史唯物主义从发生学的意义上揭示了文化的本质根源于人类的生活实践。因而，社会实践对于文化来讲具有先在意义。就某一历史阶段上作为行为主体的人来讲，文化的历史沉淀以及现实的社会实践的文化显现则具有了特定的先在性。文化提供了一定历史阶段制度权威的深刻背景，制度权威就是一定历史阶段上的文化权威。

制度权威的本质决定了其自身所具有的特点：一是稳定性特征。从体现社会物质生产和社会关系的规范性要求而言，制度权威具有客观性根源。在这一意义上，制度权威的产生和作用表现出一种自然历史性特征。人们不能自由选择或改变自身所处的物质生产条件和社会关系条件，也就不能任意改变这些关系所要求的制度权威形式。从体现社会的思想文化状况的规范性要求而言，制度权威具有一种先在的、独立于行为主体的文化前提。在这一意义上，制度权威的产生和作用表现为一种先在的规定性。二是理性化特征。制度权威的理性化特征突出地表现在正式制度权威方面。柯武刚和史漫飞明确地界定了正式制度的权威和非正式制度的权威。很明显，正式制度权威无论从其产生的角度还是从其发挥作用的角度来讲，都表现出了理性化的特征。三是非个人化特征。制度权威总是代表着一定社会或组织的整体性要求，尽管在社会或组织的整体性要求中有时包含着不平等因素，但这种不平等因素总是被赋予了整体的或集体的意义。

3.二者关系

制度权威体现的是人们对制度的服从关系，个人权威体现的是人们对某一个人意志的服从关系。制度权威和个人权威的关系是制度和具有某种社会地位、能力和品格的个人在社会中的地位和作用关系的表现。在人类社会的历史上，制度和人的作用总是交织在一起的，制度总是由人来制定和维护的，人也总是要依据这样或那样的制度规范来行事。因此，制度权威要由具有权威地位的某些个人来建立和维护，而这些个人的权威也要由一定的制度权威来保证。

首先，制度权威和个人权威分别代表着两个方面的权威力量，并以两种不同的权威主体形式而存在，从而导致了它们在存在形式、实现方式上的差别。

其次，一定的制度权威和个人权威存在着一种相互融合和相互促进的关系，它们共同地适应某种特定的客观秩序需求。无论是制度权威还是个人权威，其现实的基础都是一定历史阶段上社会关系的客观需求，这也是二者统一的现实根源。

最后，社会权威关系的发展体现出个人权威越来越依附制度权威的趋势。在这一意义上，个人权威是作为制度权威的辅助条件而存在的，个人权威的建立是由于它代表了制度权威，个人权威的实现要借助于制度权威。

9.4.5 权威的结构

权威的结构是权威赖以形成的要素之间的关系，与领导者与被领导者之间的稳定划分相联系，其中角色认同和制度界定具有关键意义。以制度界定为依托产生的权威关系，标志着正式组织的形成。

1.权威关系

前已述及，权威表现为群体中人与人之间特殊的交往关系，是一种特殊的领导与被领导的关系，这种特殊之处具体体现在：

（1）领导关系的稳定化

第7章中提到，在一个群体中，领导者是自发形成的，因而领导关系也是偶然的，同时这种领导关系也是不稳定的。权威的出现使得群体中领导者与被领导者之间的关系清晰、明确并且稳定下来。

权威一旦形成，就意味着不仅领导者已经确定下来，而且被领导者也已经稳定下来，表现为其在主观上接受了领导者的权力安排，放弃了行为选择。这样，群体中形成了个人权威，而领导与被领导的关系通过这种方式就此稳定下来。

（2）领导关系的制度化

为了使这种领导关系进一步确定、具有强制效力并且在群体中更广的范围内稳定下来，就需要制定一定的制度，制度是一种通过领导者权力维护的行为规范，其中包括这种领导与被领导的关系。

通过制度确定下来的领导关系更具有合理性，按照韦伯的说法，这种合理性表现在明确化、理性化和非人格化。所谓明确化，是指这种服从关系通过书面的形式记录下来，规定了各自的权利和义务；理性化，是指这套服从关系是依据群体活动的实践经验，由群体成员理性选择的结果；非人格化，是指排除了权威主体个人的因素，而作为非个人的因素进行行动，其标志是制度权威的出现。

（3）领导关系的结构化

领导关系的结构化，是指群体中这种领导关系形成了固定的方式和要素。这是领导关系稳定化和制度化的结果，其标志是制度权威对于每一个个体的行为选择空间都给出了明确的范围并且得到了行为主体的认同。

领导关系的结构化，表现在个人权威同制度权威相结合，对于群体中各个行为主体的行为方式都给出了界定，行为主体之所以接受了这样的安排，是为了实现自身的利益需要，而这种利益需要必须在权威的指导下通过实现共同目标的方式才能得以实现。至此，群体已经发展为正式组织，其标志在于权威通过计划的方式将行为主体组成一个协作体系，以完成共同目标。

2.权威要素

以权威关系作为群体行为运行过程的总结，强调了群体的本质特征，即存在共同行动的凝聚力。而这种凝聚力，来自于群体中的权威。群体成员的行为特点，就是在权威的引导下进行的。

群体规范、角色意识、沟通交流、领导活动、权力运作都是群体凝聚力赖以形成的影响因素，也是群体凝聚力的表现形式。

具体而言，规范给出了群体对于个体行为的预期，是一种典型的行为准则，它产生于人们的交往活动，通过潜移默化的形式影响着人们的行为选择；值得注意的是，规范之所以能够发挥作用，是因为角色在发挥着作用。角色意识是行为主体对于自身交往地位的主观承认，规范正是通过个体的角色意识发挥作用，有效地改变人们的行为选择，使其朝着群体行为的方向靠拢。群体中地位的差距最终导致了领导的出现，领导是一种带领群体成员实现共同目标的能力，领导通过个人素质的影响（包括能力和人格）并结合具体情境因素，选择合适的人际交往方式，有效地影响着群体成员的行为动机和行为选择；其中，这种支配他人行为的能力我们称之为权力，通过权力保障的行为规范就是制度，制度将领导关系正式确定下来，权威得以形成。权威的出现，使得群体凝聚力正式形成。同样，权威也正是通过制度的保障，在群体的交往活动中传递给群体行为以方向，并通过群体成员的角色意识内化为自身的行动，表现出群体的凝聚力。

3.权威状况

在真实的组织情境中，包括非正式组织和正式组织[1]这两种具体形式的权威。

经济学家普遍认为，人们运用权威维持组织协调的方式（通过权威链协调，对每个组织成员活动范围做一个规定）建立了正式组织，也就是控制每个参加者行为的、具有一定持久性的一系列关系，一系列纲领。权威进入正式组织有两个途径：第一，利用某些人控制群体的权威，来建立和加强正式组织体制，也就是通过个人权威的形式；第二，正式组织本身规定了执行组织工作时将遵循的命令链和劳动分工，可以理解为通过制度权威的形式。

在许多重要方面，这种组织体制，同实际运转的状况总是不同的。首先，这种制度性的规定不一定完备；其次，组织中的人际关系也可能同组织制度产生矛盾。

非正式组织中的权威，正是在这种情形下出现，它指的是一种人际关系中的某些个体，具有了影响他人行为选择的能力。实际上，任何正式组织都不可能离开非正式组织而有效运转。任何一个新组织在走上正常轨道之前都需要初期的“调整波动”。每一个新的组织成员在成为正式组织的一部分之前，都必须与他的同事建立起非正式关系。

正式组织的权威需要非正式组织权威进行补充，同时正式组织的权威也需要限制非正式组织权威在其内部发展的余地，才能更好地发挥其作用。

补充资料：权力和制度的研究

本章小结

上一章介绍了领导这一群体中特殊的角色，而这种角色的行为特点是能够影响群体中其他成员行为的，这种支配力就是权力。

人们努力获得权力而采取的工具就是权术。权力、权术都是群体中正式角色进行的活动，如果这种影响利益分配的行为不是由正式角色产生的，就是权谋，权谋是为了谋求权力，不由正式角色产生但又影响利益分配的活动。

权力是群体向组织发展的重要影响因素，权力的出现，使得组织的形成成为可能。同时权力也是管理行为的前提，管理学研究的正是在权力基础上对组织中

---

① 有关正式组织和非正式组织的问题，将在第10章中详细介绍。

的人、财、物进行配置以实现组织绩效的行为。

权力如果能够得到被支配者的认同，这种权力就是权威。权威是权力与威信的统一，体现为人们对于权力主体的自觉服从。权威可以分为制度权威和个人权威。此外，权威还表现为群体中人与人之间特殊的交往关系，是一种特殊的领导与被领导的关系。

以权威关系作为群体行为运行过程的总结，强调了群体的本质特征，即存在共同行动的凝聚力。至于群体规范、角色界定、沟通交流、权变领导，都是群体凝聚力赖以形成的影响因素，也是群体凝聚力的表现形式。群体成员的行为特点，就是在权威的引导下进行的。

核心概念与关键术语

核心概念

权力　权力类型　制度　制度作用　权术　权术运作　权威　权威特征　权威程度　权威主体　权威结构

关键术语

权力（power）　强制性权力（coercive power）　奖赏性权力（reward power）　法定性权力（legitimate power）　专家性权力（expert power）　参照性权力（referent power）　制度（institution）　权术（power tactics）　权谋（machiavellianism）　印象管理（impression management）　权威（authority）　活动失范（anomie）

思考题

1. 什么叫权力？它与领导是什么关系？
2. 权力赖以产生的基础有哪些？
3. 权术的含义是什么？有哪些常见的权术方法？
4. 权谋的含义是什么？与权术有什么联系与区别？
5. 什么叫自我印象管理？它与礼节和教养有什么不同？
6. 为什么说自我印象管理是一种权谋？试举例说明。
7. 引发权谋行为的个人和组织因素是什么？
8. 防御行为是如何维护个人利益的？
9. 权威的特点是什么？它以什么为基础？
10. 权威有哪些不同的程度？如何加以测量？
11. 领导权威、组织权威、制度权威之间的联系是什么？
12. 权威能否用权谋获得？为什么？

第10章 组织体制

学习目标

通过本章的学习，您应当掌握：

1.组织的概念和特征

2.组织同群体的区别与联系

3.组织的类型

4.正式组织与非正式组织

5.组织结构要素、类型

6.组织结构的影响

7.职位设计的思路

8.职位设计的发展历程

引　例　亨利·福特的汽车王国

1896年6月4日，亨利·福特将他发明的第一部汽车——一部将手推车车架装在四个自行车车轮上的四轮车开上了底特律大街。在那个时代，几乎没有人知道这种奇怪的机械有什么用途，更无人预见到它今后在人类社会中所扮演的重要角色。然而，当时的亨利·福特却敏锐地意识到这种新产品的商机，并梦想着依靠它来缔造自己的企业王国。

为了实现自己的梦想，亨利·福特在底特律注册成立了一家工厂，并雇用了一批工人来生产汽车。然而，第一次尝试并不成功，由于缺乏资金和明确的发展方向，工厂很长时间无法制造出成熟的产品，随后不久便破产停工。其后，福特又做出了一次尝试，也以失败告终。这些惨痛的经历让他清醒地意识到，想建立一家成功的企业，仅仅依靠自己的发明和雇用的工人远远不够。清晰的目标、完善的协作体系、其他投资者的加入，这些因素同样必不可少。

1903年6月16日17时36分49秒，随着亨利·福特和11位初始投资人签署了公司成立文件，福特汽车公司在底特律的一间由货车车间改造而成的窄小厂房中正式宣告成立，这是他开创汽车制造业务的第三次尝试。其全部财产包括一些工具、器材、机器、计划书、技术说明、蓝图、专利、几个模型和12位投资者筹措的28 000美元。除亨利·福特外，新公司最初的股东还包括一位煤炭商人、煤炭商的簿记员、一位赊账给煤炭商的银行家，一对经营发动机制造厂的兄弟、三位木匠、两位律师、一位公司职员、杂货店老板和一位风车与气枪生产商。

就这样，亨利·福特和他的企业走上了传奇之路。但是，道路永远是曲折的，在成立后的头几年，企业的发展并不顺利，推出的几款车型在市场上没有引起太大的反响。命运的转折点发生在1908年，这一年的10月1日，福特公司推出了T型车，亨利·福特决心以这款车为契机，扩大产量，迅速占领全美的汽车市场。

与福特的战略相对应，公司是典型的命令型和支配型的。每个环节都由最高层决定，由福特本人发布命令，实行垂直式的管理。公司的职能部门责任明晰、各司其职。毫无疑问，在福特汽车公司，权力的界限是很明晰的。

让T型车取得成功的关键在于产量，以及高产量带来的低成本。福特推断，如果让每一位工人固定在一个位置，负责一项工作，而让汽车从一个工序转到另一个工序，汽车会更快成型，同时可以节约无数的工时。

1913年10月7日，福特创立汽车装配流水线。这一天，公司在海兰德公园建立了第一条总装线。在流水线上，每一位员工都被分配到特定的、重复性的工作上。例如，有的员工只负责装配汽车的右前轮，有的则只负责安装右前门。通过把工作分化成较小的、标准化的任务，使工人能够反复地进行同一种操作，这几乎使装配速度提高了8倍。最终使每工作日每隔10秒钟就有一台T型车驶下生产线。不出意料，T型车在市场上大获成功，几乎成为汽车产业的象征，亨利·福特也因此而名声大噪。

福特的经验表明，让员工从事专门化的工作，他们的生产效率会提高。今天，我们用“工作专门化”（work specialization）这个术语或“劳动分工”这类词汇来描述组织中把工作任务划分成若干步骤来完成的细化程度。

【思考】

1.亨利·福特为什么要成立福特汽车公司？

2.福特公司的组织体制有什么特点？

3.为什么“流水线生产”能带来高效率？这种职位界定的方式是否适用于所有组织？

本章提要

组织是自觉建立起来的群体，通过规章制度加以维系。在组织中，人们服从组织要求，作为组织成员进行活动，由此带来了行为动机的重大变化。不同的组织有不同的目标和行为要求，使组织成员面临不同的情景和行为选择，并产生相应的矛盾。只有合理解决这些矛盾问题，才能提高组织的效率。因此，何谓组织，它有哪些不同类型的组织，组织效率由什么因素所决定，人们在组织中面临什么样的选择情境，是必须说明的问题。

10.1 正式组织

组织是人们自觉建立的任务群体，以稳定的分工、明确的制度、正式的职权和清晰的边界为特征，能够降低交易费用、提高工作效率。组织与群体的根本区别在于，组织的制度化水平更高。同时在组织中，人们的行为具有职位属性。

10.1.1 组织的性质

前已述及，制度的出现促成了群体向组织发展，要理解这句话，需要把握组织的性质，这一节将从组织的概念出发，说明组织的含义，明确它与群体的区别与联系。

1.组织的概念

关于组织的定义，有许多研究学者从不同的角度给出了解释：

詹姆斯·D.穆尼（James D. Mooney）说“组织是为了达到一个共同目标的人们联合的形式”；卡普勒则认为，组织是一种社会体系，有明显的机体认证、正式的成员名录、活动计划以及成员的更替程序；而弗莱蒙特·E.卡斯特（Fremont E. Kast）则认为，组织是结构性和整体性的活动，即处于相互依存关系中的人们的共同工作或协作。这些说法虽然有些许差异，但都在强调“协作”的概念。

作为协作学派的集大成者，巴纳德对正式组织的定义为：两个以上的人自觉协作的活动或力量所组成的一个体系。换句话说，正式组织是有意识地协调两个以上的人的活动或力量的一个体系。这里强调的是组织体系是由人的行为构成的体系，使得这些行为构成一个体系的是，不同的人的努力在这里被协调着。由于这个缘故，它们的重要方面不是个人性的，而是在态度、时间或程度方面决定于体系的。

巴纳德对组织的定义是非常经典的，如果在后面强调这种有意识的协调可以通过支配行为的特殊规则——制度，那就更突出组织的特点了。韦伯认为一套支配行为的特殊规则的存在，是组织概念的本质所在。没有它们，将无从判断组织性行为。也就是说，**组织（organization）**是有意识地协调两个以上的人的活动或力量的一个体系，这种有意识的协调在很大程度上依靠支配行为的特殊规则即制度的作用。

2.组织的含义

组织包含三层含义：一是组织是任务群体；二是组织是理性群体；三是组织

是正式群体。通过组织的含义不难发现，组织是由群体发展而来的，同一般的群体有着显著的区别。

（1）组织是任务群体

组织为共同目标而生，为个体提供支持力量，为人们提供工作回报。巴纳德认为组织的要素有三个：信息交流、做贡献的意愿和共同目的。其中，有了共同目的，协作的意愿才能发展起来。因为如果没有这样一个目的，就无法知道或预测要求对于个人需要怎样的具体努力，在许多情况下也无法知道有些什么样的满足程度可以提供给个人。“一个目的如果不被将要参加组织的人们所接受，协作行为是不会被接受的。”所以，组织是因为参加组织的人们共同的目标而产生。个体的力量是有限的，当人们认为加入组织可以为其带来更大的回报时，就有了协作的意愿，选择加入组织。因此，组织是一个任务群体。当组织实现了共同的目标时，也就是说组织的协作是有效的，组织将得到的成果进行合理分配时，组织中的个体的部分动机将被满足，也就是说从组织中得到了靠自己无法得到的回报。

（2）组织是理性群体

组织通过理性自觉建立，人们服从理性行为规则，依靠理性存在发展。人们加入组织的意愿是一种理性的意愿，当个体认为通过自己的能力无法满足需要，而只有通过协作才能满足其需要，那么加入什么样的组织才能最好地满足其需要呢？个体在其有限的选择范围内寻找其认为的最优组织。因此，组织是通过理性的方式建立的，其存在有合理性。

组织在开始阶段的选择是个体的选择，而在组织一旦成立以后，“就会改变它们的统一的目的。组织试图使自己永远存在。在它们努力使自己持续下去的过程中，就可能改变它们存在的理由”。因此，组织在发展过程中，依靠的是理性的方式。

在组织中的人们有“双重人格”，一个是组织人格，一个是个人人格。“严格来说，一项组织目标对个人来说并没有直接的意义。对他有意义的是组织同他的关系：组织加给他的负担和他的利益。”人们的行为服从理性的行为规则，并非是按照个人的主观意志而行。

（3）组织是正式群体

有明确的规章制度，有稳定的工作责权，有统一的指挥系统。组织希望建立的是一个有效的协作体系，那么这种协作如何被有效地协调呢？在前面群体行为一讲中说到群体规范，这种规范约束着群体成员的行为。而在组织中，这种规范的力度更大，以制度化的方式制定组织的行为准则，每个组织成员在组织中的行为是一种组织行为，有其稳定的工作责权，有一定的、统一的指挥系统。所以，组织是一个正式群体。

组织理论的发展如图10-1所示。

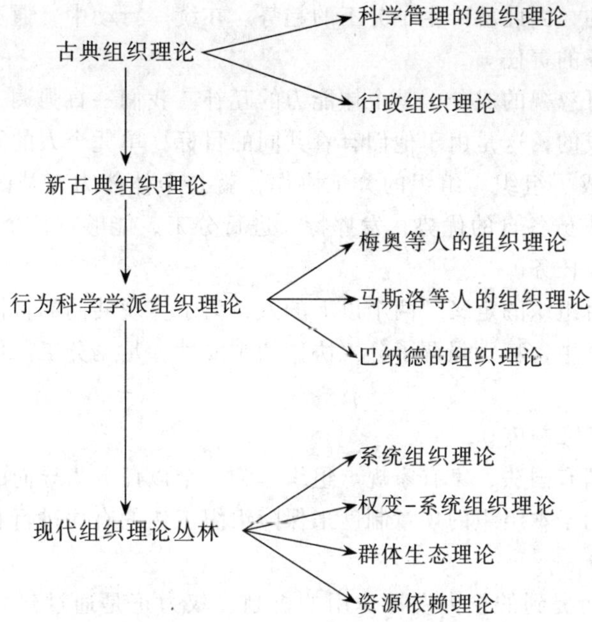

图10-1 组织理论的发展

10.1.2 组织的特征

组织具有以下特征：稳定的分工协作、明确的规章制度、正式的职权、明确的边界。

1.稳定的分工协作

所有的组织，都存在着内部的分工协作。所谓组织，是由两个或两个以上的人有意识地加以协调而构成的活动或力量的系统。在协作过程中，为了达到共同目的，人们都会进行分工。因为只要是不同个体的共同行动，就不会具有单一个体行动时所具备的本身完整性和协调性。为了组织成员的共同目标，并以此目标为导向，组织需要确立为达成目标所需的工作流程及工作总量。之后，再依据所确定的工作步骤在组织内部分配工作。

由于组织成员各有需要，可能是经济的需要、成就的需要，最重要的，他们都有尽快、尽好地完成组织任务这一需要，因此就构成了他们的协作意愿。为了实现自己的意愿，他们就会通过分工协作来提高组织工作的效率，从而避免因个人力量单薄而使得需要无法很好地得到满足。

分工，还由于组织成员有着统一行动的要求。指向目标的工作过程是一个有机整体，其组成部分作为一个整体的组成部分比其作为单独的个体要来得重要。即使任务允许某个组成部分可以相较于其他组成部分更早或更迟完成，总体而言组织成员的行动也是统一的。有统一行动的要求，但每个个体在同一时刻的力量又是极其有限的，因此就产生了分工的趋势。在统一行动中，通过分工协作来共同承担完成任务的责任。

另一个不可忽视的成分，是个体能力的互补。我们一直强调，组织是由两个以上的成员组成的，这是由于他们有着共同的目标，单凭个人的能力无法完成任务，由此才形成了组织。组织的分工协作，就是个体能力互补的一个充分的说明。充分利用成员各自的优势，发挥特长进行分工，能够进行个体能力的互补，事半功倍地完成任务。

巴纳德在对组织的定义“两个以上的人，为了实现共同的目标，而结成的分工协作关系体”中，特别强调了分工协作的重要性，足见分工协作乃组织的重要特征之一。

2.明确的规章制度

常言道，国有国法，家有家规。组织作为一个以任务为导向的理性群体，必然也需要有适用于本组织的规章制度来保障组织工作的有序进行和组织机构的高效运转。

这也是前面提到的权力发挥作用的机制，权力正是通过建立制度来形成组织。所谓制度，就是由权力维持的行为规范。

组织内的每个成员都必须严格遵守由全体成员所确定并达成一致的规章制度，这样才能保证组织工作过程的有序进行。当组织成员出现有悖规章的行为时，权力会发挥行为支配的作用，对这些行为加以纠正，以阻止组织工作方向的偏离。

3.正式的职权

职权，是在组织活动中个人或团体意志（包括资源和利益分配、规定他人行为）的法定作用范围。职权是组织对个人或团体（行动自由度）的承诺，是组织（或其他人）为实现整体目标对个人或团队的资源和自由的让渡。

职权可以理解为权力和职位的结合。人们在组织中的活动主要表现为职位活动。

职权区别于职责的一个重要特征就是，职责是“应该/必须做什么”，是规定行为的“底线”；而职权则是“可以/允许做什么”（当然也可以不做），是规定行为的“上限”。职权行为的弹性较之于职责要大。

组织作为一个正式群体，组织整体和成员都被赋予了正式的职权。这是由于为了有效和高效地完成任务，组织需要一些职权的辅助。例如，学生社团在招新时期会成立一个临时的小组，负责从申请加入本社团的学生中选拔出新的成员。这样一个小组，在成立之时就被赋予了正式的职权，使之有权确立一定的标准、通过一定的方法来完成社团给他们的任务。在选拔中，他们有权决定申请者中哪些人能通过审核加入本社团，这就是正式职权的体现。

拥有职权的同时，也出现了一个不可回避的问题：如何充分而合理地使用组织的正式职权？滥用职权，很有可能导致组织行动的紊乱，这样一来就降低了组织工作的效率，反而有可能造成与确立职权的初衷相反的效果。同时，组织被赋予的职权是有限的，不是无边界任意蔓延的。只有明确了组织的职权，在被允许的范围内正确行使，才能提高组织的绩效。

4.明确的边界

组织的边界可以通过“交易成本”这个概念来理解。也就是说，可以把组织看作和市场并列的两种不同资源配置方式，组织正是节约了交易成本而成为一种有效的资源配置方式，节约的方式就是用组织中以制度权力为基础的计划经济配置方式取代市场中讨价还价的市场经济配置方式。

同时，这种交易成本也会决定组织的边界，这是因为一旦组织配置资源的成本高于市场的成本，那么就没必要采用组织这种方式了。因此，组织的边界就可以由交易成本来决定，组织规模的扩张会在其交易成本与市场配置方式成本相等的那一点停止。

10.1.3 组织的类型

关于组织的系统化研究，必然意味着多种不同视角的出现，即从不同的角度对组织现象加以分析。对组织的分类虽然属于现象层面的把握，但是，提出一种分类方式，也就表明所进行的分类是从组织的某一个方面特征入手的，进而对组织做出一种系统化的认识。

因此，理清组织理论关于组织分类的观点，是学习组织理论和研究组织现象的一个很好的起点。下面介绍组织分类的一些标准。作为商学院的基础课程，组织行为学主要研究经济组织。介绍组织的类别，也便于区分不同种类的组织，明确研究的重点。

1.基于权威的分类

马克斯·韦伯根据权威类型对组织做出了不同划分，在他看来；权威是组织的基础，它起着维持和支配组织的作用，以权威的三种类型，即传统权威（traditional authority）、魅力型权威（charismatic authority）和合理-合法权威（rational-legal authority）为基础，把官僚制组织划分为传统型组织、魅力型组织、合理-合法型组织这三种类型。理想官僚制组织就是在现代化过程中形成的以合理-合法权威为基础的组织形式。韦伯认为，在不同时代，总会有一种或几种组织形式占据主导性的地位，发挥着显著的社会功能。理想官僚制组织就是工业社会最为重要的组织形式，它在“形式上可以用于一切任务，纯粹从技术上看可以达到最高的完善程度”。

2.基于功能的分类

结构功能主义的创始人帕森斯（Talcott Parsons）根据组织的社会功能，将组织分成：

①经济生产组织。这类组织的典型是实业公司。

②政治目标组织。这类组织追求实现有价值的目标，以及形成和部署社会的权力。它主要包括政府机关。

③整合组织。这类组织涉及调解冲突和指导动机去实现制度的期望。法庭和法律职业功能的实体部分、政党属于这类组织，在某种程度上“利益群体”也属此类组织。

④模式维持组织。这主要指那些具有“文化”、“教育”和“揭示”功能的组织。这类组织最明显的例子也许就是教会和学校。[①]

3.基于追求的目标和执行的功能的分类

卡茨和卡恩（Daniel Katz and Robert L. Kahn）也与帕森斯一样，根据追求的目标和执行的功能把组织分为：生产组织、模式维持组织、适应性组织和管理或支持性组织。

4.基于组织权力类型和组织成员的服从方式的分类

爱桑尼（Amitai Etzioni）则根据组织权力类型和组织成员的服从方式而把组织分为“强制组织”“功利组织”“规范组织”。其典型代表分别是军队、销售公司、教会组织。

5.基于第一受益人的分类

布劳和斯科特（Peter M. Blau and W. Richard Scott）是根据第一受益人（cui bo no[②]）的原则来划分的，从而划分出四种组织类型：

①“互利协会”，第一受益人是其成员；

②“商业存在”，第一受益人是所有者；

③“服务组织”，第一受益人是客户集体；

④“公益组织”，第一受益人是自由人群。

6.基于组织的协调机制以及与环境相适应的一致性的分类

明茨伯格（Henry Mintzberg）依据组织的协调机制以及与环境相适应的一致性将组织分为简单结构组织、机械化的官僚制组织、专业化的官僚制组织、分权式组织和临时性的组织。后来，他把临时性的组织又称为创新型组织，又加上了教会型组织和政治型组织，从原来的五种组织形式扩展为七种组织类型。

7.基于组织对环境的反应战略的分类

迈尔斯和斯诺（Raymond E. Miles and Charles C. Snow）认为，每种类型的组织都有其自己的环境反应战略，而且每类组织的技术、结构和过程都会与其战略保持一致。在他们看来，根据组织对环境的反应战略，可以将组织分成四种类型：防御型组织、被动反应型组织、分析型组织和开创型组织。

---

① 于显洋. 组织社会学［M］. 北京：中国人民大学出版社，2007.

② 拉丁语，意为：什么人得益？有什么益处？

8.基于成果和产出是否可见的分类

詹姆斯·威尔逊（James Q. Wilson）主要从对政府部门的考察为组织分类，他的分类原则是："业务人员的行动能否被看到，并且其行动的结果能否被看到"，在他看来，"在极端的情况下，会有四种部门：产出和成果都能看到的部门；产出可以看到，成果不能看到的部门；成果可以看到，但产出不能看到的部门；产出和成果都不能看到的部门"。他把组织概括为生产型组织、程序型组织、工艺型组织和解决型组织。他认为，在管理的意义上，不同的组织部门所运用的都是不同的激励手段的混合。

10.1.4　非正式组织

在管理学的著作中，我们经常看到关于正式组织和非正式组织的划分，这一划分是源于梅奥在霍桑实验中的发现，是一种基于人际关系状况的分类。后来，巴纳德在正式组织和非正式组织的理论研究方面做出了系统化的贡献。因此，正式组织和非正式组织的划分，是20世纪影响较大的一种分类方式。这一分类之所以会有较大的影响，是因为上述所说的那些关于组织的分类，都可以看作是对正式组织的一种细分，而在非正式组织方面，则缺乏深入的和具体的观点。

因此，梅奥和巴纳德的贡献中最值得肯定的应当是他们对于非正式组织重要性的认识。特别是在20世纪70年代以后，关于正式组织与非正式组织的分类方式对组织理论产生了决定性的影响。直到现在，我们看到，组织理论一直深深地陷入这一分类方式所导向的方向上。

1.非正式组织的含义

在组织活动中，人与人之间除了按照正式确定的组织关系交往外，还会产生正式组织关系之外的交往和接触，这种人与人之间的接触、交往、相互作用会对个人的经验、知识、态度、感情等心理因素产生重要影响。正式组织中的某些成员，由于工作性质相近，社会地位相当，对一些具体问题的认识基本一致、观点基本相同，或者由于性格、业余爱好和感情比较相投，他们在平时相处中会形成一些被小群体成员所共同接受并遵守的行为规则，从而使原来松散、随机形成的群体渐渐成为趋向固定的非正式组织。任何组织，不论规模多大，都可能有非正式组织存在。

正式组织与非正式组织不同，主要表现在以下几个方面：

①正式组织的目标是其成员所意识到的，而非正式组织的目标则不一定是其成员所意识到的。

②正式组织具有高度确定的架构，成员对其自身的责权利有确切的了解。而非正式组织的种类非常多，成员交互重叠，其架构也复杂。

③正式组织中，每种职位均被赋予职权，领导权也是附着于职位。而非正式组织中，领导权只源自于个人而非职位。

正式组织与非正式组织又是相互依存的关系："正式组织由非正式组织产生

并且必须有非正式组织。但在正式组织产生以后，它们又创造出非正式组织并且需要非正式组织。”“非正式社会的态度、习俗、风俗影响着正式组织，并且部分地通过正式组织而表现出来。它们是同一现象的相互依存的两个方面——社会由正式组织所构成，而正式组织则因非正式组织而具有活力并受其调节。要强调的是两者缺一不可。其中一个失败了，另一个也会解体。”

2. 非正式组织的特征

巴纳德认为，**非正式组织**（**informal organization**）是指人的接触、相互作用和聚集的总和。非正式组织是指对两个以上人的心理因素加以无意识地体系化和类型化的系统，具有以下特征：

（1）自发性和不稳定性

在非正式组织中，成员之间的关系是一种自然的人际关系，他们不是经由刻意地安排，而是由于日常接触、感情交融，情趣相投或价值取向相近而发生联系，因而具有自发性和不稳定性。

（2）无明确结构、形态，可辨识性差

非正式组织没有明确的组织名称、结构，没有清楚的上下级单位，初步接触很难辨认出来。

（3）本质在于人与人之间的协调

非正式组织是以个人的心理特征为基础形成的，是自发形成的，个人之间协调程度高。

（4）侧重于人们相互接触的心理侧面、非理性侧面

相对于正式组织侧重于人们社会关系的理性侧面、意识侧面、行为侧面，非正式组织中起作用的，更多的是非理性的、无意识的、心理的因素。

3. 非正式组织的作用

巴纳德认为在正式组织中的非正式组织的职能有：信息交流；通过调节人们的边际贡献意愿和稳定客观的权威来维持正式组织的凝聚力；维持人们的个人人格、自尊心和独立选择力。具体展开如下：

（1）赋予组织活力

离开非正式组织，正式组织仅仅是一堆枯燥简单的职能、制度、程序和目标，仅仅是理性的、机械性的行为系统。有了人们相互之间非正式的接触、感情交流、认同、刺激，才赋予正式组织以血肉、活力和创造性。

（2）促进信息沟通

组织中不可能事无巨细都通过正式的信息沟通来传递，事实上非正式组织承担了相当可观的信息沟通量。非正式组织形成的共同理解基础和同质化思维方式为共同理解创造了条件，大大地提高了信息沟通的效果。

（3）维持组织内聚力

非正式组织给个人提供了某种感情交流、心理认同、相互理解等方面的心理

满足，甚至影响个人的价值偏好，因而有助于强化个人的协作意愿，维持正式组织的内聚力，培养个人对组织的忠诚。

（4）维护个体完整人格

正式组织强调个人的社会侧面，强调共同目标对个人的支配力，一定程度下导致人格偏离。非正式的接触有助于维护个体自尊心、自主选择和人格整体感，弥补正式组织的缺陷。

（5）消极作用

如果非正式组织的目标与正式组织目标发生冲突，则可能对正式组织的工作产生极为不利的影响。

10.2 组织结构

组织结构通常相对于正式组织而言，是指对工作任务的分解、组合和协调的方式，使组织成为分工协作的稳定体系。不同的组织有不同的组织结构，而相同之处则在于这些结构要素会影响员工的行为选择，这是制度对组织成员行为动机和行为选择影响的具体方式。

10.2.1 组织结构的含义

组织结构（**organizational structure**）反映的是分工协作的要求和方式。分工协作的要求是专业化的程度和相应的秩序及命令链结构。分工协作的方式有正式的规章制度确定分工协作的结构，也有因工作习惯形成的方式。在进行组织结构设计时，必须考虑6个关键因素：工作专门化、部门化、命令链、控制跨度、集权与分权、正规化，见表10-1。

表10-1　**在设计适当的组织结构时管理者需要回答的6个关键问题**

关键问题	答案提供
①把人物分解成各自独立的工作应细化到什么程度？	工作专门化
②对工作进行分组的基础是什么？	部门化
③员工个人和工作群体向谁汇报工作？	命令链
④一位管理者可以有效地指导多少个员工？	控制跨度
⑤决策权应该放在哪一级？	集权与分权
⑥应该在多大程度上利用规章制度来指导员工和管理者的行为？	正规化

1.工作专门化

工作专门化（**work specialization**）是指把工作任务进一步划分成单独工作单元的程度，使每个人专门从事工作活动的一部分。工作专门化的实质是：一个人不是完成一项工作的全部，而是分解成若干步骤，每一个步骤由一个人独立去完成。

20世纪40年代后期，工业化国家大多数生产领域的工作都是通过工作专门化来完成的。管理人员认为，这是一种最有效地利用员工技能的方式。在大多数组织中，有些工作需要技能很高的员工来完成，有些则不经过训练就可以做好。如果所有的员工都参与组织制造过程的每一个步骤，那么，就要求所有的人不仅具备完成最复杂的任务所需要的技能，而且具备完成最简单的任务所需要的技能。结果，除了从事需要较高的技能或较复杂的任务以外，员工有部分时间花费在完成低技能的工作上。由于高技能员工的报酬比低技能的员工高，而工资一般是反映一个人最高的技能水平的，因此，付给高技能员工高薪，却让他们做简单的工作，这无疑是对组织资源的浪费。

通过实行工作专门化，管理层还寻求提高组织在其他方面的运行效率。通过重复性的工作，员工的技能会有所提高，在改变工作任务或在工作过程中安装、拆卸工具及设备所用的时间会减少。同样重要的是，从组织角度来看，实行工作专门化，有利于提高组织的培训效率。挑选并训练从事具体的、重复性工作的员工比较容易，成本也较低。对于高度精细和复杂的操作工作尤其是这样。最后，通过鼓励在专门领域中进行发明创造，改进机器，工作专门化有助于提高效率和生产率。

20世纪50年代以前，管理人员把工作专门化看作是提高生产率的不竭之源，或许他们是正确的，因为那时工作专门化的应用尚不够广泛，只要引入它，几乎总是能提高生产率。但到了60年代以后，越来越多的证据表明，好事做过了头就成了坏事。在某些工作领域，达到了这样一个顶点：由于工作专门化，人的非经济性因素的影响（表现为厌烦情绪、疲劳感、压力感、低生产率、低质量、缺勤率上升、流动率上升等）超过了其经济性影响的优势，如图10-2所示。在这种情况下，通过扩大而不是缩小工作活动的范围，可以提高生产率。另外，许多公司发现，通过丰富员工的工作内容，允许他们做完整的工作，让他们加入到需要相互交换工作技能的团队中，他们的产出会大大提高，工作满意度也会增强。

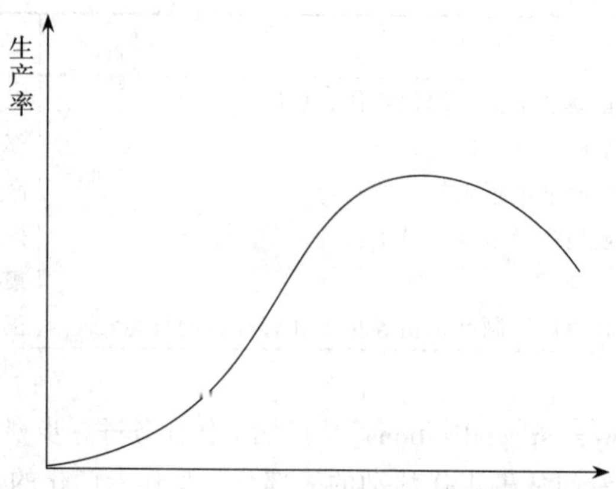

图10-2　工作专门化的经济性和非经济性

现在，大多数管理人员并不认为工作专门化已经过时，也不认为它还是提高生产率的不竭之源。他们认识到了在某些类型的工作中工作专门化所起到的作用，以及使用过头可能带来的问题。例如，在麦当劳快餐店，管理人员们运用工作专门化来提高生产和售卖汉堡包、炸鸡的效率。大多数卫生保健组织中的医学专家也使用工作专门化。但是，像奥帝康公司和土星公司则通过丰富员工的工作内容，降低工作专门化程度而获得了成功。

2.业务部门化

部门化（departmentalization）是指对工作单元合并的基础。一旦通过工作专门化完成任务细分之后，就需要按照类别对它们进行分组以便使共同的工作可以进行协调。可以根据职能、产品类型、地域、生产流程、顾客类型等进行部门划分。

对工作活动的分类主要根据活动的职能来划分。制造业的经理通过把工程、会计、制造、人事、采购等方面的专家划分成共同的部门来组织其工厂。当然，根据职能进行部门的划分适用于所有的组织。只有职能的变化可以反映组织的目标和活动。这种职能分组法的主要优点在于，把同类专家集中在一起，能够提高工作效率。职能性部门通过把专业技术、研究方向接近的人分配到同一个部门中，来实现规模经济。

工作任务也可以根据组织生产的产品类型进行部门化，例如，在太阳石油产品（Sun Petroleum Products）公司中，其三大主要领域（原油、润滑油和石蜡制品、化工产品）各置于一位副总裁统辖之下，这位副总裁是本领域的专家，对与他的生产线有关的一切问题负责，每一位副总裁都有自己的生产和营销部门。这种分组方法的主要优点在于：提高了产品绩效的稳定性，因为公司中与某一特定产品有关的所有活动都由同一主管指挥。如果一个组织的活动是与服务而不是产品有关，每一种服务活动就可以自然地进行分工。比如，一个财会服务公司多半会设有税务部门、管理咨询部门、审计部等，每个部门都会在一个产品或服务经理的指导下，提供一系列服务项目。

还有一种部门化方法，即根据地域来进行部门划分。例如，就营销工作来说，根据地域，可分为东、西、南、北4个区域，分片负责。实际上，每个地域是围绕这个地区而形成的一个部门。如果一个公司的顾客分布地域较宽，这种部门化方法就有其独特的价值。

过程部门化方法适用于产品的生产，也适用于顾客的服务。例如，如果你到一家州属机动车辆管理办公室去办驾驶执照，你必须跑好几个部门。在某个州，办理驾照必须经过3个步骤，每个步骤由一个独立部门负责：①负责核查工作的机动车辆分部；②负责办理驾照具体工作的驾照部；③负责收费的财务部。

最后一种部门化方法是根据顾客的类型来进行部门化。例如，一家销售办公设备的公司可下设3个部门：零售服务部、批发服务部、政府部门服务部；比较大的律师事务所可根据其服务对象是公司还是个人来分设部门。

根据顾客类型来划分部门的理论假设是，每个部门的顾客存在共同的问题和要求，因此通过为他们分别配置有关专家，能够满足他们的需要。

3.命令链

命令链（chain of command）是指不间断的职权路线，明确指出谁向谁汇报工作。与命令链有关的两个概念是职权和统一指挥。

20世纪90年代，命令链的概念是组织设计的基石，但今天它的重要性大大降低。不过在决定如何更好地设计组织结构时，管理者仍需考虑命令链的意义。

职权（authority）是指管理职位所固有的发布命令并期望命令被执行的权力。为了促进协作，每个管理职位在命令链中都有自己的位置，每位管理者为完成自己的职责任务，都要被授予一定的职权。命令统一性（unity of command）原则有助于保持职权链条的连续性。它意味着，一个人应该对一个主管，且只对一个主管直接负责。如果命令链的统一性遭到破坏，一个下属可能就不得不疲于应付多个主管不同命令之间的冲突或优先次序的选择。

4.控制跨度

控制跨度（span of control）是指一名主管可以有效指挥下属的数量，一般为5 ~ 6人合适。

一个主管可以有效地指挥多少个下属？这种有关控制跨度的问题非常重要，因为在很大程度上，它决定着组织要设置多少层级，配备多少管理人员。在其他条件相同时，控制跨度越宽，组织效率越高，这一点可以举例证明。

显然，在成本方面，控制跨度宽的组织效率更高。但是，在某些方面跨度过宽可能会降低组织的有效性。也就是说，如果控制跨度过宽，由于主管人员没有足够的时间为下属提供必要的领导和支持，员工的绩效会受到不良影响。

控制跨度窄也有其好处，把控制跨度保持在5~6人，管理者就可以对员工实行严密的控制。但控制跨度窄也有3个缺点：第一，正如前面指出的，管理层级会因此而增多，管理成本会大大增加。第二，使组织的垂直沟通更加复杂。管理层级增多也会减慢决策速度，并使高层管理人员趋于孤立。第三，控制跨度过窄易造成对下属监督过严，妨碍下属的自主性。

近几年的趋势是加宽控制跨度。加宽控制跨度，与各个公司努力降低成本、削减企业一般管理费用、加速决策过程、增加灵活性、缩短与顾客的距离、授权给下属等的趋势是一致的。但是，为了避免因控制跨度加宽而使员工绩效降低，各公司都大大加强了员工培训的力度和投入。管理人员已认识到，自己的下属充分了解了工作之后，或者有问题能够从同事那儿得到帮助时，他们就可以驾驭跨度的控制问题。

5.集权与分权

集权与分权是两个相对的概念，绝对意义上的集权是指高层管理者做出所有的决策，基层管理者只负责执行高层管理者的指示。而分权是指组织把决策权下放给基层管理者。

集权化（centralization）是指组织中的决策权集中于一点的程度。这个概念只包括正式权威。也就是说，某个位置固有的权力。一般来讲，如果组织的高层管理者不考虑或很少考虑基层人员的意见就决定组织的主要事宜，则这个组织的集权化程度较高。相反，基层人员参与程度越高，或他们能够自主地做出决策，组织的**分权化**（decentralization）程度就越高。

集权式与分权式组织在本质上是不同的。在分权式组织中，采取行动、解决问题的速度较快，更多的人为决策提供建议，所以，员工与那些能够影响他们的工作生活的决策者隔膜较少，或几乎没有。

近年来，分权式决策的趋势比较突出，这与组织应更加灵活和主动地做出反应的管理思想是一致的。在大公司中，基层管理人员更贴近生产实际，对有关问题的了解比高层管理者更翔实。

6.正规化

正规化（formalization）是指在组织内部工作实行标准化的程度。如果一种工作的正规化程度较高，就意味着做这项工作的人对工作内容、工作时间、工作手段没有多大自主权。人们总是期望员工以同样的方式投入工作，能够保证稳定一致的产出结果。在高度正规化的组织中，有明确的工作说明书，有繁杂的组织规章制度，对于工作过程有详尽的规定。而正规化程度较低的工作，相对来说，工作执行者和日程安排就不是那么僵化，员工对自己工作的处理权限就比较宽。由于个人权限与组织对员工行为的规定成反比，因此工作标准化程度越高，员工决定自己工作方式的权力就越小。工作标准化不仅减少了员工选择工作行为的可能性，而且使员工不必考虑其他行为选择。

10.2.2 组织结构的类型

组织结构形式是伴随组织的产生而产生的，并随着环境的变化而变化，经历着复杂的演进过程。从目前情况看，大致可分为三种基本类型。

1.集权型层级制

企业组织结构的形成是随着古典企业组织的产生而形成的，在最初的家庭手工业中，脑力劳动机能同体力劳动机能融为一体，个体劳动者个人的意志直接支配自己的行为，即单个劳动者自己管理自己。随着协作的出现，管理监督问题随之凸显，第一次分工形成：管理者（脑力劳动者）和生产者（体力劳动者）的分工。随着手工工场的出现和生产规模的不断扩大，企业内部分工逐渐发展起来，产生了脑力劳动与体力劳动的进一步分离，管理者从劳动中完全分离出来，专门从事监督、管理工作。机器大工业的发展引起“科学管理”革命后，企业管理组织发生了第二次分工，即从横向上进行专业分工，如从生产部门中划分出原材料采购、产品销售、设备维修、管理等，同时进行了工作职能分工，即将工作者的操作过程程序化、规范化，并加以监督与管理。这样，企业管理组织就逐步从直线型转变为职能型（包括直线参谋制、直线-职能制或职能制）。组织的控制和协调手段也相应地从以直接监督为主转变为直接监督与工作程序标准化相结合。

集权型层级组织是在环境稳定、技术相对简单、产品单一、企业规模不大的情况下形成的，它属于一种高度集权的组织结构，一切决策均由最高决策者即所有者做出，生产者没有任何参与决策权，刚性极强。具体形式包括：

（1）直线制组织结构

在工业时代直线制组织结构能够占据显著地位的原因是它符合当时的许多需求。直线制组织结构具有的四大特征大致如下：一条指挥等级链；职能的专业化分工；权利和责任的一贯性政策；工作的标准化。

直线制组织结构创造了一种制度，这种制度能够有效地管理大量投资、劳动分工和资本主义大规模机械化生产。专业化分工使组织的每一项任务都能得到一个有效的工作方法。直线制组织结构的组织通过一贯性的书面规则和政策来管理，这些规则和政策由公司董事会和管理部门制定。在直线制组织结构中，上司负责其管辖范围内所有雇员的行动，并且有权下达雇员无条件服从的命令。雇员的首要职责是立即按照顶头上司的命令去做，而不该去考虑什么是正确的或者什么需要做。通过组织劳动分工、制度管理决策以及制定一种程序和一套规则使各类专家可以齐心协力地为一个共同目标努力。直线制组织结构极大地拓宽了组织所能达到的知识的广度和深度。

直线制组织结构的形式如同一个金字塔，处于最顶端的是一名有绝对权威的老板，他将组织的总任务分成许多块，分配给下一级负责，而这些下一级负责人员又将自己的任务进一步细分后分配给更下一级，这样沿着一根不间断的链条一直延伸到每一位雇员。20世纪80年代，在通用汽车、IBM和美国政府这样的巨型组织中，最高领导层与工人之间竟有多达12级管理层。事实证明这样的管理层级太多了。

（2）职能式组织结构

在职能式组织结构中，组织从上至下根据职能将各种活动组织起来。职能式组织结构有时候也被称作职能部门化组织结构，因为其组织结构设计的基本依据就是组织内部业务活动的相似性。当企业组织的外部环境相对稳定，而且组织内部不需要进行太多的跨职能部门的协调时，这种组织结构模式对企业组织而言是最为有效的。对于只生产一种或少数几种产品的中小企业组织而言，职能式组织结构不失为一种最佳的选择。

（3）直线-职能式组织结构

直线-职能制组织结构，是以直线制为基础，在各级行政领导下，设置相应的职能部门，即在直线制组织统一指挥的原则下，增加了参谋机构。直线-职能式组织结构模式适合于复杂但相对来说比较稳定的企业组织，尤其是规模较大的企业组织。复杂性要求企业的管理者有能力识别关键变量，评价它们对企业经营业绩的影响，并且充分考虑到它们之间的相互关系；如果这些因素是相对稳定的，而且对经营的影响也是可以预知的，直线-职能式组织结构模式则是相对有效的。直线-职能式组织结构模式与直线制组织结构模式相比，其最大的区别在于更为注重参谋人员在企业管理中的作用。直线-职能式组织结构模式既保留了直线制组织结构模式的集权特征，同时又吸收了职能式组织结构模式的职能部门化的优点。

2.分权型层级制

20世纪20年代初美国企业界两位高级管理人员——杜邦和斯隆在对公司组织进行改组时不约而同地提出分部型组织形式。它包括事业部制、超事业部制、矩阵制等形式。这一时期的最大特点是所有者与经营者分离，即出现了现代企业。随着工业化进程的加快，企业组织规模的扩大，从产品的单一性到多样化；市场从某一地区向各个地区甚至国外扩张，使组织面临的环境日益复杂多样，所有者越来越感到经营能力的缺乏，从而引进职业经营者，即实现所有者与经营者的分离。分权成为必然趋势，就导致了分权型层级制度的出现。在第二次世界大战结束前20年出现分部化浪潮，之后，西方企业对各分部间协作关系与作用有了进一步的认识，开始在原分部型组织（简称M型组织，亦称事业部制或联邦分权制）或职能型组织（简称U型组织）中设置各种横向联系手段（如临时性任务小组、永久性项目小组等）。矩阵组织和多维组织的诞生，使组织结构向灵活性方向发展。

（1）事业部制组织结构

事业部制是欧美、日本大型企业所采用的典型的组织形式，因为它是一种分权制的组织形式。在企业组织的具体运作中，事业部制又可以根据企业组织在构造事业部时所依据的基础的不同区分为地区事业部制、产品事业部制等类型，通过这种组织结构可以针对某个单一产品、服务、产品组合、主要工程或项目、地理分布、商务或利润中心来组织事业部。地区事业部制以企业组织的市场区域为基础来构建企业组织内部相对具有较大自主权的事业部门；而产品事业部则依据企业组织所经营的产品的相似性对产品进行分类管理，并以产品大类为基础构建企业组织的事业部门。

（2）分权化组织结构

分权化组织结构包括联邦分权化组织结构与模拟分权化组织结构两种类似的组织结构形式。联邦分权化组织是在公司之下有一群独立的经营单位，每个单位都自行负责本单位的绩效、成果以及对公司的贡献；每个单位具有自身的管理层；联邦分权化组织的业务虽然是独立的，但公司的行政管理却是集权化的。模拟分权化组织是指组织结构中的组成单位并不是真正的事业部门，而组织在管理上却将其视为一个独立的事业部；这些“事业部”具有较大的自主权，相互之间存在供销关系等联系。分权化组织的优点在于可以降低集权化程度，弱化直线制组织结构的不利影响；提高下属部门管理者的责任心，促进权责的结合，提高组织的绩效；减少高层管理者的管理决策工作，提高高层管理者的管理效率。联邦分权化组织要求有一个强有力的“核心管理层”，该核心管理层将只负责对重大事务的决策。联邦分权化组织形式如果运用得当，则可以减轻高层管理层的决策负担，使得高层管理者能够集中精力于方向、筹划与目标。模拟分权化组织虽然具有一定的优点，但并不满足所有的组织设计规范。一般而言，模拟分权化组织形式适用于化学工业与材料工业领域。此外，电子信息工业也可以采用模拟分权化形式，IBM就可以看作是该领域中一个典型的模拟分权化组织。对模拟分权组织而言，雇员的高度自律是必要的。

（3）矩阵组织

矩阵组织形式是在直线职能制垂直形态组织系统的基础上，再增加一种横向的领导系统。矩阵组织也可以称为非长期固定性组织。矩阵组织结构模式的独特之处在于事业部制与职能制组织结构特征的同时实现。矩阵组织的高级形态是全球性矩阵组织结构，目前这一组织结构模式已在全球性大企业如ABB、杜邦、雀巢、菲利普·莫里斯等组织中进行运作。ABB的前身ASEA，是一家瑞典公司；1979年巴纳维克出任ASEA总经理时，着手对公司的组织结构进行改革。首先，他把公司扁平化，并在公司开拓国际业务时将公司重组为全球性矩阵组织。ABB成功之处在于其全球性矩阵组织结构的战略与执行，根据战略管理学家查理士·希尔及葛利士、约翰的观点，这种组织结构方式，可以使公司因为提高效率而降低成本，同时，也由于其优异的创新能力和反应速度，而使其经营具有差异化特征。这种组织结构除了具有高度的弹性外，同时在各地区的全球主管可以接触到有关各地的大量资讯。它为全球主管提供了许多面对面沟通的机会，有助于公司的规范与价值转移，因而可以促进全球企业文化的建设。

矩阵组织的优点是：①加强了横向联系，专业设备和人员得到了充分利用，②具有较大的机动性，③促进各种专业人员互相帮助，互相激发，相得益彰。矩阵制的缺点是：①成员位置不固定，有临时观念，有时责任心不够强。②人员受双重领导，有时不易分清责任。

3.扁平网络型组织

企业组织结构形式常常受到外在竞争环境及内部运作效率这两个因素的影响。随着经济全球化进程的加快，各国企业在世界范围内展开激烈争夺，速度已经成为企业制胜的关键因素。面对新的动态竞争环境，企业组织结构的灵活性显得更为重要，以团队为模块的工作单元、临时工作小组、网络型组织等扁平网络型组织得到快速发展。扁平网络型组织结构大致可分为三种类型：组件型组织；网络型组织；层级型组织。

（1）组件型组织

组件型组织是以三叶草结构为代表的一种组织结构类型，三叶草结构型组织是由英国管理作家查尔斯·汉迪提出的。他用三叶草的三片叶子比喻现代企业所应具备的组织结构形式。这是一种以基本管理人员和员工为核心、以外部合同工人和兼职工人为补充的组织结构形式。美国著名的未来学家阿尔温·托夫勒在《适应变革的企业》一书中也表达了类似的思想："为了在迅猛变革的环境中求生存……提出一种思考企业活动的新方法：就是将企业分为'框架'和'组件'，组成高度灵活的结构，以代替传统僵化的部门结构。"托夫勒描述此结构形式为："此形式更可能包括一个微弱的、半永久性的'框架'，有许多临时性小组附着其上。这种情况就像考尔德活动装置的零件一样，可根据变化而改变位置。"管理学家查尔斯·汉迪对此给予了更具体形象的描述。他认为，在这种结构中，第一片叶子代表从事核心业务经营的核心员工，他们受过良好的专业化培训，拥有企业建立竞争优势所需要的核心技能、信息和智慧。第二片叶子是由与企业建立了长期合同关系的组织或个人组成的边缘性结构，他们为企业提供维持日常生产经营活动所需的管理和技术服务。第二片叶子基本上是由流动性大、日趋职业化的各类咨询人员或咨询公司构成的。第三片叶子代表具有很大弹性的劳动力，如兼职工、临时工和非全日制劳动力。

（2）网络型组织

网络型组织包括网络组织和虚拟组织。网络组织（network organization）是一种新的组织形态，它的特色是将企业内各项工作（包括生产、销售、会计等），通过承包合约交予不同的专门企业去担当，而总公司只保留为数有限的雇员，其主要工作在于制定政策及协调与各承包公司的关系。网络结构组织的主体由两部分构成：一部分是中心层。中心层由单个企业家或企业家小团队组成，直接管理规模较小，保持高度的流动性和最大限度的精干性的网络经纪人队伍，负责设置、召集网络成员。不同于传统的层级制组织类型中的公司总部，网络组织中心几乎没有直属职能部门，它在进行各项业务时，主要依靠网络外层的公司提供职能来进行。另一部分是外围层。外围层由若干独立的公司组成，这些独立的网络成员与中心是一种合同关系，这种合同关系经常变更，呈现出极大的不稳定性。中心层与外围层之间通过通信网络进行联系。这种组织形式减少了行政成本，应变能力也很强，但总公司对承包公司的控制有限。

虚拟组织是企业借助外部力量对外部资源进行整合创造出自身竞争优势的一种经营组织。完整的企业有各种基本功能，虚拟企业根据自己的情况把有些功能或某一功能中的某些部分分化到市场，自己只留下最具优势的部分，实现以最小的投入取得最大的收益。它没有固定不变的组织结构，也没有领导与被领导关系，更没有明确的市场定位或经营范围的明确划分，只是为了快速满足市场需求而形成企业间业务联合体。其主要任务是组织和协调企业通过对外部资源进行不断的组合来实现其不同的任务和目标。虚拟企业，特别是高科技虚拟企业是以信息网络为技术支持、以信息工程联网为硬基础，通过EDI、Internet等信息网络建立动态联盟，虚拟体成员间的信息传递和业务往来主要通过信息网络完成，实现组织信息网络化。同时，虚拟组织的存在也是动态化的，其存在时间的长短完全取决于项目或产品，一旦项目或产品完成，虚拟组织便宣告结束或组建另外形式的虚拟组织。

（3）扁平式组织

彼得·德鲁克在《新型组织的到来》一文中指出，未来组织是以“信息为基础的”，并指出“以信息为基础的组织对专家的需求远远超过我们所熟悉的命令——控制式企业。不仅如此，这些专家们是在第一线工作，而不像以往那样坐在公司总部办公室。事实上，第一线的组织自然地倾向于由各种各样的专家组成”。“由于大型的、以信息为基础的企业表现出扁平的结构特征，它将更加类似于一个世纪以前的企业结构。在那里，所有可以称为知识的东西都集中在最顶层的人员手中。其他的都只不过是帮手或跑腿的人员，他们只会重复机械地工作或按指令行事。在以信息为基础的组织中，知识将主要分散在企业的底层，存在于专家们的头脑中”。他在谈到组织的管理结构时说：“可能会形成一个双头的怪物——一个是专家结构，同医院里的主治医师制度相仿，另一个则是任务小组领导人的行政管理结构。”

英国剑桥大学教授梅雷迪思·贝尔滨（Meredith Belbin）在其《未来的组织》（The Coming Shape of Organization）一书中认为组织的结构变得更加扁平，这就意味着负责“命令与控制”的人会变得越来越少。因此，这里的重点就应该是同级之间的管理，而这只有通过加强团队工作才能实现。他认为未来组织结构形式是“梯形组织”，梯形在此代表两层的组织，顶层包含的是战略管理，底层包含的则是管理。高层管理人员要经常处理一些极复杂的问题，在这种情况下，咨询、收集以及交换意见更易于取得好的结果；而在业务层，一名经理可以更多地按个人决定办事，因为他能负担得起由此造成的后果，团队工作仍然重要，只不过不那么生死攸关罢了。

10.2.3 组织结构的影响

前已述及，组织结构的影响，是指组织规章制度通过结构要素影响组织成员的行为动机和行为选择，从总体上看，表现为对于组织效率的影响，落实到个体而言，可以看出这些要素也会改变个体行为选择。

1.对于组织效率的影响

组织行为学和管理学都关注组织结构对于组织绩效的影响，下面介绍一些研究结论：

(1) 工作专门化导致员工生产率提高

通过实行工作专门化，管理层还寻求提高组织在其他方面的运行效率。通过重复性的工作，员工的技能会有所提高，在改变工作任务或在工作过程中安装、拆卸工具及设备所用的时间会减少。同样重要的是，从组织角度来看，实行工作专门化，有利于提高组织的培训效率。挑选并训练从事具体的、重复性工作的员工比较容易，成本也较低。对于高度精细和复杂的操作工作尤其是这样。最后，通过鼓励在专门领域中进行发明创造，改进机器，工作专门化有助于提高效率和生产率。

(2) 宽管理幅度可能带来员工的高绩效

近几年的趋势是加宽控制跨度。加宽控制跨度，与各个公司努力降低成本、削减企业一般管理费用、加速决策过程、增加灵活性、缩短与顾客的距离、授权给下属等的趋势是一致的。但是，为了避免因控制跨度而使员工绩效降低，各公司都大大加强了员工培训的力度和投入。管理人员已认识到，自己的下属充分了解了工作之后，或者有问题能够从同事那儿得到帮助时，他们就可以驾驭跨度的控制问题。①

(3) 低集权化组织中的员工参与程度较高

在分权式组织中，采取行动、解决问题的速度较快，更多的人为决策提供建议，所以，员工与那些能够影响他们的工作生活的决策者隔膜较少，或几乎没有。

2.对于组织成员的影响

组织结构对个体行为的影响，主要表现在两个方面，首先是对人们行为选择的影响，另外表现在对人际交往、团队沟通的影响。

(1) 对行为选择的影响

工作专门化的实质是让每一位工作者专门从事某一项工作步骤，这样无疑限制了个体的行为的范围，人们只能在有限的备选行为中进行选择，从事比较简单和单调的活动。正规化对于行为的影响类似于工作专门化，正规化程度同人们行为处理权限成反比。也就是说，正规化高的组织，有关人们行为的规定很严格，可供人们自主选择的行为很少。集权与分权影响着人们对于自己行为决策权的大小，对于分权而言，较为低层的人员对于自己的行为有决策权，反观集权式组织中这种决策权就交由上级主管来执行。

(2) 对交往关系的影响

命令链是组织中正式的交往渠道，决定了个体在组织中正式交往的形式，对最终的结果也必然产生相应的影响。在前面章节中已经介绍了沟通的障碍。其中，信息被过滤和命令链过长有着直接的联系。通常组织中正式的交往渠道过长，会导致信息的失真和传递的不及时，从而导致组织中的正式交往关系建立在

---

① 罗宾斯. 组织行为学［M］. 孙健敏，李原，译. 10版. 北京：中国人民大学出版社，2005.

不良的沟通基础上。

3.对于组织状况的影响

组织结构对于个体行为选择和交往的影响是一定的，但同员工绩效、工作满意度和工作压力的影响相比，却不能概括和总结出一种一致的关系，这是由个体差异造成的结果，即个人对于这种影响的认知不同，价值判断不同。但有一些结论还是得到了肯定。

（1）工作专门化

总体而言，研究表明，工作专门化会提高员工的生产率，但会降低员工的工作满意度，长时间的工作还会带来工作压力的上升。工作专门化在早期大大地提高了生产率，但是人们长时间从事单调而重复的工作，问题就会出来，因为人们对于工作的期望和需要层次的提高使得他们更加渴望工作的内在价值，于是满意度和压力感都会上升。

（2）控制跨度

控制跨度宽会带来更高的员工绩效，因为这种情形下监督距离更大，使人们更容易发挥个体主动性。当然这也需要考虑员工的个体差异。不过研究表明，管理者随着监督下属的数目增多，他们的工作满意度会提高。

（3）集权化

总体来说，集权化较低的组织，员工参与决策的程度就比较高。通常来说，他们的工作满意度就会比较高。

10.3 职位工作

组织中的个体总是按照一定的方式进行行为选择，表现为职位活动。理解职位活动，是把握组织中个体行为的基础，通过了解职位的性质，可以为理解组织中个体行为的规律打下基础。本节将围绕职位的性质、职位设计及其发展进行介绍。

10.3.1 职位性质

职位是有计划分工协作组织中关于工作责任和权利的界定，以工作任务的稳定化、结构化、专业化划分为基础。组织在完成工作任务时，通过对于工作内容和形式的细分，并加以制度化处理，提高组织工作效率，最终形成了一个个职位。

1.职位的产生

组织为了提高工作绩效，通过对工作进行有效的分解，从而形成一套职位体系。职位的产生，通常而言，需要经历稳定化、结构化、标准化和专业化的过程。[①]通过这一过程，任务才可能进一步分解，为协作打下基础。

（1）稳定化

工作稳定化是职位产生的基本条件。职位作为特殊的工作位置，在稳定的、不断重复的工作任务的基础上产生。

工作的稳定化，是建立分工协作体系的前提。只有把不同的工作内容分割开来，稳定下来，才有可能建立人与人的分工与协作。因此，工作内容的稳定化要解决的是目标分解、任务界定和人对任务的承担关系等问题，实现事与人的持续性结合。

（2）结构化

工作的结构化，是工作稳定化的结果。当人们稳定地处理某项特殊工作并以工作内容的特殊性相互支持与互补时，分工协作体系就形成了。从实践过程中来看，结构化的过程就是人们在不断重复地进行某种工作的过程中，把工作的内容和工作的形式分解为一定的要素组合，从而能够以相对确定的方式加以处理。

（3）标准化

工作的标准化，是工作结构化的结果。当人们以某种确定的方式处理工作，并使这种工作方式科学化与规范化时，分工协作的标准就形成了。标准化的目的，是对职位工作的内容、程序、方法、绩效等方面进行标准化界定，使人们开展工作有章可依，提高工作效率。

（4）专业化

工作的专业化，是工作标准化的结果，当人们熟练地以标准化的方式处理工作，并使这种工作技能成为自身习惯与素质时，具有专业能力的员工就成型了。

职位工作的专业化，是不同的人员专注于特定的工作领域，从而不仅能够强调员工劳动能力的差异性，而且能够加强员工劳动能力的互补性。这是通过分工协作提高工作效率的基础。

2.职位的界定

职位最基本的构成要素是权、责、利，合理的界定职位的权、责、利，是保证分工协作体系有效运行的基本条件。这就要研究职位要素的内容与形式，确定职务要素之间的联系方式，对各职位加以科学的界定并给予制度化处理。在实际工作中，职位界定大致会涉及下列内容：

（1）职位责任

职位责任是指每个职位应当完成的工作任务。

作为应该完成的工作任务，职位责任的履行不仅需要工作者的自觉性，更需要一定的制度保证，因此职位的任务同该职位在组织体系中的位置相关，通常有一定的制度支持与约束。当出现不同的任务完成情况时，会受到制度化的奖励和

---

① 秦志华. 企业人力资源管理原理［M］. 北京：清华大学出版社，2008.

惩罚。

(2) 职位权力

所谓职位权力，是指每个职位拥有的组织资源支配力。

职位权力的内容，是对于人、财、物、信息、时间等方面的资源的占用和使用，体现为运用组织资源完成工作任务的自由行为选择空间。由于任何工作责任的履行都需要以一定的资源条件作保证，因此进行职位责任界定时必须考虑权力资源，必须以相应的职位权力来支持。

(3) 职位资格

职位资格是指完成工作所必需的个人能力和素质条件。

任何职位的责任和权利，都对职位工作者提出了一定的要求，包括知识、技能、经验、个性等方面的内容。这是因为，对于责任的理解和认同，需要一定的知识和技能。权力的掌握和应用，需要一定的能力和素质；不仅如此，职位工作是在一定的分工协作体系内进行的，彼此之间需要理解、信任和支持，这也需要相应的个体条件。正是这些方面的因素，产生了对于任职资格的要求。

(4) 职位待遇

职位待遇是履行工作责任制后从组织中获得的回报。

前已述及，组织作为协作体系，需要为参与协作的成员提供一定的诱因才能维持其协作意愿。不同职位的责任不同，在分工协作体系中的地位不同，对于职位资格的要求也不同，因而会获得不同的工作汇报，职位待遇，就是同成员贡献相匹配的诱因。

上述内容是密切相关的。组织的每一项任务都有目标，为员工和组织双方提供共同努力的方向。目标通过责任划分来落实，责任通过能力来保障，能力通过资格来测量，资格通过待遇来评价。通过这种联系，实现权、责、利的对称。

10.3.2 职位设计

职位设计又称工作设计，是指根据组织需要，并兼顾个人的需要，规定每个职位的任务、责任、权力以及组织中与其他职位关系的过程。它是把工作的内容、工作的资格条件和报酬结合起来，目的是满足员工和组织的需要。职位设计问题主要是组织向其员工分配工作任务和职责的方式问题，职位设计是否得当对于激发员工的积极性，提高员工的满意度以及提高工作绩效都有重大影响。

1.职位设计的思路

职位设计的任务，是根据分工协作的要求，以及现实的员工状况，使错综复杂的生产经营活动稳定化和结构化，把各种工作内容有规律地分解到不同操作点上去，为配置工作人员提供依据，并促进员工技能的专业化。从人事结合的角度看，一项工作由工作结构、工作感受和工作状态三者构成的。

工作结构描述职位工作的特点，是组织出于实现自身目标将工作任务划分后的结果；

工作感受主要说明了组织成员对于这样的工作结构知觉后的心理状态；

工作状态是指组织成员按照自己的感受从事了工作结构所要求的内容后的结果，这种结果主要是从组织成员的角度来刻画。

三者之间有着密切的联系，共同构成职位工作，需要科学合理地处理。

（1）工作结构

在界定职位工作结构方面，比较常用的是哈克曼和奥德海姆（Hackman & Oldham）的**工作特征模型（job characteristics model，JCM）**。根据工作特征模型，任何工作都可以用下列五个核心任务维度来描述，其定义如下：

①技术多样性（skill variety）：指工作要依活动多样性的程度而定，所以工作者可使用若干不同的技术与才能。

②任务的一致性（task identity）：指工作要依完成作业的完整性程度而定。

③任务的重要性（task significancc）：指工作依影响生活与其他人工作的程度而定。

④自主性（autonomy）：指工作是否提供自由、独立，个人可自由排定工作进度与决定完成工作的步骤。

⑤回馈（feedback）：指工作成果是否能使个人直接且清楚得知。

（2）工作感受

上述五个特征可以分成三大部分：核心工作特征、关键心理状态及个人和工作的结果。三者之间的关系是：核心工作特征能引发员工关键心理状态从而导致个人和工作的结果。其中技能多样性、任务完整性、任务意义构成核心的工作特征，三者结合起来会使员工体验到工作的意义。

当一项工作具有这三种特征时，我们可以预测，员工会觉得他们的工作是重要的、有价值的和有意义的。此外，自主性让员工体验到对工作结果的责任感，而反馈则有助于员工对实际工作结果的了解。

（3）工作状态

关键的心理状态会导致一些员工和工作的良好结果，诸如高度的内在工作动机、高质量的工作绩效、较小的工作压力、对工作的高满意度①以及低缺勤率和低流动率。应当指出，人与人之间是存在个体差异的，并非丰富化的工作必然引起人们关键的心理状态而导致高度的工作动机，只有具有高度成长需要和发展需要的人才会在丰富化的工作中取得良好的结果。

2.职位设计的关键

按照职位设计的思路，从工作结构、工作感受和工作状态出发进行职位设计，还必须把握职位设计的关键，具体包括：

---

① 工作压力和工作满意度会在后面的章节中具体介绍。

（1）工作的意义在于对工作的理解

前面提到了工作感受这一工作的重要组成部分，工作感受是由人们对于工作结构的知觉形成的，因而工作对于个体的意义是相对的、主观的，因而可以通过理性加以引导。本书在介绍知觉相关概念时已经提到过，知觉是可以改变的，一旦组织成员对工作意义的知觉发生改变，认为它是有意义的，那么该成员的工作感受就会比较良好。

（2）对于工作的理解受人际交往的影响

人际交往会形成一定的交往关系，交往关系实质上会成为信息沟通的渠道，组织成员在一定的交往关系中，对于工作评价标准主要是社会给予的，方式是固定的。交往关系会提供某种信息，这些信息会给组织成员提供评判的标准。因此，组织成员对于工作的理解在一定程度上受到了其人际关系的影响，人际交往是建立评价标准的途径。

（3）交往方式设计是工作设计的重点

按照上述观点，影响组织成员的交往方式，能够有效地影响员工的工作感受，具体的设计内容包括组织成员交往的对象、交往的途径以及交往的形式。

10.3.3 职位设计的发展

职位设计经历了一定的历史发展，职位设计的发展，体现着管理思想的转变，下面从传统的职位设计开始，为大家一一介绍其中的发展历程。

1.传统职位设计

传统职位设计是从“经济人”的假设出发，强调理性选择，通过正式的制度，建立明确的职权，也就是我们常提到的科层组织。

（1）强调理性选择

古典管理理论基于这样一种假设，即社会是由一群无组织的个人所组成的；他们在思想上、行动上力争获得个人利益，追求最大限度的经济收入，即“经济人”；基于这种认识，工人被安排去从事固定的、枯燥的和过分简单的工作，成了“活机器”。从20世纪20年代美国推行科学管理的实践来看，泰勒制在使生产率大幅度提高的同时，也使工人的劳动变得异常紧张、单调和劳累，因而引起了工人的强烈不满，并导致工人的怠工、罢工以及劳资关系日益紧张等事件的出现，与此同时，人的积极性对提高劳动生产率的影响和作用逐渐在生产实践中显示出来。

（2）依赖正式制度

科层组织建立在“公职”而不是通过个人或世袭的方式来进行管理的，正如韦伯所强调的，科层组织是一种纯理性的组织，并不是为了合乎个体的某种特殊需要。

其中，稳定不变的规章制度是维系科层组织的关键，在任何情况下，组织中的成员都要严格遵循一套抽象的规章制度，包括在具体情况下执行这些规章制度，这样才有助于组织各个部门之间协调一致，也有利于公平合理、平等地对待一切人和事。

通过正式的制度，科层组织表现出非人格化的倾向，组织成员在进行行为选择时，不掺杂个人的好恶，不带有任何的情感，保证工作从理性出发。

（3）关注责权界定

在科层组织中，职位设计关注的是合法与合理的职权界定，包括基本职能的专业化和劳动分工，把正常活动以正式制度的形式固定落实到人，即明确每一个人的权力和责任，并把这些权力与责任作为正式职责合法化。

同时这种职权之间有着明确的等级，组织中的职务遵循程序的原则，即下级职务接受上级职务的管理和监督，这种原则的目的是实行大规模的责任制和协作。在这样的工作涉及原则下，用纯粹理性主义的观点看，个人的服从对象不再是拥有特定职务的个人，而是个人拥有的特定职务。换句话说，个人为客观的非个人的组织和组织目标服务。

2.现代职位设计

传统的职位设计在实际的过程中表现出了它的局限性，人们开始反思这种方法的假设前提，现代职位设计由此而产生。

（1）强调社会需要

霍桑实验的研究结果否定了传统管理理论对于人的假设，表明工人不是被动的、孤立的个体，他们的行为不仅仅受工资的刺激，影响生产效率的最重要因素不是待遇和工作条件，而是工作中的人际关系。据此，梅奥提出了自己的观点：工人是“社会人”而不是“经济人”。梅奥认为，人们的行为并不单纯出于追求金钱的动机，还有社会方面的、心理方面的需要，即追求人与人之间的友情、安全感、归属感和受人尊敬等，而后者更为重要。

（2）依赖人际沟通

正是出于人们社会需要的考虑，现代职位设计不再强调将人作为一种机器上的“齿轮”，而是关注人们的身份和情感。为了满足人们的社会需要，就必须依赖于人际沟通，发挥组织成员的潜力，促使组织成员在实现组织目标的同时，满足个人目标的需要。值得注意的是，人们的需要还具有层次性，在职位设计的过程中一定要注意满足员工较高层次的需要，调动员工的积极性，使之为了实现这种需要不断努力地工作。

（3）关注组织承诺

特纳（Turner）和劳伦斯（Lawrence）在20世纪60年代中期，从员工偏爱复杂而富有挑战性的工作这一假设入手，用六个任务特征来界定工作的复杂性，以及组织承诺的重要性：①变化性；②自主性；③责任；④所需知识及技能；⑤必要的社会交往；⑥可选择的社会交往。

组织承诺（organizational commitment）是指员工对组织的归属、认同、忠诚和投入的程度。高组织承诺意味着一名员工：愿意继续作为组织的一员；认可组织的价值观和目标；愿意付出高水平的工作努力。组织承诺是处于组织层面的。现代职位设计更多地关注于组织成员的主观感受。研究表明，组织承诺同好绩效、低离职率和低缺勤率之间有正相关关系①，因而越来越受到现代职位设计的关注。

3.职位再设计

当代职位设计开始关注**职位再设计**（job redesign），职位再设计需要遵循一定的原则，目前来看主要有工作轮换、工作扩大化和工作丰富化等方式。

（1）职位再设计原则

如果需要对组织成员对于工作意义的理解施加影响，那么就应当注重对于原有工作意义的重新开发，这种再设计的目的应当以提高员工的积极性和工作满意度为中心。图10-3所示的模型可以从一个角度解释这种观点。

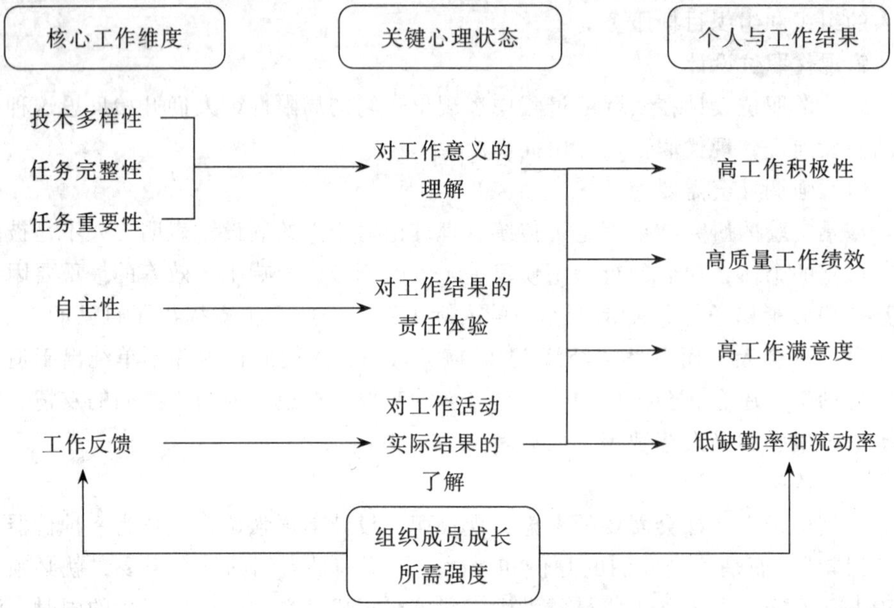

图10-3 职位再设计的分析模型

该模型指出，员工会根据交往对象提供的社交暗示来决定采取什么样的态度与行为，所以，管理者不仅要重视工作的客观特性，还要重视员工对自己工作的主观看法。工作的意义在于对于工作的理解；人们并不是对客观工作本身，而是对自己主观认识中的工作做出反应。上述模型还给出了工作者潜能激励公式：

激励潜能分数=自主性×反馈×（技能多样性+工作同一性+任务重要性）÷3

（2）工作再设计方式

按照上述思路，管理者重新设计或改变组织成员现有的工作构成，可以采取

① 鲁森斯．组织行为学［M］．王垒，等，译校．9版．北京：人民邮电出版社，2004.

下列方案：

①工作轮换。

如果员工的工作过于例行化，那么可以选择**工作轮换**[①]（job rotation）这种替代方法。当一项工作不再具有挑战性时，组织成员可以轮换去做另一项工作，通常这些工作处于同一水平，技术要求也非常相近。

②工作扩大化。

工作扩大化（job enlargement）这种横向拓展工作的思想是通过增加员工完成任务的数量和变化性，使得工作本身更具多元化。

工作扩大化虽然克服了由于工作过分专门化而造成的缺乏多样性的问题，但它并没有给员工的活动带来挑战性和意义感。工作丰富化的引入正是为了克服工作扩大化的缺陷。

③工作丰富化。

工作丰富化（job enrichment）指的是对于工作纵向扩展，它增强了员工对于工作在规划、执行和评估方面的控制程度。以丰富化为特点的工作会有机结合各项任务，从而使员工从事一个完整的活动，它增加了员工的自由度和独立性，增强了员工的责任感，并能及时提供反馈信息，使员工能够及时评估自己的绩效，并在必要时做出相应的修正。

补充资料：胜任力模型

本章小结

从本章开始，本书的研究范围进入组织层面，上一章提到的权力使得群体发展为组织，具体是通过建立了一套制度，即由权力保障的行为规范。组织是什么，组织有哪些特征，是本章首先需要介绍的内容。组织是人们自觉建立的任务群体，以稳定的分工、明确的制度、正式的职权和清楚的边界为特征。

这其中有着不同类型的组织，我们需要明确的是，作为商学课程的基础学科，组织行为学重在研究分工协作的经济组织。现实中，不仅存在着正式组织，更存在着大量的非正式组织，后者的作用和功能是值得人关注的。

组织结构是组织的重要属性，也直接决定着组织成员的行为模式，因此需要加以详细地阐述。在进行组织结构设计时，必须考虑的关键因素包括：工作专门

---

① 现在很多人也称之为交叉培训法。

化、部门化、命令链、控制跨度、集权与分权、正规化。

组织中工作任务同组织成员的结合，其中结合的方式表现为职位工作，人们在组织中的主要活动也正是这种职位活动。进行职位设计要对工作结构、工作感受以及工作状态三者进行综合考虑，注重组织成员对职位的感受和评价，以此提高其工作积极性。

核心概念与关键术语

核心概念

组织　组织特征　非正式组织　非正式组织作用　组织结构　组织结构类型　职位界定　职位设计　现代职位设计　职位再设计

关键术语

组织（organization）　非正式组织（informal organization）　组织结构（organizational structure）　工作专门化（work specialization）　部门化（departmentalization）　命令链（chain of command）　控制跨度（span of control）　集权化（centralization）　分权化（decentralization）　正规化（formalization）　工作特征模型（job characteristics model）　组织承诺（organizational commitment）　职位再设计（job redesign）　工作轮换（job rotation）　工作扩大化（job enlargement）　工作丰富化（job enrichment）

思考题

1.什么叫组织？它与群体有什么区别与联系？

2.组织是怎样产生的？组织成员具有什么特点？

3.组织分类有什么意义？划分组织类型的标准有哪些？

4.什么叫组织功能？不同功能的组织如何影响组织成员动机？

5.什么叫组织效率？与组织成员有什么关系？

6.什么叫职位设计？其分析思路是什么？

7.为什么交往关系分析是职位设计的关键？

8.简述职位工作设计的分析模型。

第11章 工作情境

学习目标

通过本章的学习，您应当掌握：

1.员工行为选择的要求

2.员工行为选择的矛盾及处理方式

3.工作压力的性质

4.工作压力的产生

5.工作压力的应对方式

6.工作满意度的定义及测量

7.工作不满意的结果及改进

引　例

健康换事业

一项针对北京、上海、广州、深圳等全国主要城市数千名白领的网上调查显示，北京白领的工作负荷量最高，有15%的白领已处于“过劳”的状态。无独有偶，几大协会针对IT人、企业高管、记者、交警、律师等过劳人群的生存状态、患病因素等课题进行为期两个月的调查发现：

症状一：疲乏综合征

某证券公司的资深分析师林先生每天几乎要在办公室里待10小时以上，近来他在工作时经常感到浑身无力，虽然每天晚上尽量不再熬夜，但总觉得自己打不起精神，工作也不像20多岁的时候那么有干劲了，注意力很难集中起来，有时还会觉得胸闷。上班累，下班更累，他几次去医院检查身体，但都查不出什么毛病。只是自己始终感觉身体不对劲，问了一下周围的人，不少人都或多或少有同样的症状。专家指出：调研显示，由于长时间的工作，脊椎疾病是白领中的常见病；由于压力还经常产生失眠与血压问题。

症状二：电脑狂暴症

小张现任一家大型软件设计公司的工程师，已经30出头的他为了一个大型项目经常熬夜加班。最难熬的还不是加班，而是碰上了技术上的硬钉子。小张谈到自己工作的时候抱怨道，“更要命的是，公司的电脑经常因为‘不堪重负’而死机。所有正在操作的数据都没了，那种感觉真是抓狂！有时候我真想把电脑从29楼的窗户扔下去！”其实，像他这样在电脑发生故障后，会产生严重的焦躁不安的情绪，并将怒火发泄到电脑上的症状，在白领中大有人在。这种症状被称为“电脑狂暴症”。专家建议：造成目前白领遭遇“过劳”的主要原因在于较大的工作负荷，而且不少白领工作时还往往面临资源紧缺、经验和人际沟通经验的不足，这更会加重完成工作任务时的压力感。工作压力对心血管系统、行为和心理均会造成影响，比如血压上升、冠心病、睡眠障碍；自尊心受挫、工作满意感降低和缺乏工作动力等。

“办公室压力症候群”在蔓延

鼠标手、腰颈椎疼痛、胃病和失眠、易怒、焦虑等这些症状在白领中早已见怪不怪，现在由不良工作习惯、作息饮食习惯引起的“办公室压力症候群”已经在白领中非常普遍。调查发现，白领在办公室中普遍存在不良的健康问题，腰痛、颈痛或背痛，睡眠问题，头痛头晕，胃痛和消化不良等生理症状已经成为白领最为常见的办公健康问题，其中有53%的白领有不同程度的腰疼、颈痛或背痛，而49.3%的白领认为自己存在睡眠问题，有头痛头晕症状的比率也达43.4%。其中广州白领的腰痛、颈痛或背痛情况严重，北京白领的睡眠问题相较其他城市更为严重。另外，在心理方面，不当的应对策略也导致个体的焦虑、抑郁、疲劳、人际沟通不畅等问题产生，而往往身心两方面还会相互影响，使得情况更为糟糕。

资料来源　佚名. 白领常见两大职业病必须重视，北漂白领超15%“过劳”！[EB/OL].[2018-05-30]. http：//baijiahao.baidu.com/s？id=1563281528738061&wfr=spider&for=pc.

【思考】

1.为什么这些白领会存在着用健康换事业的行为，同个体行为相比有什么特点？

2.案例中提到的工作压力应当如何理解，它是如何产生的，有什么影响？

3.除了工作压力，员工还会有怎样的工作感受，如何表现的？

本章提要

在正式组织中，组织成员的活动本质上是职位工作行为，受到技术关系和人际关系双重约束。上一章中详细地介绍了组织中职位设计的内容，这是从组织的角度安排组织活动，从另一个角度看如何使组织成员理解和认同自己的职位要求，发挥自己的工作能力，通过工作价值的体验获得工作成就感，提高工作积极性，对于组织和个人都具有极为重要的意义。为此，必须探讨组织成员的行为选择特点、员工在组织中的工作压力，以及通过工作获得的体验和满意度。

11.1 员工行为

员工是正式组织的基本成员；作为员工，其行为的主导因素是组织中的职位要求，同时不可避免地受到自身个体特点的影响。职位要求与员工个体要求之间的关系，构成员工行为选择的基本情境，影响员工行为选择的方式。在工作与生活实践中，员工行为选择是一个极为复杂的过程，其根源在于组织与个体之间的矛盾统一关系。这种矛盾既可能发生在个人之间，也可能发生在个人内部或者群体之间，需要深入把握。

11.1.1 员工行为选择

员工的行为选择，是在一定制度的约束下，进行的职位活动，具有其特殊的特点，表现在组织对于员工的行为选择有着特定的要求。

1.员工行为选择的要求

组织成员在组织中的特点是：制度的约束性、身份的非个性、行为的单向性。

（1）制度的约束性

前面已经分析过，当群体中引入制度时，组织就产生了。那么组织成员与群体成员的一个较大的区别就是，组织成员要受到制度的约束。因为组织成员受到制度的约束，所以其行为不再是个体的行为，而是代表组织。在组织中，你该做什么，不该做什么，应该怎么做等，有一系列的规章制度规定组织成员的行为。在未加入组织之前允许的行为，加入组织后就可能不允许了，要受到约束。因此，人们加入组织之前应当考虑是否愿意受到组织制度的约束。

（2）身份的非个性

在组织中，人们的行为不是个性化的体现，而是根据在组织中的角色界定，履行与角色相符合的权力和责任。处理组织中的关系时体现的不是个人与个人的关系，而是组织中的角色之间的关系。“尽管人是行为的担当者，但从研究协作体系的重要方面来看，行为却并不是个人性的，行为的性质决定于体系的要求或对体系有重要影响的事物。”

（3）行为的单向性

组织成员的单向性是由制度的约束性和身份的非个性共同决定的。从组织外部的角度来说，组织成员代表的是组织身份，其行为是规定的行为。这种行为模式都是管理者给成员布置的内容，而没有过多的正式的反馈途径。通常表现为组织规定，成员执行，没有过多的交互作用。

2.员工行为的影响因素

员工行为受到多种因素影响，需要从组织、群体、个体三个层面来分析。

(1) 组织因素

员工行为首先受到组织因素的影响，尤其是组织结构和职位安排。组织结构是对任务的分界，围绕组织总体目标搭建分工协作的体系，对组织中的个体行为决策产生重要影响。组织结构强调对任务的分解，职位安排则更强调人与工作的衔接。二者的共同特征是制度化程度极高。也就是说，这两种因素通过强制力约束组织成员的行为选择，是影响员工行为的最重要因素。

(2) 群体因素

在正式组织中，群体也是不可忽略的影响因素，调节着组织成员的行为。非正式组织作为组织中的群体，会引导人们的行为选择方式，调节组织因素的影响效果。

自梅奥等人开展霍桑实验以来，人们就意识到正式组织并非完全是理性的任务组织，同时也是一个自然系统，与人们的情感和需要相关。而非正式组织正是维持组织凝聚力的重要因素。如果规章制度没有群体基础，这项制度就难以实施。

(3) 个体因素

员工行为直接体现为个体行为，因此必然受到个体因素的影响。最为典型的例证是，即使是在同样的制度环境中，不同组织成员的行为仍然表现出异质性。因此，理解个体行为的基本机制，把握个体的动机状况和个性特征，能够加强个体与组织和职位的匹配，更好地调动员工积极性，整合员工的工作努力。

11.1.2 员工行为选择的矛盾

员工行为选择的矛盾，是指员工作为个体所进行的行为选择同制度规定之间出现了不一致的情况。员工行为矛盾可以划分为：个体心理内部矛盾、个人之间的矛盾、群体关系的矛盾。

1. 个体心理内部矛盾

虽然很多角色矛盾来自于员工的上级主管或同事向他（她）传递的冲突期望，但是当个体充当的不同角色产生矛盾时，个体内部也可能出现角色矛盾。例如，一个团队管理者可能既把自己看作负责保护和扩大团队资源的团队管理者，又把自己看作负责降低运营成本的执行班子中的一员。这种情况下就会引起个体内部的矛盾。

个体内部矛盾发生于个人内部，通常涉及某种形式的目标、认识、情感矛盾。当一个人的行为将导致互相排斥的结果时内部矛盾就被引发，内部紧张和心灰意冷同时产生。例如，一个即将毕业的高年级学生可能不得不接受不同的挑战，在报酬、保障和地位之间做出决定。做出这类决定可能会引发三个基本类型的个人一个或多个目标矛盾。

接近——接近矛盾意味着个人必须在两个或三个选择中做出选择。每个选择应有一个积极的结果（诸如在表面上具有相同吸引力的两个工作之间做出一个选择）。

回避——回避矛盾意味着个人必须在两个或更多的选择中做出选择，每个选择都有消极结果（诸如相对低的工资或经常的外地旅行）。

选择——选择矛盾意味着个人必须决定是否做某件渴望产生积极或消极结果的事情（诸如接受一个地理位置相对偏僻的好工作）。

日常决策常常涉及对个人内部矛盾的解决。然而，它的强度一般在下面的一种或更多的条件下增加：①可得到几个现实的可选择的行动方式用来处理矛盾；②可选择的行动方针的积极和消极结果大致相等；③矛盾的来源对个人很重要。

具体来说，个体内部矛盾主要是由于受到认知不协调、神经质倾向两个方面的影响。

（1）认知不协调

个人内部矛盾可能也是认知不协调的一个结果，这种不协调产生于个人认知，使他们的思想或行为不一致。大量的不一致通常是有压力的和令人不舒服的，但是，大量的不舒服通常会激发一个人减少不协调以取得平衡。平衡的取得常常是靠：①改变想法或行为；②获得更多有关不协调问题的信息。目标矛盾和认知矛盾常常伴随着许多重要的个人决策。决策前的目标矛盾越大，决策后的认知不协调就可能越大。个人感到不协调，因为他们知道所接受的选择具有消极结果，所拒绝的选择具有积极结果。在实现最初决策时的困难越多，他们对事后证明决策是否有道理的需求就越大。一些认知不协调是无法避免的。

（2）神经质倾向

神经质倾向是个人使用的不合理的个体机制，常常是无意识的——它能造成内心矛盾。反过来，内心矛盾常常导致产生与别人矛盾的行为。我们有必要了解一下，那些具有强烈神经质倾向的人在工作场所中思考和表现的几种方式。神经质管理者过多地使用严格的组织控制（预算、规则与规定以及监督系统），因为他们不信任他人。他们常常害怕不明确的风险，不信任他人。神经质管理者常常被迫计划和统一它们部门的运作的每一个细节，强调规则和程序。还有的则行动过于大胆和冲动，他们凭着一时的念头和印象而不是现有的事实和忠告来行动。这类管理通常不参与决策和协商，除非被某个高级权威要求这样做。

具有强烈神经质倾向的个人不能成功地设法处理个人内部矛盾，无法解决他们自己的问题。他们产生过多的不信任，尤其是当他们逐渐感觉受到微观管制以及和下属发生矛盾时。对神经质倾向的领导的一个共同反应是公开的或是隐蔽的寻衅和敌视。

2.个人之间的矛盾

个人之间的矛盾对于许多人来说，是一个严重的问题。因为矛盾会极大地影响到个人情绪。每个人都有保护自我形象和自我尊严免受他人伤害，而当自我概念受到威胁时，严重的混乱就会出现，良好的关系也会被破坏。这有时是因为两人的脾气不合和个性矛盾。但有时，矛盾产生于沟通的失败或直觉的差异。

一名员工因与另外一个部门的员工发生矛盾而心烦意乱。在前一个员工看来，矛盾是不可能解决的。但是当公司顾问从整个组织的角度出发，对两个员工的不同组织角色做出解释后，前一个员工的直觉就发生了变化，而矛盾也就消失了。

个人之间的矛盾指的是两个或更多，以相反方式看待行为、态度或所追求目标的个人。正如个人内部矛盾一样，许多人际间的矛盾也是基于某种类型的任务冲突或任务模糊。

（1）任务冲突

前已述及，角色是其他人期望一个人在做一项工作时应该履行的一组人物角色或表现的一系列行为。

如图11-1所示，说明了一个任务冲突的模式，包括任务发送者和焦点人物。任务发送者是对焦点人物如何表现抱有种种期待的个人。一个任务过程开始于信息发送之前，因为任务发送者对焦点人物的行为有期盼、觉察和评估。这些归因反过来影响发送者发送的实际任务信息。焦点人物对这些信息和压力的觉察可能直接导致任务冲突。任务组是向焦点人物直接发送任务的群体。一个任务组可能包括雇员的管理者、其他组员、亲密朋友、直接家庭成员和所服务的重要客户。

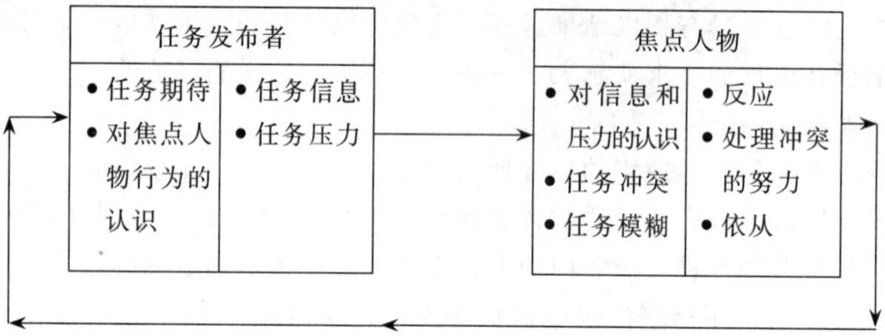

图11-1　任务冲突示意图

由于来自任务组不一致的信息和压力，可能产生四种类型的任务冲突：任务发送者内部冲突、任务发送者之间的冲突、任务间的冲突和由此引发的个人与角色的冲突。

（2）任务模糊

任务的模棱两可指的是角色的不明确。如同任务冲突，严重的任务冲突和任务的模棱两可可能会造成紧张并引发随后的调整行为。这些调整行为常常包括：①过分的行动和敌对性交流；②退却；③接近任务发送者或发送者们试图共同解决的问题。

3.群体关系的矛盾

群体关系的矛盾。例如，不同部门之间的矛盾也会带来很多问题。总的来说，这种矛盾有些像青少年团伙间的争斗，每个群体致力于在暗中破坏对方，争取更多的权力，提高自己的形象。矛盾常因为诸如观点不同、群体忠诚、资源竞争之类的原因而产生。资源在任何一个组织中都是有限的——并且随着组织努力增强竞争力而越来越紧张。既然多数群体感到它们所需要的要大于他们所得到的，只要是资源有限的地方，就会萌生群体关系矛盾的种子。例如，生产部门想要效率更高的新的机器设备，而销售部门想要扩大自己的销售力量，但是，目前的资源却只能满足一个部门的需要。这时就很可能引起生产和销售部门间的矛盾。

群体关系的矛盾指的是群体或团队间的对立和冲突，它常常发生于工会-劳资关系中。在极端的竞争和冲突条件下，各方相互间产生的态度的特点为不信任、僵硬，只注重自我利益，不倾听对方的意见等。其包括四种类型：

（1）垂直矛盾

一个组织中的不同层次的雇员间矛盾。它多发生于上级试图过分严格地控制下属。下属可能抵制，因为他们认为这些控制会过多地侵犯他们履行工作的自由。垂直矛盾还可能因为交流不充分、目标矛盾或因信息和价值观念缺乏一致认识而产生。

（2）水平矛盾

一个组织内同一等级的雇员群体关系的矛盾称为水平矛盾。它常发生于每个部门或团队只为各自的目标奋斗，不考虑其他部门和团队的目标，特别是当这些目标不一致时。不同部门和团队中的雇员截然不同的态度也可能导致矛盾。

（3）线路-职员矛盾

针对权威关系产生的矛盾常常涉及线路-职员矛盾。多数组织由职能部门来协助制定路线。线路制定部门的管理者负责创造公司的一部分或全部商品和服务。工作人员常常服务于一个需要专业知识的控制性职能部门。他们还可能规定方法，部分地控制线路部门管理者使用资源；同时，线路管理者们常常认为工作人员降低了他们合法的权威，实际上是指导生产任务。线路管理者们认为工作人员降低他们对工人的权威，他们发觉，由于职员的参与，他们的权威比他们的实际责任少。

（4）多元化的矛盾

严重的团队矛盾可能产生于工作队伍多元化，基于多元化的矛盾类似于种族、性别、民族和宗教等棘手的矛盾，可能包括矛盾的全部层次——个人内部的、个人之间的、团体内部的、团体间的和组织间的。

11.1.3 员工行为选择矛盾的处理

组织需要人们一起工作和相互沟通，在理想状况下，这种人际关系应是高生产效率的、合作性的和令人满意的。但实际上，并非如此。几乎每种工作关系都将不断产生某种程度的矛盾。矛盾是建设性的还是破坏性的取决于矛盾双方的态度和技巧（亦即时间压力和资源短缺）。矛盾是人们之间在所要达到的目标或实现目标的方法上存在的分歧，而发生在人际间的过程。无论是在组织中的何处，不同利益主体间的矛盾都是不可避免的，有时，矛盾的数量是相当可观的。一项调查表明，管理者估计要用20%的时间来处理矛盾。他们或者是矛盾的直接参与方，或者是努力解决两个或多个员工之间矛盾的调停人。

总之，无论是哪种情况，掌握解决矛盾的方法都是很重要的。解决矛盾的具体方法有以下几种：结构法、沟通法和引导法。

1. 结构法

运用结构法解决的矛盾主要是那些组织中因为存在结构问题而引发的矛盾。研究表明，管理中经常发生的矛盾，绝大多数是由组织结构的差异引起的。由于分工造成组织结构中垂直方向和水平方向各系统、各层次、各部门、各单位、各不同岗位的分化，组织愈庞大、愈复杂，组织分化愈细密，组织整合就愈困难。由于信息不对称和利益不一致，人们在计划目标、实施方法、绩效评估、资源分配、劳动报酬、奖惩等许多问题上都会产生不同看法，这种差异是由组织结构本身造成的。为了本单位的利益和荣誉，不少管理者甚至把挑起这种矛盾作为自己的职责，或作为树立自己权威的手段。几乎每位管理者都会经常面临着与同事或下属之间的矛盾。因而在解决矛盾时，就可以因情况制宜地在组织结构上稍作修整。

2. 沟通法

沟通差异是由于文化和历史背景不同，语义困难、误解以及沟通过程中的“噪声”的干扰等造成的人们之间意见的不一致。沟通不良是产生这种矛盾的原因，但不是主要的。企业领导者除了修正结构外，也会经常地向矛盾的双方讲解公司在处理这类事情上的方法。作为企业的管理者在处理内部冲突时必须与矛盾双方充分地进行沟通。

3. 引导法

有效的管理者在化解矛盾时经常采用以下几种引导型方法：

（1）谨慎地选择想处理的矛盾

管理者可能面临许多矛盾。其中，有些矛盾非常琐碎，不值得花很多时间去处理；有些矛盾虽然很重要，但不是自己力所能及的，不宜插手；有些矛盾难度很大，要花许多时间和精力，未必有好的回报，不要轻易介入。管理者应当选择员工关心的、影响面大，对推进工作、打开局面、增强凝聚力、建设组织文化有意义、有价值的事件，亲自抓，一抓到底。对矛盾事必躬亲的管理者并不是真正的优秀管理者。

（2）仔细研究矛盾双方的代表人物

是哪些人卷入了矛盾？矛盾双方的观点是什么？分歧在哪里？双方真正感兴

趣的是什么？代表人物的人格特点、价值观、经历和资源因素如何？

(3) 深入了解矛盾的根源

不仅了解公开的、表层的矛盾原因，还要深入了解深层的、没有说出来的原因。矛盾可能是多种原因交叉作用的结果，如果是这样的话，还要进一步分析各种原因的强度。

(4) 妥善地选择处理方法

通常的处理方法有五种：回避、迁就、强制、妥协、合作。当矛盾无关紧要时，或当矛盾双方情绪极为激动、需要时间恢复平静时，可采用回避策略；当维持和谐关系十分重要时，可采用迁就策略；当必须对重大事件或紧急事件进行迅速处理时，可采用强制策略，用行政命令方式牺牲某一方利益，事后再慢慢做安抚工作；当矛盾双方势均力敌、争执不下需要采取权宜之计时，只好双方都做出一些让步，实现妥协；当事件十分重大、双方不可能妥协时，应通过开诚布公的谈判，采用对双方均有利的合作，或双赢的解决方式。

11.2 工作压力

员工的自觉能动性主要体现在对于工作的态度上。工作压力是一种典型的工作态度。工作压力是职位工作者在工作过程中产生的精神焦虑，体现为因工作而出现的紧张和不安；工作压力对于工作态度和工作绩效有直接影响，制约着组织成员的行为动机。

11.2.1 工作压力的性质

工作压力（work stress）是组织成员的一种常见的心理状态，把握这个概念，需要从工作压力的定义出发，能够说明哪些是工作压力而哪些不是，接着了解工作压力的特点，最后我们将介绍工作压力在实际工作中的具体表现。

1.工作压力的含义

对于工作压力有着很多种解释，同样也存在很多争论，但是伊万舍维奇（Ivancevich）和麦特森（Matteson）把压力简单地视为“个体和环境的交互作用”，然后继续详细定义压力在工作方面的含义“一种适应性反应，受个体差异和心理过程的调节，以及一系列导致了极端的心理或生理需要的任何外部（环境的）行动、情境和事件”[①]。

本书认为，工作压力是工作态度的一种，正如第4章中提到的，工作态度是人们对于工作相关状况的感受，反过来也会作用于员工的行为动机。

需要注意的是，压力并不是简单的焦虑。焦虑仅仅是情绪和心理范围的变

---

① 鲁森斯. 组织行为学 [M]. 王垒，等，译校. 9版. 北京：人民邮电出版社，2004.

化，而压力还会引起生理上的变化，因此，压力常常伴随着焦虑，但二者并不相同。

压力也不是简单的神经紧张。和焦虑一样，神经紧张可能是由压力带来的，但是二者并不相同。无意识状态下人们会表现出压力，但有些人能够很好地控制而不表现出来。

2. 工作压力的特点

工作压力具有如下的特点：

（1）工作压力是一种心理不平衡的状态

通常而言，工作压力体现着人们对于职位所要求的责任完成的一种期望同现实产生了差距后的一种不平衡状态，它往往产生于组织中行为选择的约束性或者自身能力的有限性，同组织制度对于员工行为目标要求之间产生的差异，即工作压力是一种因为期望实现工作要求而产生的心理不平衡的状态。

（2）工作压力的作用有积极和消极两面

工作压力往往被视作一个贬义词，如老板正式批评某个员工的工作绩效，导致这名员工十分苦恼；然而，工作压力也有好的方面，如一个员工得到了晋升，也会使他感受到压力，但它引发了员工积极的一面，这是良性压力的一种形式，可能给员工带来了工作的动力，促使员工做出卓越表现的行为。

3. 工作压力的表现

过高的工作压力对个体的影响可以从三方面反映出来：心理上、行为上以及身体上。①

（1）心理症状

实际上工作不满意是过度工作压力“最简单和最明显的心理影响后果”。不过，压力本身还在其他心理状态表现出来，如紧张、焦虑、易怒、情绪低落、缺乏自我控制力。

有研究表明，当工作对于个体要求具有多向性而且相互冲突时，或者在职者对于工作职责、权限和内容不明确时，压力感和不满意感都会增强。与之类似，对工作的节奏越是缺乏控制力，则人们的压力感和不满意感也越强，虽然在此方面还有待更多研究来证实它们的关系，但现有事实已经表明，如果一项工作所提供的多样化、重要性、自主性、工作反馈和认同感均较低时，员工的压力感会增强，对工作的投入也会减弱。

（2）行为症状

压力的行为症状如缺勤、离职、烦躁、嗜烟酒、生产率下降、言语速度加快、睡眠失调等。但从金钱的角度来讲，这种工作压力的代价是很大的。

大量的研究表明了工作压力同工作绩效之间的关系，最为广泛引用的是倒U

---

① 罗宾斯．组织行为学［M］．孙健敏，李原，译．10版．北京：中国人民大学出版社，2005.

形关系，如图11-2所示。

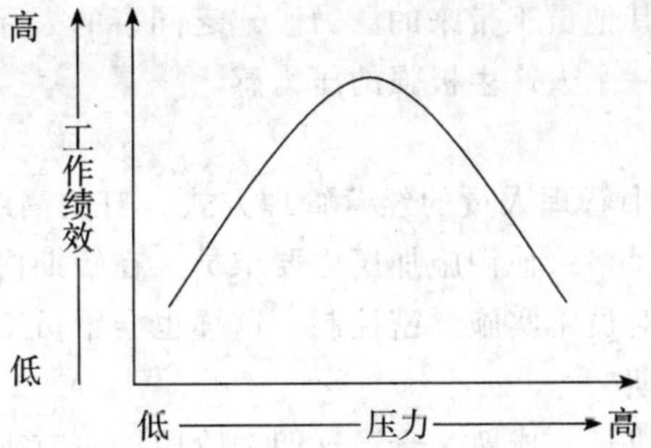

图11-2 工作压力同工作绩效的关系

该理论认为，当压力处于中低水平时，它会激活集体并增强其反应能力。此时，个体的工作会做得更好和更快。但是过高的压力水平会导致员工的工作绩效降低。另外，即使中等水平的压力，经过长时间的作用后也会带来负面影响。

（3）生理症状

大多数关于工作压力的研究最早关注的是其生理症状。压力感在身体上产生的消极后果是各种生理上的不适，如抑郁症状、严重头疼、头晕、疲劳、炎症等，还可能会引起心血管系统、内分泌系统的失调。

压力感与特定的生理症状的联系尚不明确，这主要是因为症状的复杂性，以及对其进行客观测量的难度。

11.2.2 工作压力的产生

既然工作压力会给组织成员带来这么多的影响，那么就有必要弄清楚究竟是什么原因导致了工作压力的产生。其中组织因素和个体因素是两个基本方面。

1.组织因素

组织是由一群个体组成的，同时组织也会对组织成员的行为选择产生很大的影响。因此组织因素是导致员工工作压力的一个主要原因。

（1）任务要求

任务要求是那些与个人工作有关的因素，包括个人工作的设计（工作自主性、任务多样性、自动化程度）、工作条件等。例如，当装配线的运行速度过快时，会给员工带来压力。

（2）角色要求

角色要求是指由于个体在组织中扮演特定的角色而带给他的压力。当一些期望难以协调或难以满足时，角色冲突就会产生；当个体被期望做更多的事而没有足够的时间时，角色的过度负荷就会产生；当角色预期不够清楚明确，员工又不知道自己该做什么的时候，角色模糊感就会产生。

（3）人际要求

人际要求是指由其他员工带来的压力。缺乏同事的人际支持或与同事之间的关系紧张，都会使得一个人产生极强的压力感。

（4）组织领导

领导代表了组织中管理人员的经营管理方式，有的高级主管建立的是紧张、恐惧和焦虑为特点的风格：他们施加压力要求员工在短期内达到某个看起来不可能实现的目标，他们对员工实施严密控制，这样也会给员工带来工作压力。

（5）组织生命周期

组织也有创建、成长、成熟、衰退这四个阶段。研究表明，创建和衰退阶段给员工带来的压力最大。前者以大量的新鲜性和不确定性为主要特点；后者通常伴随着生产规模不断缩小、裁员不断出现，也是一种不确定性；相对而言，组织在成熟阶段员工的压力最低。

（6）组织结构

组织结构界定了组织中的层级水平、规章制度和决策方法。这些因素都会影响员工的行为选择，可能给他们带来压力，这部分内容会在后面的小节中单独介绍。

总之，组织因素会通过影响个体的行为动机给员工带来压力。通常来说，都是影响了员工的预期、行为选择空间或者增加了认知的难度，提高了不确定性等方式使员工感受到了压力。

2.个体因素

就个体而言，心理压力总是与限制和茫然相联系的，前者阻碍一个人去做自己想做的事，后者使一个人丧失对事物的渴望。潜在压力变成现实压力的条件：活动结果具体、重要，而且具有不确定性。

（1）需要的茫然性

需要是行为动机产生的基础。个体加入组织，就是因为组织能更好地满足个体的需要，因而才能做出具体的行为目标，进行行为选择，但是一旦个体对于其用什么来满足需要不能确定，行动无具体的目标，则无法进行行为选择，此时，工作的压力就产生了。

（2）条件的约束性

仅仅明确了需求还不够，当个体认为组织对于满足其需要的条件是不足、有障碍时，工作的压力也会产生。这种情况在具体的工作情境中非常常见，因为组织行为学讨论的主要是经济组织，是追求经济效益的，因而必须考虑成本，这使得成员的行动选择受到有限资源的约束，包括财力、物力、权力等，都可能无法满足员工的需要。这无疑使压力的产生成为必然。

（3）预期的有限性

当个体对于行为选择的结果不能确知，即有风险时，会产生工作压力。预期同现实可能是相差甚远的。[①]这种差异不仅仅是由于无法预见的后果造成的，同时也是由于个体知觉的选择性和组织性造成的。也就是说，由于受到个体知觉的限制，人们不可能准确地进行预期，而这种局限性会给行为选择带来茫然失措感，因而产生压力。

（4）操作的可能性

当个体不能有效地实施行为决策时，工作压力同样会产生。前已述及，人们作为一种行为主体，本身就受到物的、生物的和社会的限制，随着组织因素的加入，人们会进一步受到限制，因而备选行为会变得非常有限，很多备选行为甚至根本不会进入评价阶段，因为人们根本就没有想到。这种操作上的可能性会进一步导致人们在行为选择上的局限，因而会产生压力。

11.2.3 工作压力的差异

不同个体面对同样工作情境会有不同的工作压力，为什么会不同呢？从根本上来说这是由于人们需要、能力、知觉与价值观的不同。

具体而言可以从个体的工作经验、人格特质、人际关系来考察。

1.工作经验

研究表明，工作经验倾向于与工作压力呈负相关。其中的原因有两方面的解释：一种解释是，人们可能在体会到更大压力之前主动选择辞职，因此在组织中工作时间越长的员工，越是那些抗压素质较高的员工，或者是对自己组织的压力抵抗能力较强的员工；另一种解释是，人们能够培养和发展出一种抗压机制，但是需要一定的时间，所以组织中经验丰富的员工抗压能力较强，压力感较轻。

2.人格特质

在介绍人格特质时我们介绍了控制点理论，通常内控者会认为自己可以控制自己的命运，而外控者认为命运受外部力量的主宰，因而同内控者相比，更易产生压力感。内控者倾向于认为自己可以对后果施加影响，而外控者更倾向于消极防守，产生无助感。此外，研究者通常认为A型人格更具有紧迫感，因此，他们也会面临更多的工作压力。

3.人际关系

人际关系，也就是个体与同事或上级的融洽关系。研究表明这种融洽的关系能够减少工作压力，所以如果个体拥有广泛的社会支持，那么其工作状况也能更好地被他人理解，因此，工作压力就会减少。

11.2.4 工作压力的应对

尽管工作压力并不会完全带来负面影响，但毕竟会影响到个体的行为选

① 西蒙. 管理行为［M］. 杨砾，韩春立，徐立，译. 北京：北京经济学院出版社，1988.

择，因此需要采取一定的措施，总体而言，可以采用组织和个人两种途径进行应对。

1.组织途径

组织应承担它在减轻工作情境中的压力和这些压力对员工的行为、情感、绩效方面的负面影响的责任和义务。

（1）合理的人力资源配置

从组织因素看，降低压力水平的努力始于对员工的甄选。企业应确保选中的人员具有与职位要求相适应的能力。要是员工觉得工作超过其能力所及，那么他们势必要承受高水平的压力。同时，组织应识别员工的人力资源特点、职业锚类型和所处的压力环境，使三者能合理匹配，以提高员工的绩效。认知资源的有效利用与压力条件及个体压力体会有直接的联系，而不同职业锚类型的个体压力体会有所不同，因此在个体所处的不同职业锚阶段，或者针对不同职业锚类型的个体，进行不同的人力资源配置，或者采用不同的培训方法，这对于最大限度地利用个体的认知资源是十分重要的。管理锚的个体体会到的人际压力比较大，而在高压力情况下个体倾向于利用经验。因此，在管理职位上安排经验比较丰富的人，容易取得较好的绩效。或者对有管理锚取向但经验不足的个体，采用降低人际压力的培训方法，也有助于绩效的提高。竞争压力对管理锚类型智力与绩效的关系有正面作用，因此对这一类个体适度营造竞争气氛，有助于绩效的提高。

（2）压力源管理

组织应关注、调查和分析员工体会到的压力及其类型，识别这些压力产生的根源及相对重要性，拟订并实施针对性的压力减轻计划，最后评估计划的执行结果。在很多情境下，组织对于减轻员工的工作压力还是大有可为的。比如环境压力，主要是由于不良的工作条件造成的，如果一个车间的设备设施布置得太拥挤，员工有可能会感到压抑而产生厌烦情绪，降低工作绩效。组织可以通过改善设备的布置格局，播放背景音乐等措施，使员工在工作中体验到愉快的情绪，从而提高工作绩效。同时，组织应该评价这些措施的执行结果，以确保措施的有效性。

（3）适应性培训

组织在分析员工的压力体会和压力类型后，既可以从上述压力源管理角度来缓解压力，也可以通过培训增强工作压力的承受能力来减轻员工的压力体会。对员工进行知识、技术、技能的培训来增强其对任务的胜任力，以减轻其对任务压力的体会。另外，通过专家指导下的敏感性训练等，提高员工的沟通能力和人际交往能力，也可以减轻员工的人际压力。

2.个人途径

除了组织方面的努力，个人也应当担负起减轻自己工作压力的方法，尝试着减少这种影响。

（1）情境性自我管理技能

这是指个体面临压力情境，减轻最初压力反应的技能。这种技能包括认知重构、运动和呼吸训练等。个体可以通过改变假设来缓解压力体验。比如面临意外的失败，想到失败可能会带来的种种后果，个体会感到很大的压力。如果能改变假设，把这次失败看成是工作中的一个小事件，或是成功过程中常见的一次挫折，心存感激地接受失败带来的教训以及不同的工作体验，多思考明天应如何做以取得成功，那么个体的压力体会就会减轻很多。另外，当个体面临很大的任务挑战时，也可以通过运动放松和呼吸训练来减轻压力。

（2）更新性自我管理技能

这是指个体在已经感觉到承受了很大的压力时，如何从现存的精神、身体和情感的过分紧张状态恢复到乐观、放松心态的技能。这时，可采取自我建议、缓解紧张情绪训练等措施。比如个体处于很大的任务压力中，整天觉得有许多事情需要做，但进展缓慢。此时不妨学习有效的时间管理，将任务根据紧急和重要程度两个维度分类，每天安排时间首先处理紧急且重要的事情，所有的任务根据其性质采取不同的处理方式，安排相应的时间。在这些时间里不能做打电话等琐碎的事情，以免整块时间被分割而不能完成原来安排的任务。按照正确的方法进行时间管理，相信任务压力会减轻很多。再比如，如果个体遭遇很大的人际压力，可以采取向好友倾诉等方法来缓解。总之，当个体处于高压力之中，不要坐以待毙，任凭压力摧残自己的心身，而应采取积极的态度，进行并实施各种自我建议。只有减轻压力才能提高个体绩效。

（3）防范性自我管理技能

这可以增强个体的适应能力，从根本上减少过度压力反应的机会。这些工具包括精神构想、运动调节等。个体应注意自身良好的心态和正确的人生价值观的培养。人的一生不仅要追求结果，更应注重过程的体验，从细微入手，追求过程的完美，结果往往会水到渠成。即使有暂时的挫折，也应该有乐观和健康的心态。同时，努力增强自身实力，如知识、技术、人际交往等技能，可有效减少因自身能力不足而体会到很大压力的可能性。

11.3 工作满意度

与工作压力相对的是工作满意度。当员工对于职位的心理预期同自己认知的实际情况相比照时，由于实际情况不同，会产生不同的工作满意度，影响自己对于工作的态度和积极性，进而影响对于组织的承诺。了解工作满意度是什么、有何影响、怎样产生、如何测量，具有重要意义。

11.3.1 工作满意度的定义

工作满意度（job satisfaction）是组织成员对于工作的一般感受，通过对于工作的价值体验程度加以刻画，直接影响员工的工作状况。工作满意度是员工个性、工作特征、同事关系等各种因素综合作用的结果。

1.工作满意度的界定

众多学者根据研究意图的不同，对工作满意度下了不同的定义。

罗宾斯认为，工作满意度是个人实得报酬与其认为应得报酬之差距，也就是“他们所得到的”与“他们期望得到的”之间的差距。差距愈小，满意的程度愈大。

一般意义上的工作满意度，通常是指某个人在组织内进行工作的过程中，对工作本身及其有关方面（包括工作环境、工作状态、工作方式、工作压力、挑战性、工作中的人际关系等）有良性感受的心理状态。

本书认为，工作满意度是组织中员工对于工作的态度，是一种对于工作的一般感受，是对于自身情感的陈述意见。

工作满意度反映了组织成员对于职位活动的知觉同自己的心理预期相比较后的结果，它同工作压力是相对而言的，是由于这种知觉同预期相符程度较高所产生的一种情感。

工作满意度可以通过询问加以了解和描述。

工作满意度的这种性质说明了其可测量性，为工作满意度测量工具的开发和使用提供了理论前提。

2.工作满意度的解释

根据研究意图的不同，对于工作满意度有不同解释方式，可归纳成下列三种定义：

（1）一般解释

这种解释认为工作满意度是一个单一的概念，是对工作本身及有关环境所持的一种态度或看法，是对其工作角色的整体情感反应，不涉及工作满意度形成的原因与过程。本书使用的就是该定义。

（2）差距性的定义

差距性指工作满意的程度视个人实得报酬与其认为应得报酬之差距而定。也就是“他们所得到的”与“他们期望得到的”之间的差距。差距愈小，满意的程度愈大，因此这种定义又被称为“需求缺陷性定义”。

（3）参考架构性的定义

支持此定义的学者认为影响人的态度及行为最重要的因素，是人们对于这些客观特征的主观知觉及解释，这种知觉与解释则受个人自我参考架构的影响。因此，此类定义可以说是特殊构面的满意，其特征是工作者对特殊构面的情感反应。

3.工作满意度的影响因素

(1) 满意度和绩效

个体的工作满意度与绩效之间的关系受到工作水平的调节，工作水平越高的员工，这两者的关系越强。整个组织的员工满意度与绩效之间的关系较为紧密，员工满意度高的组织比满意度低的组织绩效要高。

(2) 满意度和缺勤率

满意度与缺勤率之间存在着负向的相关关系。也就是说满意度越高，缺勤率越低。但这种相关的程度只达到中等水平。

(3) 满意度和离职

研究工作满意度的一个重要原因，就是通过提升员工的工作满意度，来提高他们的工作表现，减少员工请假和跳槽的现象。"一个对工作满意的员工就是一个好员工"，这种看法已经获得广泛的认同。但是因为员工良好的工作表现带来其工作满意度呢，还是因为对工作的满意而提高了其工作表现，对这个问题在某些研究文献中有不同的观点。在相关的研究文献中，针对工作表现带来了工作满意度的观点，已经进行了大量的实验并获得了广泛的认同。与对工作越满意，员工的流失就越少的观点不同，在大部分的相关文献中，找不到非常明显的证据证明工作满意度与工作表现成正比。

为什么上述因素会影响员工的工作满意度呢？对此有不同的解释。一种解释针对员工需求进行，探讨工作内容和成果对于员工需求的影响。另一种解释针对工作环境进行，探讨工作环境和工作关系对于员工动机的影响。

11.3.2 工作满意度的状况

了解了工作满意度的含义和影响，需要进一步了解工作满意度产生的原因，这是把握工作满意度的重要因素；同时，由于是一种心理感受，需要通过测量才能知晓，因此需要掌握工作满意度的测量方式；最后，简要地介绍工作不满意时可能导致的结果。

1.工作满意度的产生

赫兹伯格认为，影响工作满意度的因素分为：物理环境因素、社会因素和个人心理因素。物理环境因素包括工作场所的条件、环境和设施等；社会因素是指员工对工作单位管理方面的态度，以及对该单位的认同、归属程度；个人心理因素则包括对本职工作意义的看法、态度以及上司的领导风格等。OECD（经济合作与发展组织）1998年的调查发现，薪资、工作忙碌程度、弹性工作、升迁与发展机会、工作稳定度、工作有趣程度、工作自主性、帮助他人机会、对社会贡献是决定员工对工作满意的重要因素。布鲁斯和布莱克本（Bruce & Blackburn，1992），洛克（Locke，1976）及弗鲁姆（Vroom，1982）认定具有挑战性的工作、公平的报酬、良好的工作条件和积极的同事关系是决定工作满意度的主要因素。

综合上述学者的观点，可以大致将决定工作满意度的因素总结如下：

（1）报酬的公平性

报酬的公平性即是对自我价值的肯定。如果报酬是公平的（包括内部公平和外部公平），即个体认为自我价值得到肯定，从而工作满意度会较高。也就是说，如果报酬是公正地建立在工作要求、个人技能水平、外部工资标准基础之上，就会导致员工对工作的满意。

（2）工作的挑战性

工作的挑战性即自我能力的体现。员工通常喜欢的工作具有这样的特点：能够为他们提供使用自己的技术和能力的机会，但不能远远超过他们的能力范围；能够为他们提供各种各样的任务；有一定的自由度；能对他们的工作绩效提供及时的反馈。

（3）环境的恰当性

保证完成工作的顺畅性。研究证明，员工喜欢的工作环境是：工作的物理环境是比较安全、舒适，如灯光、温度、噪声等不能太强或太弱；工作场所不能离家太远等。

（4）关系的融洽性

社会群体的尊重。在工作中，人们会获得较多的社会交往，因此，友好和支持性的同事关系会在很大程度上影响其工作满意度。研究发现，如果员工的直接上司是善解人意的、友好的，对绩效是及时肯定的，倾听员工建议，对员工表现出个人兴趣，员工满意度会提高。

（5）人格的匹配性

人格的匹配性即工作投入的兴趣。霍兰德认为，如果个体人格与其工作相匹配时，员工的工作满意度将比较高。

2.工作满意度的测量

组织成员对于工作的感受究竟如何，其满意程度有多高，这是需要通过测量加以描述的，目前该领域的研究国外比较领先，下面主要介绍一种比较典型的测量方式：**明尼苏达满意度量表（MSQ）**。

MSQ量表分为长式量表（21个分量表）和短式量表（3个分量表）组成。

MSQ短式量表分为外在满意度、内在满意度和一般满意度三个量表，其主要维度有能力使用、成就、活动、提升、权威、公司政策和实施、报酬、同事、创造性、独立性、道德价值、赏识、责任、稳定性、社会服务、社会地位、监督-人际关系、监督-技术、变化性和工作条件；长式量表包括100个题目，它的特点在于对工作满意度的各个方面进行了完整的测量，但是长式量表题量比较大，测量中的被试负担和误差问题是值得商榷的。

阿莫德（Amold）和菲德曼（Feldman）提出，工作满意度的结构因素包括工作本身、上司、经济报酬、升迁、工作团体和工作环境6个因素。哈尔曼和奥尔德姆（Hackman & Oldman，1976）定义了5个决定工作满意感的因素，它们是技能种类、任务本身、工作价值、自主权、工作回报。

维克多·H.弗鲁姆（Victor H. Vroom，1964）总结因素分析结果的基础上，提出工作满意度的7个因素：管理、晋升、工作性质、上司、工资报酬、工作条件、同事等。

弗鲁姆等人确定了9种因素，类似维C、维E的因素（恒定维持），报酬、生理安全、受尊敬的社会地位；类似维A、维D的因素（维持，但过量会中毒），外部产生的日标、变化、透明度、控制、技能应用、人际接触。

史密斯、肯德尔和休林（Smith，Kendall & Hulin，1969）的研究认为工作满意度的结构主要有5个因素，工作本身、升迁、薪水、管理者及工作伙伴，从而形成了工作描述指标量表（JDI）。JDI的特点是填答时不受教育程度的限制。此量表在美国做过反复研究，发现施测效果良好。

工作满意度量表（JSS）由保罗·E.斯佩克特（Paul E. Spector，1997）编制，包含9个维度，36项指标，用于评定员工对工作的态度。每个维度包含4项指标，每一维度的分数为4项指标之和，而总体工作满意度则为所有指标得分之和。

JSS的9个维度是报酬、晋升、督导、额外受益、绩效奖金、工作条件、同事关系、工作特点和交流。

3.工作不满意的结果

当组织中员工不满意时，有多种表现的途径。例如，员工可以抱怨、不服从，甚至盗窃财产，或者逃避一部分工作责任，图11-3从建设性/破坏性和积极性/消极性两个维度，将员工的不满意表现分为以下四类：

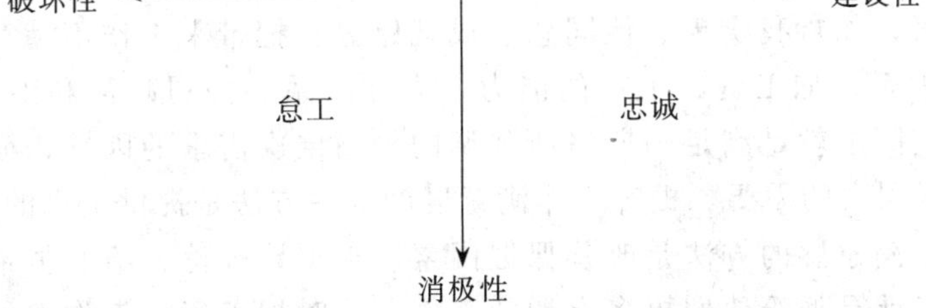

图11-3 对工作不满意的表现

退出（exit）：既有积极性也有破坏性，直接离开组织，包括寻找新的工作岗位或辞职。

建议（voice）：既有积极性也有建设性，采取主动的、建设性的努力来改善工作条件，包括提出改进建议、主动与上司以及其他类型团体一起讨论所面临的问题。

忠诚（loyalty）：既有建设性也有消极性，被动但乐观地等待环境有所改善，包括面对外部批评时站出来为组织说话，以及相信组织及管理层会做出“正确的事”。

怠工（neglect）：既有消极性也有破坏性，被动地听任事态越来越糟，包括长期缺勤或迟到、努力程度降低和失误率增加。

11.3.3 工作满意度的改进

对于工作满意度的改进，需要从影响工作满意度的因素出发，采取有针对性的组织措施，消除或者减轻这些因素的影响，从而提高工作满意度水平。其中提高对于员工需求的满足程度和引导员工对于组织的期望，是两种基本的改进途径。

1.满足需求

（1）需要层次理论

马斯洛需要层次理论（Hierarchy of Needs Theory）在职业层次和对工作满意度的关系中已经被很多的实践证明是正确的。职位较低的员工倾向于受到低层次需求的激励，比如工资、工作的稳定性等；而位于较高层次的员工，当他们的低层次需求在得到满足后，就会受到高层次需求的激励。就公司职员来说，如果他们的薪水不错，工作又稳定，则他们更容易受到有趣的工作、责任、认同感等的激励。

（2）双因素理论

赫兹伯格的**双因素理论**（Two-factor Theory）是一个有关工作满意度的著名理论。他的《下班的动力》一书，通过询问一群专业工程师和会计师，他们目前或以前所从事的工作，是什么让他们感觉特别好或特别不好，赫兹伯格找到了导致工作满意和不满意的因素。然后他把带来工作满意的因素归纳为激励因素，如自我实现、认同感、成就感等；把带来工作不满意的因素归纳为保健因素，如工资、上司的能力、人际关系、公司政策和工作环境等。激励因素实际上就是满足马斯洛所强调的较高层次需求的因素，而保健因素是满足较低层次的需要。提升工作满意度的唯一方法是提供更多的激励因素；克服工作不满意感的方法是改善保健因素。根据该理论，给职员带来更多的工作满意度就是派给他们更多有趣的工作，同时把工资、工作条件维持在令人满意的水平上。

2.引导期望

(1) 平衡法原理

亚当·斯密认为人们总是喜欢把自己工作中的付出和回报与其他人相比，比如朋友、同事等。如果比较的结果对自己有利，那么他们就会对工作感到满足，反之则相反。这里所说的付出包括员工个人对工作所付出的努力、时间、教育、技能等；而回报指的是在工作中获得的工资、职位晋升、责任、地位等。员工和所属单位有一种所谓的“心理契约”。员工提供一定量的付出就期望能带来一个公正的回报。如果员工付出多而回报少，那么他们就会觉得不公平、不满意。对工作不满意的员工要么会减少工作量，要么生产出质量较差的产品或者干脆离开现有的单位。普里查德（Pritchard）证实低回报会导致员工对工作的不满意。可是，如果员工得到了过高的回报，他们会很快适应。

(2) 期望理论

波特（Porter）和劳勒（Lawler）的**期望理论（Expectancy Theory）**则表明有三种因素决定员工对工作的投入：①理性工作程度的差异。②员工对待工作回报的不同喜好，如有人更重视地位，而有人则更喜欢少承担责任，多些属于自己的时间。③员工有能力判断所寻求的回报和为此付出的劳动之间的距离。所以，根据期望理论，员工愈看重回报，所付出的劳动和所寻求的回报之间的距离愈近，那么员工就愈有可能去努力得到它。此外，还有另外一个原因导致员工不会去争取工作的回报，那就是公司的制度。比如，如果一个职员希望能得到提升，在过去的工作中也表现出色，但最后他却发现晋升是靠论资排辈，还要与上司关系好，而他却没有一点希望，那么他就会有挫折感和不满情绪，从此也不会像过去那样好好工作。期望理论给管理者的暗示是找出妨碍员工对工作满意的因素，帮助他们缩短付出与回报之间的距离，激励他们，使他们有成就感。比如说，如果他们需要培训，那就培训他们掌握新的技能。

补充资料：明尼苏达满意度量表（MSQ）

本章小结

本章介绍了组织成员的工作行为和工作环境。员工行为的基础是职位行为，具有组织的规定性和约束性。由于组织成员的个性发展需要，会同组织要求产生矛盾，因此工作行为会出现不同情况。

组织成员具有主观能动性，其对工作环境的感受和理解会影响其行为选择。

工作感受是人们对于工作的认知同期望比较后的结果，包括工作压力和工作满意度。二者都对行为动机产生影响。

核心概念与关键术语

核心概念

员工行为影响因素　员工行为矛盾　工作压力特点　工作压力产生因素　工作压力应对　工作满意度改进

关键术语

工作压力（work stress）　工作满意度（job satisfaction）　明尼苏达满意度量表（MSQ）　需要层次理论（Hierarchy of Needs Theory）　双因素理论（Two-factor Theory）　期望理论（Expectancy Theory）

思考题

1.组织中的工作矛盾有什么特征？怎么理解职位性矛盾？

2.组织成员的行为选择有什么特点？会出现哪些矛盾？

3.沟通法是如何帮助解决工作矛盾的？

4.什么叫作工作压力？它是怎样产生的？

5.个体差异与工作压力有什么相关性？

6.人际交往和群体关系对于工作压力有何影响？

7.工作压力可以通过什么样的组织途径加以缓解？

8.人事匹配的原则是什么？为什么要坚持这一原则？

9.进行人事匹配要从哪些方面入手？其中人员甄选的标准怎么定？

10.员工管理的目的是什么？如何才能做到组织和员工双向促进？

11.组织人事工作的任务是什么？它将如何影响组织成员的行为选择？

12.结合学习压力的实例，谈谈如何通过组织措施引导这一压力。

13.工作满意度是如何产生的？它受哪些因素影响？

第12章 行为激励

学习目标

通过本章的学习，您应当掌握：

1.激励的性质

2.激励的途径

3.内容型激励的主要理论

4.过程型激励的主要理论

5.组织激励的思路

6.组织激励的依托

7.组织激励的机制

引　例　“股权激励”助长城华冠驶上高速路

“公司开业第一天，只有10个人，我们找了一个小旅馆，攒几台机器就开始干活，那时候心里只有一句话——‘要成为中国最优秀的汽车研发机构’。”创业的艰辛被一言带过，提到股权激励时陆群说：“分股权给核心骨干就是想让大家觉得到这儿不是来打工的，而是共同完成一个事业。”成立十年来，无论公司性质、管理架构怎样变化，北京长城华冠汽车科技有限公司（以下简称“长城华冠”）一直将股权激励作为吸引、留住人才的方式，保持核心员工离职率在10%以下，快速成为汽车设计行业的领军品牌。

口头上的股权

2003年，恰逢中国自主品牌汽车公司蓬勃发展，汽车自主研发设计领域迎来了前所未有的机遇。长期在行业内摸爬滚打、有着丰富经验的6位合伙人在现董事长陆群的牵头下，合资50万元注册成立了长城华冠，提供从产品定位到投产服务全过程的汽车整车设计开发和服务。

这个由研发团队白手起家创立的公司成立之初做了一个看似与创业无关的事情：分股权且实名持股。陆群持20%，创始团队其他5人各持10%。“很重要的一点是我们并没有把股权全部分完，预留出30%给后面加盟的员工。”陆群特别强调道：“我们都是技术出身，对股权激励没有特别明确的概念，只是觉得所有员工都应该是公司发展的参与者。”

回头来看，当时分股权给员工的长城华冠做了件很“时髦”的事情：股权激励。但是，这种自发的口头协议式的原始股权分配方式没有对股价的制定、分配和退出做书面规范，为企业日后的发展留下一丝隐患。

凭借创业团队过硬的技术背景，长城华冠成立之后规模迅速扩大，研发产值不断上升，健康快速地完成了原始积累。此时，陆群带领的管理团队决定引入战略投资人，向“中国最优秀的汽车研发机构”全速前进。最初预留的股份也陆续分给了15位贡献突出的员工。但是，陆群深知研发团队的重要性：“怎样让我们的核心团队能够共同的参与公司的发展，享受收益，更重要的是让他们有共同的事业感？必须进行进一步的股权激励！”

再次设计方案

2008年，管理团队与投资方进行了协调，尤为棘手的是投资方的国资背景，“这时不仅要考虑团队意愿，还要符合国有资产管理的规章制度和要求，不能造成国有资产流失等问题，必须找到合法、合规又有效的办法。”

当时作为长城华冠副总裁的邱玉华受命主导设计了全新的股权激励方案，着重对资金来源、股权来源、激励对象选择等进行了规范。此时，早期方案的不规范让矛盾更加凸显，财务出身的邱总无奈地说：“因为之前的股权激励没有签订书面协议，也没有明确将来如果有人离职要退出股权如何定价，为了新老方案的顺利衔接，在实施2008年新的股权激励之前，又全部补签了相应的协议。根据该协议，员工离职退出股权按照离职前一年末经审计后公司净资产值来处理。这样定价主要是为了符合国有资产管理的有关规定。”

“资金来源的一部分是用公司累积的部分超额利润作为奖励，另一部分由激励对象自己出。”邱玉华介绍了新方案的设计原则，“根据公司增资之前审计和评估后的净资产值，每股折合多少钱，激励对象按照同样的折股比例对公司进行增资购买股份，这就是股权来源。这两个来源是首要问题。”

更重要的是激励对象的选择。股权激励的核心依然是人，在激励的同时也是对人的约束。“股权激励就是把员工跟公司更长久地捆绑在一起”，作为管理者的陆群这样说。“选择激励对象，首先根据汽车研发的特点和流程，重新定义重要岗位的员工，划出两条线三个维度。一条管理线，一条技术线。三个维度则包括历史贡献，即在公司服务的时间长短；职级，不同职级的人对公司的价值和作用不一样，分配系数也就不一样；绩效，只有完成绩效考核目标的人才能拿到完整的股权。”经过调整，持有股份的自然人股东增加到70多人，接近长城华冠总人数的1/3。

事实证明，这是一次科学有效的股权激励。在金融危机引发的汽车行业“寒冬”里，长城华冠的员工流失率明显低于同业平均水平，核心骨干员工没有一人离开。因此，当管理层团队在2012年回购股权后，之前的方案延用至今。

资料来源　柳璞．“股权激励”助长城华冠驶上高速路 [EB/OL]．[2018-06-11]．http：//www.ceconline.com/hr/ma/8800069287/01/.

【思考】

1.案例中长城华冠公司采取的激励属于哪种激励类型，原理是什么？

2.按照激励的机制，这套激励措施主要运用了哪种措施？它对组织成员的行为会产生怎样的影响？

3.你觉得长城华冠公司还能够采用怎样的方法？

本章提要

员工在职务活动中的心理感受和行为选择，不仅从根本上影响组织绩效，而且全面影响员工自身的生活与工作质量。如何改进组织环境与结构、采取恰当的组织措施，对员工的心理状态和行为选择进行调整，疏导工作压力，调动工作积极性，提高工作满意度，极为重要。这是行为激励的任务。本章探讨行为激励的性质和作用，激励理论和方法的应用。

12.1　激励的性质

前面各章中，我们详尽地介绍了个体作为社会人、群体人和组织人这三种身份时，动机形成和行为选择过程及影响因素。所谓激励，就是有意识地运用这些影响因素，作用于人们的动机形成及行为选择过程。本节将从激励的含义出发，说明激励的作用，阐述激励的机理，最后理清激励研究的脉络。研究激励的一般规律，是进行组织激励的基础。

12.1.1 激励

激励（motivate）意为驱动，与动机（motivation）一词同源，来自拉丁文“Movere”，意思是“趋向于”①。它是一种特殊的行为干预方式，也是组织情境中影响个人行为的重要因素。

1.激励的含义

激励是一种特殊的行为干预方式，特点在于影响人们的行为动机，使之形成或强化实现某种目标的内在动力。

关于激励的含义，可以从不同角度进行描述和界定：

亚特金森（Atkinson，1964）认为，激励是“对行动方向、强度和持久性的共同（直接）影响”；琼斯（Jones，1955）认为，激励是“行为是怎样开始、被

① 详见第2章“个体特点”。

加强的、被持续的、被指引的、被停止的，以及当所有这些进行时，生物体会出现什么样的主观反应”；坎贝尔和普理查德（Campbell & Prichard，1976）认为，激励是“在工作态度、工作技巧和任务额影响作用保持恒定，以及操作环境条件不变的情况下，引导与一系列解释个体行为的方向、幅度、持久性的变量和自变量关系的”。

概括这些方面的研究，可以看到三个基本点：一是关注行为方向和强度，二是关注影响行为方向与强度的因素，三是关注与行为方向与强度变化相关的心理状态。也就是说，所谓激励，是考察人们行为方向与强度的心理影响因素，由此采取相应措施以调整人们的行为方式。

2.激励的意义

根据激励的定义，不难看出，激励是一种有目的地影响他人行为的活动。通常，这种目的来自于组织的共同目标。也就是说，激励是一种典型的管理行为，常常在经济组织中发生，因此，探讨激励的意义，主要是从被激励的个体和个体所在的组织这两个角度出发。

（1）对于个体的意义

激励对于工作组织中的个体而言，首要的意义是提供工作与生活的价值。这是因为，在实际生活中，大量的工作者把良好的工资收入当作重要的激励因素。[①]激励对于工作者的意义也在于提供了进行再生产的基本物质保障；其次，激励会通过物质和精神上的刺激，让工作者知觉到自己工作的价值，其中，物质上的刺激包括工资、奖金、股票期权等福利待遇；精神上的刺激包括认可[②]、奖励或者富有挑战性的工作本身。

此外，从对于成员行为影响的角度来看，激励会提高行为选择的自觉性，激励从实质上来看是通过组织的手段，为组织成员提供行为选择的决策环境，努力使这些成员形成高度一致的行为选择模式，其结果对于个体而言，就是提高了行为决策的能力，减少了备选行为的范围，明确了评价标准，因而提高了行为选择的自觉性。

（2）对于组织的意义

激励对于工作组织自身而言，具有提高协作效率、降低监督成本、塑造组织凝聚力的作用。

按照西蒙的观点，如果组织中所有的成员有着同样的偏好，而且在群体所能实现的所有结果中，他们也都偏好同样的结果，那就会出现一种十分特别的情况。例如，投入灭火战斗的所有消防队员都承认他们协作行动的目的——尽快扑灭大火。在这种情况下，行动效率最高。[③]激励正是试图塑造一个成员行为选择

---

① Newman 和 Hodgetts 调查了服务业人员的工作动机后得到的结论。
② 鲁森斯. 组织行为学［M］. 王垒，等，译校. 9版. 北京：人民邮电出版社，2004.
③ 西蒙. 管理行为［M］. 杨砾，韩春立，徐立，译. 北京：北京经济学院出版社，1988.

的环境，提高行动的效率。

传统的管理学是将人视为一种工具，从内心抵触工作，这样管理工作的重点在于监督，而监督是需要成本的。从激励的观点来看，人是具有自觉能动性的，人们有进行工作的内在动力，因此，管理应当变监督为引导，使人们自觉地投入工作，并从中获得自己的需要。

如果能够做到上述两点，就会形成组织凝聚力，组织成员的行为及其内在的动机会具有高度的一致性，这样组织就有能够维持成员的协作意愿，能够实现其共同目标，成为一个高效运转的协作体系。

12.1.2 激励的机理

激励之所以能够发挥如此大的作用，是因为激励遵循了人们行为动机的形成和行为选择的一般规律，其内在机理是遵循一定的环节、通过特定的途径实现激励的效果。下面将详细地介绍激励的环节和激励的途径。

1.激励的环节

激励之所以能够调整人们的行为动机，是因为以行为主体的需要和能力为基础，影响了对于如何实现需要的理解和判断。对此可以从三个方面加以理解：

（1）激励措施取决于对行为动机的认识

激励是强化个体行为动机，而要发挥这种强化作用，首先需要了解行为动机的概念、性质、产生机制和影响因素，这些内容已经在本书第5章中做了介绍，这些知识就会成为激励的基础。

（2）行为动机取决于对需要内容的确认

在第5章中已经提到，个体行为总是源于需要，这种人体身心的不平衡状态使得人们产生了行为的驱动力，人们总是渴望得到外界的诱因来满足这种需要，使机体回复平衡的状态，这是行为产生的根本原因。

（3）需要内容取决于知觉和期望的影响

需要本身是要通过人们的知觉认知、价值观进行评价，进而产生态度和行为倾向，在此基础上进行行为决策。人们的期望对于行为也有着非常重要的作用，因为人们会将知觉到的信息同自己期望的结果进行比较，进而产生行为倾向。

2.激励的途径

影响动机可以从需要入手、从评价入手以及从选择入手①，这些构成了激励的角度。

（1）提供能够满足需要的对象

这是基于从对象入手影响行为动机提出的激励方式。由于需要是行为动机的开始，行为就是指向能够满足需要的诱因，那么如果组织能够利用自身对资源的

---

① 详见第5章。

配置能力，满足个体的需要，提供这种对象，无疑能够有效地影响成员的行为动机，进而达到强化或影响个体行为动机的目的。

例如，组织成员加入组织的一个重要需要是获取一定的经济收入，他们认为自己离开组织后不一定能够获取这种稳定的收入，因此需要通过协作的方式，也就是加入这个组织来获得，那么组织应该提供这种经济诱因，以维持成员的协作意愿，引导他们的行为动机。

（2）强调特定对象的某种价值

组织激励并不意味着要满足所有成员的需要，提供这种对象的目的是维持组织成员必要的协作意愿。组织中的管理人员要注意强调某些对象的价值。也就是说，那些原本不为组织成员所需要的对象，可以通过引导、强调的方式加以提示，引起组织成员的注意。

这一点也非常重要，因为组织资源也有一定的限度，不可能完全满足组织成员的需要，有时需要强调一些特定对象，如我们可以明确地知道物质奖励是组织成员的需要，但不能一味地提供物质上的奖励，管理者也可以强调工作自身的乐趣和自我价值实现这类精神奖励，让员工意识到这些东西的价值，以提高激励的效率。

（3）引导人们对于对象的知觉

前已述及，人们认为某种对象是能够满足其需要的，这个过程需要知觉的参与，同时这种认知也会和行为主体的预期加以比较。这就是另一种激励的方式，激励者可以对组织成员的知觉过程施加影响，让组织成员认识到某种特定对象，或者改变对于某种特定对象的认知，进而影响其心理预期。

还是以薪酬为例，激励者可以让组织成员认识到自己的薪资水平，让他们认识到自己的薪酬的相对水平，进而改变他们的心理预期，引导自己的行为。

（4）影响对于行为结果的期望

这里强调了影响行为主体对于需要对象的心理预期，这是因为人们知觉到某种需要对象以后，总是要同自己的心理预期加以比较后再采取行动的，那么，适当地影响人们的心理预期水平，也能达到强化行为动机的目的。

例如，当组织无法满足员工所需要的物质奖励时，应当降低成员对于回报的预期水平，这样也有助于员工维持自己努力工作的动机。

12.1.3 激励机理的研究

由于激励问题在生活实践中的重要性，因此受到普遍关注。人们围绕如何调动工作积极性进行了广泛的探讨；对于什么是人的需要？人的需要通过哪些环节影响行为选择？如何以既定需要为基础采取恰当措施调整人的行为方式，做了全面、系统、深入的探讨，提供了不同方面的研究成果。把握激励研究的来龙去脉、内容结构，有助于提高激励工作的科学性和有效性。

1.激励研究的角度

从总体上看，对于激励的研究大致从两个角度展开：一是研究人们的行为推动原因；即探讨究竟是什么在推动人们的行为，力图在了解行为动因的基础上，通过提供相应的吸引物来激励人们的行为。这一方面的研究主要围绕人的需要内容展开。二是研究人们的行为选择方式，即探讨需要通过什么样的环节推动人们的行为，力图在把握需要与行为之间中介环节的基础上，通过对中介环节施加影响来激励人们的行为。

从第一个角度出发，形成了一系列内容型激励的理论，这些理论都是早期研究的成果，有着较高的地位，至今仍被人们重视；从后一个角度出发，形成了过程型激励的理论，这对激励的理论和实践都起到了推动的作用，这些具体的理论会在后文中加以详细的介绍。

两种研究角度密切相关，前一研究是后一研究的前提，后一研究深化了前一研究的成果。由于人的行为特征在于具有自觉能动性，而自觉能动性不仅与需要相关，而且与能力、人格、知觉和价值观相关，因此后一方面的研究，为行为激励提供了更为广泛的活动空间。

2.激励理论的发展

接下来，本书将按照时间顺序，详细地介绍这些理论，理清一个发展的脉络。

（1）早期激励理论

20世纪50年代是动机概念得到充分发展的一个硕果累累的阶段，这一时期形成了三种理论。尽管这些理论受到了不少抨击，而且现在看来在效度方面也存在着一些问题，但它们可能仍然是在员工动机方面最广为人知的解释，这三种理论分别是需要层次理论、X理论与Y理论以及双因素理论。①

需要层次理论是美国人本主义心理学家马斯洛在1943年出版的《调动人的积极性的理论》一书中提出的。他认为，需要是人类行为的积极的动因和源泉。需要引起动机，动机驱动行为。因此，弄清了人类的基本需要结构或层次，就能很好地说明、解释、预测和控制人类的行为。

X理论和Y理论是由格拉斯·麦格雷戈（Douglas M. McGregor）提出的，他是美国著名的行为科学家，对当时流行的传统管理观点和对人的特性的看法提出了疑问。其后，他在1957年11月号的美国《管理评论》杂志上发表了《企业的人性方面》一文，提出了该理论。

双因素理论是由美国心理学家赫兹伯格提出的。他认为每个人都生活在特定的社会环境中，社会环境有许多因素影响人的行为。这些影响因素可按其作用划分为两类：一类叫保健因素，它不具有激励作用。另一类叫激励因素，它的存在

① 罗宾斯．组织行为学［M］．孙健敏，李原，译．10版．北京：中国人民大学出版社，2005.

有利于提高人的满意度，继尔提高员工的工作积极性。保健因素和激励因素在激发员工的工作积极性方面有不同的作用。

（2）当代激励理论

早期理论虽然广为人知，但遗憾的是它们经不起严格推敲。当代激励理论的特点在于，不仅一般性地探讨激励的性质和作用，而且力图用经验数据对激励问题做出定量刻画与结构性说明，其中需要、动机、行为三个方面的研究取得了重要成果。

耶鲁大学的克莱顿·奥尔德佛（Clayton Alderfer）修改了马斯洛的需要层次理论，使之与实证研究更加一致。经他修订的需要层次被命名为ERG理论。

戴维·麦克利兰（David C. McClelland）及其合作者提出的需要理论主要关注三种需要：成就、权力和归属。

目标设置理论是爱德温·洛克（Edwin Locke）于20世纪60年代末提出的，强调目标在行为中的作用。他认为在决定个体的行为方面起直接作用的是个人本身为自己设定的具体目标。目标的最基本作用就是引导个体行为的方向，使个体的思想和行为沿着特定的轨道进行。

在马斯洛和赫兹伯格研究的基础上，美国心理学家维克多·弗鲁姆在其《工作与激励》一书中提出了期望理论。这一理论认为，人的工作动机由以下三种因素决定：期望、功利性或工具性、效价。动机激励水平取决于人们认为在多大程度可以期望达到预计的结果，以及人们判断自己的努力对于个人需要的满足是否有意义。

强化理论是源于斯金纳的操作性条件反射概念的一种激励理论。他们认为行为结果对于行为本身有强化作用，是行为的主要驱动因素，对人的工作成绩的强化是使其行为得以维持的主要手段。

公平理论是美国心理学家亚当斯提出的一种激励理论，其实质是探讨投入劳动与所获报酬之间的比值，即个人所做的投入（或贡献）与他所取得的报酬（所得到的结果）之间的平衡。

（3）现代激励理论

上述的这些激励理论不是相互矛盾的，一种理论的有效不代表另一种理论的失效，因此，现代激励理论的研究倾向于将这些理论综合起来，解决实际工作中的问题，这就是综合激励模型。

综合激励模型是美国行为科学家爱德华·劳勒和莱曼·波特提出的一种激励理论。爱德华·劳勒在美国的布朗大学获学士学位，在加利福尼亚大学伯克利分校获博士学位，曾在耶鲁大学任教，之后在密歇根大学任心理学教授和社会研究所组织行为室主任。莱曼·波特也是美国著名行为科学家，波特-劳勒的期望激励理论是他们在1968年的《管理态度和成绩》一书中提出来的。

综上所述，我们不难看出，激励理论的研究遵循着一条从表面现象到内在规律、从经验总结到实证研究的发展历程，在研究的内容和方法上，都在不断进步的过程中，但后人的研究又是建立在前人的基础之上。把握激励理论研究的脉络，有助于理解后文中对于这些激励理论的详细介绍。

12.2 内容型激励

内容型激励的着眼点，是以能够满足人们需要的内容来引导和调整其行为动机。因此内容型激励的研究者，关注的重点是人们具有什么需要，这些需要之间的关系如何，它们如何影响人们的行为方式。在内容型激励理论中，需要层次理论、ERG理论、双因素理论、成就需要理论、XY理论具有重要影响。

12.2.1 需要层次理论

在众多激励理论中，最为著名的要数马斯洛的的需要层次理论，很多现代激励理论都在此基础上发展起来。

1.需要的内容

马斯洛在经验基础上，将人类的需要分成了几个等级，对之作了一个较为完整的描述。马斯洛认为，人类有五种基本需要：生理需要、安全需要、归属和爱的需要、自尊需要、自我实现的需要。他们是人类天性中固有的东西，文化不能扼杀他们，只能影响他们。马斯洛把基本需要的特性定义为：缺少它会引起疾病；有了它就不会得病；恢复它可以治愈疾病；在某种非常复杂的、自由选择的情况下，丧失它的人更愿意寻求它，而不是寻求其他的满足。

（1）生理需要

生理需要作为需要层次理论中的基本需要，与前面所讲的基本动机相对应，包括食物、水、住所、睡眠和空气等，即通常所谓的衣食住行。这些生理性的需要在人的所有需要中是占绝对优势的，它是人类最基本的需要，但是当这些需要被满足了以后，它们就很难再起到激励的作用了。

（2）安全需要

安全需要具体包括安全、稳定、依赖、免受恐吓、焦躁与混乱的折磨，对体制、法律、秩序、界限的依赖等。在实际生活中人们偏爱熟悉的事物，而非不熟悉的事物；偏爱已知的事物，而非未知的事物；偏爱已有的行动规律与秩序，而非无规则的变化等，所有这些都是人类对安全需要的具体表现。因此，在组织中，如养老方案、工会、健康保险、员工扶助计划、补偿金、津贴等都是出于员工安全需要的考虑。

（3）归属和爱的需要

人们对朋友、爱人的渴望，并且渴望在团体、家庭等正式或非正式组织中有自己的位置，这就是社会需要，也就是归属与爱的需要。人们希望能够真正地团结起来，共同地应对外来危险，共同地面对同一件事情。人们渴望得到别人的爱，也希望给予别人爱。足球球迷在观看比赛中所表现出的巨大热情、同仇敌忾的凝聚力，正是现代人归属感的一个有力的例证。

（4）尊重的需要

尊重的需要包括外界对自我的尊重和自己对自己的尊重。相对来说自己对自己的尊重更重要一些。自己对自己的尊重即是自尊，自尊需要的满足是指由于实力、成就、适当、优势、用途等自身内在因素而形成的个人面对世界时的自信和独立。外界对自己的尊重需要的满足，则表现为地位、声望、荣誉、威信等外界较高评价的获得。前面所提到的个体对权力、成就和地位的需要应该属于这一类。

（5）自我实现的需要

自我实现也就是一个人使自己的潜力发挥的倾向，成为自己所能够成为的那种最独特的个体，使自己成为自己想成为的那种人。一个人在其他基本需要都得到满足以后，自我实现的需要开始突出。这时候他会很乐意去工作，对他而言，这时候的工作不是生活所迫，不是为了金钱，也不是为了获取荣誉，而是一种兴趣。这时候他确确实实是以工作为乐，而不是以工作为负担。自我实现是人类需要的最高层次。

在现实的组织中，对一般的员工来说，85%的生理需要和75%的安全需要能够被满足，但只有50%的社会需要、40%的自尊需要和10%的自我实现需要能够被满足。

2.需要的结构

人的需要层次并不是机械、静态、绝对的，而是相互交叉、动态的、相对的，受到历史、地理、人种、环境、法律、道德、风俗、宗教、文化、经济等诸多因素的制约和影响，具有一定的结构与变化规律。

①需要层次是一个相对的金字塔，每一个人都具有这五种基本需要。不同的是，不同的人需要层次高低顺序可能有所不同；不同的文化环境下，基本需要的表现形式也可能不同，甚至完全相反。

②一个人并不是等到自己的一种需要完全满足以后才想起其他需要，一个人的不同的基本需要往往只是得到部分的满足，其需要的重点便已经开始转移。也就是说，每一层次需要只需相对满足即可。

③低级需要满足后，高级需要的出现并不是跳跃的、突然的，它实质上是缓慢地从无到有、逐步发生的。

④一般而言，人的需要层次是按照从低级到高级的顺序排列的，但这并不是固定不变的，也存在着许多例外，比如为理想而献身的殉道者，一贫如洗但才华横溢的天才艺术家等即是例外的表现。

⑤每一层次的需要，不同的人，不同的素质，受不同的复杂因素的影响，对

该层次需要的认识和满足程度是不同的。比如对自尊、自我实现需要的认识和满足程度，农民和知识分子是截然不同的。

⑥如果一种需要长期得到满足，人们会对这种需要的价值估计不足，套用经济学的术语，可以称为“需要满足效用递减”。

生活在高级需要水平上，人可以实现更大的生物潜能和更满意的主观体验；高级需要并不像低级需要那样迫切要求得到满足，需要越高级，就越容易被长久地推迟，也更容易永远消失；高级需要的追求与满足会导致更伟大、更坚强以及更真实的个性，会使一个人更加趋于自我实现；高级需要的追求与满足是具有有利于公众和社会的效果的。

3.ERG 理论

马斯洛的需要层次论，由于其丰富的经验内容和解释的思路，对后来的研究产生了极大影响，不少学者试图对之加以补充和发展，其中耶鲁大学克莱顿·奥尔德佛所建立的ERG理论最为著名。

在马斯洛研究的基础上，克莱顿·奥尔德佛区分出三种核心需要，即生存（existence）、关系（relatedness）和成长（growth），**ERG 理论（ERG Theory）**正是由此得名。其中，生存需要关系到有机体生存的基本要求，如报酬、福利、安全条件等；关系需要指人与人之间建立友谊、信任、尊重和建立良好的人际关系的需要；成长需要指个人自我发展与自我完善的需要。

与马斯洛需要层次论的不同之处在于：ERG理论证实了多种需要可以同时存在；如果高层次需要不能得到满足，那么满足低层次需要的愿望会更强烈。马斯洛的需要层次严格遵循逐级上升的过程。ERG理论却并不假定其中存在一个严格的层级，即人们必须在低层次需要获得满足后才能进入高层次需要。例如，一个人甚至可以在存在需要和关系需要均未获得满足的情况下为了成长需要而工作，或者三种需要同一时间里起作用。

马斯洛需要理论与ERG理论的比较见表12-1。

表 12-1　**马斯洛需要层次理论与ERG理论的比较①**

马斯洛需要理论	ERG 理论
生理的需要	生存需要
安全的需要——物质的	
安全的需要——人与人之间的	关系需要
归属的需要（社会性的）	
尊重的需要——人与人之间的	
尊重的需要——自我认同的	成长需要
自我实现的需要	

① SCHNEIDER B，ALDERFER C P. Three studies of measures of need satisfaction in organizations［J］. Administrative Science Quarterly，1973，18（4）：489-505.

12.2.2 双因素理论

赫兹伯格的双因素理论强调一些工作因素能导致满意感，而另外一些则只能防止产生不满意感。这是从激励效果的角度来分析个体的需要的，我们则可以根据所期望的行为结果来调整激励的措施，从而来提高组织的绩效。

1.两种要素的划分

第一类因素是**保健因素**（hygiene factors），包括企业政策和管理、技术监督、薪水以及人际关系等。这些主要是与工作环境相联系的。保健因素在不具备的时候会引起不满，具备的时候也不会产生很大的激励作用。高级经理可能因为待遇不兑现或不及时兑现离岗，就是因为不具备保健因素中的薪水，当然就算老板及时兑现了待遇，这也是他们劳动应得的报酬，不会产生很大的激励作用。

第二类因素是**激励因素**（motivation factors），包括工作本身因素认可因素（成就和责任），是与工作的内容相联系的。这些因素不具备的时候不会引起很大不满，具备的时候会产生很大的激励作用。一些企业贯彻以人为本的管理思想，通常会采用激励因素激发员工的干劲。日本松下公司就是一个很好的例子：公司高层领导在开会时采用的桌子是圆的——这种圆桌会议给每个人都创造了一种平等的环境，让每个人都觉得自己是集体中的一分子而积极地出谋划策。松下公司的总裁松下幸之助也深谙激励之道：他看到职员正在工作，便会有“谢谢你们辛苦，请喝一杯茶”的态度。当然并非实际上去倒茶，但是拥有这种情怀无疑能让下属深感知遇之恩，努力工作以求报答。松下公司的成功无疑与这种激励因素有重要的关系。

2.该理论的贡献

双因素理论对我们的启示是，当我们对个体采取激励措施的时候，需要知道哪些因素对员工能起到真正的激励作用，哪些因素只需要满足即可。这样，对激励的效果在节约激励成本的前提下会大大地提高。双因素理论的主要贡献有两方面。首先，对马斯洛理论有延伸，并使工作动机更具有应用价值。其次，该理论启示了工作丰富化中的工作设计技术。

赫兹伯格还指出，与传统的看法不同，这些数据表明满意的对立面不是不满意，消除了工作中的不满意因素并不一定会导致工作令人满意，赫兹伯格认为，他的这一发现表明了二维连续体的存在：“满意”的对立面是“没有满意”；“不满意”的对立面是“没有不满意”。

3.该理论的应用

在使用双因素理论的时候应当注意以下两点：

首先，不同的工种，其激励因素和保健因素会产生很大的差异。比如说，有些工作对一个生产主管来说，工作环境和赞扬可能是关键的激励因素。而对于生产工人来说，工资是他们的关键激励因子。

其次，像工资这样的工作因素既可以导致满意，也可以导致不满意。例如，当工资不够高的时候可能会导致不满意，但同时，也可以作为一种对工作的认同和成就的形式，可以使员工感到满意。

12.2.3 成就需要理论

美国哈佛大学教授戴维·麦克利兰是当代研究动机的权威心理学家。他从20世纪四五十年代开始对人的需要和动机进行研究，提出了著名的“三种需要理论”（Three Needs Theory），这三种需要理论是在工作情景中提出来的，因此，较前面几种内容理论更接近组织的实际情况。

1.理论背景

在麦克利兰之前，精神分析学派和行为主义学派的心理学家对动机进行了研究。以弗洛伊德为代表的精神分析学派用释梦、自由联想等方法研究动机，他们往往将人们的行为归于性和本能的动机，而且他们的研究方法和技术很难得出有代表性的结果、可重复性差、无法得出动机的强度。行为主义者用实验的方法研究动机，使得动机的强度可以测量，但是他们用动机实验研究动机，把动机定义得过于狭窄，主要集中于饥、渴、疼痛等基本生存的需要上，没有区分人的动机与动物的动机。麦克利兰认为他们对动机的研究都带有一定的局限性，他注重研究人的高层次需要与社会性的动机，强调采用系统的、客观的、有效的方法进行研究。他的研究主要受到了美国心理学家莫瑞（N. A. Murray）的需要理论及研究方法的影响。莫瑞提出了人的多种需要，并且编制了主题统觉测验（Thematic Apperception Test，TAT）进行测量。

2.理论内容

麦克利兰提出了三种需要理论，他认为个体在工作情境中有三种重要的动机或需要：

成就需要（need for achievement）：争取成功希望做得最好的需要。

权力需要（need for power）：影响或控制他人且不受他人控制的需要。

亲和需要（need for affiliation）：建立友好亲密的人际关系的需要。

麦克利兰认为，具有强烈的成就需要的人渴望将事情做得更为完美，提高工作效率，获得更大的成功，他们追求的是在争取成功的过程中克服困难、解决难题、努力奋斗的乐趣，以及成功之后的个人的成就感，他们并不看重成功所带来的物质奖励。个体的成就需要与他们所处的经济、文化、社会、政府的发展程度有关，社会风气也制约着人们的成就需要。麦克利兰发现高成就需要者的特点是：他们寻求那种能发挥其独立处理问题能力的工作环境；他们希望得到有关工作绩效的及时明确的反馈信息，从而了解自己是否有所进步；他们喜欢设立具有适度挑战性的目标，不喜欢凭运气获得成功，不喜欢接受那些在他们看来特别容易或特别困难的工作任务。高成就需要者事业心强，有进取心，敢冒一定的风险，比较实际，大多是进取的现实主义者。

权力需要是指影响和控制别人的一种愿望或驱动力。不同的人对权力的渴望程度也有所不同。权力需要较高的人喜欢支配、影响他人，喜欢对别人“发号施令”，注重争取地位和影响力。他们喜欢具有竞争性和能体现较高地位的场合或情境，他们也会追求出色的成绩，但他们这样做并不像高成就需要的人那样是为了个人的成就感，而是为了获得地位和权力或与自己已具有的权力和地位相称。权力需要是管理成功的基本要素之一。

亲和需要就是寻求被他人喜爱和接纳的一种愿望。高亲和动机的人更倾向于与他人进行交往，至少是为他人着想，这种交往会给他带来愉快。高亲和需要者渴望友谊，喜欢合作而不是竞争的工作环境，希望彼此之间的沟通与理解，他们对环境中的人际关系更为敏感。有时，亲和需要也表现为对失去某些亲密关系的恐惧和对人际冲突的回避。亲和需要是保持社会交往和人际关系和谐的重要条件。

3.研究方法

麦克利兰通过主题统觉测验来测量个体的动机。他对莫瑞的主题统觉测验进行了修改，增强了其客观化程度，并使之适合于团体施测。例如，使用投影仪给一组被试者呈现图画，让他们根据图画写出故事；有的时候，也使用句子来代替图画。麦克利兰和他的同事将实验的方法与主题统觉测验相结合，首先通过实验唤起所欲测量的动机，然后在主题统觉测验的故事里看实验唤起动机对故事内容的影响。麦克利兰对主题统觉测验的评分也不像莫瑞那样采用一套临床的计分系统，而是采用一种简单化的计分方法，即将故事的特征分成一些类别，看看各个类别的特征在被试的故事中是否出现。这一方法使得计分更为系统化和客观化了，但是却忽略了故事中的一些复杂特征。麦克利兰认为使用主题统觉测验方法和使用问卷方法测量的是两种基本不同的人格特征。问卷方法测量的是被试的认知而不是自发表现出来的动机。因此他认为主题统觉测验的方法更适合测量内隐的、潜意识中的动机。由此我们可以看出，麦克利兰的贡献不仅在于提出一个重要的动机理论，而且还在于发展了研究和测量动机的方法。

12.2.4 XY理论

XY理论（Theory X and Theory Y）是从管理角度对于需要理论的再认识，认为对于人们的需要有X、Y两种不同的看法，从而导致不同的管理实践，这是在需要层次理论上得出的，由美国麻省理工学院的心理学家麦格雷戈（1906－1964）提出。其中X理论对人性的假设是消极的假设，Y理论对人性的假设是积极的假设。究竟对个体采用何种假设，需要根据具体情景来定，采用不同的假设将会导致不同的行为激励方式。

1.X理论对人性的假设

①员工天生讨厌工作，尽可能地逃避工作；

②由于员工讨厌工作，必须对其进行强制、控制或惩罚，迫使他们实现目标；

③员工逃避责任，并且尽可能地寻找正式的指导；

④大多数员工认为安全感在工作相关因素中最为重要，并且没有什么进取心。

2.Y理论对人性的假设

针对人性消极的观点，麦格雷戈还提出了积极的人性假设：

①员工视工作如同休息、娱乐那样自然；

②如果员工承诺完成某个目标，他会进行自我引导和自我控制；

③通常人们都能学会承担责任，甚至会主动寻求责任；

④人们普遍具有做出创造性决策的能力，并不仅仅是管理者才有这种能力；

⑤人为解决组织的问题能够激发想象力、聪明才智和创造力；

⑥在现代工业条件下，一般人的智力还未充分发挥出来。

3.该理论的贡献

该理论对于激励的贡献是，X理论假设低级需要主导个体行为，Y理论假设高级需要决定个体行为。麦格雷戈本人认为Y理论比X理论更为有效，因此他提倡尽可能调动员工的工作动机，如让员工参与决策过程，为员工提供负有责任感和挑战性的工作。

12.3 过程型激励

过程型激励理论的特点是关注需要的实现方式，强调人们如何满足需要受主观意识的调整。在这一理论看来，推动人们行为的直接动因不是需要，而是对需要实现方式的认识和比较。因此通过引导人们对需要实现方式的认识和比较，可以激励产生特定的行为动力，从而调整人们的行为方式。持这种激励观点的有目标设定理论、期望理论、公平理论、认知评价理论、强化理论等。

12.3.1 目标设定理论

目标设定理论（Goal Setting Theory）认为目标本身就具有激励作用，目标能把人的需要转变为动机，使人们的行为朝着一定的方向努力，并将自己的行为结果与既定的目标相对照，及时进行调整和修正，从而实现目标。

1.目标设定理论的基本内容

美国马里兰大学管理学兼心理学教授洛克发现，外来刺激（如奖励、工作反馈、监督的压力）都是通过目标来影响行为动机的。目标能引导活动指向与目标有关的行为，使人们根据难度的大小来调整努力的程度，并影响行为的持久性。于是，在一系列科学研究的基础上，他于1967年最先提出“目标设定理论”。

这一理论认为，目标本身具有激励作用，能把人的需要转变为动机，使人们的行为朝着一定的方向努力，并将自己的行为结果与既定目标相对照，及时进行调整和修正，从而实现目标。这种使需要转化为动机，再由动机支配行为以达成目标的过程，就是目标激励。目标激励的效果受目标本身和周围变量的影响。

该理论提出以后，许多学者对研究加以发展，使之成为内容逐渐丰富和影响愈来愈大的新的激励理论。

2. 目标属性与行为结果

目标理论中强调目标有两个最基本的属性：明确度和难度。

从明确度（specific）来看，一个明确的目标可使人们更清楚要怎么做，付出多大的努力才能实现目标。目标设定得明确，也便于评价个体的能力。很明显，模糊的目标不利于引导个体的行为和评价他的成绩。因此，目标设定得越明确越好。事实上，明确的目标本身就具有激励作用，这是因为人们有希望了解自己行为的认知倾向。对行为目的和结果的了解能减少行为的盲目性，提高行为的自我控制水平。另外，目标的明确与否对绩效的变化也有影响。也就是说，完成明确目标的被试的绩效变化很小，而目标模糊的被试绩效变化则很大。这是因为模糊目标的不确定性容易产生多种可能的结果。

从难度（difficulty）来看，目标可以是容易的、中等难度的、难的或者是不可能实现的。难度的确定依赖于人和目标之间的关系，同样的目标对某人来说可能是容易的，而对另一个人来说可能是难的，这取决于他们的能力和经验。一般来说，目标的绝对难度越高，人们就越难达到它。有400多个研究发现，绩效与目标的难度水平呈线性关系。当然，这是有前提的，前提条件就是完成任务的人有足够的能力、对目标又有高度的承诺。在这样的条件下，任务越难完成，绩效越好。一般认为，绩效与目标难度水平之间存在着线性关系，是因为人们可以根据不同的任务难度来调整自己的努力程度。

当把目标难度和明确度结合起来进行研究时，研究者发现人们对明确的、有挑战性的目标完成得最好；而对模糊的、有挑战性的目标被试完成的情况呈中等水平；模糊的、没有挑战性的目标导致产生了最低水平的成绩。

12.3.2 期望理论

期望理论的核心是研究需要和目标之间的规律。期望理论认为，一个人产生最佳动机的条件是：他认为他的努力极可能产生很好的表现，很好的表现极可能产生一定的成果，这个成果对他有积极的吸引力。这就是说，一个人已被他心目中的期望激励。

1.期望理论的内容

期望理论（Expectancy Theory）又称为效价-期望理论，主要研究需要与目标之间的关系，由美国心理学家弗鲁姆1964年在《工作与激发》一书中提出。该理论认为，人总是渴求满足一定的需要和达到一定的目标，此目标能够激发人的动机，激发力量的大小取决于目标价值（效价）和期望概率（期望值）之间的关系。其用公式表达是：

MF=E · V

式中，MF是激发力量的强度，即激励强度（motive force or strength of motivation）；E是期望率（expectancy），即因采取某种行动可能实现所设目标的概率；V是效价（valence），是指人对某一目标或成果的重视程度。

这一公式表明，一个人对他所追求的目标的价值看得越大，估计能实现这目标的概率越高，那么他的动机就越强烈，激励的水平也越高，内部潜力也越能被充分调动出来。注意，E与V两项中任意一项为0，则激励强度MF为0，即毫无意义。另外，当V为负值时，E愈大，激励的负面作用愈大。

期望理论揭示了这一规律：个人对目标的理解和重视程度直接影响到他实现目标的动机和行为。可以说，个人的这种理解和重视程度要比管理者和设计者的理解和重视程度重要得多，因为目标是靠每个成员去实现的。

2.期望理论的关键变量

建立在上述假设基础上的期望理论，强调三个关键变量：期望、效价和关联性。

期望就是相信付出特定的努力必定会产生特定的绩效。这种相信的变化程度可以很大，从努力与绩效毫无关系一直到努力与绩效之间存在必然的因果关系。

效价是个人对特定后果的感觉的量度，也就是对特定结果的偏好程度。效价可以是积极的，也可以是消极的，它取决于可能出现的后果以及人们对此的感觉，有些后果（如报酬、晋升、认可）是积极效价，有些后果（如冲突、责备）则是消极效价。

关联性就是绩效与后果之间的关系，关联性可以在+1.0到-1.0之间变动。例如，如果初级结果（高绩效）总能导致次级结果（加工资）则关联性总是+1.0，如果初、次级结果间没有什么关系则关联性接近于零，如果初、次级结果成负相关则关联性为-1.0。

期望值与效价的乘积决定激励强度，如果效价和期望值都等于零，则激励强度也等于零。

3.期望理论的理论模型

在期望、效价和关联性概念的基础上，就有可能建立起通常的行为模型，即激励是如何影响个人努力的。但是仅有努力是不够的，除非某个人认为努力会产生某些绩效，否则他们不会竭尽所能地去努力工作。在通常情况下，人们觉得他们能够达到某一给定水平的绩效的可能性越小，那么他们向那个水平的绩效去努力的可能性就越小。

努力和绩效之间的关系是期望。绩效或生产效率的水平，对人们获得他们想要的结果很重要，它有着积极的效价。在通常情况下，人们认为一定的绩效致使产生他们想要的结果的可能性越大，那么他们向那个水平的绩效竭尽所能努力的可能性也越大，生产效率和想要结果之间的关系就是关联性。

虽然该模型并没有为组织中的激励提供技术支持，而且该理论的假设也是非常理想化的，但是对于理解组织行为而言非常有价值。它能够清楚地说明个体与组织目标之间的关系，帮助管理者理解和分析员工的动机，并确定了其中的一些相关变量。

4.期望理论的应用

把期望理论的基本思想引入组织环境，提出了关于组织成员行为产生原因的四种假设：

①个人和环境的组合力量决定一个人的行为，仅有个人或仅有环境是不可能决定一个人的行为的，人们带着各种各样的期望加入组织，包括对他们的事业、需要、激励和过去历史的期望，所有这些期望将影响他们对组织的回报。

②人们决定他们自己在组织中的行为，有许多东西限制人们的行为（规章、制度、规范等），尽管如此，人们还是做出两个清醒的决定：一是决定是否来工作，是留在原公司还是跳槽到新公司（成员决定）；二是决定他们在完成工作时付出的努力的程度（效率、努力程度、同事关系等）。

③不同的人有着不同类型的需要和目标，人们希望从他们的工作中得到不同的成果。

④人们根据他们对一个假设的行为将引起的希望获得成果的程度，在变化的情况中来做出他们的决定，人们倾向于做那些他们认为将产生他们所希望的回报的事情，而避免做那些他们认为将导致产生他们所不希望的后果的事情。

期望理论认为，人们对他们期望从工作中得到什么有自己的主意，他们据此来决定他们加入怎样的公司和在工作中付出多大的努力，因此人们并非生来就是受激励的或不受激励的，是否被激励取决于人们所面临的环境以及它如何满足人们的需要。

12.3.3 公平理论

组织行为学中对公平的探讨，始于20世纪60年代美国心理学教授史坦斯·亚当斯（Stancy Adams）对分配公平问题的开创性研究。**公平理论（Equity Theory）**认为，人是通过寻求人与人之间的社会公平而被激励的，它重点研究当一个人和他人进行比较时，对自己工作待遇感到公平的程度。公平理论强调两个变量——投入和收益的关系。但由于个人的主观感受不同，选取的参照物不同，比较显得十分复杂。尽管如此，主观感觉的不公平还是会导致个人内心紧张，影响个人工作的积极性和主动性。

1.公平理论的内涵

亚当斯运用社会交换理论模型来评估公平。用公式来表示就是：$O/I_a = O/I_b$（公平），$O/I_a < O/I_b$（由于报酬过低产生的不公平），$O/I_a > O/I_b$（由于报酬过高产生的不公平），O/I_a代表员工的产出/投入之比，O/I_b代表相关的其他人的产出/投入之比。

亚当斯提出，公平感主要是指报酬数量分配的公平性。他认为，个人不仅关心自己经过努力所获得的报酬的绝对数量，也关心自己获得的报酬和其他人获得的报酬的关系。人们将自己的结果或收益与自己的投入或贡献（如学历、智慧、能力和经验）的比率与参照对象的这一比率进行比较，若两个比率相等则产生公平感；反之，则会产生不公平感。

这个参照对象既有组织内的，也有组织外的。该理论偏重于分配的结果，后来被称为“分配公平”或“结果公平”。由于分配公平主要是指人们对分配结果的公平感受，故亦称结果公平。人们通常对不公平感受比较敏感，而不公平通常又来自于对分配结果的感受。人们一旦有了不公平的感受，就会想到如何来保证分配结果相对公平，即用什么方法和过程能保证公平。这就涉及程序公平的概念，即用来确定报酬分配的程序公平。

2.公平理论的发展——程序公平

1975年，瑟保特和沃尔克（Thibaot & Walker）研究了法律程序中的公平问题，提出了程序公平（procedural justice）（即诉讼过程的控制和诉讼结果的决策控制），认为只要人们有过程控制（即参与诉讼过程）的权利，不管最终判决结果（即决策）是否对自己有利，人们的结果公平感都会显著增加。这一理论的提出引发了对程序公平的研究。1980年，莱文瑟尔（Leventhal）等把程序公平的观点又应用到组织情境中，他们提出了程序公平的六条标准：

①一致性规则，即分配程序对不同的人员或在不同的时间应保持一致性；

②避免偏见规则，即在分配过程中应该摒弃个人的私利和偏见；

③准确性规则，即决策应该依据正确的信息做出；

④可修正规则，即决策应有可修正的机会；

⑤代表性规则，即分配程序能代表和反映所有相关人员的利益；

⑥道德与伦理规则，即分配程序必须符合一般能够接受的道德与伦理标准。

莱文瑟尔等所提出的程序公平标准，涉及分配制度的制定（如代表性规则、道德与伦理规则）、分配制度的执行（如一致性规则、避免偏见规则、准确性规则等）和分配制度的完善（如可修正规则），是对程序公平的比较系统和全面的评价。同时，这些标准基本上代表了实现组织公平的主要程序内容，如果组织严格按照这些要求执行，员工应该感到公平。

3. 公平理论的发展——互动公平

在分配公平和程序公平的基础上，1986年，毕斯和牟格（Bies & Moag）开始关注分配结果反馈与执行时的人际互动方式对公平感的影响，他们将其称为互动公平（interactional justice）。他们发现，互动公平也会影响结果公平。

后来，格林伯格（Geenberg）又提出将互动公平分成两种：一种是“人际公平”，主要是指在执行程序或决定结果时，权威或上级对待下属是否有礼貌、是否考虑到对方的尊严、是否尊重对方等；另一种是“信息公平”，主要是指是否给当事人传达了应有的信息，即要给当事人提供一些解释，如为什么要用某种形式的程序或为什么要采用特定的方式分配。

综上所述，无论是分配公平、程序公平还是互动公平，它们之间都既有联系又有区别，且都认为组织行为会对员工行为产生重要影响，因此运用该理论研究组织与员工行为之间的关系具有重要意义。

4. 公平理论与员工行为的关系

公平理论认为员工许多积极的、有利于组织目标实现的行为之间都有关系。其表现在三个方面：绩效效能，主要包括个人、工作团体、部门或组织生产结果的品质与数量方面的能力，如个人绩效、组织绩效等；集体意识，主要包括为了组织的可持续发展和维持竞争力，个人认同组织、部门、群体的状况，如员工的组织承诺、离职意愿、组织成员行为、与上级和同事的信任关系等；个人价值，主要包括个人受尊重的程度、满意度、自我实现程度等。

公平与个人绩效的关系主要体现于分配公平和程序公平对绩效的影响。如果个人对自己的投入与回报感到公平，就会爱岗敬业，努力工作；否则就可能降低努力程度，消极怠工。而实现程序公平，则能保证员工的长期利益，对绩效产生积极的影响。此外，程序公平产生信任，这里的信任包括对决策制定者、上级和组织的信任。由于这些人在分配报酬和资源方面拥有较大的权力，对他们的信任会使员工形成集体意识，有利于组织目标实现。许多研究还认为，程序公平和分配公平都会影响组织成员的行为，而程序公平与组织成员行为之间的关系比分配公平与组织成员行为之间的关系更密切。组织成员行为是指自发的、没有明确回报的、但有助于提高组织功能的行为，是组织成员公德意识、伦理意识的体现，也是员工凝聚力的体现。公平感对员工的个人价值实现也有积极的影响。这类研究集中在对结果满意度和工作满意度的相关研究上。结果满意度主要包括对薪酬的满意度、对晋升的满意度和对绩效评估的满意度等。工作满意度是指员工对其工作的总体满意度。一般认为，分配公平与结果满意度的关系最为紧密，而程序公平对工作满意度的作用高于分配公平和互动公平。

一项研究表明，公平感与马基雅维利主义存在极大的相关性。高马基雅维利主义者在与伙伴的交易中支持产出最大化，然而低马基雅维利主义者更支持公平。公平感和报酬在预测薪酬满意度和整体满意度之间的重大联系没有被证实[1]。

总之，公平感与员工的绩效、员工的集体意识和员工的满意度、自我实现等都有着密切的联系。尽管分配公平、程序公平、互动公平的作用存在差异，但都认为组织行为对个人行为有重大影响。

12.3.4 认知评价理论

认知评价理论（Cognitive Evaluation Theory）是由德西和莱恩（Deci & Ryan）1975年提出的，又称为自我决定论。这一理论强调人对客观事件、事物的看法和评判。

1.认知评价理论的内容

认知评价理论认为：虽然人们可以分别被内在、外在因素激励，但这两个因素之间并不是毫无影响的。当对某种工作结果进行外部奖励时，那种因喜欢做这种工作而产生的内在激励作用便会降低，因为这会使人们感到他们不是自觉的人，是为了外部因素而工作，为了奖励而工作，觉得自己丧失了对自身行为的控制。

认知评价理论解释了为什么在组织中对出色的工作绩效进行奖励有时反而会使工作动机降低。

认知评价理论认为激励因素可以分为两类：

①内在激励因素，即工作的目的就在于工作本身，人是为了工作而工作。

②外在激励因素，即工作的目的不在于工作本身，而在于获得外部的奖赏，工作只是获得奖赏的工具。

认知评价理论认为，过分强调外在的激励因素会导致内在激励因素的萎缩。当员工是出于喜欢某种工作而非常投入地工作，而组织对工作结果进行奖励，可能会导致员工工作动机下降。对工作业绩进行奖励会使员工感到自己是为了物质利益而工作，而不是为了自己的爱好和兴趣而工作，从而导致员工工作动机的下降。它认为控制行为的外部强化无视个人的自我决定，促使人们把自己的行为认知为是由外部因素所决定的，因此导致内在动机的降低，使本来具有内在兴趣的活动必须依靠外在奖励才能维持。

2.认知评价理论的应用

认知评价理论提出了“内在激励”的概念，也称为内在激励理论。其中认知评价是关键因素，即人们对情景因素是支持行为或控制行为的一种心理评价。

认知评价理论认为过分强调外在的激励因素会导致内在激励因素的萎缩。当员工是出于喜欢某种工作而非常投入地工作时，如果管理者对他的工作业绩过分看重，并对工作结果进行奖励，可能会导致员工工作动机下降。因为对工作业绩进行奖励会使员工感到自己是为了物质利益而工作，而不是为了自己的爱好和兴

① SAULEY K S，BEDEIAN A G. Equity sensitivity：construction of a measure and examination of its psychometric properties［J］. Journal of Management，2000，26（5）：885-910.

趣，觉得自己丧失了对自己行为的控制。而且依靠内在动机促使员工工作可以确保员工工作比较稳定和持久地保持较高的质量；而外在激励因素促使员工工作是富有刚性的，一旦减少外在的激励因素，员工工作动机可能会大大下降。

3.认知评价理论的局限

认知评价理论强调外在奖酬对内在激励的负面作用，反对将酬劳与绩效完全挂钩。这种理论只适用于那些外在奖酬对员工工作动机比较重要，而工作本身又有一定内在激励作用的工作。

12.3.5 强化理论

强化理论（Reinforce Theory）是美国的心理学家和行为科学家斯金纳、赫塞和布兰查德等人提出的一种理论。

1.强化理论的主要内容

斯金纳所倡导的强化理论，试图以学习的强化[①]原则为基础理解和修正人的行为。所谓强化，是指对一种行为的肯定或否定，会决定这种行为今后是否会重复发生。

2.强化理论的强化类型

强化包括正强化、负强化和自然消退三种类型。

（1）正强化

正强化，又称积极强化，即当人们采取某种行为时，能得到某种令其感到愉快的结果，这种结果反过来又成为推进人们趋向或重复此种行为的力量。例如，企业用某种具有吸引力的形式（如奖金、休假、晋级、认可、表扬等），表示对职工努力进行安全生产的行为的肯定，从而增强职工进一步遵守安全规程进行安全生产的行为。

（2）负强化

负强化，又称消极强化，是指通过违规行为所引起的不愉快的后果，对该行为予以否定。若职工能按所要求的方式行动，就可减少或消除所处处境的不愉快，从而也增大了职工符合要求的行为重复出现的可能性。例如，企业安全管理人员告知工人不遵守安全规程，就要受到批评，甚至得不到安全奖励，于是工人为了避免发生此种不期望的结果，而认真按操作规程进行安全作业。

惩罚是负强化的一种典型方式，即在消极行为发生后，以某种带有强制性、威慑性的手段（如批评、行政处分、经济处罚等）给人带来不愉快的结果，或者取消现有的令人愉快和满意的条件，以表示对某种不符合要求的行为的否定。

（3）自然消退

自然消退，又称衰减，是指对原先可接受的某种行为强化的撤销。由于在一

---

① 斯金纳的学习理论在前文已经加以介绍。

定时间内不予强化，此行为将自然减少发生并逐渐消退。例如，企业曾对职工加班加点完成生产定额给予奖励，后经研究认为这样不利于职工的身体健康和企业的长远利益，因此不再给予奖励，从而使加班加点工作的职工逐渐减少。

正强化是用于加强所期望的个人行为；负强化和自然消退的目的是减少和消除不期望发生的行为。这三种类型的强化相互联系、相互补充，构成了强化的体系，并成为一种制约或影响人的行为的特殊环境因素。

强化的主要功能就是按照人的心理过程和行为的规律，对人的行为予以导向，并加以规范、修正、限制和改造。它对人的行为的影响是通过行为的后果反馈给行为主体这种间接方式来实现的，人们可根据反馈的信息主动适应环境刺激，不断地调整自己的行为。

3.强化理论的应用

在企业安全管理中，应用强化理论来指导安全工作，对保障安全生产可起到积极作用。在实际应用中，关键在丁如何使强化机制协调运转并产生整体效应，为此，应注意以下五个方面：

第一，应以正强化方式为主。在企业中设置鼓舞人心的安全生产目标，是一种正强化方法，但要注意将企业的整体目标和职工个人目标、最终目标和阶段目标等相结合，并对在完成个人目标或阶段目标中具有明显成绩或做出突出贡献者，给予及时的物质和精神奖励（强化物），以求充分发挥强化作用。

第二，采用负强化（尤其是惩罚）手段要慎重。负强化应用得当会促进安全生产，应用不当则会带来一些消极影响，可能使人由于不愉快的感受而出现悲观、恐惧等心理反应，甚至发生对抗性消极行为。因此，在运用负强化时，应尊重事实，讲究方式方法，处罚依据准确公正，这样可尽量消除其副作用。将负强化与正强化结合应用一般能取得更好的效果。

第三，注意强化的时效性。采用强化的时间对于强化的效果有较大的影响。一般而言，强化应及时，及时强化可提高安全行为的强化反应程度，但须注意及时强化并不意味着随时都要进行强化。不定期的非预料的间断性强化往往可以取得更好的效果。

第四，因人制宜，采用不同的强化方式。由于人的个性特征及其需要层次不尽相同，不同的强化机制和强化物所产生的效应会因人而异。因此，在运用强化手段时，应采用有效的强化方式，并随对象和环境的变化而相应调整。

第五，利用信息反馈增强强化的效果。信息反馈是强化人的行为的一种重要手段，尤其是在应用安全目标进行强化时，定期反馈可使职工了解自己参加安全生产活动的绩效及结果，既可使职工得到鼓励，增强信心，又有利于及时发现问题，分析原因，修正行为。

12.4　组织激励

组织激励是指运用组织责任及权力对员工进行激励。它利用激励的原理和组织制度实现对内部人员的激励，同时提升整个组织的效率。

组织激励的特点在于，从组织需要出发推动组织成员为实现特定组织目标而努力。在此过程中，组织结构、组织资源、组织措施，成为行为激励的条件和手段。对于组织激励的研究，关注如何利用组织条件来激励员工更好地工作，从而实现组织与员工的共同发展。

12.4.1　组织激励的特点

前已述及，组织激励是出于更好地实现组织目标，从提高员工的工作满意度出发进行的组织管理行为，因而其具有自身的特点，本书从组织激励的任务和组织激励的思路出发，说明组织激励的特点。

1. 组织激励的任务

组织激励是利用组织制度等特定条件，利用激励的一般原理，实现组织的目标。也就是说，通过对员工行为的干预，促进组织目标的实现。

（1）激励是对行为的干预

激励是一种典型的干预他人行为的措施，这种措施本身带有明显的目的性，值得注意的是，这种目的往往不是个人的，而是出于组织的共同目的，因而属于典型的管理行为。

组织激励是针对员工的行为，对其加以引导，改变组织成员行为选择的过程，提高其工作的自觉性，增强行动的凝聚力，使组织中的成员力往一处使，心往一块去。

同时，组织激励也说明了实现的条件，也就是需要借助组织的力量（即制度），以及组织的资源才能实现这个目标。

（2）激励是对工作的促进

组织激励的目的是实现组织目标，这种干预是将成员的行为引导向有利于实现组织目标的方向，具体的表现形式是针对组织中的职务工作加以干预，以实现提高组织绩效的目的。

2. 组织激励的思路

组织激励的思路是需要从组织成员个体的需要出发，改变影响行为动机和行为选择的一些因素，最终使得员工能够自觉按照组织要求行动。

（1）以行为主体的依赖性为前提

这里实际上是将组织看作是一个协作体系，行为主体之所以要加入这个协作体系中，是因为自身的某种目的（需要）不能通过自己有限的能力达到，加入协作体系，可以通过社会化的方式，同其他的行为主体联系起来，共同克服某些限制条件，达到共同目的，在此基础上实现个人需要。

正是由于行为主体不得不依赖组织以克服限制条件，实现个人需要，激励才能够有效地发挥作用。

(2) 以行为条件的可变性为依托

这一点实质上是论证激励的可能性，如果个人的行为动机中的因素是不可以被施加影响的，不能改变的，那么激励行为本身就不可能发生作用了，这一部分已经在行为动机的部分加以介绍，动机是能够从对象、评价和选择这三个环节加以影响的，这就为激励提供了可能。

(3) 以行为方式的自觉性为关键

行为动机是一种人们自己意识到的行为动因，由于行为选择是个体主观选择，因此一定要行为主体自己在主观上接受并自觉选择了这样的行为方式，激励才能真正地发挥作用，同时也能长期地发挥作用。

12.4.2 组织激励的依托

组织激励依靠什么条件才能顺利地开展呢？总体而言，需要规章制度的保障，利用资源配置的条件，调整关系结构。其中制度说明激励者的地位，资源说明激励者可以动用的条件，关系说明激励者施加影响的角度。

1. 规章制度

规章制度是群体发展为组织的重要条件，同时也是组织激励能够顺利实施的前提条件，表明了激励者的地位。

在组织中，激励者最为常用的激励方式，是利用规章制度，进行职位工作的设置，以此进行对组织成员的激励。前文中已经介绍了职位设置的主要内容，下面以此为主线进行组织激励的介绍。

责任是每个职位应当完成的工作任务，责任是通过制定制度的形式加以确定，并在实际工作中进行约束的，责任完成的标准等也是以制定制度的方式加以确认，责任落实到各个员工以及责任的顺利实现，都是需要规章制度做保障的。同理，激励也可按照这样的思路进行，通过制度对职位的责任加以调整，以此进行组织激励。

权力是指每个职位拥有的组织资源支配力，但这种支配力是需要制度加以保障的，否则会失去效力，组织成员行动的能力在这个意义上需要制度的形式加以确认和保障。

待遇是履行工作责任制后从组织中获得的回报，也就是组织提供给行为主体的诱因，同样，为了实现权、责、利的统一，必须同前两者一样，以制度的方式确定下来。

由此可见，规章制度是组织激励得以实现的重要依托，通过对职位的设置作用于组织成员的行为过程。

2.资源配置

规章制度是组织激励的依托，此外，激励者还必须有一定的资源，具体而言，包括经济资源、权力资源、关系资源。

经济资源是指制度决定了激励者能够调动一定的资金或者企业利润。首先，是支付组织成员的薪酬福利，维持组织成员的简单的再生产能力；其次，组织激励的过程也必然有一定的消耗，这无疑也会需要经济资源的支持。

权力资源是指组织能够提供给某些职位的权力，从职位设计的角度来看，无疑是十分必要的，因为它会满足组织成员的需要，同时也能够影响他们行为选择的空间，因此，权力资源是激励能够顺利实现的重要保障。

关系资源同样也是十分重要的，因为良好的人际关系本身能够满足人们的需要，同时这种关系资源也会影响人们的人际交往方式，从而改变人们行为选择的方式。能否提供组织成员所需要的关系资源，也会决定组织激励的效果。

3.关系结构

关系结构是激励者进行行为激励的角度，前已述及，群体中规范作用于成员的行为选择过程，是通过成员的角色意识实现行为的自觉性的。因此，组织激励的关键是行为方式的自觉性，这种自觉性需要通过关系结构得以实现。

规则刻画了组织中人与人之间的关系，是一种行为方式的预期，这种规则需要通过成员自身的角色意识，自觉地作用于自己的行为选择过程，也就是说，行为者要对这种既定的交往地位认同，并且按照这样的关系结构进行行为选择。

在组织中，权威的出现，使得组织激励得以顺利地实现，前已述及，权威是被人们自觉服从的权力，实质上，激励应当被看作是激励者对组织成员行为的一种支配，这种支配能够发挥作用，需要权威的作用，也就是被激励者的自觉服从。

综上所述，组织激励是依托规章制度，利用能够调用的资源，以权威关系的方式进行的。

12.4.3 组织激励的措施

在这一部分中，我们将结合动机形成和行为选择的一般规律，说明组织激励应当如何影响人们的行为，并列举一些常用的措施。

1.满足需要

前已述及，需要是人们行为动机形成的基础，满足人们的需要，是从对象入手，调节人们行为动机的。正如前文所述，需要具有对象性，即需要可以通过一定的对象来满足。因此，调节者可以提供行为主体的需要对象，这样就可以调整个体的行为动机。

组织的基本任务是合理配置资源，为社会创造财富。员工是组织的主体，是实现组织共同目标的主力军。组织需要根据员工需要的层次来满足员工的合理需要。其具体包括：

（1）物质需要

物质基础是人类赖以生存的基本条件。员工的物质需要主要是指员工的薪酬和福利。员工的薪酬，实际上就是员工的所有劳动收入，按其性质不同可分为基本工资、奖金、津贴和补贴等几部分；此外，企业还应当考虑员工的住房、医疗、各种保险等，以最大限度地保证员工没有经济上的后顾之忧。

（2）安全需要

任何人都不想过颠沛流离、朝不保夕、惶惶不可终日的生活，每一位员工都想长期拥有一份满意的工作。满足员工的安全需要应注意以下几个方面，如慎重对待裁员、重视员工的劳动环境和人身安全等。

（3）归属需要

人的社会性决定了人对社会组织的依赖性。员工不是机器人，组织既是员工物质生活赖以生存的协作体系，也是员工精神生活的重要场所。这里的“归属”是指员工对组织的依赖程度、需要程度、满足程度和骄傲程度，“爱”是指组织对员工的爱、员工对组织的爱、上下级之间的爱和员工之间的爱。因此，创造一个充满人文关怀的组织，打造一个充满爱的组织，增强员工的归属感、责任感、使命感和自豪感，带出一个团结、积极、向上、创新的团队，是组织激励的目标。

（4）尊重需要

尊重包括自尊和外界尊重两方面，二者相互影响。员工的自尊要与组织对员工的尊重、上下级之间的尊重、员工之间的尊重以及社会关系对员工的尊重形成一个交集，方能营造一个尊重的氛围，有效地满足员工对尊重的需要。在具体实践中应注意以下几个方面：重视并学会倾听、交流和沟通；学会表扬和赞美；让员工参与管理；建立有效的内部岗位轮换、升迁机制；创建学习型组织；零距离亲密接触。

（5）自我实现需要

其具体做法是合理地设计职务，如让员工参与管理。研究表明，员工参与会影响他们的决策和增加他们的自主性，使员工的工作积极性更高，对组织更忠诚，生产力水平更高，对他们对工作更满意。参与包括参与目标的制定、参与决策、参与管理、参与绩效考核和评估等。

2. 明确目标

目标管理（management by objective）的概念是管理专家彼得·德鲁克（Peter Drucker）1954年在其著作《管理实践》中最先提出的。它是由组织中上级和下级管理人员一起制定共同的目标，同每一个人的应有成果相联系，规定他的主要职责范围，并以这些规定为指导，评价一个部门或每一成员的贡献情况。

（1）确定目标

首先根据企业的外部环境和内部条件，确定企业在一定时期（一般为一年）内总的经营目标（包括贡献目标、利润目标、市场目标、发展目标），然后自上而下地将总目标层层分解展开，确定各级的计划目标，形成一个上、下、左、右项目之间协调平衡、相互衔接的计划目标体系。

（2）实施目标

这是决定性阶段，主要是按照责权统一的原则，根据实现计划目标的需要，授予目标执行者必要的权力，以充分发挥其积极性、主动性和创造精神，进行"自我控制"，促使目标完成。领导者在此过程中的主要任务是了解情况，组织协调，提供信息和服务，帮助发现和解决问题，支持下属搞好工作，实现计划目标。

（3）成果评价

其目的有两个：一是掌握各级目标的完成情况，为正确进行奖励或批评提供依据；二是为了认真总结经验教训，以便发扬优点，克服缺点，进一步提高目标管理水平。进行成果评价的依据是目标的完成程度、完成目标的困难程度和为完成目标的努力程度。

（4）结果反馈

目标管理通常是以结果反馈结束的，对于评价后的成果，管理者和组织成员都要对结果和过程进行反馈，探讨其中可以改进的地方，吸取经验，同时开始制定下一步的目标。

3. 比较成效

提高公平感可以改善员工的绩效、组织承诺和组织成员的行为，提高员工对工作的满意度和对组织的忠诚度。下面根据对公平理论研究的结果，简要阐述它在管理中的应用。

（1）建立科学的绩效考核系统

根据分配公平的理论，影响员工分配公平感受的核心有两个方面：一是投入；二是回报（产出）。员工把自己的投入和产出与其他人的相比较，如果两者的比率相等，那么就认为是公平的。员工的投入指标主要体现在德、能、勤、绩几个方面，因此，建立一种科学的、合理的又切合实际的绩效考核系统是非常必要的。

(2) 建立公平合理的薪酬体系

组织要保持分配政策的稳定性和可完善性。要建立公平合理的薪酬体系主要应考虑两个方面：内部公平和外部公平。内部公平是要按照员工的岗位、业绩，将员工的薪酬分门别类，形成一套内部的薪酬系统，让员工在相互比较时，感受到分配公平；外部公平则主要是遵从市场经济的法则，尽可能使社会上相同、相似的岗位具有相差不多的薪酬，如果差距太大，就容易使员工产生跳槽离职的念头。

(3) 完善员工参与制度

根据瑟保特和沃尔克的研究，不管最终的分配结果是否公平，只要员工有参与的权利，而且实际参与了，公平感就会显著地提高。民主参与有许多优点：可以代表各部门员工的利益，使分配的程序具有公平性；可以监督分配制度的执行，即使是暂时不合理的制度，只要严格按制度执行，员工也会产生公平感；可以改善上下级关系，有利于增进相互理解，如可以让员工参与组织的发展战略、分配制度、奖励制度、晋升制度和考评制度等的制定和实施，使员工在参与中了解制度制定的原则、利弊，能很好地配合组织政策的实施，减少改革的阻力，提高员工的积极性。

(4) 建立申诉制度和上下级沟通制度

根据瑟保特等人的研究，申诉是产生公平感的重要影响因素。即使推行民主参与制，仍然可能因缺席的缺陷或考虑不周而出现不公平的问题，而且制度在实施过程中如果缺乏申诉，也就难以严格执行。那么，如何保证制度的逐步完善，如何使合理的制度能够得到有效实施，推行申诉制度就显得十分重要。管理部门应该有专人负责处理这些申诉，给申诉者提供机会，将员工体验到的不公平感降到最低程度。

4.调整期望

麦克利兰对成就需要与工作绩效的关系进行了十分有说服力的推断。首先，高成就需要者喜欢能独立负责、可以获得信息反馈和中度冒险的工作环境。他们会从这种环境中获得高度的激励。麦克利兰发现，在小企业的经理人员和在企业中独立负责一个部门的管理者中，高成就需要者往往会取得成功。其次，在大型企业或其他组织中，高成就需要者并不一定就是一个优秀的管理者，原因是高成就需要者往往只对自己的工作绩效感兴趣，并不关心如何影响别人去做好工作。再次，亲和需要与权力需要和管理的成功密切相关。麦克利兰发现，最优秀的管理者往往是权力需要很高而亲和需要很低的人。如果一个大企业的经理的权力需要与责任感和自我控制相结合，那么他就很有可能成功。最后，可以对员工进行训练来激发他们的成就需要。如果某项工作要求高成就需要者，那么，管理者可以通过直接选拔的方式找到一名高成就需要者，或者通过培训的方式培养自己原有的下属。

麦克利兰的动机理论在企业管理中很有应用价值。首先，在人员的选拔和安置上，测量和评价一个人动机体系的特征对如何分派工作和安排职位有重要的意义。其次，由于具有不同需要的人需要不同的激励方式，因此了解员工的需要与动机有利于合理建立激励机制。最后，麦克利兰认为动机是可以训练和激发的，因此可以训练和提高员工的成就动机，以提高生产率。

5.塑造准则

基于XY理论的激励方式有如下几项管理原则：

①创造适宜的工作环境，使人们挖掘潜力，发挥才能。

②管理者的职能既非生产指导者，也不是人际关系调节者，而是一个采访者，他应为发挥人的才智消除障碍并创造适宜条件。

③进行“内在奖励”，即获得知识，增长才干。正如麦格雷戈所说：“管理在于创造一个适当的环境：一个可以允许和鼓励每一位职工都能从工作中得到‘内在奖励’的环境。”

④管理制度要保证职工能充分展露自己的才能，比如使任务更具有挑战性，下放管理权限，建立决策参与制度，使职业丰富化、扩大化等。

运用强化理论激励组织成员需要注意下列要点：

①经过强化的行为趋向于重复发生。所谓强化因素就是会使某种行为在将来重复发生的可能性增加的任何一种“后果”。例如，当某种行为的后果是受人称赞的时，就增加了这种行为重复发生的可能性。

②及时反馈。一个人在做出了某种行为以后，即使是领导者表示“已注意到这种行为”这样简单的反馈，也能起到正强化的作用。如果领导者对这种行为不予注意，这种行为重复发生的可能性就会减小以至消失。所以，必须利用及时反馈作为一种强化手段。

③正强化比负强化更有效，所以在强化手段的运用上应以正强化为主，必要时也要对坏的行为进行惩罚，做到奖惩结合。

12.4.4 组织激励的体系

组织激励是按照一定的体系进行的，这是指激励工作是把握一定的工作重点，参照综合激励的模型，按照一定的工作机制，系统化地开展组织激励的。这是实际工作中需要把握的要点。本部分将介绍激励工作的重点、综合激励模型以及组织激励机制。

1.激励工作的重点

不同激励措施针对行为选择的不同环节展开，相互之间具有复杂的联系。可以从人们行为活动的结构出发，把握不同激励措施的着眼点。按照这一思路，对于激励措施的把握要关注如下几点：

第一，组织激励的实质，是通过鼓励符合组织要求的行为方式，引导员工更好地开展工作。与此相应，如何从组织需要出发，制定恰当的行为规则和奖惩标准，作为引导员工行为的依据，是开展组织激励工作的前提。

第二，组织成员的行为活动具有一定规律，由需要、动机、行为、效果之间的循环构成。四者之间的衔接和转化需要一定条件，在不同条件状况影响下，会出现不同的转化方式，从而导致不同的行为方式和结果。为了提高员工业绩，必须考虑这些转化条件。

第三，对组织成员的行为激励，可以从转化条件的设置与控制入手，采取相应的措施，使之从不同环节发挥作用，其中最为关键的环节是根据员工的工作业绩给予恰当奖励。为此不仅要考虑绩效的实际情况，而且要考虑绩效实现过程中员工的行为方式，以及员工对自身工作责任与权利的理解。

第四，不同措施之间必须相协调，使之相互支持和相互补充，按照统一的规则发挥作用，共同促进组织目标的实现。

2.综合激励模型

综合激励模型是一种针对组织激励建立的概念模型，由美国行为科学家爱德华·劳勒提出，如图12-1所示。该理论在总结不同激励研究成果的基础上，结合组织激励的特殊任务，提出了从改进员工业绩角度进行激励的思路。其主要思想是：

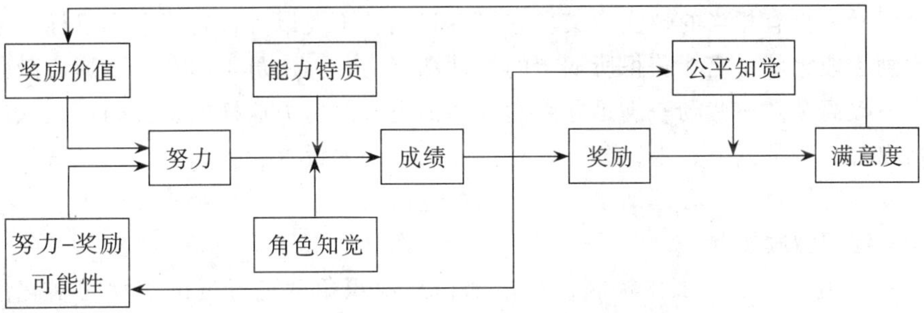

图12-1　综合激励模型

①“激励”导致一个人是否努力及努力的程度。

②工作的实际绩效取决于能力的大小、努力程度以及对所需完成任务理解的深度，具体地讲，“角色知觉”就是一个人对自己扮演的角色认识是否明确，是否将自己的努力指向正确的方向，抓住了自己的主要职责或任务。

③奖励要以绩效为前提，不是先有奖励后有绩效，而是必须先完成组织任务才能获得精神的、物质的奖励。当职工看到他们所获得的奖励与取得的成绩关联性很差时，奖励将不能成为提高绩效的刺激物。

④对奖惩措施是否满意，取决于被激励者认为获得的报酬是否公平、公正。如果他认为符合公平原则，当然会感到满意，否则就会感到不满意。众所周知的事实是，满意将产生进一步的努力。

1967年，波特和劳勒还在他们合作的《成绩对工作满足的影响》一文中表述了成绩对满足影响的一种理论模式，这种模式的具体内容是：一个人在取得了成绩后得到两类报酬：一类报酬是外在报酬，包括工资、职位提升、安全感等。按照马斯洛的需要层次论，外在报酬往往满足的是一些低层次的需要。由于一个人的成绩，特别是非定量化的成绩往往难于精确衡量，而工资、职位提升等报酬的取得也包含对多种因素的考虑，不完全取决于个人成绩，成绩与外在报酬并非具有直接的、必然的因果关系。另一类报酬是内在报酬，即一个人由于工作成绩良好而给予自己的报酬，如感到对社会做出了贡献，对自我存在意义及能力的肯定等。它对应的是一些高层次的需要的满足，而且与工作成绩是直接相关的。是不是“内在报酬”与“外在报酬”就可以决定员工是否“满足”呢？答案是否定的。我们注意到，在其间必然要经过“所理解的公正报酬”来调节。也就是说，一个人要把自己所得到的报酬同自己认为应该得到的报酬相比较。如果他认为相符合，就会感到满足，并会激励他以后更努力。如果他认为自己得到的报酬低于“所理解的公正报酬”，那么，即使事实上他得到的报酬并不少，他也会感到不满足，甚至会感到失落，从而影响他以后的努力程度。

波特-劳勒期望激励理论在20世纪60至70年代是非常有影响的激励理论，在今天看来仍有相当的现实意义。它告诉我们，不要以为设置了激励目标、采取了激励手段，就一定能获得所期望的行动和努力，并使员工满意。要形成激励→努力→提高绩效→奖励→满足并因满足回馈更大的努力这样的良性循环，取决于奖励内容、奖惩制度、组织分工、目标导向行动的设置、管理水平、考核的公正性、领导作风及个人心理期望等多种综合性因素。

3.组织激励机制

所谓组织激励的工作机制，是指如何从组织角度进行员工激励的制度性安排，通过对激励对象、激励前提、激励措施的结构性处理体现出来，使组织激励通过系统的工作体系得以实现。

（1）工作机制的结构

进行组织激励，必须明确激励工作依据什么规律展开，包括：激励工作的重点在哪里？有哪些可选的措施？以什么为措施选择的前提？对于这些问题的回答，要以组织成员的行为规律为主线，结合组织体制的特殊环境，进行激励措施的合理选择。因此对于组织激励机制的分析，首先要明确这些不同方面的基本内容，进而说明这些方面之间的关系。

首先必须说明激励工作需要考虑的环节：具体包括动机指向、行为方式、工作绩效和员工工作满意度。这些是行为激励的外在可见性结果，是激励者可以作用、可以观察的环节。其中，动机指向是行为产生的内在原因，是行为者自觉意识到的行为动因，按照一定的心理过程得以形成；动机指向通过人们的行为方式体现出来，行为方式可以通过影响人们的行为动机进行调整，同时也可直接作用于行为选择的过程加以影响；行为方式的结果是工作绩效，这是按照一定的评判标准对人们行为结果的衡量，这个评价也会反馈至行为主体自身，产生员工工作满意度，员工工作满意度是一种主观感受，同样也会反作用于人们的行为动机形成过程。

激励工作需要考虑的前提包括：员工需要、员工能力、员工价值观，这些是人们动机形成和行为选择的重要影响因素。一定的行为动机产生于一定的需要，并指向能够满足需要的特定行为目标，从而推动相应的行为活动；员工的能力会影响行为选择，它决定着员工的备选行为空间；员工价值观是员工进行评价的重要尺度。

按照上述前提，激励工作可能采取的措施包括建立制度、提供机会、强化角色、确定标准和给予回报。

建立制度是组织激励的重要依托，是影响人们行为选择的重要条件；提供机会能够有效地改变人们备选行为范围，使得组织成员能够在更大的范围内进行行为选择；强化角色可以增强人们行为的自觉性，使得激励能够发挥长效作用；确定标准是引导人们的价值评价，给予组织层面的评判标准；给予回报是将评价的结果反馈给行为主体，其会影响行为动机的形成，形成一个循环。

（2）工作机制的模型

对上述三方面因素加以整理，可以发现不同因素之间的相互关系，从而建立组织激励机制的概念模型，如图 12-2 所示。

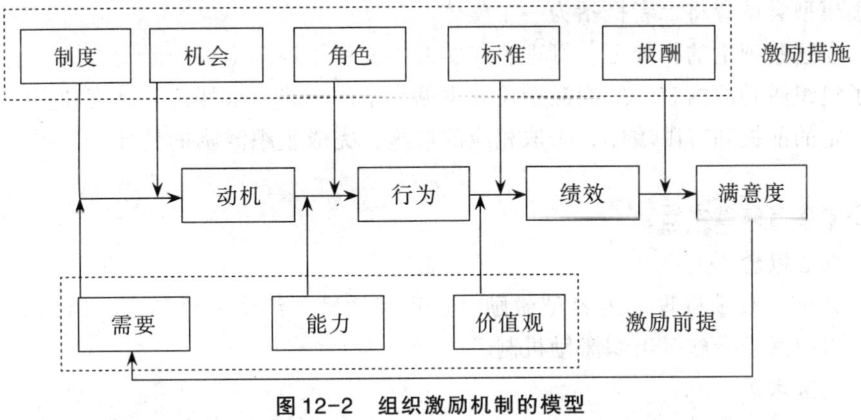

图 12-2 组织激励机制的模型

上述模型以员工的行为选择为主线，通过分析如何对员工行为选择方式施加有组织的影响，说明了组织激励机制的运行机理。

按照决策学派的观点，管理就是决策，也就是为员工提供一个具体的决策环境，激励正是在这样的背景下开始的，在特定的组织环境中，行为主体结合自己的需要，会形成一定的动机，在这样的动机作用下，行为主体会进行选择，这样的选择是有一定约束条件的，个体层面上的约束主要是自身的能力范围，而组织还会提供另一种约束，那就是行为的机会。行为主体做出选择后，其工作态度会决定其工作绩效，而组织会按照一定的标准衡量他的工作绩效，接着组织会按照自己的价值判断给予行为主体一定的诱因，通常表现为报酬，这种报酬会对行为主体的需要产生强化，并构成一个循环。

补充资料：马斯洛后期对需求层次论的修正与现代企业中薪酬激励的设计

本章小结

本章介绍了激励这种管理措施，也说明了行为主体在组织层面行为动机的一个重要影响因素。

激励活动是以行为动机的相关理论为基础，以实现组织共同目标为目的，以员工需要为落脚点，通过影响成员的动机形成及行为选择的机制，进行的对组织成员行为动机人为干预的管理行为。

目前已经有大量的学者研究了激励方式对行为动机的影响，形成了许多激励理论，这些理论按照其改变行为动机的作用机制可以分为内容型和过程型，综合激励模型尝试着将二者概括为一个整体。

在这些理论的指导下，管理者在实践中使用了许多不同的激励方式。这就构成了组织激励的内容，组织激励需要遵循一定的思路，依托规章制度和资源，按照一定的前提和有限顺序，采取相应的措施，完成组织激励的任务。

核心概念与关键术语

核心概念

激励　激励机理　内容型激励　过程型激励　组织激励特点　组织激励依托　组织激励措施　组织激励机制

关键术语

激励（motivate）　ERG 理论（ERG Theory）　保健因素（hygiene factors）　激励因素（motivation factors）　三种需要理论（Three Needs Theory）　XY 理论（Theory X and Theory Y）　目标设定理论（Goal Setting Theory ）　期望理论（Expectancy Theory）　公平理论（Equity Theory）　认知评价理论（Cognitive Evaluation Theory）　强化理论（Reinforce Theory）　目标管理（management by objective）

思考题

1.为什么说激励是一种典型的组织行为?

2.激励的特点是什么?其对管理有何特殊意义?

3.需要、动机、激励之间是什么关系?

4.如何从知觉和价值观的不同角度进行激励?

5.需要层次论的贡献和局限在哪里?

6.双因素理论如何改进了需要层次论?

7.成就需要理论提出了什么样的建议?

8.认知评价理论是如何考虑激励方式的?

第13章 工作团队

学习目标

通过本章的学习，您应当掌握：

1.管理沟通的含义及内容

2.沟通的模型及应用

3.沟通的障碍及要求

4.工作团队的含义和特征

5.团队协作及高效团队的特征

6.冲突的性质及类型

7.冲突的处理方式及谈判

引　例

腾讯“自运转”团队

1998成立于深圳的腾讯（Tencent）公司，已成为世界影响力最大的互联网科技公司之一，成功打造了QQ、微信等风靡全球的产品，市值达5 000亿美元，短短十几年间，腾讯就从一家不知名的小公司蜕变成全球最受瞩目的网络巨头。这辉煌的背后，隐藏着其独到的管理方法和理念。

艾永亮（Aland Ai），腾讯公司敏捷教练及高级项目经理，曾参与QQ农牧场，Qzone商城，SOSO，无线应用、网络游戏等业务的项目管理与教练工作，实际上“自运转团队”也可以称作“准自组织团队”，他是通向“自组织团队”的中间阶段。“自运转”是通过一系列预定义的流程来将团队成员串联起来，但它在我们通常定义的工作流程上加上了三项重要内容：①当前环节负责人要对其工作的进度和质量负责；②当前环节负责人要跟进上一环节负责人的交付时间和质量；③当前环节负责人要推动下一环节负责人的工作尽快开展。这样在单纯的事务流程上加入了“人”的内容，任何一个环节都有“当前”“上游”“下游”三名团队成员关注和推进（始末端均为项目经理），这就让团队成员通过流程连接在一起，使得大家不只关心自己手头的工作，还需要关心上下游的工作，团队推动远胜于项目经理一人推动。然而，“自运转团队”却缺乏“自组织团队”的自我管理、持续改进的内容，因为它的任务计划和分工还是有PM统一规划的。不过虽然它与“自组织团队”还有一定距离，但是由于团队成员彼此紧密联系、相互关注，这将促使团队向自管理的方向发展，因此我们认为这是通往“自组织”的一个中间阶段，同时由于它更容易实现，因此它实际提供了一个向“自组织”转型的切实可行的方法。

谈到腾讯的“自运转”团队的出现原因，艾永亮说其实很自然，指令型团队让所有人都很痛苦，自组织又难于实现，所以才有了“自运转团队”。大家都知道腾讯为了适应互联网的快速变化和满足用户的需求，产品发布速度都非常快，这使得大家压力都很大，在这种情况下多数项目经理都会想方设法提升效率，一个很自然的想法是让每个角色都能更加专心于自己的工作，全力提升自己的效率，由此项目经理将承担起大量沟通和推进的工作。这种情况下，每个人确实更专注了，团队都在项目经理的指令下工作，但是大家却忽视了团队其他成员的工作，再加上缺乏充分的直接沟通，在配合中就产生了大量问题。经过一段时间，问题频发，大家感觉更累了，这时作为敏捷教练的我们自然会建议转换团队管理方式，但是要打破大家的工作习惯，特别是已经建立很久的思维模式，是件非常困难的事，因此我们就尝试先借助一些工具让大家的工作更透明，适度增加成员之间的工作联系，经过一段时间的摸索和尝试，找出了利用流程和责任来推动工作的方法，也就是“自运转团队”。由于团队中成员的工作联系在“自运转”过程中不断加强，彼此之间越来越亲密，团队效率也越来越高，很多时候都不需要上级经理的参加，这样也就进一步向自我管理团队性质靠近了。

资料来源　麦天志. 艾永亮谈腾讯的自运转团队［EB/OL］.［2018-06-11］. http://djt.qq.com/article/view/204.

【思考】

1.案例中的“自运转”团队给了我们什么启示？

2.“自我管理”团队的特点是什么，它与案例中的“自运转团队”有什么区别与联系？

3.工作团队与群体有什么区别与联系？

本章提要

管理沟通是为了提高协作效率和工作满意度所进行的交流，通过传递工作认识和感受来整合人们的行为动机。在密切的管理沟通基础上建立起来的工作团队，日益成为正式组织中具有高效率的组织形式。在此过程中所出现的矛盾与冲突，需要采取有针对性的处理措施。加强管理沟通，建立工作团队，解决团队冲突，是保证群体协调的基本方式。本章在介绍了组织结构与行为的基础上，介绍一种特殊的任务群体——工作团队，阐述团队沟通、团队冲突和谈判等相关内容。

13.1 管理沟通

良好的团队协作离不开成员之间的管理沟通。沟通是指人们之间的信息交流。管理沟通是为了实现共同目标而进行的专门沟通，需要某种媒体，通过编码、传递、解码的方式在传递者与接收者之间进行。

13.1.1 沟通的性质

共同目标和协作意愿的出现，使得沟通在组织中显得十分必要，这部分首先介绍沟通的有关性质，包括沟通的含义、沟通的内容以及沟通的意义。其中沟通的含义是理解沟通性质的基础，沟通的内容将从另一个角度加深对这个概念的认识，沟通的意义则是从组织本身和成员这两个角度说明了沟通的性质。

1.沟通的含义

沟通（communication）的定义非常多，比较常见的有以下几种：

《大英百科全书》认为，沟通就是“用任何方法，彼此交换信息，即指一个人与另一个人之间用视觉、符号、电话、电报、收音机、电视或其他工具作为媒介，所从事的交换信息的方法”。

《韦氏大辞典》认为，沟通就是“文字、文句或消息之交流，思想或意见之交换”。

拉氏韦尔（Harold Lasswell）认为，沟通就是“什么人说什么，由什么路线传至什么人，达到什么结果”。

西蒙认为，沟通“可以视为任何一种程序，借此程序，组织中的任一成员，将其所决定意见或前提，传递给其他有关成员”。①

本书主要是从团队的管理沟通的角度探讨这个问题，综合各方面的定义，可以把沟通定义为：沟通②是信息凭借一定的符号载体，在个人或群体间从发送者到接收者进行传递，并获取理解的过程。

这个定义包含两方面的意思：首先是信息交流，表达主观感受。这里是指人与人之间需要传递信息和想法，只有从一个人那里传递到另一个人那里，信息和想法才会传播开来；其次是相互理解，体会对方的动机。沟通不仅是信息的传递，还包括对意义的理解，如果仅仅是传递给其他人但不为人理解，这是没有意义的。

完美的沟通是想法或思想传递到接收者那里，接收者所感知到的心理图像与发送者发出的完全一样。然而，在现实中，这种完美沟通几乎是不存在的。

---

① 西蒙. 管理行为［M］. 杨砾，韩春立，徐立，译. 北京：北京经济学院出版社，1988.

② 沟通的定义比较广泛，本书主要强调管理沟通。本书此后不再从文字上加以强调，后文中的沟通主要是指管理沟通。

2.沟通的内容

沟通的内容是指人们沟通过程中交流信息的类型和具体内容，按照前面个体部分所提到的人们的主观认知过程，其可以分为以下两类：

（1）对现实的认识与说明

人是具有主观能动性的生物，其对客观环境有自身独特的能动反映，这个过程需要经历感觉、知觉、思维这三个层次，这也构成了沟通的首要内容，也就是个体对客观事物的主观反映。

（2）对事物的感受与评价

人们将对客观世界的信息收集起来以后，还需要经过自身的价值评判，人们在社会实践和学习过程中形成的价值观，将对自己所认知到的事物进行感受和评价，形成自己的态度，这也是沟通的另一项内容。

3.沟通的意义

研究表明，沟通不良是导致人际冲突的最主要的原因，人们用将近70%的清醒时间进行沟通（包括听、说、读、写四个方面），因此，有人认为，阻碍团队工作效率提高的最大障碍在于缺乏有效的沟通，这样说不无道理。因为沟通具有非常重要的意义，具体表现为以下两点：

（1）提高工作效率

前已述及，管理沟通是维持按计划协作而出现的必要的行为，按照巴纳德的观点，信息沟通与共同目标、协作意愿一起，成为组织的三大基本要素。这是因为，共同目的显然必须被人们所共同理解，而要使人们了解就必须进行沟通，同样的，人们协作意愿的维持也需要信息沟通。

信息沟通能够使团队合作系统动态化，将共同目的和个人参与结合起来，提高了工作的效率。

（2）满足情感需要

除了工作的需要，人们还有情感交流这类社会需要，因此，沟通是人际交往的一种重要形式。人们，尤其是组织中的人们，主要通过沟通的方式进行人际交往，以此满足人们情感的需要。

13.1.2 沟通的方式

沟通是一种信息的发布和接收、反馈过程，借助一定的媒介进行，需要发布者首先把信息编码，转化为可传递的物质形式，通过一定途径传递到接收者，再由接收者进行解码，了解信息内容后加以反馈。这是一个复杂的过程，有可能出现偏差。

1.沟通的模型

沟通是一个复杂的过程，沟通发生之前，必须有一个意图，我们称之为“需要传递的信息”，它在信息员和接收者之间传递，这一信息首先被编码，然后通过媒介物传送至接收者，由接收者将收到的信号转译回来。这样，信息的意义就从一个人那里传到了另一个人。而沟通模型就是对沟通活动中基本要素及其相互关系的刻画，如图13-1所示。

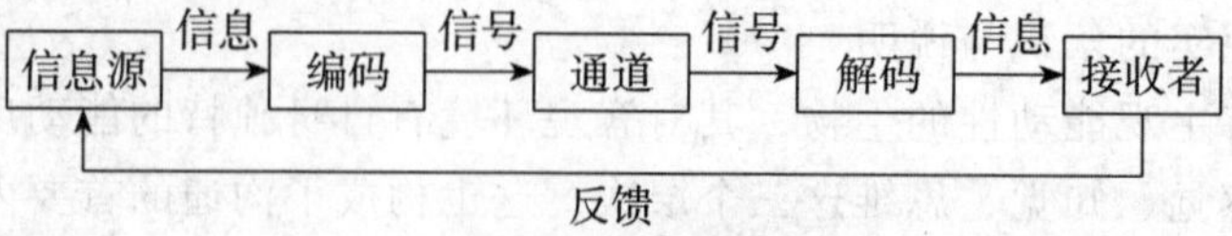

图13-1 沟通模型

（1）信息源

信息源是沟通的发起者，是沟通信息的来源。人们可能是出于社会性的需要所以进行沟通，在本节中更为强调的是人们为了协调个人的能力和行为方向，促进效率提高以克服个人力量的局限性因而进行的沟通，沟通的主要内容是协调共同目的以保证协作的有效性，维持协作意愿以保证协作的效率。

（2）编码

编码是信号源将其意义符号化，编成一定的文字等语言符号及其他形式的符号。前已述及，完美的沟通应当是信息发出者发出的信息和信息接收者接收到的信息完全吻合，这就要求信号源在编码过程中一定要考虑接收者的个体特点，注意内容和符号的可读性。

（3）信号

信号就是编码后符号的意义，它是沟通的主要客体，是沟通进行的载体。

（4）通道

通道是由信息源选择的、借由传递信息的媒介物。不同的信息内容要求使用不同的通道，有时人们也可以使用两种或者两种以上的传递渠道，由于各种渠道都有各自的利弊，因此，正确地选择恰当的通道对于有效的沟通非常必要。

（5）解码

解码同编码恰恰相反，是接收者接收信息后，将符号化的信息还原为思想，并理解其意义。接收方在解码过程中必须考虑信号源的个人特点，这样才能更为准确地把握对方想要表达的真实意图，而不至于曲解、误解其本意。

（6）接收者

接收者是信息发送的对象和目的地，是信息源的沟通对象，接收者由于自身的个体因素，如态度、知觉的差异，以及在群体中的角色的不同，会影响沟通的效果。

（7）反馈

沟通过程的最后一环是反馈回路，反馈是指接收者使信息返回到信息源，并对信息是否被理解进行核实。为了检验信息沟通效果如何，确认接收者是否正确接收并理解了每一信息的状态，反馈是必不可少的，在没有得到反馈之前，我们无法确认信息是否已经得到有效的编码、传递和解码。

2.沟通模型的应用

沟通模型形象地说明了沟通的过程，组织行为学重在研究人们行为动机的差异及产生差异的原因，因此，对于编码、通道、解码等与信息媒介相关的内容，需要进行专门的技术研究，通常可以单独作为一门学科加以教授。而组织行为学研究沟通中人的知觉、态度等个人因素对人们沟通产生的影响，除此之外，作为群体中的个体，其沟通行为还会受到群体中交往地位及角色意识的影响。了解沟通模型，能够帮助我们清楚地了解关注的重点。具体而言，是要研究个体的能力、态度、知识和价值观对沟通的影响。

这四个因素都是在个体行为中有所论述的因素，作为信息的发送者和接收者，他们的主要任务是对信息进行编码和解码，在这一过程中，他们的个人因素将影响到编码和解码的效果，从而影响到信息的发送和接收。

（1）能力

按照沟通对信息传达及时准确的要求，一个人必须具备听、说、读及逻辑推理的能力。这样，对于信息发送者来说，才能准确地把信息源进行恰当的组织和表述。对于接收者来说，才能准确地理解经编码的信息，理解信息的全部内涵。

（2）态度

态度指的是我们对这些信息预先的判断和想法。正如人的知觉，由于每个人对环境、认知对象具有不同的认识，所以产生了对信息理解的影响。对发送者来说，态度影响了其在编码时采取的方式和积极程度，对于接收者来说，态度影响了其在理解信息时是否会加入个人预先的理解。

（3）知识

对信息的编码和解码还受一个人知识范围的限制。知识范围主要影响发送者和接收者对信息的理解程度。是否对传达下来的信息形成透彻的理解，将影响我们下一步对信息的判断，也将影响编码的方式。

（4）价值观

价值观与态度类似，只不过价值观往往受社会环境的影响较大，往往是社会文化环境的一部分。文化环境对人们的沟通有着非常重要的影响，尤其是在跨文化沟通的时候，这种影响就十分突出。

13.1.3 沟通的障碍

由于信息沟通的载体是人，其有着许多不确定的因素和个体特点，同时，沟通还会受到外部环境的影响，因而沟通很难取得令人满意的效果，这就是沟通过程中遇到的障碍。其中来自个体的障碍主要包括过滤、选择性知觉和情绪等，而来自外部环境的障碍则主要体现为语言。

1.过滤

过滤（filtering）是指发送者有意操纵信息，以使信息显得对接收者更为有利。比如，如果一名团队成员传达给上级的信息都是上级想听到的信息，这名成员就是在过滤信息。

过滤现象产生的部分原因是交往地位的差异。一般而言，由于交往地位的不同，地位较低的成员往往会感受到压抑，不能充分表达自己的意愿或进行有效的沟通，他们可能会按照对方的意愿进行表达。

相反，地位相同或者接近的成员之间交往则比较顺畅和自然，想发表什么意见都可以，不必担心因一时疏忽而受到伤害。

2. 选择性知觉

选择性知觉（selective perception），是指在沟通过程中，接收者会根据自己的需要、动机、经历等个体特点有选择地去看或者去听信息。信息接收者在解码过程中，还会把自己的兴趣和期望带进信息中。例如，如果一名面试官认为女职员总是把家庭放在事业之上，就会在女性求职者身上看到这种情况，无论求职者是否真的有这种想法。

3. 情绪

在接收信息时，接收者的**情绪**（emotion）也会影响他对信息的解释。一个人在愤怒和暴躁时接收的信息，与在快乐时接收的同样信息，所做出的解释常常不同。极端的情绪体验，如狂喜或悲痛，更可能影响沟通的效果。在这种状态下，我们常常无法进行客观而理性的思维活动，而出现情绪化的判断。

4. 语言

同样的词汇对不同的人来说意义却会不同。年龄、受教育程度和文化背景是这方面的三个最主要影响变量，它们影响着一个人所使用的语言以及他对词汇的界定。

需要注意的是，说同一种语言的两个人，在言语的使用上也可能极不一致。如果我们能知道每个人如何修饰语言，将会极大地减少沟通中存在的问题。问题在于，团队中的成员常常并不知道自己接触的其他人与自己的言语风格不同，信息发送者以为自己和他人用的词汇或术语相同，这种假设往往本身就是不正确的。

此外，语言沟通是分离式的，需要许多词和句的有机组合才能表达一个完整的信息。所以，上下文之间的联系就显得非常重要。团队成员之间的沟通问题，就是因为缺乏对整个语言信息的把握，人们常常是有意或无意地单独挑选出某一句话或几个字，并对此进行有目的的理解，即所谓的“断章取义”。其实，任何一个完整的信息所表达的意义都有赖于同其他语句的关系①。

13.1.4 沟通的要求

为了使共同目标和协作意愿能够顺利地在群体成员中传递，必须保证沟通的质量，克服沟通的较大障碍。这对沟通提出了一定的要求，其具体包括：

---

① 于显洋. 组织社会学［M］. 北京：中国人民大学出版社，2007.

1.真实

真实即表达本来的意义，不歪曲，抗干扰。

首先应弄清自己的沟通目的和对象特征。其次是要了解沟通的对象是谁。在沟通的过程中，一定要保证信息本来的意义符合沟通的目的，比较可行的办法是建立完善的反馈机制。因为单向的传递容易导致信息失真，从而使沟通的效果大大降低。反馈机制的建立需要信息发送者和信息接收者的共同努力。信息发送者在发送信息的同时应该采取各种积极的措施鼓励接收者提供反馈信息，并注意观察接收者在接到信息后的反应和行动，这些都有可能隐藏着重要的反馈信息。而信息接收者必须把握他们在信息反馈中的主体地位，排除一些心理干扰和可能的权力威慑，客观准确地做出信息反馈。

为了保证沟通的真实性，需要克服交往地位的差异带来的心理畏惧感，研究表明，沟通参与者会因为这种心理畏惧感而过滤掉某些信息，形成沟通的障碍。要集思广益，运用恰当的方式、方法让员工真实、客观地评价沟通的现状，使得成员表达自己真实的想法。

2.及时

及时即传送、反馈、利用都要及时。

其实现途径是建立一套沟通的机制，保证信息传送、反馈和利用过程的顺畅和迅速，建立健全内部沟通渠道。要实现成功的沟通，不仅要重视正式渠道的建立，而且还应重视非正式渠道的建立和完善，二者各有优点，所以应权衡利弊，不能盲目地仅仅使用正式渠道。随着社会的发展，非正式沟通所带来的作用越来越大，要结合利用两种渠道为团队服务。

13.2 工作团队

工作团队是组织为了实现组织目标而建立的正式群体，其不仅具有明确的职责界定，而且形成了有效的分工协作方式。在现代组织中，团队建设对于提高组织效率具有重要意义。

13.2.1 工作团队的性质

工作团队（work team）是组织依托制度成立的正式群体。把握工作团队的性质，要理解工作团队的含义，把握其特征，最后了解不同类型的工作团队。

1.工作团队的含义

工作团队[①]是一种特殊群体，其特点在于：第一，团队是正式组织建立起来的工作单位，但具有群体特征。第二，团队成员以共同目标为基础，以各自能力

① 对工作团队的研究通常有两个层面：一个层面是在工作组织中通过正式授权建立的工作团队；另一个层面是指在群体中自发形成的团队。本书重点研究后一种工作团队，探讨其结构和运行情况。

为依托，进行自觉协同配合，具有较高的协作效率。第三，个体在团队中共同承担责任，彼此相互信任，具有对团队的归属感。

那么为什么会产生工作团队呢？这是由于工作团队所带来的高绩效的成果是仅仅凭借正式组织的制度和规定无法实现的。如果某种工作任务的完成需要多种技能、经验，那么由团队来做通常效果更好，因为工作团队可以更好地利用成员的才能。另外，团队能起到很好的激励作用。团队能够促进成员参与决策过程，有助于增强民主气氛，提高团队成员的积极性。

2.工作团队的特征

要说明工作团队的特征，就需要结合工作团队的含义，说明工作团队和工作群体之间的区别。需要强调的是团队和群体的根本区别在于共同目标上。所谓共同目标，是指团队中每位成员个人目标的交集。前面已经提到，群体是指两个或两个以上的个体为了实现特定目标而形成的关系组合[①]，注意，这里提到的是"特定目标"，可能是一种目标，也可能只是一种共同意识。具有共同目标是团队成员高度协作的前提，按照巴纳德的观点，人们都是由于个人目标无法由自己实现而进入协作体系，这个协作体系中的其他个体一定存在着与这个人相同或相近的个人目标，这些目标的交集就是团队的共同目标。有了共同目标，团队成员的协作就具有了"有效性"[②]，除此之外，团队成员还需要这种协作有"效能"[③]，也就是说，团队成员必须能从协作中获得自己所需要的，即实现个人目标，以维持自己的协作意愿；最后，为了使协作能够顺利进行，具体而言就是要让协作体系中的每个成员了解共同目标，维持协作意愿，这就必须有一个畅通的信息沟通方式[④]。这一点在前面的章节已进行详细介绍。

具体而言，工作团队相对于群体而言的特点有：明确的整体目标，自觉的分工协作，高度的相互信任以及能力的互补性。在工作群体（work group）中，成员进行相互作用主要是为了共享信息、进行决策，帮助每个成员更好地承担起自己的责任。工作群体中的成员不一定需要通过共同努力的集体工作完成某件事，他们也不一定有机会这样做。因此，工作群体中的绩效水平主要是每个群体成员的个人贡献之和。在工作群体中，不存在一种积极的协同作用，能够使群体的总体绩效大于个体绩效之和。

工作团队则不同，它通过成员的共同努力能够产生积极的协同作用，团队成员努力的结果使团队绩效远远大于个体绩效之和。从图13-2中我们能够清晰地看出工作团队和工作群体的区别。

---

① 详见第7章"社会群体"。
② 即共同目标能够实现。
③ 即达到个人目标的积极影响超过负面影响。
④ 巴纳德.经理人员的职能［M］. 孙耀君，译. 北京：中国社会科学出版社，1997.

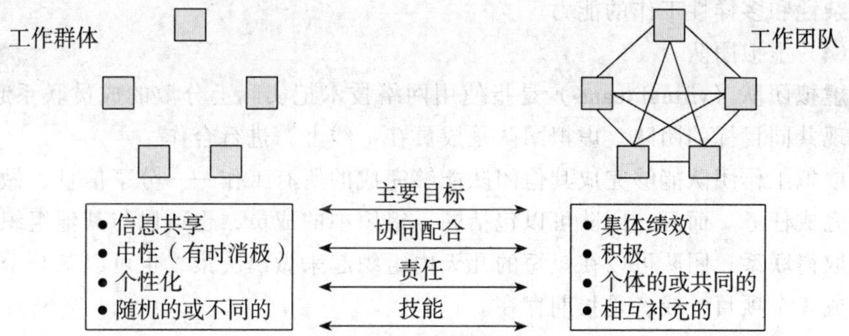

图13-2 工作群体与工作团队的比较

3.工作团队的类型

工作团队的类型有许多种，其中比较常见的有问题解决型团队、自我管理型团队、交叉功能团队和虚拟团队①等。

（1）问题解决型团队

问题解决型团队（problem-solving teams）是专门围绕任务而产生的团队，这种团队的特点是，由8～10位共同承担责任的员工和主管组成，针对同一问题展开讨论，包括问题产生的原因和解决问题的建议，可能会采取一定的纠正性的行动，但是并没有实施解决方案的权力。这种团队在提出解决方案方面有很好的效果，因为它集合了有关该方面问题的专业人士，能够很好地提出各种解决方案以及创新的想法。但是这种团队并没有实施解决方案的权力，因此在调动员工参与决策的积极性和全身心投入工作方面没有很好的激励作用。

（2）自我管理型团队

自我管理型团队（self-managed work teams）正好具有问题解决型团队所不具有的优势。自我管理型团队顾名思义就是拥有一定权力和责任的团队，他们不仅要提出解决方案，并且要实施解决方案和对工作结果承担全部的责任。自我管理型团队显著的特点是团队承担许多责任，如计划和安排工作日程；分配员工任务，总体把握工作进程；做出操作层面的决策；对出现的问题采取措施等。尽管自我管理型团队具有很明显的优势，但是采取自我管理型团队形式需要一定的环境或条件，需要考虑的因素有组织减员、团队规范的强度和内容、从事的任务类型和奖励结构、文化等。

（3）交叉功能团队

交叉功能团队（cross-functional teams）是指为了完成某一项任务由来自同一等级但不同工作领域的员工组成的团队。该团队的特点是跨越了部门界限，使组织内部甚至是组织之间不同领域的员工交流信息，激发人们采用新办法解决问题，使人们能有效合作完成较为复杂的工作。交叉功能团队要求成员具有处理具

① 罗宾斯. 组织行为学［M］. 孙健敏，李原，译. 10版. 北京：中国人民大学出版社，2005.

有复杂性和多样性工作的能力。

（4）虚拟团队

虚拟团队（virtual teams）是指使用网络技术把实际上分散的成员联系起来，以实现共同目标的团队。虚拟团队是成员在“线上”进行合作。

虚拟工作团队能够完成其他团队能够完成的所有工作——分享信息、做出决策和完成任务。而且，团队可以包括同一组织中的成员，也可以与其他组织中的成员取得联系；团队可以在短短的几天内组织起来做出决策，也可以花几个月时间完成一个项目，或者是长期存在。

上述四种类型的团队可以用图 13-3 表示。

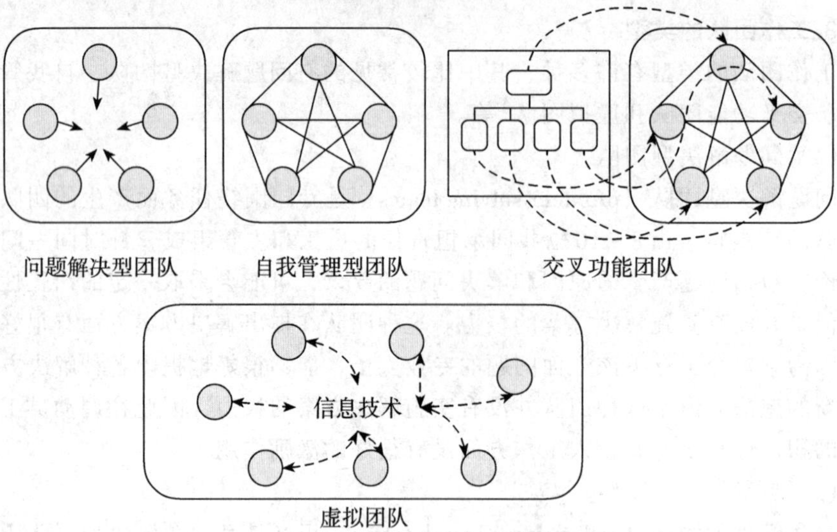

图 13-3　四种类型的团队

13.2.2　团队协作

工作团队相比工作群体而言具有更高的绩效，高绩效是组织所追求的目标，那么高绩效的团队具有什么样的特征自然是人们最为关心的问题。下面介绍高绩效团队的特征。

在介绍高绩效团队特征之前先要注意两点：一是这是在团队工作比个体工作更可取的假设上进行探讨的。其实，在现实中大有个体工作比团队工作更有效的情况，但这里研究的是团队，那么首先在此前提下探讨。二是并非所有的团队都具有相同的特征，这里所探讨的只是一个参考而已。

能否建立高绩效的工作团队取决于一系列的条件，共同目标的承诺、成员能力的互补、不同角色的定位、团队规模的限制以及团队成员之间的信任，这主要是从团队本身考虑的。

1.共同目标的承诺

高绩效团队成员应当理解和认同团队的共同目标的承诺，该共同目标应该可以覆盖个体目标；共同目标指出了工作的方向、任务的焦点、责任、绩效指标、评估方法等。

合理的共同目标应当具备以下特点：

（1）目标具体

成功的团队会把他们的共同目的转变成具体的、可以衡量的、现实可行的绩效目标。目标会使个体提高积极性，目标也能使群体充满能量。具体的目标可以促进明确的沟通，它们还有助于团队把自己的精力放在达成有效的结果上。

（2）行动一致

目标决定了团队最终要达成的结果，但高绩效团队还需要领导和结构来提供方向和焦点。

在团队中，对于谁做什么和保证所有的成员承担相同的工作负荷问题，团队成员必须取得一致意见。另外，团队需要决定的问题还有：如何安排工作日程，需要开发什么技能，如何解决冲突，如何做出和修改决策，决定成员具体的工作任务内容，并使工作任务适应团队成员个人的技能水平。

所有这些，都需要团队的领导和团队结构发挥作用。可以由团队成员通过扮演探索者-倡导者、推动者-组织者、总结者-生产者、支持者-维护者、联络者等角色自己来做。

（3）责任明确

个人可能会隐身于群体中，他们在集体努力的基础上，可以成为社会惰化的一员，因为他们的个人贡献无法被直接衡量。高绩效团队通过使其成员在集体层次和个人层次上都承担责任来消除这种倾向。

成功的团队能够使其成员各自和共同为团队的目的、目标和行动方式承担责任。团队成员很清楚哪些是个人的责任，哪些是大家共同的责任。

（4）评价合理

怎样才能使团队成员在群体和个人两个层次上都具有责任心呢？答案在于传统的以个人导向为基础的评估与奖酬体系必须有所变革，才能充分地衡量团队绩效。

个人绩效评估、固定的小时工资、个人激励等与高绩效团队的建立要求是不一致的。因此，除了根据个体的贡献进行评估和奖励之外，团队领导还应该考虑以群体为基础进行绩效评估、利润分享、小群体激励及其他方面的变革，以此来强化团队的奋进精神和承诺。

2.成员能力的互补

高绩效团队必须具有三种不同能力的成员：技能专家、人际关系专家、问题解决和实施专家。具有这三种能力的成员在团队中是必不可少的。当团队中有具有这三种能力的成员时，团队绩效才能更好，团队的发展才能比较平衡。因此，需要对具有不同能力的团队成员进行不同的角色定位。

3.不同角色的定位

在成功的团队中，成员需要扮演9种不同的角色，创造者、探索者、评估者、推动者、总结者、控制者、支持者、汇报者、联络者等，要求员工内在优势（即能力和个人偏好）与角色相互匹配。

（1）创造者-革新者

一般来说，这种人富有想象力，善于提出新观点或新概念，他们的独立性强，喜欢自己安排工作时间，按照自己的方式、节奏进行工作。

（2）探索者-倡导者

他们乐意接受、支持新观念。在创造者-革新者提出新创意之后，他们擅长利用这些新创意，并找到资源支持新创意。他们的主要弱点是，不一定总是有耐心来追随新创意。

（3）评估者-开发者

他们有很高的分析技能。在决策前，如果让他们去评估、分析几种不同方案的优劣是再合适不过的了。

（4）推动者-组织者

他们喜欢制定操作程序，以使新创意成为现实。他们会设定目标，制订计划，组织人力，建立起种种制度，以保证按时完成任务。

（5）总结者-生产者

与推动者-组织者相似，他们也关心活动成果，但他们的着眼点主要在于：坚持必须按时完成任务，保证所有的承诺都能兑现。他们引以为荣的事情是：自己生产的产品合乎标准。

（6）控制者-核查者

这种人最关心的事情是规章制度的建立和贯彻执行。他们善于核查细节，并保证避免出现任何差错。他们希望核查所有事实和数据，希望保证“i上的——没有漏掉”“t上的——没有漏掉”。

（7）支持者-维护者

这种人对做事的方式有强烈的信念。他们在支持团队内部成员的同时会积极地保护团队不受外来者的侵害。他们对团队而言非常重要，因为他们能够增强团队的稳定性。

（8）汇报者-建议者

他们是很好的听众，而且不愿意把自己的观点强加于人。他们愿意在做出决策之前得到更多的信息，因此他们在鼓励团队做决策之前会充分搜集信息。

（9）联络者

最后一种角色与其他角色有重叠，上述8种角色中的任何一种都可以扮演这种角色。联络者倾向于了解所有人的看法，他们是协调者，是调查研究者。他们不喜欢走极端，而是尽力与所有团队成员建立起合作关系。他们认识到，其他团队成员可以为提高团队绩效做出各种不同的贡献，尽管可能存在差异，他们会努力把人和活动整合在一起。

如果强迫人们去承担以上各种角色，大多数人都能够承担得了任何一种角色，但人们非常愿意承担的通常只有两三种。管理人员有必要了解个体能够给团队带来贡献的个人优势，根据这一原则来选择团队成员，并使工作任务分配与团队成员偏好的风格相一致。通过把个人的偏好与团队的角色要求适当匹配，团队成员就可能和睦共处。开发这种框架的研究者认为，团队不成功的原因在于具有不同才能的人搭配不当，导致在某些领域投入过多，而在另一些领域投入不够。

4.团队规模的限制

一般都建议团队规模不宜过大，少于10人，多于4人最为合适。这是由于当人数过多时，团队内部的凝聚力和信任感下降，而这又是团队非常重要的特征，另外人员过多会导致社会惰化现象的出现，但人数应当大于4人，这是因为技能多样性的需求。

5.团队成员之间的信任

高绩效团队的一个特点是，团队成员之间相互高度信任（trust）。也就是说，团队成员彼此相信各自的正直、个性特点、工作能力。但是，从个人关系中不难知道，信任是脆弱的，它需要很长时间才能建立起来，却又很容易被破坏，被破坏之后要恢复又很困难。另外，因为信任会带来信任，不信任会带来不信任，要维持一种信任关系就需要管理人员处处留意。

最近的研究为信任这个概念区分了5个维度：

①正直（integrity）：诚实、可信赖。

②能力（competence）：具有技术技能与人际知识。

③一贯（consistency）：可靠，行为可以预测；在处理问题时具有较强的判断力。

④忠实（loyalty）：愿意为别人维护和保全面子。

⑤开放（openness）：愿意与别人自由地分享观点和信息。

就团队成员之间的信任关系而言，研究发现，这五个维度的重要程度是相对稳定的，通常其顺序是：正直>能力>忠实>一贯>开放。而且，正直程度和能力水平是一个人判断另一个人是否值得信赖的两个最关键的因素。一般人把正直看得很重，因为如果对别人的道德水平和基本的诚实缺乏把握，信任的其他维度就没有意义了。能力水平也被看得很重，原因大概是团队成员为了顺利地完成各自的任务，需要与同伴进行相互作用。近期研究表明，成员之间的相互依赖性也能提高团队绩效，因为它提升了对同伴工作的责任感[①]。

13.3 团队冲突

团队成员之间以及不同团队之间存在着各种差异，这种差异不仅能够起到相互协调的作用，也可能会引发冲突，这是一种团队冲突。冲突产生的根本原因是一方感觉到自身的利益受到了另一方的影响并且采取了应对措施。团队冲突既有功能正常的结果，也有功能失调的结果。谈判是一种常见的解决冲突的方式，需要合理应用。

13.3.1 团队冲突的性质

团队冲突是团队协作的必然产物，它是指感知到的矛盾导致产生某种形式的对立或相互作用。冲突并不一定都是阻碍团队协作的，这就需要我们弄清楚团队冲突的含义和类型，理解各种冲突产生的原因及对应的影响，利用能够促进团队协作的冲突，抑制阻碍团队协作的冲突，以提高团队协作的效率。

1. 团队冲突的含义

冲突（conflict）是指感知到的矛盾导致产生某种形式的对立或相互作用。

行为科学将冲突划分为三类，即个人的心理冲突、团队中成员之间的冲突和团队之间的冲突。个人的心理冲突表现为当一个人面临两种互不相容的目标时，左右为难的心理冲突。团队中成员之间的冲突是指团队内两人或两人以上由于意见、情感不一致产生的分歧。团队与团队之间产生的矛盾是团队之间的冲突。我们在这里所讨论的团队冲突包括后两种冲突，即团队中成员之间的冲突和团队之间的冲突。

团队冲突根据冲突的内容不同可以分为任务冲突、过程冲突和关系冲突三种类型。任务冲突是指与工作的内容和目标有关的冲突，这种冲突若处于中低水平的话，可能会导致功能正常的冲突，因为它激发了不同观点的讨论，有利于提高工作绩效。过程冲突是指工作完成过程中引发的冲突，低水平的过程冲突可以导致功能正常的冲突。关系冲突是指人际关系的冲突，这种冲突大都是功能失调的冲突。因为关系冲突表现的是人与人之间的敌对和摩擦，降低了相互理解的程度，会阻碍工作任务的实现。

2. 团队冲突产生的原因

对产生团队冲突的原因，综合研究者们的观点主要有以下一些：一是个体差异，由于个体有不同的文化背景、受教育水平、成长环境、工作经历、价值观等，因此会因意见、想法不同而引起冲突。二是个体对群体要达到的目标有不同

---

① CAMPION M A，MEDSKER G J，HIGGS A C. Relations between work group characteristics and effectiveness implications for designing effective work groups ［J］. Personnel Psychology，1993，46（4）：823-847.

的看法。三是对达到目标的方法和手段有不同的意见。四是组织内部结构本身成为产生冲突的原因。五是沟通不良造成的冲突。那么群体冲突究竟是怎样产生的呢？当这些原因导致一方感到另一方影响自己的利益时，冲突就开始萌发了。

在团队冲突的产生原因中，利益矛盾具有重要地位。利益矛盾是指对一方来说，存在着妨碍达到目标的人为障碍，包括个体利益矛盾和群体间的利益矛盾。个体利益矛盾，即由于个体对财富、权力、名誉等的偏好导致的对目标、资源配置、奖金分配、政策和程序、工作分派等方面的意见不一致。群体间的利益矛盾，如由于任务相互依赖导致的各种冲突等。

在处理冲突的过程中，双方是 ·个博弈的过程。在采取措施解决利益矛盾时，他人的反应往往构成了决策的前提。根据采取措施的顺序和方法不同，可以将冲突的解决模型分成四种：第一种是后发优势模型，即无论先行方如何行动，后发者都能成功应付；第二种是先行优势模型，即如果先行者知道后发者不得不做出合作的反应，那么它会采取强硬的办法；第三种是互惠模型，即由于知道合作会带来更多的利益，对抗的机会成本太高，如果先行者合理地选择合作的办法，后发者也予以相应的配合，则会达到帕雷托最优的结果；第四种是囚徒困境模型，即对抗的所得可能比合作的要多，机会主义的诱因大为增加，双方可能都会陷入表面上似乎有利于自己，实际结果却相反的博弈困境。

3.团队冲突的作用

根据冲突产生的作用不同，可以将冲突分为功能正常冲突和功能失调冲突两种。功能正常冲突是指那些支持了团队的目标，并能提高群体的工作绩效的冲突，这些冲突是建设性的。而功能失调冲突是指那些阻碍提高群体工作绩效、具有破坏性的冲突。两种观点的比较见表 13-1。

表 13-1 **对两种冲突的比较**

建设性冲突	破坏性冲突
关心目标	关心胜负
对事不对人	针对人（人身攻击）
促进沟通	阻碍沟通

团队冲突产生的作用可能是好的，如正和博弈，双赢、群体利益实现；也可能是不好的，如零和博弈，双输和群体失序、瓦解。由于团队冲突可能带来好的结果，因此部分冲突是人们为了达到某种目的刻意引致的，以便得到某种群体利益。

与此相应，对于团队冲突的作用，也有不同的观点。传统观点认为，冲突意味着沟通不良，互相不信任，利益不协调，是管理不善的结果。人际关系观点认为，冲突客观存在，无法避免，具有合理性，应该承认和接纳。相互作用观点认为，适当的冲突有利于自我批评、不断创新，能使群体保持生命力。

对团队冲突作用的不同观点见表13-2。

表13-2　对于团队冲突作用的两种观点

传统观点	现代观点
必须避免	不可避免
破坏性	建设性、破坏性
程度不作区别	适度为宜

13.3.2 团队冲突的产生过程

了解团队冲突产生的过程，可以清楚冲突发生源和冲突的演变。团队冲突的产生一般会经历以下几个阶段（如图13-4所示）：潜在的对立、认知和人格化、具有行为意向、产生冲突行为。

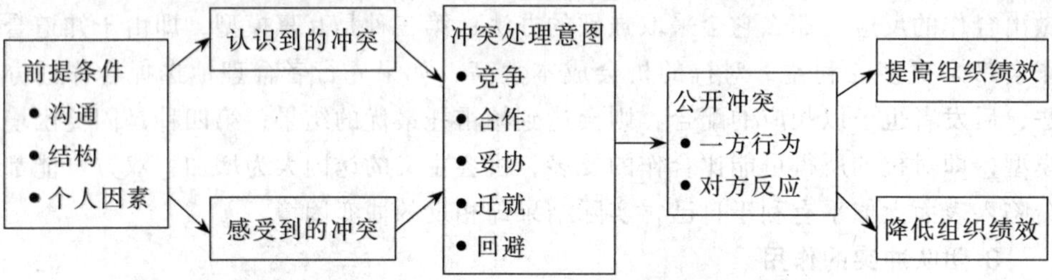

图13-4　团队冲突产生的过程

1.潜在的对立

这一阶段表明了冲突的发生源，是冲突产生的潜在条件，也是必要条件。有三种类型的冲突源：沟通方面的、结构方面的、个人因素（人格特征和价值观）方面的。沟通障碍的存在形成了冲突产生的潜在条件。

（1）沟通方面的

沟通不畅是冲突产生的原因之一，但并不是所有冲突产生的原因。研究指出，语义理解的困难、信息交流的不够充分以及沟通通道中的“噪音”这些因素都构成了沟通障碍，并成为冲突产生的潜在条件。具体而言，选择性知觉、缺乏有关他人的必要信息等会使人们产生语义理解方面的困难。

研究进一步指出：沟通过少和过多都会增加冲突产生的潜在可能性。当沟通达到一定程度时，效果是最佳的，继续增加沟通则会过度，其结果就增加了发生潜在冲突的可能性。

另外，沟通通道也影响到冲突的产生。人们之间传递信息时会进行过滤，来自于正式的或已有的通道中的沟通偏差都增加了冲突产生的潜在可能性。

（2）结构方面的

结构方面的包括：组织规模，分配给团队成员任务的专门化程度，管辖范围的清晰度，员工与目标之间的匹配性，领导风格，奖励系统，群体间相互依赖的程度。

研究表明组织规模和任务的专门化程度可以成为激发沟通的动力。组织规模越大，任务越专门化，则越可能出现冲突。另外，有人发现任职时间和冲突成负相关。如果组织成员都十分年轻，并且组织成员的离职率又很高，产生冲突的可能性就相对较大。

由谁负责活动的模糊程度越高，团队冲突越有可能发生。管辖范围的模糊性也增加了群体之间为控制资源和领域而产生冲突的可能性。组织内不同群体有着不同的目标，群体之间目标的差异是冲突产生的主要原因之一。当组织中不同群体追求的目标不同时，就增加了冲突产生的可能性。

领导风格也具有一定的影响，通过严密监督来控制员工行为的领导风格增加了冲突产生的可能性，但有关这方面的证据并不强有力。过于依赖参与的领导风格也会引发冲突。研究表明，参与风格与冲突之间高度相关，这显然是因为参与方式鼓励人们提出不同意见。研究还发现，如果一个人获得的利益是以另一个人丧失利益为代价的，这种报酬系统也会产生冲突。最后，如果一个群体依赖于另一个群体（而不是二者相互独立）或群体之间的依赖关系表现为一方的利益是以另一方的牺牲为代价的，都会成为引发冲突的原因。

(3) 个人因素方面的

最后一类潜在的冲突源是个人因素方面的，包括个人的价值观念和个性特征。有证据表明某些人格类型（如十分专制教条，缺乏自尊）是冲突产生的潜在原因。价值观的差异能很好地解释很多问题，如偏见，个人对群体的贡献与应得报酬之间的不一致，对一本书的评价不同等。

2.认知和人格化

这一阶段是指一方或多方意识到冲突或感受到冲突，表现为认识水平上和情感水平上的冲突。

如果潜在的对立阶段中提到的条件对某一方关心的事情有一定程度的消极影响，则潜在的对立或不一致在第二阶段中就会显现出来。只有当一方或多方认识到冲突或感觉到冲突时，前面所说的条件才会导致产生冲突。

在冲突的定义中我们强调，必须要有知觉存在。也就是说，一方或多方必须意识到前面所说的条件的存在。然而，认识到的冲突并不意味着它就个性化了。换句话说，A可能认识到B与A之间意见十分不一致，但这并不一定会让A感到紧张或焦虑，也不一定会影响到A对B的感情。而在情感上的冲突中，当个体有了情感上的投入，双方都会体验到焦虑、紧张、挫折或敌对。

在这一阶段中，冲突问题变得明朗化了，双方决定冲突将是什么性质。因为定义冲突的方式会极大地影响到冲突的可能解决办法。对冲突的界定非常重要，它勾勒出解决冲突的各种可能办法。另外，情绪对知觉有着重要影响。研究发现消极情绪会导致过于简单地处理问题，降低了信任感，对对方的行为也会做出消极的解释。相反，积极情绪则增加了在问题的各项因素中发现潜在关系的可能性，以更开阔的眼光看待情境，所采取的解决办法也更具有创新性。

3.具有行为意向

行为意向介于个体的认知、情感及其外显行为之间，指的是即将采取某种特定方式从事活动的决策。一般是在了解别人的行为意向的基础上采取行动，而冲突升级往往也是由于错误地推断了另一方的行为意向。行为意向与真正的行动之间仍然是有差距的。

4.产生冲突行为

产生冲突行为是指各方实施行为意向的公开尝试。由于判断失误等原因，有时行为会偏离行为意向。处于较低水平的冲突是功能正常冲突，有助于提高工作绩效；处于较高水平的冲突是功能失调冲突，是破坏性冲突，会阻碍共同目标的实现。

冲突强度的连续性如图13-5所示。

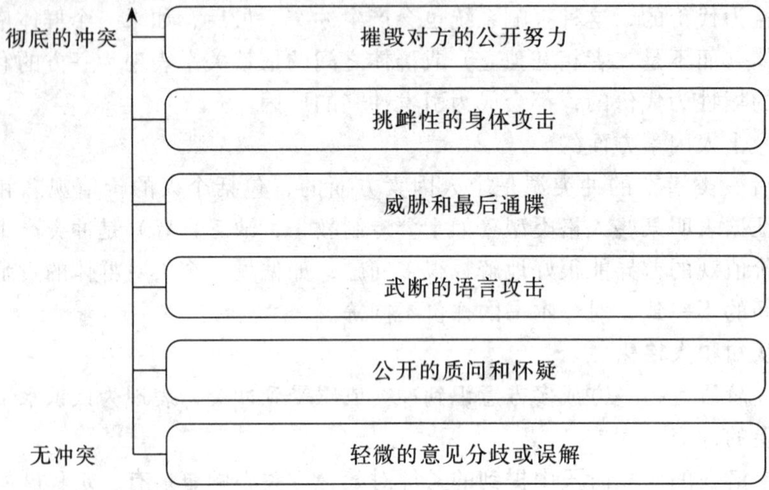

图13-5 冲突强度的连续性

13.3.3 团队冲突的状况

由于冲突产生的原因不尽相同，因而冲突的状况也有着巨大的差异。其中，冲突的程度刻画了冲突双方的行为意向，这些不同程度的冲突会产生不同的结果，需要分类把握。

1.冲突的程度

研究冲突程度的观点是根据人们处理冲突的行为意向来划分冲突的程度的，主要通过两个维度来确认：合作性（一方满足另一方的程度）和自我肯定性（一方愿意满足自己的程度）。这种行为意向一般是比较稳定一致的，若把个体的智力和人格特点综合起来考虑，则可以很好地预测这种处理冲突的态度。也就是说，人们面对冲突的时候将采取的行为意向是稳定的。

（1）竞争（competing）

当一个人在冲突中寻找自我利益的满足，而不考虑冲突对另一方的影响时，他就是采取竞争的做法。这方面的例子有试图以牺牲他人的目标为代价来实现自己的目标；试图说服对方自己的结论是正确的而对方的是错误的，以及当问题出现时试图怪罪别人。

（2）回避（avoiding）

个体有可能意识到了冲突的存在，但希望逃避或抑制它，有关回避的例子有试图忽略冲突，回避与自己不同的其他意见。

（3）折中（compromising）

当冲突各方都寻求放弃某些东西，从而共同分享某些利益时，则会带来折中的结果。在折中做法里，没有明显的赢家或输家，他们愿意共同面对冲突，并接受一种双方都不能被彻底满足的解决办法。因此，折中的明显特点是，双方都倾向于放弃一些东西。

（4）迁就（accommodating）

如果一方为了安抚对方则可能愿意把对方的利益放在自己的利益之上。换句话说，迁就指的是为了维持相互关系，一方愿意做出自我牺牲。

（5）协作（collaborating）

当冲突双方均希望满足各方利益时，我们就可以进行相互之间的合作，并寻求相互受益的结果。在协作中，双方的意图是找到解决问题的方法，而非迁就不同的观点，其做法是坦率地处理差异与分歧。

上述冲突的程度可以用图13-6托马斯二维模式表示。

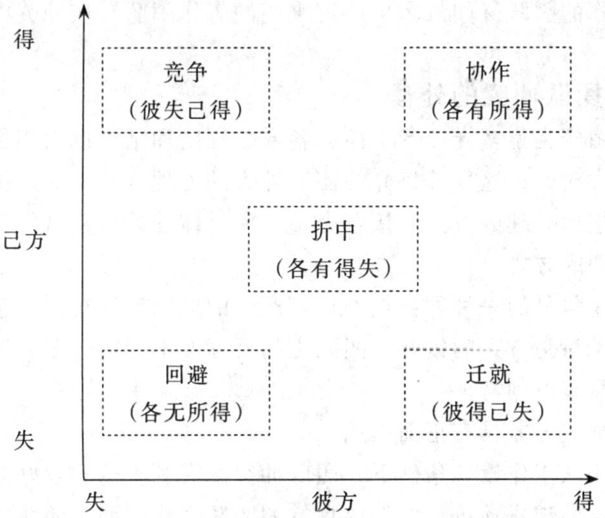

图13-6 托马斯二维模式

2.冲突的结果

冲突最终会产生两种结果。功能正常的结果是：激发革新，提高决策质量；功能失调的结果是：组织内出现对立，导致团队涣散。

(1) 功能正常的结果

有大量事实使我们可以做出预期，较低或中等水平上的冲突是有可能提高团队的有效性的。如果冲突能提高决策的质量，激发革新与创造性，调动团队成员的兴趣与好奇心，提供问题公开、紧张解除的渠道，培养自我评估和变革的环境，那么这种冲突就是建设性的。冲突还是集体决议的矫正办法，它不允许团队以消极的、不加考虑的方式赞同下面这些决策：建立在不堪一击的假设基础上的决策，未充分考虑其他意见的决策，以及各种有其他弊端的决策。冲突向现状提出挑战，并进一步产生了新思想，促使人们对团队目标和活动进行重新评估，提高了团队对变革的迅速反应力。

(2) 功能失调的结果

冲突对团队或组织绩效的破坏性结果可能会是：不加控制的对立带来了不满，导致共同关系的解除，并最终使群体灭亡。功能失调的冲突会降低群体的有效性，比较明显的不良结果有沟通的迟滞、团队凝聚力的降低、团队成员之间的明争暗斗跃居首位而团队目标降到次位。在极端情况下，冲突会导致团队功能的停顿，并可能威胁到组织的生存。

那么，哪些冲突是功能正常的，哪些冲突是功能失调的呢？越来越多的证据表明，团队活动的类型是决定冲突功能的重要变量。团队任务的非常规化程度越高，内部冲突具有建设性的可能性也越高。对于那些需要用创新方法处理问题的团队（如从事研究、广告设计或其他专业技术活动的团队）来说，会比那些从事高度常规化工作的团队（如汽车生产流水线的工作团队）从冲突中获益更大。

13.3.4 团队冲突的处理

团队冲突由于类型多样、产生原因各异、程度和结果也大相径庭，因而在处理上，需要分类对待。这部分将介绍团队冲突的处理方式，通过把握团队冲突的特点在宏观上把握处理的方法，接着介绍三种具体的处理策略，以供参考。

1.冲突处理的方式

团队冲突是常见的一种冲突类型，其产生的原因比较复杂，包括对决策环境的知觉、对特殊行为方式的偏好、团队之间目标的不相容性等。以往研究资料表明，团队冲突具有下列特征：

(1) 团队冲突可能具有正面作用

在良好的团队工作设计条件下，团队冲突既有利于达到较好的经济目标，又能增强群体成员的工作动机，并形成良好的团队文化，增进团队成员间的信任和承诺度，协调个人、团队与组织的目标。管理心理学研究提出，只有当团队成员能公开争论，互相支持和充分投入时，才能提高团队工作效率；而高效率的工作又反过来促进团队成员间的支持气氛、对工作的投入，以及形成较高的满意度和对团队的承诺。研究发现，团队工作效率知觉对成员的满意度和承诺会产生直接的影响，团队工作成效会促进成员对团队的承诺并提高成员的工作满意度。

（2）团队冲突可能促进多样化和创造性

研究表明，团队成员的多样化可以引进各种新观念、新思路，促进创造性地解决问题和成员间的动态合作，从而提高团队工作效率，尤其是高层管理团队的效能。当然，团队多样化也可能导致管理的难度加大，影响沟通效率，产生紧张情绪，降低成员的组织承诺感，增加离职率。

（3）团队冲突的处理方式具有跨文化差异

研究表明，在解决团队冲突时，所采用的策略存在文化差异。中国文化条件下，人们倾向于采取低不确定性策略（如回避和折中策略）；而西方文化条件下，人们则更多采用高不确定性策略（如竞争和合作策略）。从影响冲突的因素类别来看，可以分成心理特征因素（如不同的性格、价值观、工作期望等），任务特征因素（如任务依存程度、职责交叉的特点、任务期限等），群体过程因素（如沟通不良、群体决策、部门协调等）和组织特征（如政策规章、组织体制等）。对不同的影响因素，需要采取不同的处理策略，以便减弱或转变“非功能性冲突”，利用和引导“功能性冲突”。

2.冲突处理的策略

冲突处理的策略是指在冲突发生后，采取的补救措施，目的是化解冲突与矛盾。常见的冲突处理策略有如下几种：

（1）回避策略

回避策略是一种冷处理的方法，它通常不是去深究冲突产生的根源，而是想利用回避的方式使双方逐渐消除冲突。回避策略的特征是有意回避，使得冲突在某种控制条件下继续存在。其着眼点是使冲突不失去控制。

回避策略一般采用隔离和限制互动的方式。隔离是将冲突双方分离，使他们在空间上互不接触，这样双方的冲突行为可能会停止，避免进一步激化。如果冲突涉及突发性、无关紧要而又亟待解决的内容，则采取隔离手段是有效的方法，但是，回避策略对涉及重大问题的冲突则效果不大，甚至还可能会引起更大范围的冲突。

限制互动是指允许双方在正式的、有监督者在场的条件下进行的有限接触，而且在接触过程中尽量不涉及焦点问题，在相互尊重和理解的基础上，逐渐达成共识。

（2）缓解策略

缓解策略是指对冲突双方的情绪进行降温，是指心平气和、恢复理智，其特征是解决次要分歧，设法争取时间以利于化解冲突。其着眼点在于降低分歧的重要性和尖锐性。

缓解策略的效果取决于冲突的性质、对抗的程度以及解决问题的时间限制。如果冲突范围小、对抗程度低以及有充裕的时间，采取该策略就会有很好的效果。

（3）正视策略

正视策略是一种从根本上解决冲突的策略。其特征是针对原因采取措施，以求彻底地化解冲突。其着眼点在于强调满足冲突各方的共同利益。

前两种策略是消极应对冲突的方法，而正视策略解决冲突的关键在于分析冲突的产生原因，满足冲突双方的共同利益，从根本上解决冲突。

由于冲突有不同的性质，因此对于冲突也有不同的处理方式。化解和激发冲突的技术可以分别用表13-3和表13-4简要表示。

表13-3 **化解冲突的技术**

方法	特点
问题解决	冲突双方直接会晤，通过坦率真诚的讨论来确定问题并解决问题
目标升级	提出一个共同的目标，该目标不经冲突双方的协作努力是不可能达到的
资源开发	如果冲突问题是由于资源缺乏造成的，那么对资源进行开发可以产生双赢的解决办法
回避	逃避或抑制冲突
缓和	通过强调冲突双方的共同利益而减弱它们之间的差异性
折中	冲突双方各自放弃一些有价值的东西
官方命令	管理层运用正式权威解决冲突，然后向卷入冲突的各方传递其希望
改变人的因素	运用行为改变技术（如人际关系训练）改变造成冲突的态度和行为
改变结构因素	通过工作再设计、工作调动、建立合作等方式改变正式的组织结构和冲突双方的相互作用模式

表13-4 **激发冲突的技术**

方法	特点
运用沟通	利用模棱两可或具有威胁性的信息可以提高冲突水平
引进外人	在群体中补充一些在背景、价值观、态度和管理风格方面均与当前群体成员不同的个体
重新建构组织	调整工作群体，改变规章制度，提高相互依赖性，以及进行其他类似的结构变革以打破现状
任命吹毛求疵者	任命一名批评家，使他总是有意与组织中大多数人的观点不一致

13.3.5 团队冲突的谈判

冲突是沟通的一种结果，其中一部分冲突是有利于团队协作的，大部分的冲突还是会阻碍团队协作，这就需要通过谈判活动进行协调，解决冲突，化解矛盾，维持协作。

1.谈判的性质

谈判（negotiation）是指双方或多方相互交换资源以满足需要，并且为他们之间交换的比率达成协议的过程。谈判活动重点是围绕交换比率的协议达成。为此，需要互相之间的理解、妥协和磨合，其结果受双方的实力和策略所影响。群体之间的谈判活动，通常由群体代表来引导和进行。谈判活动具有如下性质：

（1）谈判是为实现自身利益而争取他人让步的行为

谈判必然是谈判双方为了实现自身的利益目标而进行的一种行为，谈判的目的非常明确，即实现自身的利益目标。而实现自身利益的方式，就是通过沟通和自己的让步，争取对方的让步。

（2）涉及理解与协调两方面内容

既然是为了一个目标，同时需要对方接收并理解自己的意愿，这就需要采取前面介绍的信息沟通这种交往行为。谈判是在理解的基础上进行的，沟通的目的是为了协调双方的利益，使得利益在双方之间进行合理的分配。

2.谈判的要素

谈判活动包括以下五个要素：

（1）谈判主体

谈判活动的主体即参与谈判的当事人。由于谈判总是在人的参与下进行，所以有时从表面上看是某些团队同团队之间的谈判，但实际上仍然是这些团队的代言人或领导者在进行谈判活动。谈判的当事人可以是双方，也可以是多方。

（2）谈判客体

谈判客体是指谈判的议题及内容。谈判的议题及内容不是凭空拟定的或单方面的意愿，它必须是当事人所共同关心的、与各方利益有某种程度联系的提案、观点或者事物。

（3）谈判目的

参与谈判的各方都需通过与对方打交道并促使对方采取某种行动或做出某种承诺来达到这一目的。如果只有谈判的主体和客体而没有谈判目的，谈判仍是不完整的。谈判实质上是一种有关各方智慧、胆识、应变能力的一次交锋。谈判的目的和谈判意愿之间存在着密切的关系，谈判意愿往往影响着目的的转化。

（4）谈判的策略

谈判策略有两种，分配谈判和综合谈判。采取哪种谈判策略的主要前提是可供分配的资源数量是否可变。如果资源的数量固定，那么也就是说各方是在零和条件下的谈判，为分配谈判。这种利益是相互对立的，关系的焦点只能维持较短的时间，主要的动力是我赢你输。如果资源数量是可变的，那么谈判可以是综合谈判，利益可以是相互融合或相互一致，并且希望维持长期的关系。

（5）谈判结果

一个完整的谈判活动必须要有相应的结果。无论成功或是失败、无论成交或者未成交，都标志着一次谈判过程的完成。对于无结果的谈判活动，我们称之为“不完整的谈判”。不完整的谈判会降低工作的效率，耗费谈判者的精力，因此，所有的谈判活动都应当努力达成明确的谈判结果，提高工作效率，减少无效工作量。

补充资料：团队管理的主要观点与高绩效团队的特点

本章小结

管理沟通是组织激励的重要方式，本质上就是围绕实现组织目标而进行的交流与互动，因此不同于一般的人际沟通。管理沟通包括正式沟通和非正式沟通两种形式，两者相互补充，构成了组织中的交流和沟通平台。

在管理沟通的基础上，会形成正式组织中的工作团队。工作团队是围绕实现组织目标而协作努力、共担责任的正式群体，有助于组织成员的能力发挥和有效协作。

人们在协作过程中会出现利益纷争，即冲突。大部分的冲突会影响团队协作，比较有效的解决冲突的方法是谈判。

核心概念与关键术语

核心概念

沟通　沟通模型　沟通障碍　工作团队　工作团队类型　高绩效团队特征　团队冲突　谈判

关键术语

沟通（communication）　过滤（filtering）　选择性知觉（selective perception）　情绪（emotion）　工作团队（work team）　问题解决型团队（problem-solving teams）　自我管理型团队（self-managed work teams）　交叉功能团队（cross-functional teams）　虚拟团队（virtual teams）　冲突（conflict）　谈判（negotiation）

思考题

1.什么叫管理沟通？管理沟通传递的是什么内容？
2.沟通过程涉及那些环节？什么叫信息媒介？
3.沟通如何才能有效？有哪些主要障碍？
4.管理沟通有哪些一般规则？
5.团队和群体之间有什么异同？
6.高绩效团队具有什么特点？
7.团队协作需要什么条件？
8.什么叫团队冲突？它是怎么产生的？
9.团队冲突对团队成员和组织发展有什么意义？
10.博弈活动的特点是什么？
11.团队之间的谈判如何进行？
12.团队谈判的代表需要具有什么资格？

第14章 组织文化

学习目标

通过本章的学习，您应当掌握：

1.组织文化的性质

2.组织文化的作用

3.组织文化的研究

4.组织文化的形态和作用

5.组织文化的个性

6.组织文化的创立与维护

引　例　　**阿里巴巴人事大地震**

2011年2月21日，阿里巴巴B2B公司宣布了一个“艰难的决定”，宣布为维护公司价值观，2010年公司清理了约0.8%逾千名涉嫌欺诈的客户，同时公司CEO卫哲、COO李旭晖因此为“系统性失败”承担责任引咎辞职。这一事件迅速引发热议，许多人对阿里巴巴敢于自曝家丑，挥泪斩马谡的勇气表示敬佩，也有不少人提出质疑，称另有隐情，说这是一场一个愿打一个愿挨的公关秀。

而负责调查此次GS欺诈事件的、年过60岁的关明生，曾有15年在GE工作的经验。他2001年入职，曾任阿里巴巴的首席运营官，他完成了阿里巴巴整个价值观体系建设的历史使命。在他来阿里巴巴之前，阿里巴巴没有成形的价值观，而是口口相传的师徒制，无法保持阿里巴巴企业文化及价值观的统一和延续。在关明生的主导下，阿里巴巴第一次将自己的价值观明确地提出来，马云称之为“独孤九剑”：群策群力、教学相长、质量、简易、激情、开放、创新、专注、服务与尊重。此次欺诈事件与阿里巴巴企业文化中的“客户第一”价值观严重相违背，这或许就是马云痛下“杀”手来捍卫商业伦理的底线，维护客户价值和企业文化的原因，随后马云在内部邮件中提到：“对于这样触犯商业诚信原则和公司价值观底线的行为，任何的容忍姑息都是对更多诚信客户、更多诚信阿里人的犯罪，如果今天我们没有面对现实、勇于担当和刮骨疗伤的勇气，阿里将不再是阿里，坚持102年的梦想和使命就成了一句空话和笑话！”

资料来源 ①黄林. 阿里巴巴，让职业经理人飞的背后［EB/OL］.［2018-06-11］. http：//www.ceconline.com/hr/ma/8800060383/01/. ②汪静. 卫哲引咎辞职幕后：马云策动阿里巴巴转制［EB/OL］.［2018-06-11］. http：//news.winshang.com/html/008/5094-3.html.

【思考】

1.组织文化从本质上而言，究竟是什么？阿里巴巴的企业文化给了你怎样的启示？

2.组织文化是怎么产生的？领导者在其中具有什么作用？

3.组织文化是如何作用于每一位员工的？又是如何形成的？应当如何建设？

本章提要

组织对于员工行为的激励，不仅从如何满足员工需要的角度展开，而且从如何引导员工认识和评价需要的角度展开。不管需要的内容还是对需要的认识和评价，都受到组织环境的影响。在不同的组织状况下，员工会形成不同的需要，出现不同的行为选择。而同样的组织环境下，原本具有个体差异的组织成员，又会形成一些共同的需要和行为习惯。这些需要和习惯作为员工在组织中学习的结果，体现着组织文化的特征。规章制度对员工行为进行引导约束，这种影响在长期的组织运行过程中被组织成员接受，形成文化观念，潜移默化地影响员工的行为选择。一个组织是否具有文化，具有什么样的文化，对于组织和组织成员的发展具有重要意义，必须深入探讨。

14.1 组织文化概述

要了解组织文化，首先要了解它的定义及相关性质。一般而言，文化是一种知识体系、情感体验、行为准则，指具有相同的教育和生活经验的许多人所共有的心理程序。有文化不一定有组织文化，组织文化则是指组织内部特有的知识体系、组织形象和行为，是组织成员共享的价值体系和默认的行为准则。把握组织文化的性质，需要从组织文化的含义出发，了解组织文化对员工行为选择的作用，同时要把握组织文化的消极作用。

14.1.1 组织文化的性质

组织文化（organizational culture）是一种特殊的文化现象，其核心是组织成员的共享价值观，通常通过一套为大家默认的行为规范体现出来。组织文化能够引导组织成员的行为目的，塑造组织成员的行为方式，增强组织成员的行为统一贯性，但不恰当的组织文化也有可能成为组织发展的障碍。

1.组织文化的特征

组织文化由于具有了价值判断和行为规范的特征，它对组织中成员的行为选择会产生直接的影响，进而对整个组织产生一定的影响。从这种作用的性质来看，其可以大致分为积极的和消极的两方面。

（1）以价值观为指导

组织成员的共享价值观，包括组织成立初期，组织的创立者或者团队对组织存在意义的认识和理解，在组织发展过程中，这种认识和理解通过一系列外显物表达出来。这种对于组织存在意义的认识和理解会在组织成员中不断传递，最后形成自然的价值取向，这种价值观将直接作用于组织成员的动机产生过程，进而影响其行为模式，其结果是组织成员产生一种不需要证明的行为趋向。

（2）以行为规范为主线

组织文化的另一特征是成为一种被成员接受的、实际遵循的行为规范，引导和塑造组织成员的行为。组织文化之所以能够起到行为规范的作用，是因为它成了行为选择的默认前提，所谓默认前提，是指行为主体在进行行为选择时会不假思索而做出的判断，组织文化会使组织成员行为表现出趋同性。

（3）以组织个性为特征

前面我们提到了个性的概念，这是个体惯有的行为模式，与此相对应，组织个性指的是组织体系中存在的共有的行为特征。它是组织成员的行为模式的交集。

组织文化内核是共享的价值体系，主线是默认的行为规范，而两者表现在外就会是一种行为模式，由于前面两者的相同，因此组织成员表现出来的个性也会趋同，形成特定的组织个性。

2.组织文化的作用

组织文化的作用，集中地体现在了对于员工动机形成和行为选择的影响上，具体表现为：

（1）影响员工动机的形成方式

组织文化一旦形成，就会影响人们行为动机的形成，这是因为组织文化首先会引导人们需要，组织成员在身心上所追求的事物会逐渐地同组织中其他成员趋同，同时，这种影响还会作用于人们的知觉过程和价值判断，这是由于在日常的沟通中，尤其是通过非正式的沟通渠道，组织成员会相互影响，因而在行为动机方面可能会出现非人格化。

（2）给出备选行为的可能空间

在行为选择的过程中，人们会在一定的备选行为空间中按照一定的标准筛选，采取最终行动，组织对个人在行为方面的影响就体现在它会为组织成员的行为选择划定范围。这种作用首先是由于经验和惯例的影响，由于这类特殊问题有着特定的处理方式，这种方式会被首先知觉到，同时引起行为主体的注意，久而久之就会使人们在进行行为选择时不会去考虑还可以怎么做①。其次，组织文化在培训、教导的过程中也会潜移默化地影响人们的行为选择的范围。最后，由于存在交往活动，人们在进行自我的行为选择时，还会考虑到别人的行为，因而会进一步影响其备选行为的可能空间。

（3）明确行为选择的评价依据

值得注意的是，一个组织成员在进行行为选择时，同一名个体是不同的，主要体现在当起着支配作用的价值体系明确后，就存在着一个，而且只存在一个“最佳”决策，这个决策取决于组织价值，常常通过组织文化的形式传递给员工，这时人们的行为选择就不再取决于组织成员的个人动机了。

3.组织文化的惰性

由于组织具有一定的稳定性，因此组织文化对组织的作用也有两面性，有的时候会对组织发展产生负面影响，具体而言包括以下两点②：

（1）阻碍组织变革

组织文化容易成为组织变革的障碍。一些组织过去有着强劲的组织文化，这种文化当组织面对稳定环境时，对组织发展、生存极为有利，而当社会发生了变革需要其并轨、转型、进一步提高效率时，原有的文化就会难以适应环境，束缚组织发展，成为变革的阻力。因此，要求组织管理者审时度势，不能用过去成功的措施对待现实变化莫测的环境的挑战。

（2）阻碍多元化发展

从文化上来讲，每个来自于不同文化背景的成员有着本地区、本民族的价值观念、性格特征、意志品质，他们可以为追求个人与组织利益而发挥他们的本土化优势，对组织在多变市场的竞争有利。但是，成员一旦进入了某个组织就会积极寻求个人-组织的适合度，这个“适合度”是指，成员的态度与行为是否与组织文化相容。比如，组织中谁的绩效评估水平最高，谁将会得到晋升机会，其原因是什么，成员以此找到一种参照体系。所以，组织文化过滤了成员文化的多元性，不利于组织成为一个多文化、异质的群体。从成员个性品质上来讲，每个人带到组织中独特的思维方式、情感特征、能力品质会促使组织技术得到创新，管理模式尽快地适应竞争环境。但是，处于强劲组织文化中的成员容易被塑造成同一的、失去个人优势的统一体，不利于组织集思广益和在决策上创造优势，容易使组织失去活力。

14.1.2 组织文化的探讨

对于组织文化，已经有大量的学者做过相关领域的研究，了解这些研究成果，能够加深对组织文化的理解。这里按照他们介绍的内容，简要地加以介绍。

---

① 西蒙．管理行为［M］．杨砾，韩春立，徐立，译．北京：北京经济学院出版社，1988.
② 罗宾斯．组织行为学［M］．孙健敏，李原，译．10版．北京：中国人民大学出版社，2005.

1.组织文化的不同定义

（1）迪尔和肯尼迪的组织文化理论

迪尔和肯尼迪（Deal & Kennedy）在他们1982年所著的《企业文化》一书中指出，企业文化是一套我们做事的方法，是由价值观、神话、英雄和象征凝聚而成的，这些价值观、神话、英雄和象征对公司的员工具有重大的意义。

（2）霍夫斯塔德的组织文化理论

霍夫斯塔德在1980年提出他对组织文化的定义：组织文化是心灵的集体行动方案。

（3）沙因的组织文化理论

沙因（Eegar Schein）考察了众多的关于组织文化的定义，在1984年他给出了较为科学的组织文化的定义："组织文化是特定组织在处理适应外部环境和内部整合过程中出现的种种问题时所发明、发现或发展起来的基本假说的规范。"1992年沙因又在《组织文化与领导力》一书中对组织文化做了更加详细的定义：文化是一群人在解决适应环境和内部团结的问题时习得的、成体系的一系列基本预设（basic assumptions），这些预设在实践中卓有成效，所以被认为是正确的，被当作解决问题时正确的感知、思考和感觉（perceive，think and feel）的方式教给新员工。

2.组织文化的结构

（1）沙因的睡莲模型

沙因运用他提出的组织文化定义，将组织文化分成三个层次，也就是**"睡莲模型"**（Waterlily model，如图14-1所示），并对每一个层次的构成做了详尽的分析。他认为"水面上的花和叶"是文化的外显形式，是组织文化的第一层次，即人造品，包括组织的架构和各种制度、程序。他认为组织文化的最高层次是人造品和创造物，他们构成了物质的和社会的环境。第二个层次是价值，是"睡莲的枝和梗"，是各种公开倡导的价值观，包括使命、目的、行为规范等。价值决定有关事情应该是怎样的，以及组织中最重要的事物是什么的概念。第三个层次是"睡莲的根"，是各种视为当然的、下意识的信念、观念和知觉，是基本的对某一特定情境中适宜行为与反应的无意识的假设，是最深层次的，这种潜在的、实际上对人的行为起指导作用的假设，告诉群体成员怎样观察、思考和感受事物。他还指出，如果我们能非常细心地审查一个组织的人造品和他的价值，我们就能够猜测出他基本的假设。

（2）罗宾斯的观点

罗宾斯首先对什么是组织文化做了论述。他认为组织文化是组织成员的共同价值观体系，它使组织独具特色，与其他组织相区别。他还用7个方面的特征描述了组织文化的本质：①创新与冒险，组织鼓励员工进行创新和冒险的程度；②注重细节，组织期望员工做事缜密、善于分析和注意细节的程度；③结果导

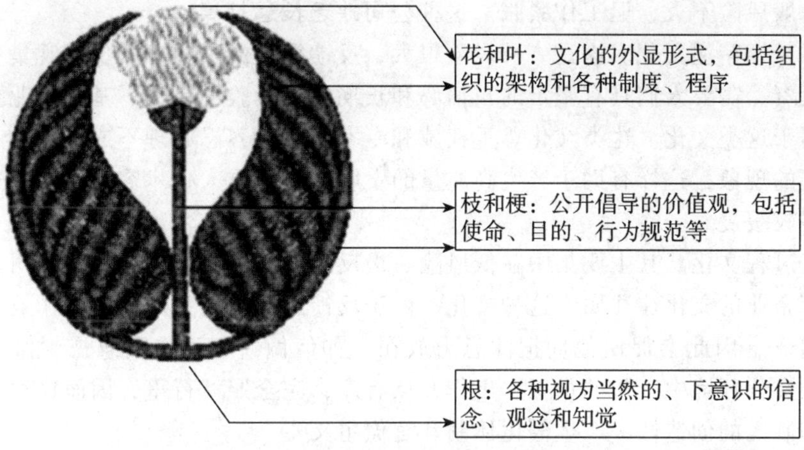

图 14-1　沙因的睡莲模型

向，组织的管理层在多大程度上将注意力集中在结果上，而不是强调实现这些结果的手段和过程；④人际导向，组织的管理层在多大程度上考虑组织内部的决策结果对组织成员的影响；⑤团队导向，组织在活动时围绕团队而非个人进行组织的程度；⑥进取心，组织成员具备进取心、竞争意识而非贪图安逸的程度；⑦稳定性，与成长相比，组织活动更重视维持现状的程度。以上每一种特征都存在于一个由低到高的连续统一体中，以这7个特征来评价组织，就能得到组织文化的合成图，组织成员对组织共同的理解和感觉、在组织中的做事方式以及成员应有的行为方式都将建立在这幅合成图的基础之上。

（3）霍夫斯塔德的观点

他认为组织文化存在四个层次：①符号，这是最外层的，由只能在本组织内部的人才能确认的、有特殊意义的物体组成；②英雄，在他们身上具有在本组织中被认为较高的价值特征；③仪式，是一系列活动的重复；④价值，这是文化的核心成分。

3.组织文化的分类

（1）迪尔和肯尼迪的观点

在《企业文化》一书中，他们把组织文化划分为四种类型。

①硬汉文化，又称挑战型文化和强悍型文化。其风险很高，决策结果反馈最快的企业的文化往往属于这种文化，如电影公司、广告公司、风险创业公司等。这类公司决策时赌注高，决心大，冒大风险，企业内充满竞争气氛。但是，公司人员合作精神差，不重视长期投资，人员流动率高，很难建立坚强而又一贯的企业文化。

②努力工作-尽情享乐文化，又称柔性组织文化。这是一种“行动文化”，要求精力充沛，拼劲十足，但工作之后尽情玩乐，工作与玩乐并重。大多数商业性公司、推销公司的文化属于此类文化。这种公司非常吻合年轻人的特点，公司

经营一般风险不大，但工作紧张。这种公司缺乏长远打算。

③长期赌注文化。这是一种风险很大，反馈缓慢的文化，其价值观集中在对未来投资，需要人们具有坚定的自信心和长期经受考验的能力。基础工业企业的文化属于这类文化。这类文化尊重权威和专家，不能容忍心理不成熟的人和工作不认真的现象，这样有助于产生高质量的发明创造和重大技术突破，但是这类企业发展较缓慢。

④过程文化。其主要集中在低风险、慢反馈的领域，银行、保险公司、制药公司等企业的文化往往属于这种文化。由于反馈过慢，员工对自己工作效果好坏全无概念，因此会促使他们把注意力放在“如何做”上面，而忽视“做什么”。在这种文化环境中工作的员工，工作井然有序，完全照章行事，因而这种文化也容易抑制人的创造性，产生僵化体制和官僚主义。

（2）哈里森的观点

哈里森（Harrison）主要从组织文化分类的角度来研究组织文化。以往的组织文化理论将组织文化分为主文化和次文化、强文化和弱文化，而哈里森提出了自己的考察角度，将组织文化分为以下四类：

①权力文化。

这种文化结构像一张蜘蛛网，中心有权力源泉，从中心放射出权力射线和影响，并由职能的或专家的“绳子”相联结。适应这种文化的组织，依赖于信任和感情来提高效率，依靠“心灵感应”和个人交谈而相互沟通。这种组织只有很少的规则和工作程序，不太讲究规范化形式。基于这种文化的组织对威胁和危险能很好地做出反应，但它是否前进、前进的方向是否正确，都取决于处于中心地位的人物，这些人物的素质在组织中极其重要。组织规模的大小对于权力文化是一个问题。

②角色文化。

与此相适应的组织结构可用希腊的庙宇来描绘，这种文化是按逻辑和理性来运行的。角色组织把它的力量寄托在支柱——它的职能或事业上。支配支柱运行及相互作用的因素是：A.为角色制定的程序，如职务描述、职权定义；B.为交往而制定的程序；C.为解决争端而制定的规则。在这种角色文化中，角色或职务表述通常要比担任职务的人更为重要，主要权力来源是职位权力，规章制度是主要发挥作用的手段，角色的效率取决于工作和责任分配的合理性，而不是依赖于个性。角色文化感觉到改变的需要是缓慢的，角色文化给个人提供了安全和可预期性，其安全过分依赖于组织而很少依赖于个人能力。

③任务文化。

任务文化是职务或项目取向的，其结构可用网络来代表，许多权力和影响位于网络的缝隙和节点上，“矩阵组织”就是任务文化的一种结构形式。任务文化把适当的资源积聚在一起，把适当的人安置在适当的位置上，并让他们放手工作，这是一种团队文化，它利用团队的统一力量去提高效率。这种文化适应性极强，它适合于需要灵活性和敏感性的市场和环境。在具有任务文化的组织中，实行控制较为困难，本质上其属于不稳定的文化，是一种强调专家权力、奖励工作结果、把个人与群体目标结合起来的文化。

④人的文化。

在这种文化中，个人是中心点，与其相适应的结构式组织只是为了服务和帮助其中的个人。成员们的心理契约表明，组织从属于个人并依赖于个人而存在，具有个人取向的人员是不易管理的，也难以对他们施加影响。

4.组织文化的创建与维系

罗宾斯对组织文化的创建与维系做了较详细的阐述。他认为组织文化的最初来源就是组织的创始人，组织文化就是组织创始人的设想和偏好与员工的自身经验相互作用的结果。组织文化一旦建立到位，组织管理措施就通过让员工承受一系列相似的经历而起到维系文化的作用。组织的甄选过程、绩效评估标准、奖励措施、培训和职业开发活动以及晋升过程，可以保证组织雇用的员工与组织文化相适应，以保持组织文化的活力。

他认为在维系组织文化的过程中，有三种因素起着非常重要的作用：甄选过程、高层管理人员的举措、社会化方法。甄选过程通过筛选掉那些可能会有损于组织核心价值观的人，起到维系组织文化的作用。高层管理人员通过自己的言行举止把行为准则渗透到组织中去。罗宾斯对社会化在维系组织文化的作用方面做了详细的分析，他认为组织要帮助新员工适应组织文化，这种适应过程被称为社会化，社会化可以概括为由三个阶段组成的过程：初始状态阶段、碰撞阶段和调整阶段。第一阶段包括新成员加入组织之前的所有学习活动。第二阶段中，新成员看到了组织的真面目，并可能面对个人期望与现实相脱离的问题。在第三阶段，持续时间相对较长的变化发生了。新成员掌握了工作所需要的技能，成功地扮演了自己的新角色，并且调整自己适应了工作群体的价值观和规范。这三个阶段会影响员工的生产效率、对组织目标的承诺，以及是否留在组织内的决定。

14.2 组织文化的形态

组织文化作为组织成员的共享价值观和共同行为规范，具有复杂的形态，可以从内容结构、个性特征、发展程度等不同角度进行考察。

14.2.1 组织文化的体系

组织文化是一个内容丰富、层次分明的体系。从组织文化的概念来看，组织文化包括**物质文化**（material cultural）、**制度文化**（institutional culture）、**行为文化**（behavioral culture）和**精神文化**（spiritual culture，或称为理念文化）。其中，物质文化是指组织以物质形态为主要表现形式的表层文化。制度文化和行为文化构成组织中间层文化。其中，制度文化主要包括组织领导体制、组织结构和管理制度等方面，行为文化主要是指组织经营作风、精神面貌、人际关系，是以人的行为为形态的动态文化形式。精神文化是组织的核心层文化，是指组织在生产经营活动中，长期形成的精神成果和文化观念，是根植于员工心中的共同思想和行为理念，是组织意识形态的总和。组织文化结构如图 14-2所示。

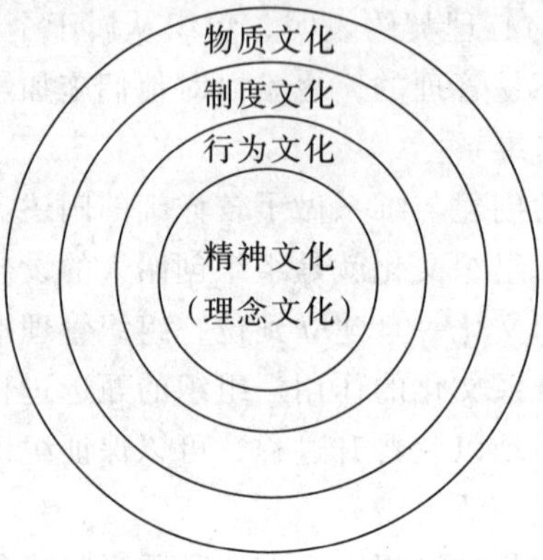

图 14-2 组织文化结构

1.物质文化

组织物质文化是由组织成员创造的产品和各种物质设施等构成的器物文化。它是一种以物质为形态的表层文化，是组织行为文化和组织精神文化的显现和载体，它往往是可听、可见甚至是可以触摸到的，位于组织文化的最表层，距离组织文化的核心和本质也最远，它们也是组织文化中最多变、最容易被扭曲的部分。

（1）物质文化的内容

组织文化物质层的内容非常丰富，它主要包括下述几个方面：组织标识，如名称、标志、商标、旗帜、组织之歌、工作服、徽章等象征物。产品或服务，包括产品的整体形态、产品的质量文化、产品设计因素等。组织环境，这是指与组织生产相关的各种物质设施、厂房建筑以及员工的生活娱乐设施，包括组织办公环境、经营环境；另外还包括组织的文化传播网络，如组织自办的报纸、刊物、有线广播、闭路电视，以及组织网站、宣传栏（宣传册）、广告牌、招贴画等。

（2）物质文化的特点

这一形态的文化首先具有外显性的特征。物质文化表现在组织的形象状态，包括厂容厂貌、产品、机器设备、文化设施以及被人工改造过的自然环境等，是组织文化中最为直观的部分。这一部分往往最先也最容易被认知。

物质文化具有反映性的特征。物质文化是组织文化表现出来的实体和手段，是组织制度文化、组织行为文化、组织精神文化的显现和载体。没有这种具体的、看得见又摸得着的物质载体，组织理念就成了虚无缥缈、无法把握的东西。

物质文化具有多变性。它一方面要受组织制度文化、行为文化和精神文化的制约，具有从属性、被动性；另一方面又是人们感受组织文化存在的外在形式，具有形象性和生动性。在多方影响下导致其成为组织文化中最为活跃的部分。

（3）物质文化的影响

物质文化的影响，更多地体现为潜移默化地引导，因为这类文化没有强制力和约束力，只能通过人们的知觉，逐渐地作用于行为动机的形成过程，而知觉是具有选择性和组织性的，这类文化观念需要一定时间的积累才能形成刺激，又需要一段时间才能形成记忆。即使人们形成了同样的行为动机，在进行实际的行为选择时也可能受到外界环境的影响，因此可能还是很难在真正意义上对人们的动机产生影响。当然，随着成员长时间地接触这类物质文化，会产生“润物细无声”的效果，逐渐地，自身的价值判断会向物质文化所宣传的靠拢，进而影响人们的行为动机及行为选择。所以，从这个意义上来说，观念文化能对组织成员的行为加以引导，但这种影响是有限的。

2.制度文化

制度文化是组织在发展过程中形成和发展起来的一种规范文化。它包括组织的组织制度、领导制度、工作制度、薪酬制度等各种经营和管理制度。制度文化对组织文化的意义在于它建立了一个在得到员工认可的前提下，管理者意愿得以贯彻的文化发展环境。

（1）制度文化的内容

制度文化是人们之间的契约，具有规范、制约、实践性等特点，这是管理者们塑造组织成员的手段之一。组织的制度文化是在组织活动中建立的一种能使广大员工自觉性和能动性得到充分发挥的制度机制，包括明示制度、隐含要求和心理契约这三个具体内容。

所谓明示制度，主要包括组织的规章制度、管理制度以及组织颁布的书面规划、程序条例等，是组织管理思想和管理政策的综合体现。

所谓隐含要求，是由组织文化潜移默化地对组织成员的思想观念产生的影响，这种影响不但会通过组织制度发挥作用，也会通过其他方式发挥自己的影响力，促进员工实施自我管理。

上诉二者都是强调组织对其成员行为选择的影响，主要反映了组织对成员行为的期望，包括有形的和无形的，除此之外，还包含一种成员和组织之间的相互期望，这就是心理契约。

所谓心理契约，是指契约双方对彼此的一种期望和对对方应承担责任的一种知觉，这是一种隐含的、内在的、不明显的心理关系，是通过对相互责任的界定把个体与组织有机地结合起来，对契约各方的行为进行规定和约束，包括成员要为自己的组织做出一定的贡献，组织要对成员的贡献给予回报等。

（2）制度文化的影响

①制度文化的规范性。组织文化的第二个层面是制度文化，其目的是为了规范和统一员工的行为，达成组织具体的目标。为了达成组织目标，组织的每一项制度、每一条规范都必须经过某种意义的阐释才可能被群体所接受、所遵循，换言之，制度必须被赋予符合组织理念的某种内涵、体现某种要求、反映遵守这种规定后的收益，否则，缺乏意义阐释的制度条文就会因缺少自觉遵守的积极性而导致监督成本的上升，要么形同虚设，要么规定与实际相脱离，因此文化在这一层面上为制度提供意义。

②制度文化的实践性。一个组织的规范化管理一般都是从建设必要的规章制度做起的。制度文化同观念文化相比，从内容和形式上都更具有实践意义。从内容上来看，组织制度文化是对组织中规章制度的描述，说明了组织成员的行为方式；从形式上看，组织制度通常是成文的书面规章制度，对组织管理有着更为实际的意义。

③制度文化的约束性。制度是组织统一和规范其成员行为、表明组织最希望发生何种行为和最不赞成何种行为的有利工具，是组织成员必须遵守和执行的基本理念和行为准则，一旦制度文化形成，势必会对组织成员的行为产生一定程度上的约束。

综上所述，制度文化对人们的行为选择更具有强制性、更富有约束力。

3.行为文化

行为文化就是指组织在日常运作、公共关系、人际关系、文娱体育、突发事件处理等各类活动中组织人员所实施的各种行为。它真实地反映和体现了组织的目标、作风、精神面貌、人际关系等，是组织价值观和组织精神的折射。

（1）行为文化的含义

组织行为文化是“组织员工在生产经营、科研、交际中产生的活动文化”。它以人的行为为形态，使个人责任与个人目标紧紧地统一于组织目标之中，使组织每个成员在公平合理、心情舒畅的环境中发挥巨大能量，实现个人目标和组织的最终目标，完成组织使命、促进组织发展。它是以人的行为为形态、以动态形式存在的中层组织文化，表现在组织风尚之中。它通过规定与制度来规范全体员工的行为，是法律、道德、科学技术和文化意识在组织中的具体反映，是组织经营作风、观念、面貌、人际关系的动态体现，也是组织价值观的折射。

（2）行为文化的影响

①提供稳定的行为方式。行为文化同制度文化相比，其正式化程度相对更低，这种形态的文化并没有一种强制的约束作用，更多地体现为组织成员在长期共同实践中形成的行为准则，这种行为准则会引导组织成员产生稳定的行为方式。

②包含价值理念。行为文化的意义还在于其包含了组织成员所共有的价值观

念。这是行为文化能够产生稳定行为方式的内在原因。

③具有社会作用。组织行为文化可以协调领导和员工之间以及组织外部的关系，推动他们之间协调合作，还能使组织行为规范化，员工行为社会化。

综上所述，组织行为文化对员工行为的影响方式主要是一种习惯，它是在观念文化和制度文化的基础上，形成了一套机制，使得成员不自觉地在相同的情境下重复某种行为选择方式。

4.精神文化

组织精神文化是组织在生产经营中形成的一种组织意识和文化观念。它包括组织精神、组织哲学、组织道德、组织价值观念、组织风貌等内容，是组织的上层建筑。

（1）精神文化的含义

①组织精神文化是由组织的精神力量形成的一种文化资本，它不仅是组织精神文化建设的体现，更重要的是，它是组织发展、创新的动力和源泉。精神文化是指导组织生产、经营、管理等活动及处理人际关系的原则，是指导组织行为的基础，是组织行为的逻辑起点，是组织的最高指导思想。

②组织精神文化是由组织的文化心理积淀的一种群体意识，它的塑造过程来源于组织长期的生产经营活动和文化学习，并且受社会文化环境和舆论的影响，是组织一切行为的长期沉淀，其核心体现为组织价值观。在这个价值观下，领导者及员工的行为得到规范和约束，员工容易达成共识。

③组织精神文化是组织文化的核心层。组织精神文化乍看起来是虚无缥缈的，但是，正确的精神一旦在人们灵魂中、一个组织中形成，作为理想、信念、价值观，就会产生巨大的有形力量。

（2）精神文化的影响

①对组织整体及组织成员个体思想行为的方向起引导作用。精神文化反映了组织整体的共同追求、共同价值观和共同利益，能够使员工朝着确定的目标而努力。

②对组织员工个体思想、心理和行为具有约束和规范作用。精神文化促进形成了无形的、非正式的和许多不成文的行为准则，员工们自觉接受文化的规范和约束，在共同价值观的指导下进行自我管理和控制，在很大程度上弥补了单纯硬约束带来的不足和偏颇。

③激发员工的积极性和首创精神。精神文化具有使组织成员从心底产生一种高昂情绪和奋发进取精神的效应，有利于组织形成良好的激励环境和激励机制，这种激励机制和环境可以使组织行政指挥和命令成为一个组织过程，将员工的被动行为转化为自觉行动，化外部压力为内部动力，使员工行为和组织行为趋于合理。

④凝聚员工。当组织的价值观、理念、精神被组织员工认同后，精神文化就会成为一种精神黏合力，从各个方面把其成员聚合起来，从而产生一种巨大的向

心力和凝聚力。

14.2.2 组织文化的个性

组织文化的个性考察的主要是组织中是否形成了自身独特的文化。从组织文化的形成过程来看，组织应当会形成自身所特有的组织文化，因为组织文化包含着下列内容。

1.组织文化个性的内容

（1）历史性

历史性是一切社会事物的最基本属性之一。组织在一定的时空条件下产生、生存与发展，组织中的现象本身就是当时社会政治、经济、文化的折射，组织本身就是创造历史的载体，经济基础决定上层建筑，组织的经营与政治活动、文化现象的联系千丝万缕，挥之不去。可以说，组织文化是历史的产物，必定带有历史的烙印，折射出大到一个时代、一个国家的一定时期，或者一个民族、一个地域，小到一个地方区域的经济与文化特征。因此，组织文化个性首先体现了所处的历史环境。

（2）人本性

组织文化关注的中心在于组织中人的因素，组织的成长与发展需求与个人的成长与发展需求在组织文化这个层面达到了完美的契合。组织文化是一种以人为本的文化，致力于以文化因素去挖掘组织的潜力，尊重和重视人的因素在组织发展中的作用。由于组织中的个体，尤其是组织的创始人都是有着一定特点的，因此组织文化也会形成自身独特的个性。

（3）复杂性

世界上没有两片完全相同的树叶。每个组织都在特定的环境中生存与发展，所面临的历史阶段、发展程度，以及本身固有的文化积淀都不相同。成功是不能复制的，组织文化也同样不能拷贝。把别人成功的组织文化照搬照抄教条行事，或者如赵括谈兵一样将优秀的组织文化奉为金科玉律，试图找到放之四海而皆准的真理，最终只会害了组织。

（4）动态性

一个组织的文化一旦形成，就具有在一定时期之内的相对稳定性。随着组织的发展以及组织生存环境的变化，组织文化也随之发生改变。有一种说法叫作“呈螺旋式上升状”，这其实是一种理想状态下优秀的组织文化的发展态势。一个优秀的组织的文化体系建成之后，就会显示其对外部因素以及新生文化因子强大的吸收力、包容力与消化力，形成动态开放的系统。正是由于组织文化的这种动态发展性，组织文化才具有个性。

（5）有机性

组织文化是一个整体有机系统，组织文化的各个构成要素以一定的结构形式排列，各个要素相对独立，各司其职。同时，组织文化又是一个系统工程，是一个严密有序的有机结合体，由组织内相互联系、相互依赖、相互作用的不同层次、不同部分结合而成。由于组织的各个部分都是有特点的，因而它们的有机组合就会呈现出不同的特点。

2.组织文化个性的意义

组织文化具有个性对组织有着重要的意义，具体包括：

（1）说明组织存在的价值

由于组织文化的个性反映了组织的历史性，也就解释了该组织建立的动机、组织发展的目标及发展变化的历程，因而向组织的新进入者说明了组织存在的意义。

（2）展现组织的生存能力

组织文化的动态性和复杂性能够体现组织在复杂的商业环境中生存和发展的过程，表现出组织如何应对这些变化，并在激烈的商业竞争中脱颖而出，取得现有的成就。

（3）体现组织的人文精神

组织文化个性的人本性体现了组织的人文精神，因为组织文化的核心就是组织中的人的因素，也就是说一个组织的个性文化会详细地描述组织中的具体个人的事迹，以及组织和自己的成员的关系。

14.2.3 组织文化的测量

组织有了组织文化以后，接下来需要说明组织文化发展到什么层次。可以通过组织文化的公认程度、统一程度、稳定程度来衡量。现在也发展出一系列的对组织文化的测量方法。

对组织文化的量化测量，由于研究者的受训练背景、关心的主题与使用的方法各异，因此形成了多元化的格局。其中比较有影响力的量表包括查特曼（Chatman）构建的**组织文化剖面图（organizational culture profile，OCP）**、丹尼森（Denison）等构建的**组织文化问卷（organizational culture questionnaire，OCQ）**、霍夫斯塔德构建的测量量表，以及奎因和卡梅隆（Quinn & Cameron）构建的**组织文化评价量表（organizational culture assessment instrument，OCAI）**。而华人学者中，又以郑伯壎构建的**组织文化价值观量表（values in organizational culture scale，VOCS）**传播范围最广。

1.组织层面的研究

大多数组织层面上的研究关注的是组织文化和组织有效性之间的关系。研究者们构建测量量表主要是为了深入探究组织文化如何影响组织的有效性。

（1）OCAI量表

奎因和卡梅隆认为组织文化通过组织所信奉的价值观、主导性的领导方式、语言和符号、过程和惯例以及成功的定义方式来得到反映。

奎因和卡梅隆等通过大量的文献回顾和实证研究发现，组织中的主导文化、领导风格、管理角色、人力资源管理、质量管理以及对成功的判断准则都会对组织的绩效表现产生显著影响。OCAI从中提炼出六个判据，即主导特征、领导风格、员工管理、组织凝聚力、战略重点和成功准则来评价组织文化。奎因和卡梅隆指出，OCAI在辨识组织文化的类型、强度和一致性方面都是非常有用的。

(2) 文化特质模型

丹尼森认为，组织文化是一套价值观、信念及行为模式，并构成组织的核心体。他们构建了一个能够描述有效组织的文化特质（trait）模型。该模型认为有四种文化特质——适应性（adaptability）、使命（mission）、一致性（consistency）和投入（involvement）——与组织有效性显著相关，其中每种文化特质对应着三个子维度，如图14-3所示。

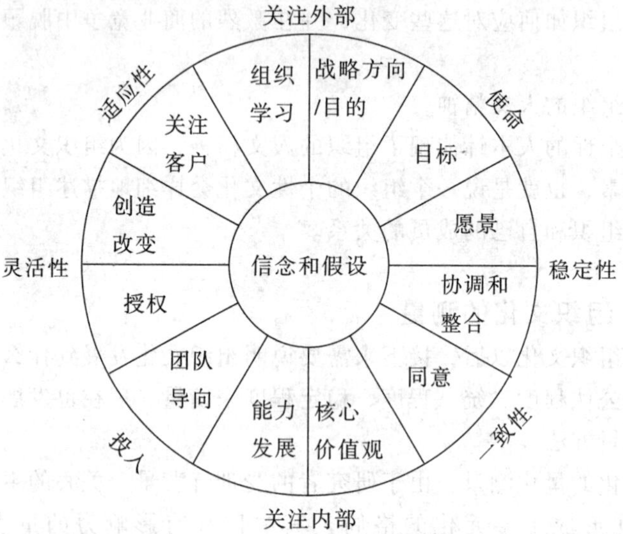

图14-3 丹尼森组织文化特质模型

(3) 霍夫斯塔德的研究

霍夫斯塔德认为，组织文化是价值观和实践的复合体，其中价值观是核心，实践部分则包括仪式和象征。他在自己研究国家文化已经取得的成果的基础上开展对组织文化的测量研究。和其他研究组织层面上组织文化与组织有效性关系的大多数学者不同，霍夫斯塔德并没有从组织有效性出发来构建量表，而是首先通过文献回顾提出了明确的组织文化层次结构。他认为，组织文化由价值观和实践（practice）两个部分组成，其中价值观是核心，而实践由表及里又可以分为象征（symbol）和仪式（ritual）等。

2.个体层面的研究

组织价值观是一种内化的规范信念（internalized normative beliefs），可以用来引领组织成员的行为。大部分个体层面上的组织文化研究者认为，组织价值观是组织文化的核心，而且能通过理论和方法两个方面来进行重复鉴定，也能进行可操作的定义和测量。因此，严格地说，大多数个体层面上的组织文化量表都是组织价值观量表。

（1）OCP量表

美国加州大学的查特曼教授认为，组织文化就是组织成员共享的价值观体系。他为了从契合度（fit）的视角研究成员-组织契合和个体结果变量（如组织承诺和离职）之间的关系，构建了组织价值观的OCP量表。完整的OCP量表由54个测量项目组成7个维度，这7个维度分别是革新性、稳定性、尊重员工、结果导向、注重细节、进取性和团队导向。

（2）VOCS量表

我国台湾大学心理学教授郑伯壎认为，组织文化是一种内化性规范信念，可用来引导组织成员的行为。他认为以往个体层面上的组织文化测量研究缺乏相应的理论构架。他在沙因的组织文化研究成果的基础上构建了VOCS量表，共分九个维度：科学求真、顾客取向、卓越创新、甘苦与共、团队精神、正直诚信、表现绩效、社会责任和同周围的人和谐共处。

作为完全本土化的量表，VOCS在中国组织文化测量研究方面具有一定的开创性，但由于其来源的问题，其普适性一直受到怀疑。

14.3 组织文化的塑造

组织文化是由人们创造出来的，组织创始人的个性影响对此具有特别重要的意义。组织文化的塑造是一个连续过程，在此过程中，领导者的倡导和骨干人员的选拔、培训、开发具有极为重要的意义。

14.3.1 组织文化的创立

组织文化是一种价值观和行为规范，这种当前的价值判断和做事方式，在很大程度上是沿袭过去的方式，这是因为这种看待问题、处理问题的方式为组织带来了成功，因此，追溯这种价值观和行为规范的源头，可以看出组织文化的创立过程。

1.组织目标的提出

组织创始者对组织文化的产生有着巨大影响。这是由于组织文化首先需要对组织存在的意义进行描述，在此基础上提出组织目标。组织创始人为组织应该做的事情勾画了一幅愿景规划。创始人的品质、个性决定了组织的基本类型与特征，组织创始人可以完全摆脱传统习惯的做法，以一种全新的个人思想意识去塑造组织，勾画组织未来发展的蓝图，制定组织宏观管理制度。组织创立者会按照自己的理解确定组织所处的环境，为组织确定发展目标。

2.行为规则的概括

组织文化首先要从历史中提炼。在组织十几年甚至几十年的发展中，一定会沉淀一些支撑员工思想的理念和精神。这些理念和精神，包含在组织创业和发展的过程之中，隐藏在一些关键事件之中。把隐藏在这些事件中的精神和理念提炼出来，并进行加工整理，就会发现真正支撑组织发展的深层次精神和理念，这就是组织的精神和理念。这一过程通常被称为组织记忆（organizational memory)。这种组织精神和理念从某种意义上体现了组织成员所接受的行为规则。

3.核心团队的形成

当组织目标提出、组织的行为规则概括出来以后，随着人际沟通，组织创始人会将这种组织目标传递给几个创始之初的成员。同时这些成员的心理融合程度很高，也就是说这些成员能够认同这样的行为规则。这部分成员会成为核心团队，核心团队的形成，对组织文化的形成有着重要的作用，这种作用主要体现在这部分成员会对组织目标和行为规则产生能动的反作用，完善和强化二者，同时核心团队也会成为传播组织文化的主力军。

4.价值观念的传播

组织文化以多种形式传递给员工，最常用的有故事、仪式、物质象征和语言。

(1) 故事

亨利·福特二世担任福特汽车公司董事长期间，要找到一个没听过下面这个故事的人很难，即当福特公司的管理人员骄傲自大时，福特先生就会提醒他们："福特公司的大楼上写的是我的名字。"其意思很明确：主宰福特公司的是亨利·福特二世!

诺斯拉姆公司的员工喜欢谈论这样一个故事，它与公司的顾客退货政策密切相关。当这个零售连锁店初创时，有一天一个顾客来到商店想退掉一副汽车轮胎，售货员不很清楚自己应该怎样处理这个问题。就在顾客与售货员交谈时，诺斯拉姆先生路过此处，并听到了谈话内容。他立刻走过去，问顾客花多少钱买下的这副轮胎，然后让售货员收回轮胎，把钱全数退给顾客。顾客拿着钱离开后，这位售货员困惑地看着老板说，"诺斯拉姆先生，我们没有卖过轮胎呀"。"我知道"，他的老板说，"但无论如何我们要让顾客满意。我说过，顾客退货时，我们不提任何问题，这是我们的退货政策，必须做到这一点"。然后，诺斯拉姆先生就打电话给一个在汽车配件厂的朋友，问他愿意花多少钱拿走那副轮胎。

组织中流传着的小故事多半是与组织创建者违反组织制度、从乞丐到富翁的发迹史、裁减劳动力、重新安置员工以及反省过去的错误等有关的。这些小故事能够起到借古喻今的作用，还可以为目前的组织政策提供解释和支持。

(2) 仪式

仪式是一系列活动的重复，表达并强化组织的核心价值观，说明什么目标是最重要的，哪些人是重要的，哪些人无足轻重。美国的大学教员在追求终身雇用资格的过程中，要历经一个漫长的阶段。一般来说，他们的试用期是6年。试用期末，他们的同事必须从两个人中选出一个：获得终身雇用资格，或续签最后一年的在校任教合同。决定一个教员是否能够得到终身雇用资格的因素是什么？一般来说，要求有令人满意的教学成绩，为学校或本系提供良好的服务，科研要有一定的成果。当然，满足一个大学要求的条件，在别的学校可能是无关紧要了。关键在于终身雇用决策在本质上需要已经获得终身雇用资格的人来评价：候选人6年的绩效是否表明他适合于这个组织。

那些经过恰当社会化的大学教员，会证明自己有资格被授予终身雇用权。但每年都有几百名大学教员无法获得这种资格。在某些情况下，这是因为他们绩效不佳，但大多数情况下，原因在于候选人在那些决策者重视的领域表现不佳。例如，那些每周花费大量时间备课、受到学生一致好评的教员，却因为忽视了发表论文和出版专著，所以很可能无缘终身雇用资格。结果很简单，这样的教师未能适应组织的规范。而那些机敏的大学教员，会在试用期一开始就判断他的同事所喜欢的态度和行为，然后表现出他们所需要的东西。当然，终身雇用权决策者通过要求候选人具备某些特定的态度和行为对使候选人趋向标准化起到了催化作用。

最出名的公司仪式是玫琳凯化妆品公司的年终奖大会。年终奖大会既像是马戏团表演，又像是美国小姐大选。大会在一个大礼堂的舞台上举行，一般持续几天。台下是一大群欢呼雀跃的人，与会者都身着漂亮的晚礼服。达到销售指标的女售货员会得到一些奖品，如金饰针、钻石饰针、狐皮披肩等。这种年会公开地奖励销售业绩突出的员工，从而起到了激励员工的作用。另外，这种仪式强化了创始人玫琳凯·艾施的个人坚强意志与乐观精神，而这两点正是她克服个人困难创立自己的公司、获得巨大物质财富的能量来源。玫琳凯·艾施通过年会这种形式告诉她的员工，实现他们的销售指标很重要，通过努力工作和足够的勇气，他们也能获得成功。

(3) 物质象征

坦德姆计算机公司总部在加利福尼亚州的卡普蒂诺（Cupertino）市，看起来不像人们通常想象中的总部。这儿有跑道，有篮球场，有舞厅和瑜伽教室，还有一个大游泳池，这些都是供员工享用的。每个星期五下午4点30分，员工就可以参加公司出资举行的啤酒豪饮会。这种非正式的组织形式告诉员工，公司重视的是公开性与平等性。

有些公司为高级管理人员提供有专职司机的高级轿车，出差旅行可以不受限制地使用公司的喷气式飞机。有些公司不提供豪华轿车和私人飞机，但仍然提供轿车并支付乘飞机的费用，轿车可能只是雪佛兰，坐飞机只能坐普通商用客机的经济舱位。

公司总部的布局，公司提供给高级管理人员的车型，公司是否给他们提供私人飞机，这些都是物质象征的例子。物质象征还包括办公室的大小和摆设，装饰物的档次，高级管理人员的额外津贴等。这些物质象征告诉员工，谁是重要人物、高级管理人员希望平等的程度等。

(4) 语言

许多组织以及组织内的许多单位都用语言来作为识别组织文化或亚文化的标志。通过学会这种语言，组织成员可确证他们已经接受了这种文化，这样又有助于员工坚持这种文化的价值观。

下面的几个例子是戴劳（Dialog）公司的员工经常使用的。戴劳公司是一家以加利福尼亚为基地的数据分发公司，公司员工使用即位数目（分配数据库中每个个体记录的数字）、KWIC（文章中的关键词）、关系操作员（在数据库中按一定顺序搜索人名或关键词的人）等词语。图书馆管理学专家所用的术语大部分是外行人所不了解的，他们在谈话中会不时地使用一些缩略语，如ARL（研究图书馆协会）、OPAC（上机用户专用目录）等。当路易斯·郭士纳离开RJR到IBM公司就职时，他不得不先学会许多新词，如“果园”（IBM在纽约的总部，以前曾是一个苹果园），“大烙铁”（计算机主机），“高能人”（潜力较大、有才能的人），“表演者”（公司绩效评价最高的员工），PROFS（专业办公系统，IBM公司的内部电子邮件系统）等。

随着时间的推移，组织往往就形成了自己特有的名词，用来描绘与业务有关的设备、办公室、关键人物、供应商、顾客、公司产品等。一般来说，新员工经过6个月的工作之后，那些起初令他们困惑不已的新名词，就会成为他们语言的一部分了。这些术语一旦为员工所掌握，就成了共同特征，把特定文化或亚文化中的成员联结在一起。

5.行业环境的影响

一项研究也试图在组织文化的研究中把眼光从组织内部转向组织外部的环境，提出行业特征能够强烈地影响组织或公司文化的论点。虽说文化对于一个公司或者它的成员来说是唯一的、独特的，但是行业发挥的影响确实仍能够通过详细说明的限定因素使文化得以发展。同时这项研究也讨论了行业环境对文化变革潜力的影响。进一步说，因为这种关系，公司文化变革只允许采取与行业要求规则保持一致的行动。假如同一个公司受到多种环境的影响，那么可能会发展出截然不同的亚文化。

企业文化包括广泛分享的假设和价值观，部分地由他们所在行业的需求所塑造。其由三个尺度来衡量，即竞争环境、消费者需求和社会预期。一个企业的文化，作为一个公司成功地适应环境的结果，会抵触改变，但可能为了公司的生存和发展，环境的改变使文化的改变成为必要的。一些时候，文化的改变涉及新的学习，一些时候它涉及新的人员[①]。

14.3.2 组织文化的维护

组织文化创立起来以后，需要通过特定的方式加以维护，具体包括发展组织文化、建设组织文化，并通过制度建设的方式，将组织文化固定下来。

1.组织文化的发展

组织文化的发展过程是组织成员在组织中的社会化过程（如图 14-4 所示）[②]。

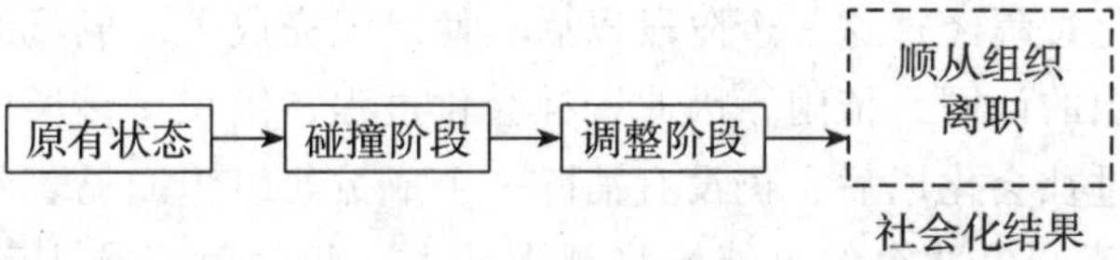

图 14-4 社会化过程

从社会心理学角度来看，社会化是人在社会互动中履行社会行为规范和社会角色、形成个性，从而不断适应和参与社会生活的过程。这里主要是指组织帮助新员工适应组织文化的过程，具体包括以下几个阶段：

（1）原有状态

每个人虽已受聘于某组织，但还有自己的价值观、态度和期望，这是由他的就业前培训和教育等前期社会化带来的，前期社会化的差异导致态度期望差异，它们会对成员的归属和相互容纳形成阻力。因此，在组织社会化的初始阶段，管理者应尽可能消除差异的存在，弄清成员原有的价值观，密切注意新成员的工作动机、工作态度，使每个成员的价值观与组织价值观缩小差别。总之，此阶段的目的是使前期社会化的影响降至最小。

（2）碰撞阶段

由于新聘用的成员存在原有价值观，所以会产生来自于工作、同事、上司以及组织整体的期望与个人期望相碰撞的情况。这时，新成员必须使自己从以前的假设中抽离出来，代之以另一套期望。经过碰撞，在甄选过程中所聘用的与组织差别不大的成员，可能会改变原有的价值观，积极地将组织行为内化，很快地适应工作。

（3）调整阶段

这一阶段，组织管理人员起核心作用。为有效调整新成员的价值观、态度和期望，管理人员应采取以下措施：①重视新成员的正规化训练，强调与工作环境

---

① GORDON G G. Industry determinants of organizational culture [J]. The Academy of Management Review, 1991, 16 (2): 396-415.

② 鲁森斯. 组织行为学 [M]. 王垒，等，译校. 9版. 北京：人民邮电出版社，2004.

[4] ABRAHAMSON E, FOMBRUN C J. Macrocultures: determinants and consequences [J]. The Academy of Management Review, 1994, 19 (4): 728-755.

有关的行为规范。②注重训练新成员的集体责任感。③设定组织内的标准化转变时期，即从试用期转为正式员工的时间。此时间的设定可以促使成员为了得到组织的认可，必须在试用阶段努力将组织文化内化。④进行有顺序的角色训练和鼓励，对能良好遵从组织规范的人员进行提职或加薪，以此为新成员树立榜样，使新成员产生依附于组织并积极接受组织各种约束的习惯。

组织经过这样的调整，使每个成员原有差异已被基本消除，增加了成员行为的标准化程度。每个成员能感到自己已被同事作为一个可信任的、有价值的人接受下来，理解了整个组织系统的规章制度、工作程序、非正式的做法，了解到组织的评估体系、组织的期望是什么，认同了组织规范，这样他离开组织的概率几乎为零。社会化过程经过这三个阶段以后，使组织完成了对成员的导向活动，增强了成员对组织的认同、依附，因此，社会化过程在组织文化形成过程中起决定作用。如果经过社会化以后，仍没有消除一个成员与组织的显著差异，则导致该成员与组织规范产生冲突的可能性将越来越大，组织就必须主动放弃对他的约束，任其离职。

2.组织文化的建设

组织文化需要通过特定的方式加以建设，包括对组织新进入者的筛选、对组织成员的行为塑造。同时，高层管理者的个人示范作用也对组织文化的建设有着很重要的作用。

（1）人员甄选

这一过程包括第一阶段的识别、筛选，第二阶段的面试。在第一阶段，一方面求职者对由组织的代表人提供的组织工作需求等相关信息进行权衡，如果自己有能力做好组织工作，就自动进入候选人之列；另一方面，组织对那些能满足工作需要的求职者也进行识别、判断，因此，甄选过程的第一阶段是由组织与成员共同参与的双向选择过程。经选择后组织筛选掉对组织价值观构成威胁的人，然后进入第二阶段——面试。此阶段的主要方式是与候选人进行深入面谈，以保证每一位候选人能适应组织的管理风格，保证所聘的成员与组织价值观基本一致或部分一致。甄选过程是维系组织文化的基础。

（2）行为塑造

这里指的主要是组织中的管理者通过规章制度的强制力对组织成员的行为模式施加影响，具体的方式是改变组织成员行为选择的情境。这里认为人们的行为选择是出于一定的需要收集必要的信息，通过自己的价值判断，产生某种行为选择的倾向，这种行为不断重复，就会形成某种行为模式。

管理者发挥自身作用就是通过权力改变人们进行行为选择过程中的某些因素，进而改变人们的行为模式，努力使行为模式向组织文化中的行为模式靠拢。

（3）以身作则

高层管理人员是组织中举足轻重的人物，介于总裁与组织之间，他的言行会影响组织文化，体现了一个组织的领导方式、领导结构和领导制度，对组织文化的塑造起着核心作用。一个组织是冒险还是保守，应当怎样奖励人、管理人、控制人，组织成员的心理气氛如何，都由高层管理人员决定。可以说高层管理者在组织与个人之间架起一座桥梁，一方面使组织更好地规范着每一个成员，另一方面成员通过管理者的领导体制去更深入领会组织文化，高层管理人员是组织文化得以一脉相承的关键人物。

3.组织文化的制度化

少数组织的组织文化建设只停留在理念宣传的阶段，不能深入进行塑造，一方面在于领导者缺乏系统建设组织文化的决心和勇气，另外一方面就是对组织文化的塑造有误解，认为组织文化是以理念塑造为主的，如果把它变成制度，就会削弱组织文化的凝聚作用。其实并非如此，优秀的文化要落到纸面，让大家有法可依，有章可循。尤其对人力资源制度，包括招聘、培训、考核、薪酬、任免、奖惩等，都应该深刻体现出公司的组织文化。

（1）以制度体现文化

由于制度中规定了组织整体以及员工个体遵循的行为规范，从中不仅能看出这个组织崇尚什么、反对什么，即组织信奉的价值理念，而且可以看出这个组织的做事方式与风格，所以组织制度本身能体现组织文化。

（2）以制度强化文化

组织文化中的制度是组织文化的一种表现形式，通过它能更加清晰、准确和全面地表达组织文化，从而有利于推动组织文化的发展。认识制度化，有利于在组织文化建设过程中，清醒地意识到并有效地避免制度文化给组织变革带来的阻力。当然，制度化也可能会带来一定的弊端。比如制度化的过程一方面容易让组织拘泥于制度文化，另一方面又会让组织抵制外来文化，抑制吐故纳新的过程。制度化能促使组织井然有序地运行，却又会让组织走上按部就班的道路。

著名的惠普公司的文化就非常强调对人才的培养，因此它制定了完善的培训制度，员工从入职开始，就一步步地接受各种有针对性的培训。另外，作为制度的一部分，惠普把培训也列入每个经理人的职责，他们90%的培训课程是由经理们上的。在惠普公司的理念中，认为这是投入产出比最高的投资。惠普公司之所以能成为行业内的楷模，就在于不仅建立了“以人为本”的文化，更让这种文化生根发芽，制定了科学的制度来落实这些优秀的理念。

14.3.3 组织文化的管理

组织文化创立起来以后，还需要对其进行管理，使其发挥良好的作用。值得注意的是，参与组织文化管理的不一定是管理者，组织成员作为组织中的重要一员，也应当积极地参与其中。

1.组织文化的符号管理

组织文化管理是以文化为根本手段所进行的管理。文化是一种意义符号，只有分享这一文化的人才能识别。一种意义符号作用于同一文化群体，会使群体成员产生共同理解和阐释，获得共同指令和认同，产生与这一文化意义符号相一致的行为。因此，形成组织全员认同的文化意义符号系统，并对这文化意义符号系统进行有效管理，是健全组织文化管理制度的首要要求。

组织的文化意义符号系统包括：①精神文化意义符号系统，主要是指组织经营理念系统，包括组织口号、使命、宗旨、目标、成功思维、成功法则、成功精神等。它是组织精神文化的正规系统层次，是一套不可争辩的原则。②物质文化意义符号系统，包括组织的标志、名称、旗帜、环境、设施、各种体现组织文化个性特征的物质设计等。③行为文化意义符号系统，包括组织与社会、政府、市场、顾客，供应商、经销商、竞争者，内部不同层级、不同部门、不同角色人员发生行为互动时，其意义所传达的文化指令，以及由典型人物的行为传达的文化指令等。组织文化管理，首先就是文化意义符号系统管理。从不同层次、不同类型的文化意义符号中，员工能够准确地得到意义指令，采取符合文化意义符号系统要求的行为，达到管理的目的。

文化意义符号系统管理制度要求做到：第一，先要形成组织的精神文化意义符号系统，即组织的经营理念系统。通过自觉地、长期地、系统地总结、提炼、提升和完善组织的核心经营理念，逐渐形成核心经营理念系统的正式文本，以此作为整合全部文化意义符号系统的核心和基础构架。第二，以组织精神文化意义符号系统为根本规范，系统整理、提炼、设计组织的物质文化意义符号系统和行为文化意义符号系统，并把它们整合成一个体现组织集体个性的完整的文化意义符号系统，做到协调、完整、统一、有机，使之对内实现全方位规范作用，对外实现全方位传达作用和控制作用。第三，制定对组织文化意义符号系统进行管理的制度，包括阐释、传达、宣传、学习、培训、实践、维持、传递、变更、重构等方面的规定，使组织文化意义符号系统长期地、隐形地、巩固地对组织经营管理发挥指令作用。

2.组织文化的沟通管理

文化要起到根本的管理作用，形成完备的文化意义符号系统是必不可少的前提，但这只意味着文化管理才开始，有效的文化管理还有赖于文化沟通。沟通是对一组文化意义符号的共享，以及根据对一组文化意义符号共享，而使个人和组织的思想和行为发生改变（或者继续，或者停止，或者改变）。只有沟通才能使文化发生根本管理作用。因此，组织文化管理要求建立健全沟通管理制度，包括：

第一，沟通态度管理。组织内部从上到下，从内到外，一切员工都应对文化沟通、文化传递、文化理解、文化执行持积极的、主动的、快速反应的态度，从文化沟通中习得和内化本组织的文化。

第二，沟通类型管理。流畅的文化指令传递，依赖于组织内形成立体网络式的沟通渠道，如上下沟通、左右沟通、内外沟通、专家沟通、正式沟通、非正式沟通、语言沟通、非语言沟通等。只有拥有健全的、发达的沟通类型，使各种类型的沟通形式各自发挥沟通的作用，互相配合，相得益彰，组织文化指令得以通过多种形式而传递，员工及时共享文化，才能有效执行文化指令。

第三，沟通渠道管理。渠道是文化指令通过的通道，渠道的功能、容量、速度、长度、质量等，直接影响文化指令能否顺畅、及时、有效地传递，对组织文化能否发生管理作用影响极大。渠道管理要求注意沟通渠道建设、质量保证、障碍克服，使渠道处在高效运作之中。

第四，沟通媒体管理。沟通媒体管理即借助于不同形式的媒体，或大众传播媒体或人际传播媒体，使文化指令以各种媒体为载体，通过多种渠道，顺畅传递。组织使用媒体不是任意的，必须根据经营理念进行选择，使之具有个性，体现组织理念要求。在媒体上的编码所形成的意义符号，也要与经营理念一致，以保证正确传达组织一贯的文化指令。

总之，建立完善的文化沟通管理制度，将有助于组织文化管理高效发挥作用。

3.组织文化的氛围管理

达到塑造组织集体性格的目的，就要把组织的客体文化转化为员工主体文化。实现这个转化的中介就是组织的文化氛围。组织文化意义符号系统以职场氛围的形式存在。所谓职场氛围是指由组织特定文化形成的、无时无刻不对组织员工产生影响、指令、熏陶、感染、调适、规范、塑造作用的、笼罩或充斥于组织内部环境中的气氛或情调。它是组织恒定的文化力场，它包围着员工，员工在职场氛围下被文化力作用，被文化指令暗示，产生模仿、顺从、认同、内化，最终把客体文化转移到员工主体身上，实现文化对主体的塑造作用。具有优良文化的组织，总是具有优良的组织文化氛围。组织文化总是通过与之一致的文化氛围而发挥管理作用，因此组织文化管理包括了组织文化氛围管理。其主要内容有：

第一，组织文化氛围的统合管理。职场文化氛围是一个有机体，它以物质层面、精神层面和行为层面为结构，以精神层面为核心统合而成。这三个层面相互配合，有力地传达组织的经营理念，使员工无所不在地被文化包围，使经营理念达到全方位作用于员工的目的。文化氛围三个层面的支离破碎，必然抵销组织文化的管理作用，使组织文化管理流于形式。因此，组织必须对职场文化氛围进行有机统合，凡是不能传达经营理念的物质层面和行为层面的东西应统统消除；凡是与经营理念不一致的物质层面和行为层面的东西，均应予以矫正和调整。

第二，组织文化氛围的强度管理。组织文化要强有力地发挥管理作用，必须强化文化场的力度，形成浓郁的文化氛围。只有浓烈的、鲜明的、不可抗拒的强文化氛围的存在，具有与之不相一致的文化价值观和行为的员工在这种强文化场中才会被改造、被塑造，才会一致地形成集体性格。组织文化氛围不仅应当被统合，而且应当被强化，组织管理者应当自觉地意识到这一点。

第三，组织文化氛围的维持管理。文化氛围的统合形成需要一定的时间，而文化氛围的维持需要更长的时间。没有文化氛围的长期维持，组织文化要发生软管理作用、塑造作用，则完全不可能。而长期维持，并在维持中强化和革新则是最难的事情。它是组织的一种经营价值理念，能否内化为组织集体信仰的试金石，是对组织领导者能否发自内心要维护一种集体价值观的坚定立场的检验，是组织文化管理超越形式主义、文牍主义转而落实为实践主义的必要措施。日本职场管理专家今井正明认为，职场氛围管理的“氛围维持、消除缺陷、标准化”三要素中，氛围维持是首要的、根本的要素。他说：“氛围维持，是良好管理不可缺少的成分。借由氛围维持，员工学习和实践到自律。”因此，组织必须明确而系统地形成一套行之有效的组织文化氛围的管理制度。

4.组织文化的传承管理

生物的遗传靠基因，社会的遗传靠文化，组织的遗传靠核心价值理念代代相传。美国文化社会学家希尔斯认为，能够传三代的东西就能成为传统。一旦成为传统，就积淀为集体无意识。无意识在深层次上支配人的行动，使人的行为不假思索立即发生。组织文化一旦形成传统，就使员工的集体行为自觉自动，理所当然，达到不教而教，不管而管，成为组织百年不败的机制。因此，组织形成组织文化的遗传管理制度非常重要。组织文化遗传制度的管理包括：

第一，组织文化核心理念遗传管理。组织的核心经营理念是组织对经营最一般规律的个性把握的结晶，从这个意义上来说，核心理念是不变的，只要这个组织存在，就必须坚持它。但是由核心理念所支配的其他价值理念和行为模式则是变化的，是随时代、随生活、随人们的需求而变化的。它们从变中表现不变，以变维护不变，在变中使不变的东西代代相传，如海尔的核心理念是“海尔——真诚到永远”，这是永久不变的。但什么叫真诚，如何依时代变化体现真诚，则是变化的。核心理念管理就是在坚持核心理念不变的前提下，研究如何变革一般价值理念和行为模式，使核心理念在不同阶段、不同地域、不同环境得到更好体现。处理好变与不变的关系，是核心理念管理的中心内容。

第二，行为习惯遗传管理。组织文化管理必须使组织经营理念通过形成行为习惯，为全体员工所接受。习惯是一种惯性，它使行为保持一贯性、认同性。只有一贯的行为，才能把一种理念固定下来、凝固下来。对行为习惯进行管理是组织文化遗传管理的必要环节。传统是由习惯转化而来的，习惯是传统的前奏，是传统的载体。代代相传的习惯，就形成了传统。对行为习惯进行有效管理要求：要形成反映经营理念的良好行为习惯；对良好行为习惯要提倡，要强调，要进行训练；要把对良好习惯的培养当作形成集体性格来抓；要用集体习惯矫正个人与之不符合的习惯，使集体习惯通过个人而得以表现，如此等等。

第三，超文化积累的管理。一种文化要变成习惯，又要由习惯而转化为传统，需要经过超文化积累，就是用提倡、宣传、阐释、学习、培训、灌输、实践、检查、奖惩等方式，长期地、坚持不懈地、无所不在地、大力度地推进，使推进办法系统化、程序化、规范化。要有专门机构对组织文化的超文化积累进行管理；要以组织的老职工为超文化积累的主力，带动全体员工加速对文化的认同和内化，使超文化积累成为组织无形资产积累的重要内容。

第四，文化传统管理。文化传统具有主客二元性。经营理念转化为可操作的行为模式，行为模式转化为行为习惯，行为习惯被超文化积累所强化转化为文化传统，于是以传统形式存在的集体无意识形成。这种集体无意识对每个人而言是客观存在、不可抗拒的。在这种集体无意识中的个人被包围、被渗透、被约束、被控制，不以个人意志为转移被改造。一方面，集体无意识又存在于集体中的每个人的无意识中，成为个人无意识的重要组成，对个人行为自动发生支配作用，所以它又是主观的。传统只有由客观到主观，才能发挥传承和规范的作用。对传统进行管理，有一个使传统有效发挥作用并得到继承的问题，这就必须坚持传统教育，长期讲传统，实行传帮带，把传统移到每一个员工身上。另一方面，有一个改造传统的问题，这就必须结合社会和环境的变化，吸收时代精神，使传统获得新的表现形式，并扬弃部分不适合时代的内容，从而使传统能有效发挥规范作用，并能继续传下去。

组织文化的管理制度是灵魂管理制度，也是隐性管理制度和信仰管理制度。它不是以物质强制力作后盾的硬管理制度，而是以文化的支配力作后盾的一套软管理制度。组织建立的这套管理制度，文化为每个人所建立的共同信仰，将使人们的行为变得自觉自动、和谐统一，如此组织会表现出极大的整合力，凭借它可以创造任何人间奇迹。

补充资料：概括组织精神的方式

本章小结

组织制度通过组织激励的方式，影响着员工的行为方式。这种行为方式以及背后的价值观念一旦被广大员工所接受，就会形成特定的组织文化。组织文化同制度一样，会对组织中个体的行为选择产生重要的影响。这是因为组织文化是一种组织成员所共有的价值观、默认的行为规范，因此能够通过人们的价值判断和惯有的行为模式来影响人们的行为。

行为激励的意义在于对具体行为选择情景的引导，那么组织文化建设的意义则在于对一般行为习惯的塑造。

组织文化有着自身的特点，在组织中也发挥着显著的作用，同时也有着不同的形态，按照其易于观察的程度可以分为观念文化、制度文化和行为文化。组织文化发展的程度主要通过两个方面考察：一是组织是否形成了自己的文化；二是组织自己的文化发展到了什么程度。

组织文化是人们创造出来的，其中创始人和核心团队在其中发挥了重要的作用。组织文化创立以后，需要加以维护，并通过制度化的方式固化下来。组织文化要持续地发挥积极作用需要进行管理。

核心概念与关键术语

核心概念

组织文化　组织文化体系　组织文化个性　组织文化创立　组织文化维护　组织文化管理

关键术语

组织文化（organizational culture）　睡莲模型（Waterlily model）　物质文化（material cultural）　制度文化（institutional culture）　行为文化（behavioral culture）　精神文化（spiritual culture）　组织文化剖面图（organizational culture profile，OCP）　组织文化问卷（organizational culture questionnaire，OCQ）　组织文化评价量表（organizational culture assessment instrument，OCAI）　组织文化价值观量表（values in organizational culture scale，VOCS）

思考题

1.什么叫组织文化？组织文化与组织成员共享价值观是什么关系？

2.组织文化具有什么功能？为什么组织文化能够加强组织凝聚力？

3.怎么理解组织文化的发展水平？从哪些方面进行测度？

4.组织文化是怎么产生的？领导者在其中具有什么作用？

5.如何把组织文化传递给组织成员？有哪些传递方法？

第15章　组织变革

学习目标

通过本章的学习，您应当掌握：

1.组织学习的含义和类型

2.组织学习的过程

3.组织学习的能力

4.组织变革的含义与内容

5.组织变革的原因与方式

6.组织变革的机理

7.组织变革的阻力和解决方式

8.组织变革的过程

9.组织变革的趋势

10.组织人格的塑造

引　例　美的组织变革策：方洪波“无变革，不发展”

2015年的“双十一”美的交出了漂亮的成绩单。在这个被家电企业视为年底“关键之战”的“购物节”上，美的“双十一”当大全网销售实现14.3亿元，较2014年的7.1亿元涨了一倍多。尽管“双十一”销售数据喜人，但在美的看来，“双十一”不仅要冲销量，更重要的是实现从批发模式向零售模式的转型，更近距离地接触最终用户。而这背后更深层次原因的是美的自2015年上半年以来进行的深度组织变革和文化变革，它通过业内首推的合伙人计划，促进对组织和人的长效激励。

移动互联网对产业解构作用的深化，推动着美的走到了一个关键时期。美的集团董事长方洪波思考的是，未来企业新的增长点在哪里，更长远的思虑是“如何从低成本竞争转向新的竞争驱动，如何融入移动互联网时代，如何走向全球化经营”。在方洪波看来，“破坏”和颠覆是互联网时代的特征，现阶段管理创新和组织再造比其他任何的创新都重要。美的正在通过“合伙人”制度和文化的打造，电商平台、创新中心等平台价值的再造，打破静态，拓展新的增长空间。

电商转型，构建大数据能力

作为产品落地与销售渠道的重要方式之一，美的集团电商平台实现了从批发模式向零售模式的转型。更重要的是，通过电商平台可以更近距离地接触最终用户，还可以助力新品的开发。吴海泉是美的集团电商总经理，在与方洪波沟通美的集团电商策略时，他建议把团队中的职能部门成员放在更具创业氛围的深圳，销售运营、产品管理和负责行政事务的员工则放在佛山顺德。这看起来像是美的集团的一个内部创业团队。

早在2008年，美的就开始接触互联网销售渠道，试水电商业务。但在过去相当长一段时间内，美的都是按照经销商体系的批发模式来做这部分业务，面对零售模式的电商，原来的模式遇到巨大瓶颈。正是看到了问题的复杂性，2014年年初集团层面成立电商公司，统筹线下实体旗舰店、专卖店和安得物流等线下优质资源，构建全新业务体系，培育美的自身的电商整体运营能力。2015年以来，美的下了很大力气，“伤筋动骨”地对整个电商系统做了彻底改造：有了自己的商品系统，接入了第三方数据，在全国也形成了统一的库存系统、物流系统和人员结构系统等，并启动了对传统渠道的改造，用线上思维来改造传统业务。

这里的关键是通过电商转型，构建美的的大数据能力。通过电商数据，美的可以优化店铺、消化滞销商品，可以直接送货给消费者，还可以助力新品开发。吴海泉介绍说，以前主要是看竞品怎么做、市场上同行怎么做，现在是先看历史产品和销售的数据，看消费者搜索的数据，然后找到标杆用户全程互动参与开发，在营销方面不再广撒网，而是定位精准人群、做口碑营销。

研发创新，寻求新增长方式

产品是连接企业与用户的关键纽带，更是企业核心竞争力之所在。企业所有的战略、战术、变革、改造的主要目的是实现以用户为中心、让更多的用户使用自己的产品。“我们要建立一项新的盈利能力，要靠技术领先和产品创新的路径来实现。”方洪波说。

早在3年前美的的转型中，方洪波就找到了企业增长难题的解决途径，其中之一便是聚焦于产品本身，凭借消费升级带来的机会，做毛利率更高的精品。如今，他把这个策略扩展到“用产品与技术创新，替代低成本优势”。从寻求新的增长方式和企业长期布局来看，这也正是美的发力打造创新中心的原因所在。

2014年12月，美的集团投资30亿元在广东顺德建立了全球创新中心（以下简称创新中心）。建立创新中心只是美的实施转型战略中的一步，该中心负责推动与产品性能相关的核心技术的升级和创新，同时推动产业结构创新，拓展美的原来不具备的跨界发展的产品形态和业务形态。同时，美的还设立了专项创新基金，建立了孵化器运行机制，以此鼓励全员创新；成立了与产业链投资相关的产业并购平台，设立了新业务与新产业投资基金。

创新中心正在做一些看起来对美的未来发展至关重要的事情：在美国、日本、德国及其他国家和地区建立研究所，在全球范围内吸纳创新人才；管理美的各事业部旗下3~5年内产品及技术革新的战略规划，并交由事业部进行产品开发。通过互联网渠道把技术资源等与德国、新加坡和美国等国家的机构进行对接。美的集团副总裁兼创新中心总监胡自强介绍说，配合创新业务的管理体制正在搭建。美的不仅鼓励员工创新，更鼓励外部专业人员进入创新中心。为了获得更多的创新项目，美的集团计划为外部创新项目投资10亿元，在激励内部员工创新方面也有1亿~2亿元的预算，这样，合伙人与激励制度就能更好地凝聚变革力量。

资料来源　石丹. 从经理人到合伙人，发掘企业内部创业基因　美的组织变革策：方洪波“无变革，不发展”[J]. 商学院，2015（12）.

【思考】

1.为什么要进行组织变革，从美的的案例中你得到什么启发？

2.组织在变革过程中如何能更好地动员全体员工的支持与参与？

本章提要

组织作为一种工作群体，随着环境的变化自身也在发生变化。组织学习是组织为了适应内外部环境的变化，不断调整自身知识结构和行为方式的过程。

当环境变化剧烈时，组织需要进行变革和发展。但更为深刻的变革主要是由组织内部环境的变化引致的。个体具有主观能动性，在组织情境中，个体并不是单方面地接受组织对自身行为的引导和约束，反过来也会对组织制度以及文化本身发生作用，因此也提出了变革的要求。如何从实际出发，进行有序的组织变革，是组织发展的重要条件。因此，本章将着重说明组织变革的性质、原因，以及如何有序地推进组织变革等问题。最后，强调组织变革的趋势是建立更为合理的组织形式，以促进组织人格的形成。

15.1　组织学习

组织在动态环境中生存、发展，为了适应环境变化必须不断学习，学习能力是影响组织长远发展的重要因素（Senge，1995）。关于组织学习的研究从两个不同角度展开：一是关注组织学习的过程，探讨组织如何克服学习阻碍，确保学习有效展开；二是关注组织学习的能力，探讨如何通过组织情境的塑造，更好地适应内外部的变化。

15.1.1　组织学习的性质

学习是接受外部信息并永久性地改变行为的过程，组织学习关注组织及其成员如何适应外部环境、更新知识、调整行为模式。在现代社会中，组织学习是维持组织生存和促进组织发展的必要条件。

1.组织学习的定义

组织学习的概念由马奇（March，1963）提出，经阿基里斯在《组织学习：行为视角的理论》（1978）一书中加以系统展开后，受到了广泛关注。表15-1是对组织学习的不同界定方式。

表15-1　　组织学习的定义

①组织学习同个人学习一样，是一种利用个体成员作为工具，随着时间的推移显示出的适应性行为（赛厄特和马奇，1963）
②组织学习是通过制度学习熟悉社会系统，并获得解决问题潜能的过程（克里麦基、普罗布斯特和埃贝尔，1991）
③组织学习是使组织形成对环境的解释，产生为组织成员所共享的认知系统和储存记忆，是对组织的知识系统进行修改的过程（费奥尔和莱尔斯，1981）
④组织学习是组织中防御性常规的改变，是组织文化的发展（阿基里斯，1990；库克，亚诺，1993）
⑤组织学习是对组织成员行为导向的干预过程，通过成员对内容加以理解，经过行动后的反思强化实现（雷万斯，1982）

上述五个定义体现了五种不同的理论视角。其中，赛厄特和马奇强调组织学习是一种机械式的刺激-反应过程，强调组织学习是由外部干扰激发的，组织通过储存外部干扰和反应来进行学习。第二种观点从系统理论的视角出发，强调组织学习是组织作为一个开放系统的内在属性。第三种观点从认知视角出发，强调组织认知是组织学习的前提，也是组织学习的结果。第四种观点是基于文化视角的界定，强调组织学习不仅是个体层面的知识积累，而且是集体层面的学习。第五种观点是行动-学习观点，强调学习的本质特征是行为改变。

概括上述界定，可以看到，组织学习有明确的主体，不仅组织成员是重要的学习主体，而且组织整体也需要通过学习获得适应性调整，因此可以将**组织学习（organizational learning）**界定为：组织成员不断获取知识、改善自身行为、优化组织体系，以适应内外部环境变化、保持组织有效运行的过程。

这一定义有三个要点：

一是组织学习是一个有意识的过程，能够引起组织行为模式的长久性改变。无意识的行为调整不能算作组织学习。

二是组织学习的主体包括组织成员和组织整体。既涉及组织成员认知和行为的改变，也涉及组织体系如制度、流程、结构、文化的改变。

三是组织学习的目的是适应内外部环境的变化，提高组织的生存、发展能力，以获得生存机会和长久发展。

2.组织学习的类型

组织学习作为组织获取知识和改进行为能力的过程，具有不同的实现方式，由此产生了组织学习的不同类型。其中，阿基里斯概括的单环学习和双环学习、适应性学习与创造性学习，是比较经典的分类方式。

（1）单环学习与双环学习

阿基里斯（2004）认为，组织学习会在两种情况下发生：一是当组织取得预期成果时会发生学习，此时行动设计和行动结果之间存在匹配关系；二是发现预期结果与实际结果之间不匹配并进行纠正时会发生学习，也就是将不匹配转变为匹配的状态。

这两种学习方式之间的联系与区别，产生单环学习和双环学习两种不同的组织学习类型。其中，**单环学习**（single-circle learning）指预期结果与实际结果匹配时，或采取行动纠正不匹配时，所发生的组织学习。**双环学习**（double-circle learning）更进一步，指采取行动纠正不匹配时，首先分析、检查和改变组织的预先假设，然后再选择改变的措施。这种预先假设主要指组织的文化价值观。两种学习的关系如图15-1所示。

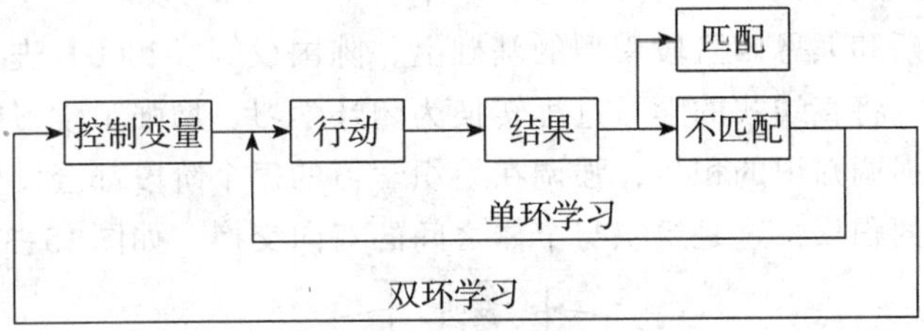

图15-1 单环学习与双环学习的关系①

对于组织的生存与发展，两种学习都是必需的。单环学习适合于处理重复性问题，有助于完成日常工作。双环学习与复杂的非程序化问题相关，有助于组织在更长时间内适应环境变化和获得持续发展。

（2）适应性学习与创造性学习

除此之外，阿基里斯（1990）还对适应性学习和创造性学习进行了区分，这种分类方式同马奇和西蒙提出的利用式学习和探索式学习比较接近。

适应性学习（adaptive learning）是低层次学习，这类学习是基于行动和结果的学习，强调对于已有知识的利用，通过将熟悉的过程性知识显性化为结构化的描述性知识来实现。**创造性学习**（creative learning）是高层次学习，关注如何运用已有知识解决具有不确定性的新问题。创造性学习提倡独立思考和自主探索，鼓励提出自己的见解，用于寻求新的理论，不人云亦云。因此，创造性学习不仅强调学习的结果，而且注重学习的过程。

15.1.2 组织学习的过程

组织学习与组织成员的学习具有紧密的内在联系，是个体知识和技能向组织扩散和在组织中重构的过程。这一过程分为不同阶段，每个阶段都需要完成特殊

① 阿基里斯. 组织学习［M］. 姜文波，译. 2版. 北京：中国人民大学出版社，2004.

任务。对此已有研究者做了深入分析，给出了不同的解释方式。

1. 四阶段模型

关于组织学习过程的解释模型中，最具影响力的是由阿基里斯和熊恩1978年提出的四阶段模型，即组织学习由发现（discovery）、发明（invention）、执行（production）和推广（generalization）四个阶段构成，如图15-2所示。

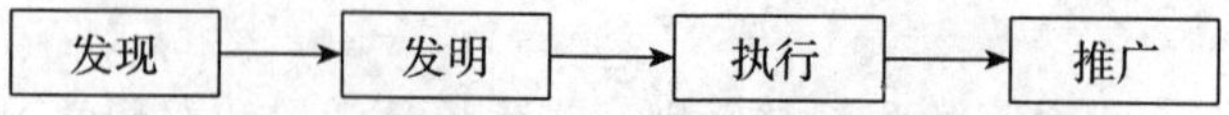

图15-2　阿基里斯和熊恩的组织学习四阶段模型

阿基里斯和熊恩认为：组织要作为一个整体进行学习，必须完成四个阶段的任务。首先，发现组织内部潜在的问题或外界环境中的机遇；其次，在发明阶段寻找解决问题的方法；再次，在执行阶段加以具体实施，产生新的操作程序、组织机构或报酬系统等；最后，把新的知识传播到组织的不同区域，进行推广和组合，使学习成果从个人水平上升到组织水平。

在阿基里斯和熊恩四阶段模型的基础上，陈国权等（2000）进行了改进，增加了反馈环节，将直线式的学习过程转换为闭环学习，增强了学习的有效性。与此同时，他们强调知识的积累，强调在组织学习的每个阶段都会发生个体知识向组织知识转换的积累，这是组织与个体之间的双向交换，如图15-3所示。

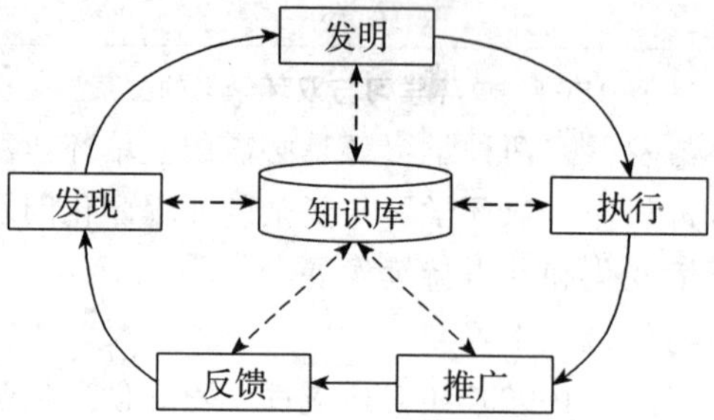

图15-3　组织学习过程①

2. 4I模型

克罗森（Crossan，1999）关注不同性质的知识在组织不同层次的转换过程，包括显性知识和隐性知识，涉及个体、团队和组织三个层次，建立了关于知识转换的**4I模型（4I model）**。

所谓4I，是指学习过程的四个阶段。感知（intuiting），对应于个体学习；释义（interpreting），个体知识在团队间传递并被理解；整合（integrating），个体知识在被团队成员理解的基础上，进一步转化为组织知识；制度化（institutionalizing），将知识变化以制度和规范的形式固化下来，进行系统化整理，如产生新的管理流程与生产标准，这是组织层次上的学习。

组织学习的4I模型如图15-4所示。

① 陈国权，马萌．组织学习的过程模型研究［J］．管理科学学报，2000（9）．

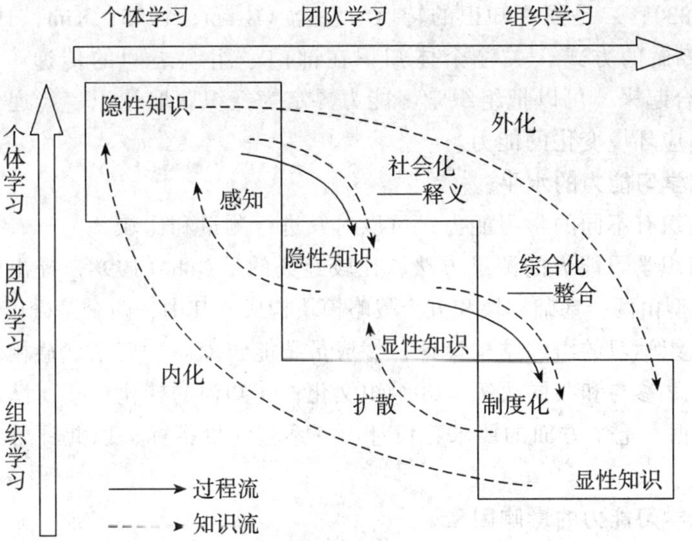

图15-4 组织学习的4I模型①

在4I模型中，存在着三个方面的关系：一是知识形态，分为显性知识和隐性知识；二是学习方式，分为外化、内化、感知、释义、整合、制度化、扩散；三是学习主体，分为个体、团队、组织。这些方面的因素相互作用，构成组织学习的复杂过程。

15.1.3 组织学习的能力

组织学习的另一种研究思路，是将组织学习视为组织的一种特殊能力，探讨这种能力的内部结构、水平、影响因素以及对组织长期发展的作用机理。

1.组织学习能力的定义

组织学习能力是反映组织学习效率和学习效果的指标，指组织在环境变化的基础上，吸收、传播、共享、转化、反思、提炼、应用和创新知识的能力。关于组织学习能力的几种界定见表15-2。

表15-2 组织学习能力的定义

①组织学习能力是组织内领导者产生并推广有影响力的思想的能力（Urich，1983）
②组织学习能力是组织在整合个体学习能力基础上形成的学习能力，表现为组织作为学习主体获取、传播、共享、转化知识的能力（Kim，1998）
③组织学习能力本质上是一种知识整合和协调的能力（Grant，1995）
④组织学习能力是指组织能够通过一些特定的管理措施以创造新意，并能跨越多重组织边界，将具有实质影响的有用新意予以推广应用的能力（杨国安等，2005）

可以看到，对组织学习能力的界定有不同视角：一是强调领导者的特殊作用

① 李丹，郭迟．组织学习与知识转化的关系及IT对二者影响的探讨［J］．管理学报，2009（5）．

(Urich，1983)；二是强调知识的转换与整合（Grant，1995；Kim，1998)；三是强调知识传播的方式，关注个体知识在部门、组织之间的传递（杨国安等，2005)。综合起来，可以把组织学习能力界定为组织获取知识、传递知识、整合知识，以适应环境变化的能力。

2.组织学习能力的水平

不同组织有不同的学习能力，可以对其进行测量和比较。

关于组织学习能力的测量方法，比较经典的是Goh（1998）提出的七维度模型。这一模型由两个基础模块和五个战略模块构成。其中，两个基础模块是：①可有效支持组织学习的组织结构设计；②成员技能与素质。五个战略模块是：①愿景与目标；②参与和共同决策；③组织文化；④知识的转化；⑤团队合作。

Goh根据这七个方面的要求，设计出一系列评价指标，以此评价组织的学习能力水平①。

3.组织学习能力的影响因素

组织学习能力受到多种因素的影响，其中组织结构、信息技术和领导者最为重要，大量研究支持了这一结论。

(1）组织结构

组织结构是影响组织学习能力的重要因素。机械式的组织设计往往阻碍组织学习，因此通过改进组织结构和增强组织的弹性，能够改进组织学习能力，克服学习能力恶化的循环，使得组织与外界环境持续协调发展。研究发现，组合式的组织设计会促进组织学习，即将组织内松散的部分紧密联系在一起，减少交易费用并增强组织的灵活性，从而促进组织内的协调和合作，增强创造新知识所需的社会交往。

从组织学习的角度进行组织设计，有两种主要思路：一是确保组织成员能够及时获得并更新个人的知识结构，同时对组织整体的信息有充分和深入的了解；二是注重将个体知识和能力转化为组织整体知识，为此必须保证组织具有足够的开放性，让个体学习到的知识在组织内部能够得到充分的共享（Sanchez，1996)。

(2）信息技术

在知识经济条件下，信息技术是影响组织学习能力的主要因素。

首先，信息技术可以促进组织内的数据、信息和知识的交流，帮助组织捕获、分享和管理各种类型的知识（Pearlson，2001)。其次，信息技术能够支持灵活的组织设计，使组织成员即使在分散的情况下，也能够有效地传播和利用知识。最后，信息技术还能帮助传递组织愿景和价值观（Yevfeni，2002)。

---

① GOH S C. Toward a learning organization：the strategic building blocks [J]. Advanced Management Journal，1998，63 (2)：15-20.

（3）领导者

领导者在组织学习中的作用具有不确定性。如果领导者倾向于无异议地按照既定规则行事，可能会干扰组织成员的学习。为此，领导者要站在较高的层次上，努力扮演好以下角色：一是设计师，及时设计组织的政策、策略和结构，并确保这些政策、策略和结构能够有效地实施；二是仆人，即忠于组织的愿景，为了实现组织目标而为组织成员提供服务；三是教师，能够向组织成员阐述和解释组织愿景（Senge，1990）[①]。

4.组织学习能力的作用

较强的组织学习能力能够促进组织运行效率的提升。一些研究已经发现，较强的组织学习能力有利于形成组织智力资本，促进组织创新，并最终提升组织绩效。

（1）形成智力资本

智力资本是组织成员知晓的、能帮助组织获取竞争优势的知识总和，是能被用来创造财富的知识，包括人力资本、组织资本和关系资本（Stewart，1997）。智力资本和组织学习都围绕组织知识展开。两者的不同之处在于，组织学习是组织开发与利用新知识的过程，而智力资本则是组织在某个时间点上的知识、关系与能力的总量。

学习能力越强的组织，越容易形成智力资本。组织学习能通过吸收、传播和共享知识来提升组织成员的能力与知识，进而提升人力资本；组织学习是组织对经验进行制度化的过程，通过对内隐规范和编码知识的处理，可以形成组织战略、内部网络、系统、数据库以及技术和流程等组织资本。组织学习能力强调知识在组织成员之间共享和传递，有利于关系资本的形成（杨建锋、王重鸣和李家贵，2010）[②]。

（2）促进组织创新

较强的组织学习能力能提升组织成员和群体的创造力，从而促进组织创新。

个体和群体的创造力是指个体和群体提出新的、有用的创意并加以实现的能力（Amabile，1996）。组织创新是指组织对创造性想法的成功实施。

较强的组织学习能力有利于组织成员获取知识，这样就能够增加组织成员接触新知识的概率，提出新的有用的创意；较强的组织学习能力还促进知识在组织成员之间的共享，促进组织成员就新的创意进行探讨和完善，进而促进创造力的提升。

创造力向组织创新的转化，基于对创造性想法的有效实施。较强的组织学习能力有助于组织形成高效运行的流程，加强新知识的开放和利用，从而对组织创

---

① 圣吉．第五项修炼［M］．郭进隆，译．上海：上海三联出版社，1999.

② 杨建锋，王重鸣，李家贵．组织学习对组织绩效的影响机制研究［J］．科学学与科学技术管理，2010（7）.

新产生积极影响。

(3) 提升组织绩效

组织学习与组织绩效之间的关系具有多样性。

有的研究发现，组织学习能提高组织绩效；有的研究却发现，两者之间并无显著联系；更有甚者，有的研究发现，组织学习可能会对组织绩效产生负面影响。[①]但总体而言，组织学习能力的提升与组织绩效之间具有正向关系（Gold et al.，2001；Lee et al.，2003；杨建锋等，2010）。

15.2 组织变革的性质

组织学习使得组织成员能够及时获取外部环境的知识，适应环境的变化。当组织环境发生重大变化，只有改变组织结构才能适应变化时，组织变革的任务就产生了。组织变革通过变革计划的制订与实施加以落实，目的在于激发组织成员的主动性以增强组织整体活力。在组织中，制度调整、技术改进、人员转变是主要内容。

15.2.1 组织变革的含义与内容

组织变革是关于组织结构、组织文化、组织行为的深层次转变，需要从工作任务、行为习惯、规章制度、价值观念等角度入手进行变革。

1. 组织变革的含义

在组织行为学、组织社会学和管理学中，组织变革都是非常重要的概念。

组织社会学研究组织变革，是从组织是一个不断与外在环境发生相互作用的开放系统这一概念出发，认为组织为了适应环境，必须对现有状态进行修正和改变，以更好地适应内外环境的变化，顺利地实现组织目标[②]。

管理学把组织变革视为“运用行为科学和相关管理方法，对组织的权力结构、组织规模、沟通渠道、角色设定、组织与其他组织之间的关系，以及对组织成员的观念、态度和行为，成员之间的合作精神等进行有目的的、系统的调整和革新，以适应组织所处的内外环境、技术特征和组织任务等方面的变化，提高组织效能”。

组织行为学重在研究人们的行为选择方式，从这个角度出发，本书认为，**组织变革**（organizational change）是通过组织成员的努力，使组织不断适应环境变化的一种典型的组织行为。组织中的个体是具有主观能动性的，对于组织中制度、文化等因素对自身行为动机的影响会产生能动的反作用，这就推动了组织变

---

① 杨建锋，王重鸣，李家贵. 组织学习对组织绩效的影响机制研究［J］. 科学学与科学技术管理，2010（7）.

② 于显洋. 组织社会学［M］. 北京：中国人民大学出版社，2007.

革。从这个意义上而言，组织变革是指组织成员如何通过组织状况的调整，为自己的行为选择建立更好的组织平台。

2.组织变革的内容

按照组织变革的对象，可以将组织变革的内容概括为技术、人员、制度和文化上的变革。

(1) 技术变革

早期对管理和组织行为的研究大多着眼于技术变革。例如，在20世纪初，科学管理在时间和动作研究的基础上实施变革以提高生产效率。今天，大多数技术变革通常包括引进新设备、新工具或新方法，以及实现自动化或计算机化。

由于行业内部的革新或竞争压力，组织常常需要推动变革，引进新的设备、工具或操作方法。例如，近年来，许多铝业公司为了更有效地参与竞争而进行重大改进，它们装配了更有效的操作设备、锅炉和压制机，从而降低每吨铝的生产成本。

自动化是以机器代替人力的技术变革。它开始于工业革命时期，从那时起直至今日一直是一种变革方案。美国联合包裹公司对自动化邮件分类器的引进以及汽车生产线上机器人的采用都是实行自动化的实例。

我们在前面的章节中指出，近年来最明显的技术变革是计算机的普及。现在许多组织都有复杂的管理信息系统。大型超级市场已用输入终端代替了收款台，并把终端和计算机相连，以便提供快捷的存货信息。由于计算机的广泛使用，今日的办公室与30年前的大不相同了。这些差异典型地体现在桌面微机上，它可以运行成百上千个商业软件包和网络系统，而网络系统又使各计算机之间实现了相互沟通。

(2) 人员变革

人员变革能帮助组织中的个体和群体更有效地工作。通常，这类变革主要通过沟通、决策和问题解决过程来改变组织成员的态度和行为。

一项研究提到了组织的智力资源的重要作用，在缺乏有创造力的人才时，组织创新是不可能实现的。管理人员还必须结合情境因素使智力资源得到有效的开发利用，从而激发富有创造性的解决办法和推动组织的创新发展①。

从实质上看，人员变革是通过人际沟通、制度安排、文化影响等方式作用于人们的行为选择过程的；从形式上看，人员变革可以通过人员招聘、培训开发等人力资源管理的方式实现。

(3) 制度变革

组织的结构并不是一成不变的。环境的变化要求组织结构也发生相应的变化。所以，变革推动者可能需要对组织结构进行调整。

---

① GREENWOOD R, HININGS C R. Understanding radical organizational change: bringing together the old and the new institutionalism [J]. The Academy of Management Review, 1996, 21 (4): 1022-1054.

组织结构可定义为如何正式划分、归类和协调工作任务。变革推动者可以对组织设计中的一个或多个关键因素加以改变。例如，合并部门职责，精简纵向层次，拓宽控制跨度，从而使组织结构更为扁平，更少官僚性。此外，为了提高标准化的程度，可以实施更多的规则和程序。分权程度的提高可以加快决策速度。

变革推动者还可以在现有的结构设计上做出重大变动，如从一个简单的结构转变为以工作团队为基础的结构或一个矩阵结构。变革推动者也可以考虑重新设计工作安排，如修订工作说明书、丰富工作内容、实行弹性工作制、改变组织的报酬制度（例如通过引进绩效奖金或利润分成提高激励水平）。

（4）文化变革

在上一章中已经提到，组织文化会对组织成员的行为方式施加影响，因而，在进行组织变革的过程中，需要对组织文化做出改变来适应这种变化。如果组织文化没有改变，则大多数变革的效果将远远低于预期。

通常来说，文化变革应当遵循“诊断—确诊—执行”的过程。在诊断过程中，需要评估组织现有的状况，选择适合的组织文化类型作为组织文化变革的目标；确诊是明确组织需要什么样的文化变革，明确组织需要进行变革的地方；执行是指明确现在就可以开始的关键步骤，选择那些可以启动的组织文化变革以及能带来明显效果的行动策略，明确行动时间表、标准和目标[①]。

15.2.2 组织变革的原因

为什么要进行组织变革？因为组织现在面对的是一个动态的、变化不定的环境，如劳动力变化、技术冲击、全球竞争、生活方式多样化等外部变化以及员工需求增多、传统制度不适应等内部变化。

1.外因——组织外部环境的变化

外部环境对企业很重要，企业必须不断地适应外部环境的变化。温特和泰勒（Winter & Taylor，1996）在对企业组织变革的研究中发现，现阶段的组织变革多是由外部环境巨变所引起的。绝大多数学者都认为目前环境的变化主要体现在三个方面：一是信息技术的迅猛发展；二是市场竞争的加剧；三是顾客需求的变化。

（1）信息技术的发展

信息技术的出现被誉为当今世界的第三次科技革命，其在企业中的大量应用使以机械化、装配线的生产过程制造标准化产品的“大量生产”方式日益显得僵化而逐渐被淘汰，取而代之的是与现代大企业生产运作相联系的被称为“动态弹性生产”或“高额弹性生产”的弹性生产方式，这一变化亦被称为从“福特主义”到“后福特主义”的转变（胡刚，2001）。阿华立等人（Avolio et al.，2000）认为，信息技术使企业以崭新的方式进行运作，给企业增加了有形和无形的价

---

① 卡梅隆，奎因. 组织文化诊断与变革［M］. 谢晓龙，译. 北京：中国人民大学出版社，2006.

值。为更好地发挥这种优势，企业必须进行变革。汤森德（Townsend，2001）也认为信息技术改变了经济的进程，使企业面临新的机遇与挑战，而建立灵活性和适应性兼具的新型企业组织模式是应对这一挑战的关键。罗卡特（Rockart）认为，如果没有信息技术的发展，企业是否会变革都是一件令人怀疑的事情。

（2）市场竞争的加剧

市场竞争的加剧表现在两个方面：一是全球经济的一体化；二是消费者权力的增加（Hammer & Champy，1994；萧琛，1996）。20世纪90年代以来，世界经济发展呈现出两大趋势，即经济全球化和区域经济一体化。全球范围内贸易、投资和金融的国际化、自由化和规范化程度不断提高（刘海云，1998）。道格拉斯（Douglas，1999）在对美国企业的一项研究中发现，随着经济全球化的发展，1960年美国只有10%的企业面临着国际竞争，而今天则有超过70%的企业不得不同国外同行进行激烈竞争。众多竞争对手的出现，使企业必须将精力放在努力提高企业核心能力上，对企业原有的组织结构和经营模式进行重新设计，以适应激烈竞争（Weick，1993）。经济全球化以及信息技术的应用使全球性的买方市场正在形成，消费者在交易中越来越拥有主动权（Hammer & Champy，1994）。消费者告诉生产商他们需要什么、何时需要以及愿付多少钱；他们为满足自身特殊的喜好而参与到生产商的产品设计和个性化服务中来。这些变化使企业的目标要以市场为导向，采取灵活性和适应性强的新型组织形式（Malonetal，1989）。萧琛指出，由于买方市场的形成，盛行60多年的“自来水哲学”已经过时，传统的成本定价原则需要修正，就连企业的重心也应由“制造”向“服务”倾斜，长期受称道的“质量管理”已经不够，这一切都要求企业必须进行彻底的变革。

（3）顾客需求的变化

在知识经济时代，人们的物质生活和精神生活得到了极大的满足。与以前的时代相比，人们的需求也发生了巨大的改变。从消费者来看，越来越多的行为呈现出个性化的趋势。因为消费者的需求已经成为企业生产和服务的起点，所以企业再也不能关起门来，按照自己固有的方式运转，而应该充分地重视和利用消费者个性化的需求，将这种需求纳入到企业的价值生产链中。因此，越来越多的企业明确地以市场为导向，从多层次和多渠道上建立与市场的联系。这使得企业的组织结构不断地分散化。同时，越来越多的消费者已不满足于通过低层次的形式来满足其各种需求，相反，他们想要通过高层次的形式来满足需求的欲望越来越强烈，在这种情况下知识密集型产品成为他们的首选。为了应对消费层次的高级化，企业必须不断拓展自身的知识创新能力。这就要求企业在进行组织设计时，充分地考虑激发员工的创造性，鼓励员工进行自我监督和自我管理。在这样的组织中，强调团队，强调沟通和合作。同时，还要管理好企业内部共享的知识，方便员工之间进行交流，也可以使员工的宝贵知识留在企业中，从而提高企业的整体创新能力。

组织外部环境的变化往往是导致组织变革的直接原因，一般而言，会引起组织发生技术变革以及人员变动，以适应技术的发展，满足顾客的需求，并最终在竞争中获得优势。

2. 内因——组织内部环境的变化

同外因相比，组织内部环境的变化是更为根本的原因。这是由于组织成员在适应组织情境的过程中，也会对其产生能动作用，对组织制度以及组织文化提出变革的要求。尤其是在组织外部环境发生转变时，这种变革的要求就会更加显著。

（1）传统制度阻碍企业发展

工业社会的大规模生产和销售需要稳定、集中、严密、精确和量化的管理，层级组织以其强有力的控制能力，完美地、高效率地适应了这样的时代要求，促进了这一时期企业的发展。而到了网络经济时代，层级组织的弊端逐渐显现，表现为：组织规模越来越大，组织成本越来越高；组织效率日益低下，组织摩擦越来越大；官僚化阻碍创新，程序化降低了士气。层级制已成为新经济时代企业发展的最大障碍，企业必须进行组织变革。顾卫东（1999）也认为，在网络经济环境下，企业的生产方式、经营内容、效率标准和成员结构都发生了变化，而层级制所产生的组织刚性则不能适应这种变化，因而必须突破传统的层级组织模式。斯特宾斯等（Stebbins et al.，1999）的研究在事实上支持了这一观点，他们在一项关于美国企业的案例研究中发现，许多企业的高层经理都认为传统的层级组织已严重阻碍了企业的发展，并准备或已开始在企业中进行组织变革。

除了上述变革，更为典型的变革是源于组织成员在适应组织制度的过程中，也会能动地对组织制度提出新的要求，这种要求包括在组织结构、职位安排、激励机制等方面的调整。

（2）企业员工需要的多元化

员工的需要也在不断地变化之中，他们的需要也是企业所必须重视的。因为员工是最终外部顾客价值的创造者，如果企业只是重视为外部顾客创造价值，而忽略内部员工的需要，那么最终，员工的不满也使得企业无法更好地为外部顾客创造价值。从企业组织的发展史我们也可以看出，企业员工需要的变化对企业组织管理形式的影响是巨大的。在知识经济时代，员工的需要发生了很大的变化，而这些变化正是伴随着物质方面的丰富化进行的。因此，传统的那些忽视员工能动性和自我实现需要的组织结构已经无法适应现代企业的发展需要。现在企业在为客户创造卓越价值的同时，还必须为员工创造价值。与泰勒时代把员工当作机器，让他们从事简单枯燥的工作，忽视他们理想的做法不同，现代的企业要帮助员工不断地获取知识，使他们不断地积累能力从而完成更富挑战性的工作，最终帮助员工实现自我的价值。正因如此，现在越来越多的企业在进行组织设计时，向员工充分地授权，赋予他们更大的工作责任，从而使员工在更大的工作责任中体验快乐，最终成为一个高效的和满意的员工。同时，在企业组织趋于扁平化的过程中，越来越多的企业采用了个性化的激励计划，这保证了员工有足够的积极性来发挥自己的创造性。

(3) 组织文化观念的再塑造

除了上述变革之外，组织文化观念也面临着变革，这既是组织成员的必然要求，也是最为深刻和彻底的组织变革。

由于技术、人员以及制度方面的变革，组织中原有的价值观念和行为准则本身也会遇到新的冲击，组织成员可能在上述变革过程中形成了新的行为规范，建立了新的价值观念。于是，组织的文化观念也必须随之进行变革。

当组织文化发生变革后，组织变革才算最为彻底地完成了。

15.2.3 组织变革的计划

为了使组织变革的过程合理有序，需要将之视为一种有意图的、目标取向的活动，需要按照一定的计划，明确一定的层次后进行。

1.有计划变革

有计划变革的目标是什么？主要有两个：第一，提高组织适应环境变化的能力；第二，改变员工的行为。一个组织要想生存，就必须对环境的变化做出反应。组织需要适应各种各样的情况，例如，竞争者引进新的产品或服务；政府部门颁布新法律；企业失去重要供给来源或其他类似的环境变化。

由于组织成败的关键在于员工是否合作，所以有计划的变革还应重视组织中个人和群体行为的改变。

2.变革的类型

按照变革的程度，可以将组织变革分为渐进性变革和激进性变革。

(1) 渐进性变革

这种变革方式是通过对企业组织结构的系统研究，制订出理想的改革方案，然后结合各个时期的工作重点，有步骤、有计划地加以实施。这种方式的优点是：有战略规划，适合企业组织长期发展的要求；组织结构的变革可以与人员培训及管理方法的改进同步进行；员工有较长时间的思想准备，阻力较小。为了有计划地进行组织变革，应该做到以下几点：专家诊断，制定长期规划，员工参与。

这种方式的特点是在对组织现状和内外条件的全面论证及综合分析的基础上，有计划、有步骤地逐个实现变革的目标。

(2) 激进性变革

激进性变革又称为爆破式的变革。这种变革方式往往是在短时间内进行的一次性变革，这种方式雷厉风行、一次到位，解决问题迅速，涉及企业组织结构重大的以至根本性质的改变，且变革期限较短。一般来说，爆破式的变革适用于比较极端的情况，除非是非常时期（如企业经营状况严重恶化），否则一定要慎用这种变革方式，因为爆破式的变革会给企业带来非常大的冲击，必须在成员的社会心理承受能力和组织内外部条件都充分允许并做了认真准备和周密计划的基础上进行。

3.变革的层次

从程度等级方面来考虑有计划的变革，第一层次的变革（first-order change）是线性连续的。这一层次的变革并不意味着组织成员在世界观方面的改变或在组织如何提高功能方面会有根本性的改变。相反，第二层次的变革（second-order change）是多维度、多层次、不连续、激进的变革。它涉及重新建构组织以及对组织所处环境的认识。

在组织中谁负责实施变革活动？答案是变革推动者（change agents）。变革推动者可以是管理者也可以是非管理者，可以是组织内的员工也可以是组织外的顾问。

通常我们把高层管理者视为变革推动者。但对于多数变革来说，高层管理者都会求助于临时的外部顾问，他们具有变革的理论与方法上的专业知识。作为外部顾问的变革推动者比内部的变革推动者能提出更客观的观点。但是，他们也有不足之处，因为他们对组织的历史、文化、人员、操作程序缺乏充分了解。外部顾问更愿意推行第二层次的变革——这可能有利也可能不利——因为他们不受变革后果的影响。相反，组织内部的专业人员或管理者，尤其是那些在组织中工作了多年的人，常常更为谨慎，因为他们担心会冒犯多年的朋友和同事。

15.3 组织变革的机理

组织变革是一个矛盾运动过程，存在着变革动力与阻力之间的冲突，通过个体、群体、组织之间的利益摩擦体现出来。为此，必须有步骤地采取措施，使变革目标得以逐步实现，而不至于使变革失序和混乱。

15.3.1 组织变革的要求与措施

当前组织怎样变革是学者们研究最广泛、最深入的课题，这里主要介绍组织变革的要求以及可以采取的措施。

1.组织变革的要求

关于这方面的研究，可概括为一句话，那就是“层级扁平化，运作柔性化，内部关系网络化。”

（1）层级扁平化

卡拉克（Karake，1992）认为层级的减少是现代企业组织变革最显著的特征，这样做的结果是使企业的组织效率得到大幅提高。Hong（1999）的研究对此提供了有力的支持，他在关于美国500强企业组织变革的调查中发现，所有企业都减少了层级，其中有90%的企业的利润比以往提升了5%。那么为什么目前能对企业层级进行大幅压缩呢？顾卫东认为，这是由于目前组织成员的独立工作能力大大提高，并且获得了充分授权，承担了较大的责任，上下级关系由传统的发号施令者和被动执行者的关系转变为一种团队成员的关系，使管理层次减少。而皮克林和金（Pickering & King，1995）则从信息技术在企业中的广泛应用使管理幅度加大的角度对此进行了解释。他们认为，企业之所以采用金字塔式的层级结构，是因为受到了管理幅度的限制；应用信息技术之后，上级交给下级的工作和任务趋于标准化和程式化，下级对工作的完成情况也能通过网络系统快速、及时、准确地反馈给上级，增强了上级对下级的有效控制力度，拓宽了上级的管理幅度，使原来需要两个层级才能完成的管理任务现在只需一个就可完成，减少了企业的层级。德维特和琼斯（Dewette & Johnes，2001）又从信息技术在企业中的广泛应用加强了成员之间的有效沟通的角度做了说明：信息技术的应用使组织成员可以进行"一对一"的交流，减少了信息传递的失真，在很大程度上取代了层级制的决策功能；不仅能处理更多的问题，还能做出更准确的决策。层级扁平化的重点对象是中间管理层。德鲁克指出，一个成功的新型大企业最好根本没有中间管理层。孙健、林则夫等（2001）认为，中间管理层的存在一方面是因为在信息处理能力有限的情况下他们要负责信息的收集与传递，另一方面则是因为管理幅度有限，他们要负责对操作层的监督与控制；而信息技术的应用使中间管理层失去了存在的基础，企业将成为没有中间层的扁平化组织。

（2）运作柔性化

灵活性和适应性是现代企业适应新环境的关键（Douglas，1999；Lauetal，2001）。斯特宾斯等认为，现代企业组织应是客户利益导向的，集产品开发、项目管理和客户服务于一体的功能交叉的团队，为适应这种跨部门职能的问题及加强和外界的联系，企业必须采取柔性运作的方式。戴斯（Dess，1995）认为，在当前企业组织重新设计的浪潮中，"精益"和"灵活性"成了两个最主要的追求目标，因此减少非核心部门和柔性运作成了必不可少的手段。但如何进行柔性运作以及它能给企业带来什么呢？王瑞旭（1995）解释说，柔性运作包括产品柔性化、创新柔性化、修改柔性化、批量柔性化、流程柔性化和物料柔性化等；柔性运作的关键是采用柔性技术，包括计算机数控（CNC）、成组技术（GT）、计算机辅助设计（CAD）、计算机辅助制造（CAM）、柔性制造系统（FMS）和计算机集成制造系统（CIMS）等；运作柔性化能使资源合理利用，提高企业的应变能力和竞争能力。

（3）内部关系网络化

企业组织内部部门之间、员工之间的网络化关系有助于信息的有效传递和对日常问题的处理（Feldman，1987）。不同部门、员工之间通过先进的通信技术进行信息沟通和及时有效的交流，可增进员工之间的了解，提高其学习能力，并增强部门之间的协同能力，有利于企业处理复杂的项目，形成竞争优势（Demarie & Hitt，2000）。斯科特认为，网络式的组织关系能使企业适应研发新产品的复杂性，提高成功的概率。王瑞旭从柔性运作的角度对网络化关系的重要性进行研究，他认为：企业采用柔性技术后，各部门之间的工作联系变得紧密，它们之间的协调就十分重要；各部门的任务都会与其他部门相互影响，带来很多瓶颈问题。这样，及时有效的沟通就是关键，而关系网络化则可起到良好作用。斯波尔和基斯勒（Spoll & Kiesler，1986）建议说，要形成网络化的关系必须进行有效分权，使员工和部门的地位及角色不影响沟通的有效性。

2.组织变革的措施

（1）确立组织价值观

组织在发展中要重视人员和组织的成长、合作与参与过程以及质询精神。变革推动者在组织发展中具有指导作用，但同时组织也要非常重视合作。发展中的组织，并不太重视权力、权威、控制以及强制这样的概念。下面简要概括一下大多数组织发展活动的基本价值观念。

①尊重人。认为个人是负责的、明智的、关心他人的，他们应该受到尊重。

②信任和支持。有效和健康的组织拥有信任、真诚、开放和支持的气氛。

③权力均等。有效的组织不强调等级权威和控制。

④正视问题。不应该把问题掩盖起来，要正视问题。

⑤参与。受变革影响的人参与变革决策的机会越多，实施这些决策遇到的阻力就越小。

（2）敏感性训练

你可能听说过一大串名称：实验室训练、敏感性训练（sensitivity training）、交朋友小组、T小组（训练小组）。它们指的都是通过无结构小组的相互作用改变行为的方法。在敏感性训练中，成员处于一个自由开放的环境中，讨论他们自己以及他们的相互交往过程，并且有专业的行为科学家稍加引导。这种小组是过程导向的，也就是说，个人通过观察和参与来学习，而不是别人告诉他学什么，他就学什么，专业人员为参与者创造机会，让他们表达自己的观点、信仰和态度，他自己并不具有（实际上是明确抵制）任何领导角色的作用。

敏感性训练的目标是使主体更明确地意识到自己的行为以及别人如何看待自己，并使主体对他人的行为更敏感，更理解小组的活动过程。它追求的具体目标包括：提高对他人的移情能力；提高倾听技能；更为真诚坦率；增强对个体差异的承受力；改进冲突处理技巧。

如果个人对别人如何看待自己缺乏了解，那么通过成功的敏感性训练会使他的自我知觉更为现实，群体凝聚力更强，功能失调的人际冲突减少。进一步而言，敏感性训练的理想结果将是：个人和组织更为一体化。

（3）调查反馈

调查反馈（survey feedback）是评估组织成员所持有的态度，识别成员之间的认知差异以及清除这些差异的一种工具。组织中的每一个人都可以参加调查反馈，但其中最重要的是“组织家庭”（即任何一个部门中的管理者及向他直接汇报工作的下属）的参与。调查问卷通常由组织或部门中的所有成员填写。问卷主要询问员工对以下这些方面的认识、理解和态度：决策实践，沟通效果，部门间的合作，以及对组织、工作、同事和直接主管的满意度。调查者通过提问或面谈的方式来确定哪些问题是重要的。

调查者根据个体所在的“组织家庭”及整个组织来统计问卷的信息，并分发给员工。这些资料就是确定问题、澄清问题的出发点。有时，外部的变革推动者会告诉管理者问卷回答的意义，并对“组织家庭”的小组讨论提供指导。在这里尤其要注意的是，调查反馈法鼓励小组讨论，并强调讨论要针对问题和观点，而不是进行人身攻击。

最后，调查反馈法的小组讨论要使成员认识到问卷结果的意义。人们会不会听这些信息？会不会由此产生新观点？决策、人际关系、任务分配能否得到改进？对这些问题的回答将导致人们做出承诺，解决已发现的问题。

（4）过程咨询

没有组织能够尽善尽美地运作，管理者常常发现自己部门的工作绩效还可以改进，但不知道要改进哪些方面以及如何改进。**过程咨询**（process consultation）的目的就是让外部顾问帮助客户（常常是管理者）认识、理解他们必须处理的事务，并采取行动。这些事务可能包括运作流程、各部门成员间的非正式关系、正式的沟通渠道等。

过程咨询与敏感性训练很相似，即通过协调人际关系和重视参与，可以提高组织的有效性。但过程咨询比敏感性训练更为任务导向。

过程咨询中的顾问，让管理者了解在他的周围以及他和其他人之间正在发生什么事，他们不解决组织中的具体问题，而是作为向导和教练在过程中提出建议，帮助管理者解决自己的问题。

顾问和管理者共同工作，诊断哪些过程需要改进。在这里之所以强调“共同工作”，是因为管理者在对自己所在部门的分析过程中还能够培养一种技能，这种技能即使顾问离开以后仍然能持续存在。另外，管理者积极参与诊断和方案开发过程，使他能对过程和解决方法有更好的理解，减少对所选择的活动方案的阻力。

重要的一点是，过程咨询顾问不必是解决具体问题的专家，他的专业技能在于诊断和提供帮助。如果管理者和顾问均不具备解决某一问题所需要的技术知识，则顾问会帮助管理者找到一位这方面的专家，然后指导管理者如何从专家那里尽可能多地获得资源。

15.3.2 组织变革的阻力

在认清了组织变革的原因和方式以后，还必须进一步认识到阻碍变革的种种因素，包括个体和组织这两个层面的阻力。只有这样，才能克服这些阻力，实施有计划的变革措施。

1.个体阻力的产生

变革中个体的阻力来自于基本的人类特征，如知觉、个性和需要。下面概括一下个体抵制变革的6个原因，如图15-5所示。

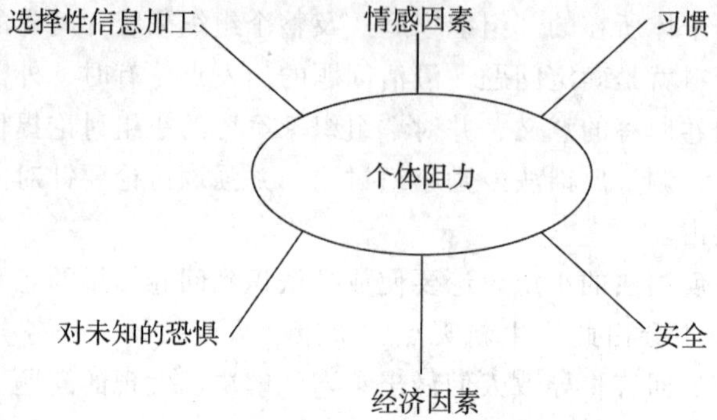

图15-5 个体阻力的产生

（1）习惯

人类是有习惯的动物。生活很复杂，我们每天必须做出数百种决策，但不必对这些决策的所有备选方案一一考察。为了应对这种复杂性，我们往往依赖于习惯化或模式化的反应。但是当你面对变革时，以惯常方式做出反应的趋向会成为阻力源。

（2）安全

安全需要较高的人可能抵制变革，因为变革会给他们带来不安全感。当西尔斯公司宣布要解雇50 000名员工以及福特公司要引进新的机器人设备时，这些公司的许多员工感到自己的工作受到了威胁。

（3）经济因素

第三个个体阻力源是变革会降低收入。如果人们担心自己不能适应新的工作或新的工作规范，尤其是当报酬和生产率息息相关时，工作任务或工作规范的改变会引起经济恐慌。

（4）对未知的恐惧

变革用模糊和不确定性代替已知的东西。组织中的员工不喜欢不确定性。如果全面质量管理的引进意味着生产工人不得不学习过程控制技术的话，一些人会担心他们不能胜任。因此，如果要求他们使用统计技术，他们会对全面质量管理产生消极态度或者产生功能失调的冲突。

（5）选择性信息加工

个体通过知觉塑造自己的认知世界。这个世界一旦形成就很难改变。为了保持知觉的完整性，个体有意对信息进行选择性加工，他们只听自己想听的，而忽视那些对自己已建构起来的世界形成挑战的信息。

（6）情感因素

即使是最真诚的变革接受者也是矛盾的，这源于周围因各种动机而不愿接受变革的人所制造的紧张气氛。情感的痛苦如果没有被及时发现和处理会很有害。变革的抵制者或许能提出更合理的原因来阻碍变革。一旦抵制是有效的，它就将不可控制；一般情况是阻碍了变革的进程。

情感的作用过程表明被变革影响的诚实感、公正感、尊重感的作用。组织可以建立焦虑减弱机制。而且不良情绪可通过一些办法得到释放，例如开玩笑、用物品释放生气情绪等。如果这些做法可以被广泛地应用，那么情绪的紧张感将不会那么强烈。

情感经历也可理解为对变革行为的时间、进程、结果的敏感程度。组织成员更可能敞开自己的胸怀，倾听更有建设性的变革计划。一项研究表明：情感投入的程度越高，对一个变革计划的接受度就越高[①]。

2.组织阻力的产生

组织就其本质来说是保守的，它们积极地抵制变革。这种现象随处可见：政府机构想继续从事它们干了数年的工作，不论它们的服务是否仍被需要；教育机构是为了开放思想和挑战已有学说而存在的，但它们自己也极端地抵制变革；大多数学校现在仍在使用与50年前本质相同的教学技术；很多商业公司也强烈地抵制变革。抵制变革的组织阻力主要有6个方面，如图15-6所示。

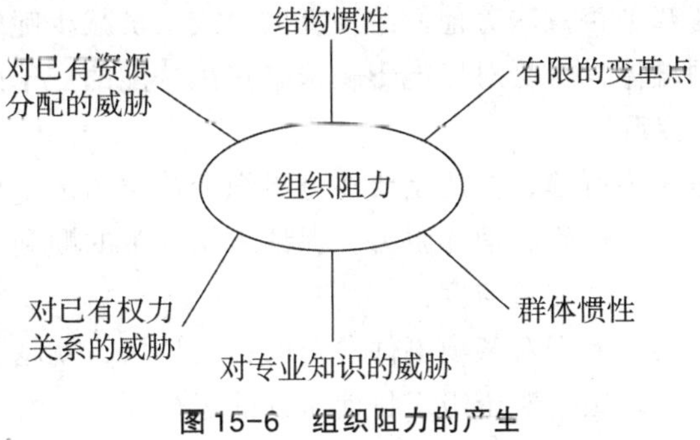

图15-6　组织阻力的产生

（1）结构惯性

组织以其固有的机制保持其稳定性。例如，甄选过程系统地选择一定的员工流入，一定的员工流出。培训和其他社会化技术强化了具体角色的要求和技能。

① HUY Q N，Emotional capability，emotional intelligence，and radical change [J]. The Academy of Management Review，1999，24（2）：325-345.

而组织的规范化提供了工作说明书、规章制度和员工遵从的程序。

经过挑选，符合要求的员工才会进入组织，此后，组织又会以某种方式塑造和引导他们的行为。当组织面临变革时，结构惯性就充当起维持稳定的反作用力。

（2）有限的变革点

组织由一系列相互依赖的子系统组成。组织不可能只对一个子系统实施变革而不影响到其他子系统。例如，如果只改变技术工艺而不同时改变组织结构与之配套，技术变革就不大可能被接受。所以，子系统中的有限变革很可能因为更大系统的问题而变得无效。

（3）群体惯性

即使个体想改变他们的行为，群体规范也会成为约束力。例如，单个的工会成员可能乐于接受资方提出的对其工作的变革要求，但如果工会条例要求抵制资方做出的任何单方面变革，他就可能会抵制。

（4）对专业知识的威胁

组织中的变革可能会威胁到专业群体的专业技术知识。20世纪80年代初，分散化个人计算机的引进就是一个例子。这种计算机可以使管理者直接从公司的主要部门中获得信息，但它遭到许多信息系统部门的反对。为什么？因为分散化的计算机终端的使用对集中化的信息系统部门所掌握的专门技术构成了威胁。

（5）对已有权力关系的威胁

任何决策权力的重新分配都会威胁到组织长期以来已有的权力关系。在组织中引入参与决策或自我管理的工作团队的变革，就常常被基层主管和中层管理人员视为一种威胁。

（6）对已有资源分配的威胁

组织中控制一定数量资源的群体常常视变革为威胁。他们往往对事情的原本状态感到满意。变革是否意味着他们的预算减少或人员减少呢？那些最能从现有资源分配中获利的群体常常会对可能影响未来资源分配的变革感到忧虑。

3.变革阻力的克服

组织的变革是大势所趋，但还是要注意组织变革中的艺术性。组织变革者要积极地创造条件，采取措施，消除阻力，保证组织变革的顺利进行。

（1）保持公开性，增加参与度

心理学研究表明，人们对某项事件参与的程度越大，就越勇于承担责任，并把它作为自己的事情来做。对于组织目前所处的运行环境、所面临的困难与机遇等，要开诚布公，组织上下形成共识，增强变革的紧迫感，扩大对变革的支持力量，使组织变革有广泛而牢固的群众基础，这是保证组织变革得以顺利进行的首要条件。也要让人们能够参与变革的讨论和设计，发表自己的意见和建议，表达自己的担心和信心，了解组织面临的机遇与挑战，认识变革的意义和重要性，从而消除他们对组织变革的心理抵制，推动变革的顺利进行。

(2) 加强培训教育，提高变革适应性

组织变革是一件关系组织发展的大事，应加强培训和教育，使大家学习新知识，接受新观念，掌握新技术，学会用新的观点和方法来看待和处理新形势下的各种新问题，增进他们对组织变革的理性认识，增强对组织变革的适应力和心理承受能力；也要使人们认识到，虽然每一种变革都会影响到某些人的特权、地位或职权，但如果不实施变革，停滞下来，那将会威胁到整个组织的生存和发展，更影响自己的利益和发展；另外，要使他们有一种非改不可的压力和紧迫感，自觉成为改革的生力军。

(3) 增进了解，相互尊敬，相互信任

变革不仅仅是组织管理者的事情，每一位成员都有责任、有义务关心、支持组织的变革。管理者在变革中应努力创造一种与其成员之间相互尊重、相互理解的良好氛围，发挥成员的积极性和主动性。有的变革者总认为人们都会抗拒变革，个个都因循守旧，因此，他们总想通过强制手段或利益诱导或巧妙的设计安排来把人们引入其所无法了解的变革内，这反映了变革者对组织成员的一种不尊敬、不信任，这无形中会增加许多阻力。实际上，几乎每个人都急切地希望生活和环境中发生某种类型的变革。只要管理者对变革的力量合理地加以因势利导，及时增进与组织成员相互的沟通与尊重，变革的阻力就会减小。

(4) 大胆起用人才，努力排除阻力

组织变革的成功与否既取决于员工的所作所为，也取决于变革的倡导者和管理者，因此，要大胆起用那些富有开拓创新精神、锐意进取、目光远大且年富力强的优秀人才，把他们充实到组织的重要领导岗位，为顺利地实施变革提供组织保障。人事变革既是组织变革的重要内容，又是确保组织变革成功的重要条件。组织变革首先是人的思想观念的变革，如果某些人不能换脑筋，那就得换人。

(5) 抢抓机遇，注意策略

组织的变革常常会打破一些旧的东西，树立一些新的东西。即使人们对变革持支持的态度，也要合理安排变革的时间和进程，要选好时机，把握分寸，循序渐进，配套进行，让人们有适应的时间，也要及时地进行意见沟通。管理者要把变革的理由、措施及步骤公开地告诉组织成员，并让他们进行充分讨论，畅所欲言，要认真听取下级管理人员和员工的意见和建议，及时修正、完善变革方案和规划。变革是革命，但不等于蛮干，要特别注意策略和艺术。成功的变革不仅在于增进组织的效率，维持组织的成长，也在于提高成员的工作士气，满足成员的合理需要。因此，在变革前，应详细分析可能发生的各种问题，预先采取防范措施，从而为组织创造最佳的变革环境与变革氛围。当组织变革的大政方针决定以后，策略和艺术就成为保证组织变革成功的关键所在。

(6) 促进与支持

变革推动者可以通过提供一系列支持性措施来减少阻力。当员工十分恐惧和忧虑时，应给员工提供心理咨询和治疗、新技术培训或短期的带薪休假，这样有利于他们心态的调整。这个策略的不足之处是费时，另外，实施起来花费较大，并且没有成功的把握。

（7）谈判

变革推动者处理变革的潜在阻力的另一个方法是，以某些有价值的东西换取阻力的减小。例如，如果阻力集中于少数有影响力的个人身上，就可以商定一个特定的报酬方案满足他们的个人需要。当变革的阻力非常强大时，谈判可能是一种必要的策略。但其潜在的高成本是不应忽视的。另外，这种方式也有一定的风险，一旦变革推动者为了避免阻力而对一方做出让步时，他就可能面临着其他权威个体的勒索。

（8）操纵和收买

操纵是指隐含的影响力。这方面的例子有：歪曲事实使变革显得更有吸引力，封锁不受欢迎的信息，制造谣言使员工接受变革。如果工厂的管理者威胁说，员工要是不接受全面的工资削减方案，工厂就要关门，而实际上并无这种打算的话，管理者使用的就是操纵手段。收买是一种包括了操纵与参与的形式，它通过让某个变革阻力群体的领导者在变革决策中承担重要角色来收买他们。之所以征求这些领导者的意见，并不是为了寻求更完善的决策，而是为了取得他们的允诺。相对而言，操纵和收买的成本都较低，并且易于获得反对派的支持。但如果对方意识到自己被欺骗和被利用，这种策略会产生适得其反的效果，一旦被识破，变革推动者会因此而信誉扫地。

（9）强制

最后一项策略是强制，即直接对抵制者实施威胁和压力。如果员工不同意削减工资，而企业管理者真的下决心要关闭工厂，那么这种变革策略就会具有强制色彩。其他例子还有，威胁调职、不予提拔、消极的绩效评估和提供不友善的推荐信等。强制的优缺点与操纵和收买相似。

15.3.3 组织变革的过程

组织变革是一个复杂、动态的过程，需要有系统的理论指导。管理心理学对此提出了行之有效的理论模型，适合于不同类型的变革任务。其中，影响最大的有勒温变革模型、系统变革模型和科特变革模型等。

1. 勒温变革模型

组织变革模型中最具影响力的也许是勒温变革模型。勒温（1951）提出一个包含解冻、变革、再冻结等三个步骤的有计划组织变革模型，用以解释和指导如何发动、管理和稳定变革过程[①]。

---

① 罗宾斯. 组织行为学［M］. 孙健敏，李原，译. 10版. 北京：中国人民大学出版社，2005.

（1）解冻（unfreezing）

这一步骤的焦点在于创设变革的动机，鼓励管理人员和员工改变原有的行为模式和工作态度，采取新的适应组织战略发展的行为与态度。为了做到这一点，一方面，需要对旧的行为与态度加以否定；另一方面，要使管理人员和员工认识到变革的紧迫性。可以采用比较评估的办法，把本单位的总体情况、经营指标和业绩水平与其他优秀单位或竞争对手加以一一比较，找出差距和解冻的依据，帮助管理人员和员工“解冻”现有态度和行为，迫切要求变革，愿意接受新的工作模式。此外，应注意创造一种开放的氛围和心理上的安全感，减少变革的心理障碍，提高变革成功的信心。

（2）变革（movement）

变革是一个学习过程，需要给管理人员和员工提供新信息、新行为模式和新的视角，指明变革方向，实施变革，进而形成新的行为和态度。在这一步骤中，应该注意为新的工作态度和行为树立榜样，采用角色模范、导师指导、专家演讲、群体培训等多种途径。勒温认为，变革是个认知的过程，它通过获得新的概念和信息来完成。

（3）再冻结（refreezing）

在再冻结阶段，利用必要的强化手段使新的态度与行为固定下来，使组织变革处于稳定状态。为了确保组织变革的稳定性，需要注意使管理人员和员工有机会尝试和检验新的态度与行为，并及时给予正面的强化；同时，加强群体变革行为的稳定性，促使形成稳定持久的群体行为规范。

2.系统变革模型

系统变革模型在更大的范围内解释组织变革过程中各种变量之间的相互联系和相互影响关系。这个模型包括输入、变革元素和输出三个部分。

（1）输入

输入包括内部的强项和弱项、外部的机会和威胁。其基本构架则是组织的使命、愿景和相应的战略规划。企业组织用使命来表示其存在的理由；愿景描述组织所追求的长远目标；战略规划则是为实现长远目标而制订的有计划变革的行动方案。

（2）变革元素

变革元素包括目标、人员、社会因素、方法和组织体制等元素。这些元素相互制约和相互影响，组织需要根据战略规划，组合相应的变革元素，实现变革的目标。

（3）输出

输出包括变革的结果。根据组织战略规划，从组织、部门群体、个体等三个层面，增强组织整体效能。

3.科特变革模型

领导研究与变革管理专家科特认为，组织变革失败往往是由于高层管理部门犯了以下错误：未能建立起变革需求的急迫感；没有创设负责变革过程管理的有力指导小组；没有确立指导变革过程的愿景，并开展有效的沟通；没能系统计划，获取短期利益；未能对组织文化变革加以明确定位等。为此，科特提出了指导组织变革规范发展的八个步骤：建立急迫感；创设指导联盟；开发愿景与战略；沟通变革愿景；实施授权行动；巩固短期得益；推动组织变革；定位文化途径。科特的研究表明，成功的组织变革有70%～90%是由于变革领导有成效，还有10%～30%是由于管理部门的努力。

4.巴斯的观点和本尼斯的模型

管理心理学家巴斯认为，按传统方式以生产率或利润等指标来评价组织是不够的，组织效能必须反映组织对于成员的价值和组织对于社会的价值。他认为评价一个组织应该有三个方面要求：①生产效益、所获利润和自我维持的程度；②对于组织成员有价值的程度；③组织及其成员对社会有价值的程度。

本尼斯则提出，有关组织效能判断标准，应该是组织对变革的适应能力。当今组织面临的主要挑战，是能否对变化中的环境条件做出迅速反应和积极适应外界的竞争压力。组织成功的关键是能在变革环境中生存和适应，而要做到这一点，必须有一种科学的精神和态度。这样，适应能力、问题分析能力和实践检验能力，就是组织效能的主要内容。在此基础上，本尼斯提出了有效与健康组织的标准：

①环境适应能力：解决问题和灵活应对环境变化的能力。

②自我识别能力：组织真正了解自身的能力，包括组织性质、组织目标、组织成员对目标理解和拥护程度、目标程序等。

③现实检验能力：准确觉察和解释现实环境的能力，尤其是敏锐而正确地掌握与组织功能密切相关的因素的能力。

④协调整合能力：协调组织内各部门工作和解决部门冲突的能力，以及整合组织目标与个人需求的能力。

5.卡斯特的组织变革过程模型

卡斯特提出了组织变革过程的六个步骤：

①审视状态：对组织内外环境现状进行回顾、反省、评价、研究。

②觉察问题：识别组织中存在的问题，确定组织变革需要。

③辨明差距：找出现状与所希望状态之间的差距，分析所存在问题。

④设计方法：提出和评定多种备选方法，经过讨论和绩效测量，做出选择。

⑤实行变革：根据所选方法及行动方案，实施变革行动。

⑥反馈效果：评价效果，实行反馈。若有问题，再次重复此过程。

6.沙因的适应循环模型

沙因认为组织变革是一个适应循环的过程，一般分为六个步骤：

①洞察内部环境及外部环境中产生的变化。

②向组织中有关部门提供有关变革的确切信息。

③根据输入的情报资料改变组织内部的生产过程。

④减少或控制因变革而产生的负面作用。

⑤输出变革形成的新产品及新成果等。

⑥经过反馈，进一步观察外部环境状态与内部环境的一致程度，评定变革的结果。

上述步骤与方法和卡斯特主张的步骤和方法比较相似，所不同的是，沙因比较重视管理信息的传递过程，并指出解决每个过程出现的困难的方法。

15.4 组织变革的趋势

在信息化和多元化的影响下，组织发展的趋势中，鼓励组织成员学习和创新是普遍性要求。与此相应，学习型组织与创新性组织受到了重视。

15.4.1 学习型组织

美国学者彼得·圣吉在《第五项修炼》(The Fifth Discipline) 一书中提出**学习型组织**（learning organization）的管理观念，他认为，企业应建立学习型组织。面对变化剧烈的外在环境，组织应力求精简、扁平化、弹性因应、终生学习、不断自我组织再造，以维持竞争力。以下将对学习型组织的定义和建设方式做一些简要的介绍。

1.学习型组织的定义

什么是学习型组织？有以下几种观点：

①彼得·圣吉认为，学习型组织是：“在这种组织里，你不可能不学习，因为学习已经完全成了生活的不可分割的一部分。”同时，他认为学习型组织是“一群能不断增强自身的创造力的人组成的集合或团队”。他还强调：“组织的学习水平、能力的高低可能是组织保持竞争优势的关键因素。”

②学习型组织是一个有自己的哲学的组织，它在预期、对变化的应对和反应、复杂性和不确定性等方面都有自己的一套哲学。

③麦吉尔（McGill）认为，学习型组织是能够通过改变信息处理和评估的规划、方式来适应新的信息要求的一个团队。

④学习型组织是指以信息和知识为基础的组织，这种组织实行目标管理，成员能够自我学习、自我发展和自我控制。由于组织中的信息流是自下而上的，因此要想使以信息为基础的系统发挥作用，必须要求每个人和每个部门都为他们的目标、任务和沟通承担起责任。每个人都必须自问：我能为组织贡献什么？我必须依靠谁来获取信息、知识和专门技能？反过来，谁又依靠我获取信息、知识和专门技能？这样的组织能促进成员的自我学习和自我发展。

2.学习型组织的建设

通常认为，学习型组织的建设过程需要关注下列环节：

(1) 愿景

一个组织必须有一个向何处发展的愿景，这样员工才能知道应该学习什么。为此组织应制定详细的战略，以便使员工的学习能推动组织向愿景靠近，同时组织的愿景和战略也必将支持和促进组织学习。

如何能够让一个组织从对愿景的期望中产生持续的学习能力呢？许多公司的经验证明，这个组织要学会把有目的的学习和适应变化作为一种生活方式，组织中的成员要认可组织更大的目标，并且学会把组织作为一个系统来理解。在组织中，如果员工对目标愿景充满信心，感到为实现这一目标应该贡献自己的一份力量，他们将会全力以赴地学习和工作。

(2) 决策行为

从愿景向外推移，下一个因素是决策行为。对此我们必须审视的是：组织领导人说的和做的能支持组织学习的愿景吗？他们对员工的持续学习和技术改进负责吗？他们能激励组织中其他人跟随他们一起实现愿景吗？

学习型组织也有各种各样的方法来实现有效的组织学习。在一些公司中，从薪水最低的员工到决策层只有很少的几个等级，任何等级的员工都被鼓励与最高决策层直接对话。还有一些公司的做法是把员工放到他们不能完全胜任的职位上，使得他们必须学习和掌握新的技能，然后再被派到新的岗位。如果一个员工能完全胜任某个职位，那么这样的工作往往是令人乏味的。

(3) 组织氛围

组织氛围是组织每一位员工的态度、价值观的总和。这些态度和价值观决定了他们如何看待自己在组织中的地位，怎样与其他员工相处以及对组织文化的认同。一个学习型组织的氛围应该是开放、信任。员工不会因说出他们内心的想法而担心日后受到惩罚，经理和员工之间的戒心完全消除了，大家在为共同的福利并肩作战。营造开放、信任的氛围对组织的各个方面都能产生良好的影响。在严格作业的化工行业，工厂的管理者对事故倾向于闭口不谈，担心安全事故的记录会给自己带来麻烦。但在杜邦的Belle化工厂，他们把每星期的会议作为论坛，来讨论哪怕是最轻微的化学药品泄露或其他安全隐患。所有的事故，即使发生在工厂外，如员工在交通事故中受伤，都会在周例会上讨论，以引起全体员工的重视，从中汲取教训。

(4) 组织结构

合理的组织结构有助于持续学习，其益处在于能提供流动的职位。职位的流动是为了适应外界环境的变化和组织自身的需要，如职位轮换、自我控制和多职能的工作小组。这些做法都将增强组织的灵活性，而使那些阻碍了信息流动的官僚体制的影响压缩到最低限度。合理的组织结构对Johnsonville Foods公司的成功是至关重要的。在这个公司中，鼓励成员（在该公司中只有成员，不存在雇员）学习公司的每一个层面，甚至包括那些传统上只为高级管理人员所特有的层面。实际上，公司所有的工作都由自我控制的小组完成，甚至连业绩的评定和对失误的补救都由小组成员自己完成。零售业巨人沃尔玛也利用工作结构重组来创造更多的学习机会。

（5）信息系统

以学习为中心的组织必须使用先进的通信技术来获取、传递信息。它们的计算机系统使得员工之间的交流非常方便，每个人都能够获取与他工作有关的信息。沃尔玛是这一领域的领头羊，公司拥有自己的卫星信息传递系统，它连接着沃尔玛的每一家分店和每一家供应商，每一家分店都能及时获得进货所需的价格数据，供应商也能得到相关的销售数据，以便于供货和控制库存。但是，获取与传递信息需要慎重对待，传递来的信息质量远远比数量重要得多。AT&T利用一种叫AAA（Access to AT&T Analysts）的计算机在线服务系统来储存信息。它能帮助任何一位公司成员迅速地找到工作所需要的专门知识或竞争对手的资料。如当一个小组在设计一种家用报警器时需要有关纠错循环码的信息，AAA就把他们和纠错码专家连在一起，以便为其提供专业知识。

15.4.2 创新型组织

组织创新研究植根、发源于熊彼特的创新理论。根据熊彼特的经典定义，创新是指将一种从来没有过的，关于生产要素的“新组合”引入生产体系。这种新组合包括以下内容：①引进新产品；②引入新技术；③开辟新的市场；④控制原材料新的供应来源；⑤实现工业的新的组织。显然，熊彼特创新概念的含义相当广泛，它是指各种可提高资源配置效率的新活动。

1.创新型组织的定义

关于创新型组织，国内外学者已经进行了相关的研究，主要涉及构成要素以及结构方面。代表性的观点有：熊彼特（Schumpeter）认为当现有的市场结构随着新产品和服务的引入而被打破的时候，就会创造出新的社会财富，他把这种过程叫作“创造性破坏”；哈格（Hage）认为组织的技术人员和专家的比例越高，该组织的创新水平越高；科文和斯莱文（Covin & Slevin）运用新产品开发和引入的数量以及产品线改进和更替频率来评价组织的创新程度；英国苏赛克斯大学的费里曼（Freeman）教授在1982年出版的《工业创新经济学》中，对成功创新的组织进行了分析，他认为创新型组织内部的研发能力很强，愿意冒高风险去关注潜在市场。

对其做一个概述，我们认为，**创新型组织**（innovative organization）是指这样一些组织：它们的创新能力和创新意识较强，组织成员能够比较协调地进行技术创新、组织创新和管理创新等活动。在这些组织中，无论是组织的领导者还是普通员工都有变革的渴望，并逐步把“变革”转化为组织的例行规范，就是“把创新精神制度化而创造出一种创新的习惯”。

2.创新型组织的特征

（1）创新是从高层开始的

我们发现，这些组织创新都是从高层指明创新的愿景和方向开始的，即组织的高层需要明确指出，什么是组织需要创新的领域，它与组织战略有什么关系。

（2）文化和领导

那些卓越的创新型组织培育了有利于创新的文化和领导者，这些组织的各级领导者具有独特的创新型领导风格和素质，创造了有利于创新的组织氛围。

（3）高度执行力

这些卓越的创新型组织具有将创新的想法实施到底的高度执行力。大部分组织其实不乏创新的想法，但往往缺乏的是把这些新想法贯彻落实、最后创造新财富的决心和机制。

3.创新型组织的建立

（1）培养有创新精神的成员

①加强培训。

创新型组织积极地对员工进行培训，时刻让员工保持知识的更新和与时俱进是组织建设的重要内容。现代比较先进的组织都很重视学习，现今社会中，信息更新的速度极快，稍微放松就会跟不上步伐，培训可以让员工们充实自己，时刻保持最新状态，意识到技术和组织创新的必要性，用更新颖的方法实现组织的跨越式发展。

②积极引进具有创新精神的员工。

具有鲜明创新精神的员工可以感染其他成员坚定不移地将创新想法付诸实施，努力克服阻力，争取创新任务的成功完成。比如，海尔公司内部对人才的观念是“赛马”而非传统意义上的“相马”。“赛马不相马”的机制给每一个员工创造一个开放的环境，带给企业的好处就是可以用新鲜的方法解决许多疑难问题。

③确定正确的失败观和竞争观。

成功的路上难免会有失败和挫折。传统组织都希望在竞争中获得根本的胜利，这就有可能暗示员工拒绝失败。现代组织对失败的宽容态度可以让员工积极思考，坚持不懈。随着创新活动的进行，组织绩效也许会经历短暂的低谷，但是这些现象可以让员工明白竞争的本来面目，认识到短期内的失败虽然不可避免，但是会在长期内让组织把竞争对手甩在后面。全体成员要坦然面对失败，勇于承担风险，用新的方式方法解决创新问题。

（2）设计、孕育创新的组织结构和文化

①减少组织的集权化。

传统组织中的控制层与被控制层是以命令的形式进行沟通的，根据道格拉斯·麦格雷戈的X理论，命令式的控制方法可以让不喜欢工作的员工被迫承担责任，从而实现组织目标，但是也正是这种方式抑制了员工的创新精神和自我管理的精神，阻碍了个体之间、个体与组织之间的交流，不能激发出创造力和创新精神。如果组织给员工足够的空间，使其在一定范围内自主地支配自己的活动，那么就可以使得员工的创新精神得到鼓励，从而激发员工的创造力和组织的活力。

②保证充足的资源供给。

组织要确保有足够的资源来支持创新建设，这些资源包括资金、物资、人员、时间等。"巧妇难为无米之炊"，员工一旦产生有创意的思想，首先考虑的就是组织是否有足够的资源，保证这些想法被转换成现实的产品、服务或工作方式。如果某一阶段的成果不尽如人意或者由于采用新想法而遭遇失败，足够的资源也可以让组织有能力接纳失败遭遇的损失。

（3）创建合适的反馈方式

传统组织中的反馈渠道主要是自下而上型的，领导者根据下级提供的信息做出决策。但是，某些时候，员工们为了个人利益或者其他原因会歪曲或夸大工作成果，如果采用适合的反馈方式就可以避免因偏听偏信造成的与事实不符，这些反馈方式有360度反馈法、目标管理法、走动式管理等。每种反馈方式都有自身的优点和缺点，组织可以把多种方式综合运用起来，以达到最佳效果。

15.4.3 塑造组织人格

所谓组织人格，是指组织成员所特有的一种行为模式，这种行为模式的特点在于即使不在组织环境的影响下，成员仍然能够在行动中体现组织的要求。

把握这个概念，首先需要介绍一个比较相近的概念，即组织公民行为。接着，我们将结合组织人格的塑造，简要地回顾本书的主要内容，总结组织行为学的研究目的。

1.组织公民行为

组织公民行为（organizational citizenship behavior，OCB）是一种由员工自由决定的行为，它不包括在对员工的正式工作要求当中，但这种行为无疑会促进组织的有效运作。欧根（Organ）将OCB定义为"个体行为是自主的，并非直接地或外显地由正式的奖惩体系引发，这种行为的不断积累能够增强组织的有效性"[①]。

组织希望并且需要员工主动从事那些工作说明书中没有规定的内容。有证据

① 鲁森斯．组织行为学［M］．王垒，等，译校．9版．北京：人民邮电出版社，2004.

表明，拥有这种员工的组织比没有这样员工的组织工作绩效水平更高。

除了担任额外角色或超出责任要求之外，OCB在本质上是自由的或自愿的，而不是由正式奖惩体系引发的。OCB能够以多种形式出现，包括利他主义、责任心、公民道德、谦逊等。

2. 塑造组织人格

研究组织行为的目的，是把握组织成员的行为规律，通过科学合理的组织措施，建立恰当的行为习惯，从而提高整个组织的工作效率。也就是说，研究组织行为，是为了把分散的个体转化为有组织的分工协作成员；通过对个体需要、能力、个性的塑造，培养合格的组织成员。

（1）了解组织成员的行为规律

组织行为学的研究，是以组织成员的行为规律为主线，本书按照“社会人—群体人—组织人”的逻辑顺序，在个体的一般行为规律的基础上，逐一加入情境变量，得出组织成员的行为规律。

在个体层面，人们的动机主要受到了需要、能力和个性的影响，其中需要是人们行为的原动力，能力决定了人们行为的选择空间，个性是人们在环境中形成的惯有的行为方式。形成了特定的行为动机后，个体会按照特定的评选标准，在其能够知觉到的备选行为中挑选出行动方案，并采取相应的行为。

交往的出现，使得个体形成了群体。在群体中，通过成员的角色意识发挥行为规范的作用；群体成员共同目标的形成，使得群体向团队发展。在团队中，有的成员交往地位更高，这就是领导，领导有着支配团队成员行为的能力，这就是权力。权力一旦被人们自觉服从，就会形成权威。权威集中体现了群体行为的特点，具有群体凝聚力，群体成员在权威的指导下表现出行为的一致性。

权力的出现，使得组织的产生成为可能。权力维护下的行为规范就是制度，制度是组织情境中影响成员行为选择的重要因素，主要通过对于职位活动的设计表现出来；此外，在长期的组织生活中，成员们会形成共同的价值取向和默认的行为规范，这就是组织文化。制度是一种约束行为的强制因素，而文化则是潜移默化的影响因素。

（2）采取科学合理的组织措施

了解组织成员的行为规律，为组织管理者有目的地调整人们的行为动机、影响他们的行为选择提供了依据。

组织管理者会出于实现组织共同目标的目的，有意识地采取相应的激励措施，从行为主体的需要、评价和选择出发，有效地调整组织成员的行为动机，同时也可以通过改变行为主体备选行为范围的空间、影响他们的评价标准来作用于组织成员的行为选择过程，使得员工的行为有利于组织共同目标的实现。

此外，组织管理者还能够通过文化氛围，潜移默化地影响员工的动机形成和行为选择的过程。前已述及，组织管理者可以通过组织文化的创建、维护及管理，在组织中培育一种有利于组织目标实现的文化环境，从另一个角度影响员工的行为。

（3）塑造成员的组织人格

组织通过激励等手段，利用制度、文化等因素影响着组织成员的需要、能力和人格，努力形成组织人格。而组织中的个体是具有主观能动性的，对于组织中制度、文化等因素对自身行为动机的影响会产生能动的反作用，也会影响组织，这就推动了组织变革。

从组织人格的塑造这个角度来看组织变革，实质上是组织成员对于组织人格的再塑造，这种再塑造使得组织成员一方面能够能动地适应组织环境，另一方面也会促使其努力成为一名合格的组织成员。

所谓合格的组织成员，不是仅仅把一般个体放在组织环境中，接受组织的约束和利用，而是即使他离开组织环境单独行动，也能够体现出组织的要求，自然而然地按组织要求行动。也就是说，组织的要求已经成为组织成员的本性，融入血液之中。这就是组织人格的再塑造，也是组织理性赖以形成的基础。

在这一章中，对于组织变革的分析，实际上是讲如何通过组织结构和组织文化的变革，进行组织人格的重新塑造。所谓学习型组织、创新型组织，归根结底是组织规则对于组织成员的特殊塑造方式，通过构建上述两种类型的组织，使得组织成员形成自觉学习、不断创新的行为模式，以适应组织面临的特殊环境。

补充资料：组织变革的十大趋势

本章小结

随着内外部环境的变化，组织需要吸收新的知识，调整行为模式。组织学习是组织成员及组织整体获取新知识、改善行为模式、优化组织体系的过程，以知识的获取、转换、共享以及整合为主线。组织学习的能力对组织长远发展有重要影响。

当环境发生重大变化，必须进行组织结构调整时，产生了组织变革的任务。具体来看，组织变革有来自组织内部和外部的动力，同样也会遇到来自个体和组织的阻力。组织正是在这二者的共同作用下实现制度、人员和技术的变革。

关于组织变革的过程有多位学者总结概括了几种不同的模式，都说明了组织变革是一种矛盾运动，需要有步骤地采取行动。

本章最后说明了组织变革的两种趋势：创新型组织和学习型组织。这二者体现了组织发展的方向。此外，组织变革的最终趋势是建立更为合理的组织形式，以促成组织人格的形成。

核心概念与关键术语

核心概念

组织学习　组织学习过程　组织学习能力　组织变革　组织变革原因　组织变革要求　组织变革措施　组织变革阻力　组织变革阻力的克服　学习型组织　创新型组织

关键术语

组织学习（organizational learning）　单环学习（single-circle learning）　双环学习（double-circle learning）　适应性学习（adaptive learning）　创造性学习（creative learning）　4I模型（4I model）　组织变革（organizational change）　过程咨询（process consultation）　学习型组织（learning organization）　创新型组织（innovative organization）　组织公民行为（organizational citizenship behavior，OCB）

思考题

1. 什么是组织学习？它有哪些典型的类型？
2. 组织学习的过程包括哪些环节？其本质特征是什么？
3. 组织学习能力是什么？它受到哪些因素的影响？
4. 推动组织变革的力量是什么？
5. 组织变革包含哪些方面的内容？
6. 抵制变革的个人和组织原因是什么？
7. 哪些方法可以克服变革的阻力？
8. 创新型组织有什么特性？
9. 学习型组织的特征是什么？
10. 怎么理解勒温的组织变革模型？

综合案例

学习目标

通过如下四个案例的分析和讨论，您应当掌握并领会：

1.个体特征如何影响员工在组织中的发展

2.群体交往对于组织行为具有什么作用

3.组织中的人治与法治有什么联系与区别

4.如何运用组织行为学知识分析解决实际问题

案例1　一个MBA的职业生涯

许军，男，32岁，欧洲某著名跨国公司中国子公司第一批本土员工，已在公司工作5年，是年轻的中国子公司中资历最老的几个员工之一。同时，他还获得了MBA学位证书。随着公司在中国业务的发展，公司规模逐渐扩大，经历了几次重大的结构和人员调整，很多比许军晚加入公司的员工都获得了升迁，其中比许军晚一年进入公司的、一开始跟随许军干了一年多项目的王明，最近就升为许军所在部门的经理。以许军的资历和技术，理应可以成为部门经理，但在公司几次人事升迁中他都与部门经理一职失之交臂，仍只是一名工程师，反而晚进入公司、技术不如许军的王明成为部门经理，这是怎么回事呢？

加入公司后，作为公司的第一个和唯一的技术人员，许军开始着手开发中国子公司的第一个软件项目——a项目。经过他的努力，项目顺利完成，为公司带来不错的收益。1年以后，类似项目需求增加，公司成立了一个5人的部门专门承接该类项目，王明就是这个时候加入公司的。此时，许军是部门里面最资深的技术人员，负责大部分事宜并培训不断加入的新员工。由于此时公司规模较小，名义上部门经理由公司的副总兼任。工作中许军对于自己辛苦钻研得到的技术比较保守，有些关键性问题不太愿意交给别人，也过于自信和骄傲，认为自己工作效率非常高，别人需要一两天才能完成的事，自己几个小时就可以搞定，但是许军工作效率虽然高，却容易因疏忽出现错误，而许军认为这点小错误不值一提。

有一个周五，公司接到某项目的客户的通知，希望下周一下午能够提前看到目前的阶段性成果，以决定是否把其他的业务也交给该公司完成。该阶段性成果还有一个关键的技术问题没有解决，许军是部门里面唯一清楚该关键技术的。公司副总很看重阶段性成果的出炉，因此希望许军周末能加班，以确保妥善完成阶段性成果。而许军认为自己可以在星期一早上完成这个阶段性成果，而且周末是公司正常的放假时间，因此以自己有事为由拒绝周末加班。在这种情况下，王明带头说，他可以跟其他同事尝试在周末解决该关键问题，这样既能掌握好许军传授的知识，又能为阶段性成果多做点事，减轻许军的负担。周末，王明几人修修改改数遍，在周一上午就完成了阶段性成果，并向副总和许军展示，确保不存在问题。之后，客户也对阶段性成果非常满意。许军却觉得王明是在浪费周末时间，反正自己星期一上午几个小时就能完成，也不会满足不了客户要求。

此后不久，公司又接手了一个新的大项目b，为了更好地完成这个项目，公司抽调了几个员工成立项目组，许军和王明都在项目组中。许军担任项目的主要技术职务，而项目组的项目经理却是从欧洲总部调来的一个外籍员工。这个外籍员工技术水平一般，但非常勤奋和认真。许军对于公司的这种安排极为不满，认为自己经验丰富、技术好，应该是理所当然的项目经理。他时常私下跟王明他们几个本土员工嘲笑项目经理的技术，并且唆使王明他们别那么卖力，说："反正项目经理勤奋，他自己多做，项目进度不快也是项目经理的问题。"之后，许军的工作积极性明显下降。而王明依然尽职尽责，积极同项目经理沟通，努力高质量完成要求做的工作。该项目完成后，许军与王明又被分到不同的项目，各自担任了项目经理。

与此同时，人事经理的变动也对许军产生了影响。许军之前在一家民营企业任职，那里管理不太规范，对员工迟到、缺勤等事管得松。刚来到这家公司时，由于公司规模小，重心放在开拓业务和市场上，人事经理对许军的一些迟到早退等不良作风给予了极大的宽容。新人事经理来后，建立了一系列规章制度。依然延续不良作风的许军对环境变化感到不适应，不免与人事经理产生了一些矛盾。对于这些矛盾，许军不找自己的缺点，反而归结于新人事经理的死板、教条。王明劝他遵守规章制度，毕竟是公司的要求。许军却认为这些都是旁枝末节，自己技术好能完成工作就行，规章制度都是死板的东西，没用。

新规章制度大力推行后，许军与人事经理的矛盾越来越突出。因为许军经常有违章行为，带着他所在的项目组其他成员也多多少少有一些不良作风。然而许军在公司资历老，技术又非常过硬，老总也迟迟不好决定怎么处理许军的问题。相反，王明就明确要求他的项目组成员遵守规章制度，有序的环境和员工行为使得王明的项目也快速推进，并没有输给许军的项目组。

王明和许军的项目都结束后不久，公司把包括许军和王明在内的5名员工提升为高级工程师，并相应提升了工资。然而许军对这个结果非常不满，认为自己是这几个人中资历最老、技术最好的，其他几人如王明都是自己带出来的，应该比他们得到更高提升，担任部门的经理。此事过后，许军言谈中对公司多了不满和抱怨，工作积极性更低，并隐约透露了离职的意愿。公司察觉到许军的不满情绪和离职倾向后，也采取了一些措施，例如特别提拔许军为部门的主任工程师，这是部门最高的技术职位，但是激励效果却微乎其微。首先，许军在进入公司第四年获得了MBA学位证书，期望能向管理职位发展，觉得自己应该成为部门经理，而技术职位的提升与他的发展需求不匹配。其次，从高级工程师到主任工程师，工资几乎没有增长，许军觉得公司没诚意，却忽视了前不久提升为高级工程师时刚涨了一倍的工资。另外，公司欣赏许军的技术能力，希望他能走技术职务的职业生涯发展道路，但是由于许军想成为部门经理的念头根深蒂固，公司的这次激励没有产生效果。

在许军进入公司的第四年初，公司新招了一批员工，希望许军带着他们完成一个中档难度的项目，帮助新员工成长进步。许军觉得这种事情太简单，这个项目他很快就能自己做好，新员工啥都不懂，领着他们又累又浪费时间，最终推掉了这个项目。王明接下了这个项目。半年过后，项目新员工进步非常快，团队合作、行为作风、工作素养都特别好，老板都夸这是半年培训结束后表现最好的一批新员工。而许军却不屑一顾，在同事面前说他是不想接这个项目，要是他做，肯定能做得更好，却忘记了自己以前也培训过新员工。

在当年年底人事调整中，王明被任命为部门经理，而许军原位不动。这让许军抱怨更加多了，经常表露出要离职的想法。有意思的是，一年过去了，许军还在原来工作岗位上，只是工作积极性更低了，同事对他的评价也不高。

对于了解许军的朋友来说，他迟迟没有升职的原因都可以归结为他过强的自尊心。他读小学时才随父母迁入北京，小伙伴们对外地插班生的歧视和孤立，造就了他强烈的自尊心和自我保护意识。直到现在，在公司的体育活动中，许军总要炫耀一下自己的运动才能，同时不忘嘲讽他看不上眼的部门经理和人事经理的球技。他的朋友都说，他其实是个比较保守的人。许军拿了驾驶证一年多了，家里也买了车却仍然不敢上路。总听到他在抱怨北京的车多、路乱、警察管得严。

【思考】

1.你如何理解个体特点对职业的影响？请列举一些影响较明显的特点并阐释原因。

2.你觉得许军和王明在个性上有哪些不同？

3.面对带领新员工完成一个不太难的项目的要求，为什么许军和王明的表现不同？

4.许军工作积极性不断降低这一行为是如何产生的？

5.许军为什么迟迟没有升到管理岗位？

6.如果你是公司领导，怎么看待并解决许军的问题？

7.谈谈案例对你的启发，并以自身事例说明自己需要改进的一些个性特征。

案例2　“同优”时装的群体决策

上海同优时装有限公司（以下简称上海同优）是上海本土一家老品牌时装生产销售企业，在20世纪80年代随着改革开放的浪潮而成立。改革开放初期，我国经济迅速发展，与西方国家及东南亚国家、日本等国不仅在经济上有着逐渐频繁的交流，在文化习俗上也进行着激烈的碰撞，我国居民对服装款式、质量的偏好随之发生了巨大的变化。上海当时作为我国改革开放的窗口，上述现象尤为明显，在这种经济背景下，上海同优迅速成长，短短10年销售额就突破了1个亿。

进入21世纪以来，随着市场经济改革的深入，农村大量劳动力转移到了诸如浙江、广东等沿海省份，家庭作坊式的服装生产企业大量兴起。由于很多这种作坊式的小企业非正规营业，与上海同优相比，它们有着几个独特的优势：（1）劳动力成本很低，很多就业者都是农村转移过来的年轻农民工；（2）运营成本低，没有太多的管理费用、销售费用等；（3）无研发成本，对于市面上流行的时装款式可以随意套用改造。上海同优面对这样的竞争环境，业绩开始从稳步增长变为逐年下降，其付出较多成本设计出来的款式在市场上随处可见。另外，随着电子商务的冲击，上海同优没有及时转型，业绩也受到重创。截至2010年，上海同优销售额已经降到了2 000万元，公司随时面临破产的危险。

面对这样的局面，公司的管理层做出了较大的调整，在时装业有着丰富经验的梅经理走马上任。梅经理上任后立即采取了一系列措施来扭转亏损势头。首先，梅经理请了时下当红国际影星担任品牌代言人，重塑品牌形象；其次，精减了部分生产部门员工，取而代之的是升级生产设备，提高生产效率，缩减生产成本；再次，公司在设计专利方面加大了保护力度，对于市场上一些盗用设计的典型企业直接走法律程序，有效保护公司知识产权，这对于一些小企业也起到了杀鸡儆猴的作用；最后，公司与天猫、京东等大型电商平台合作，直接将旗下品牌服装旗舰店入驻到这些平台，搭上互联网经济这列快车。

经过梅经理与全体人员的努力，特别是财务部门与销售部门的积极配合，公司迅速扭转了亏损的势头，并开始保持快速稳定的增长势头。正当梅经理坐在办公室看着业绩报告，沉浸在自己成绩的喜悦当中时，门外传出了一阵讨论声。梅经理眉头紧锁，仔细一听：

财务总监张凯大声对销售总监李炜说道：老李啊，现在经济不比前几年了，2015年开始经济就不景气，公司业绩增长疲软，今年更是如此，据我所知很多作坊式的服装生产商都倒闭了，公司现在财务压力特别大。

李炜回复道：老张啊，现在的行情我也明白，公司难处我也知道，尤其是你们财务部。但是我们公司节流的地方这么多，你看看找找其他办法吧。

张凯听后声音明显抬高了：李炜总监，我直截了当地说吧，我们公司自从梅经理来了之后业绩确实还不错，但是这么多年过去了，生产成本逐年攀升，但公司产品价格与几年前并无很大差别，你们销售部门难道不应该也“与时俱进”吗？

李炜见状，回答道：张凯总监，这件事情不是我一个人能决定的，我们部门几十个销售人员好不容易在竞争激烈的市场里稳定了自己的客户，我想他们是不会答应吧。

张凯听完便略带气愤地说：我已经跟包经理说过了，他也同意我的这个提议。

李炜……

梅经理听到这里已经明白了是怎么回事，知道自己再不出面可能会引发冲突，便走出办公室，请两位经理进来喝茶。梅经理说了一些抚慰他们的话，稳定了他们的情绪，并承诺本周五下午召开会议，进行集体讨论再做出决策。然后他分别与两位总监进行了单独谈话，肯定了各部门所做出的贡献与努力，表示大家的目标都是一致的，至于采取的方法可以再商讨。

两位总监离开办公室后，梅经理陷入了沉思，他想起了正在某重点大学管理学院任教的大学老同学伍教授。伍教授不仅在理论上有着很深的造诣，已是学科领军人物，而且担任很多企业的管理咨询顾问和独立董事，对于企业发展中遇到的问题还是比较熟悉的，于是梅经理便拨通了伍教授的电话，跟他讲述了整个事情的经过并邀请他来参加周五的会议。

周五准备参加会议的还有分管财务的包副经理。包副经理系会计师出身，工作兢兢业业，算得上是公司的老员工了。另外还有销售专员小秦。小秦是销售部门一线销售人员，学历不高，工作年限不长，但是经过自己的努力已经争取到了一批稳定的客户，业绩上很出色。

转眼间周五下午到来了，会议开始后，首先由梅经理提议请大家讨论产品要不要提价。张凯说应马上提价16%，现在是干一笔订货赔一笔，不提价是不行了，经济不景气，公司财务压力非常大。包副经理听后表示完全同意张凯的意见，确实需要提价16%，而且进一步解释道，16%已经是财务部门科学估测的一个很保守的数值了，提价后到年底公司利润会很可观。

梅经理听完把头转向了销售总监李炜，示意他表达一下自己的意见。李炜答道，若是提价16%，销售部门的压力将会非常大，本来今年年初定下的销售目标就已经很高了，但是经过所有销售人员的努力基本上可以完成既定目标。如果现在突然这样提价，到年底完成目标基本不可能。

李炜讲完之后对销售专员小秦示意了一个眼色，让他发表一下自己的看法。小秦说道，突然提价无法向这几个月来好不容易争取到的客户们进行解释，很有可能会丧失一部分优质客户，基层销售专员的业绩压力很大。

听完李炜和小秦的发言，张凯和包副经理仍然坚持要提价。现场顿时陷入了一阵冷场尴尬之中，此时梅经理向大家介绍了伍教授，并邀请伍教授发言。

伍教授首先向大家讲述了自己去年在某公司担任咨询顾问时遇到类似问题是如何应对的及结果如何，然后分析了销售中期提价带来的一些问题，又提出了几种备选方案。备选方案应考虑怎样让提价起作用，同时销售部门应该采取什么样的对策，将压力降到最小，这样公司才能真正做到改善财务状况。伍教授的发言理论与实践性非常强，且不偏不倚，在场人员都纷纷表示分析得很有道理，气氛开始慢慢活跃起来。

此时梅经理提议大家按照伍教授的备选方案修订商讨一个最终版。商讨后，梅经理对张凯说，提价现在确实非常紧迫，但要给销售部门一个提价过渡期，最好根据订单额采取分段提价：对于8 000元以下的订单现在开始提价10%，而后每月增加3%直至提价到16%；对于8 000元以上的订单现在开始提价6%，而后每月增加3%直至提价到16%。另外，对于一些稳定的大客户，由销售总监和梅经理亲自写信解释争取客户的理解，帮助减轻一线销售人员的压力。

听完之后，财务总监张凯和销售总监李炜都表示同意。鉴于销售人员的压力，梅经理决定亲自去销售部门现场与销售专员沟通，并针对几个关键的销售科长一对一沟通，取得他们的理解，并承诺年底提高销售提成金以及为销售业绩良好的员工颁发荣誉奖，销售人员纷纷表示赞同。

【思考】

1.张凯和李炜在梅经理办公室外的讨论是冲突吗？如果是，是一种什么类型的冲突？

2.群体决策有什么特点，相比个人决策有什么优势？

3.成为一个领导需要什么条件？案例中的梅经理作为一个领导有什么特征？

4.伍教授在案例中扮演一个什么样的角色？

5.结合自身事例谈谈你认为群体决策中的关键要素或过程。

案例3　索洋电子的绩效考评

索洋电子是一家中日合资企业，于2003年成立，主要生产和销售某电子零件。由于合资的时候日方出资比例更高，当时商定公司总经理由日方人员田中担任。索洋电子进入中国市场后，得益于其日系背景、有着良好的质量与适中的价格而迅速打开了市场，销售额平均每年达到了30%的增长。尽管中国近些年来经济增速回落，进入新常态发展阶段，但索洋电子不断精益求精并且优化生产成本，近两年也有20%的年销售额增长。

索洋电子的绩效考核和薪酬制度也是基本上照搬日本总部的，公司销售人员的绩效是在每个季度末由销售经理打分及销售人员的出勤率来决定的，这样一来每位销售人员的绩效考核成绩都相差无几。但是由于公司有着高于行业水平的工资待遇，所以大多数人还是很愿意待在索洋工作，觉得工作稳定，薪资水平高，也没有太大的竞争压力。

两年前，小白入职公司。小白在大学时成绩不算突出，老师和同学们都认为他不是很有自信和抱负，以为他今后无多大作为。他的专业是日语，毕业后来到索洋面试，由于面试时的HR是一位日本人，小白良好的日语口语给HR留下了深刻的印象，就这样小白顺利地进入到索洋销售岗位。小白刚进索洋时很满意这份工作，因为工资高，还是比较固定的，不用担心未受过专门训练的自己比不过别人。

刚上班的半年时间里，小白的工作虽然兢兢业业，但销售成绩一般。随着他对业务和他与客户们的关系越来越熟悉，他的销售额也渐渐上升了，到了第一年年底他已经在全公司几十名销售员中排名前10了。下一年他很有信心成为销售员中的冠军。当年10月中旬，小白已经完成了全年的销售额目标，根据他的观察，同事中没有人完成定额。半个月后田中经理叫他去汇报工作，听完他用日语做的汇报后，田中经理对他十分客气，祝贺他已取得的成绩，并在他即将离开时，对他说："咱们公司要再有几个像你这样的销售明星就好了。"离开后小白更加肯定了自己是销售冠军的事实。不过公司的政策是不公布每人的销售额，也不鼓励互相比较，工资待遇也是一样的。想到这里小白心情很不舒畅。

转眼间到了12月初，小白发现一些已经完成年度销售目标的同事已经毫无工作斗志了，基本上每天都是过来签个到然后就做自己的事情去了，其中就包括同事小王。小王还对小白说："你这么拼干吗，我们的待遇都是一样的，还不如好好休息一下。"小白听后再看看自己每天还是辛辛苦苦地往外跑业务，顿时不公平的感觉涌向心头了。

转眼间到了年底开年会的时间。年会开始前，小白还满怀希望地认为公司应该会在年会上表扬当年销售冠军，至少有个什么荣誉之类的。但是令小白失望的是，年会中田中经理只是表达了公司销售取得良好成绩的喜悦并没有其他行为。年会后小白感觉到非常苦闷，他明显地发现公司文化深受日本企业影响，大家彼此之间几乎没有竞争，都是在做好自己分内工作，表面上看起来是一团和气，但是伤害了企业效率和像自己一样拼搏的人。

小白还了解到，本市另外两家中外合资的电子企业都在搞销售竞赛和有奖活动，其中一家是总经理亲自请最佳推销员到大酒店吃一顿饭，而且人家还有内部发行的公司通讯之类的小报，让人人知道每人的销售情况，还表扬每季和年度最佳销售员。再对比自己公司这套做法，他就特别恼火，觉得非常不公平并下决心去找田中经理谈一次。

年会后的一个星期四，小白来到了田中经理的办公室。田中经理一看是小白，非常高兴。因为田中经理上星期看了年度报告后，发现小白的销售业绩超过了年度目标的60%，刷新了个人销售年度纪录，随之热情地招待小白。

小白向田中经理表达了自己的想法和对公司现在工作氛围的担忧，建议改变考核方法，薪酬变为佣金制，至少是按业绩发给奖金。不料田中经理听后感到非常惊讶，说了几句安慰小白的话后补充道，这都是既定政策，母公司一贯如此，这正是本公司的文化特色，随之拒绝了小白。

小白离开后，田中经理也陷入了沉思，想起这几年来在中国接触到的几家同行企业，能明显感到与本企业文化和氛围的不同，由于公司经营还不错，就一直没有深入考虑这个问题。想到这里，田中经理也约谈了其他两个业绩优秀的销售人员，发现都存在类似的问题。

第二天一大早，小白拿着一封信走进了田中经理的办公室。田中经理一看是辞职信非常震惊，让小白周末两天回去再好好考虑考虑。小白离开后，田中经理感觉到了事情的严重性，因为之前几乎每年都会有一两个销售业绩很好的销售人员离职。联想起最近在MBA课程中学习的跨国企业管理中的企业文化，他决定是时候做些改变了。

经过公司内部调研和慎重考虑，田中经理确实觉得母公司的企业文化照搬到中国会产生问题，于是决定加以改进，包括将销售部门绩效制度改为底薪加销售额提成制，并且每季度公布销售额排名，对前10名的销售人员以一定的形式加以表彰。做出改变后，小白留了下来，并重新充满斗志。制度调整后，田中经理明显感受到公司工作氛围发生了很大的转变，大家都变得很积极。

但是两个月过后，田中经理总是会听到一些抱怨，特别是来自销售部的销售人员的抱怨。有一天田中经理在地下车库准备离开时，听到销售部小王对小刘说道："在公司工作了好几年感觉挺好的，现在制度调整了，激烈的竞争扑面而来，感觉压力非常大。"小刘回答道："唉，是的，我也非常不适应现在的新制度，感觉竞争压力很大，万一排名在后面，不仅会很没面子，而且怕自己会被解雇。"

田中经理回家后又陷入了烦恼之中，决定这几天亲自去调研了解大家对于新制度的反馈。汇总后田中经理发现有一半员工坦言制度调整压力非常大。田中经理觉得有必要处理组织面临的压力，并给予员工适当的激励，推进制度的继续实施。

首先针对大家感受到的工作压力，田中经理写了一封内部邮件，来消除员工的疑虑和取得他们的理解。他在邮件中强调了制度创新的目的和紧迫性，肯定了大家的成绩，并表示新的制度可以让大家在一个更加公平的环境里工作。然后田中经理调整每季度公布的销售业绩排行榜，只对外公布前15名而不是公布所有人的排名；接着专门建造了一个泄压室，里面有一些设备和器具，供员工免费使用，帮助他们缓解压力；同时营造一个良好的竞争氛围，把这种理念体现在公司日常事务中，让大家慢慢习惯和接受。

在第二个季度结束时，小白和另外两个销售之星不仅在全公司被表扬，还受到了部门经理的单独宴请。到了年底，田中经理看着销售额增长40%的数据和公司焕然一新的文化氛围，露出了高兴的笑容。

【思考】

1.组织制度有什么特点？其对于群体成员的行为有哪些影响？

2.工作压力是如何产生的？面对员工工作压力，领导应如何解决？

3.案例中田中经理用了哪些激励手段？

4.案例中制度的改变和创新是如何发生的？

5.组织文化在组织中有什么作用？

6.结合案例谈谈你认为哪些因素会影响员工的行为。为什么？

案例4　一个民营企业由盛及衰之路

A公司的创立者是王君、李君和何君。三人是一个镇上的邻里，虽然有好几岁的年龄差距，但从小就熟悉。后来三人在同一家电器厂工作，这个电器厂是集体企业，产品单一，效益一般。在厂中，李君是负责技术的，能力强，资历老，但是过于看重自己的技术，有点瞧不起非技术岗位的人，在公开场合提出工厂效益不好是因为一批领导技术不过硬，不能带领企业发展技术。由于他过于自信与骄傲，又不注意人际关系，与管理层的关系也一般，因此迟迟没有得到提升。王君在厂中是副总的助理，头脑灵活，做事情有板有眼，对管理、流程化的知识了解较多，平时与同事交流很多，也乐于助人，在厂中有不错的名声，但是不太懂技术。而何君是销售部门的，既懂点技术，又擅长沟通交流，多数时间在外面奔波、喝酒谈生意的习惯让他不喜欢约束性工作，做事也随意，不讲章法。

一次偶然的机会，何君认识了一个卖场的领导，领导跟他抱怨家用电器的供给太少。于是何君找王君和李君商议，可以抓住这个机会，与一些兄弟朋友一起开工厂，生产家用电器。于是，三人开始操作起来。资金方面，三人动员了邻里乡亲，集资了数十万元，也借到银行的贷款。李君则找了自己认识的一个正在国有单位从事家用电器生产的朋友，重金聘用他来新公司，并且引进他们公司的生产线。员工方面，他们请了以前工厂的几个员工，也让同乡镇年轻人在公司跟着学习技术。于是A公司便正式成立，总共有20来人。

在谈论公司的发展规划时，何君半开玩笑地说："反正我不懂技术，也不太喜欢一直待在办公室，还是继续跑业务，公司内部的事就你们俩负责，都是兄弟，谁还不信谁？"王君说："我们公司算是正式成立，公司这些事务定个明确的分工吧，财务、生产、人事都要有人专门管，该定的规矩也需要定，不能出现之前工厂员工散漫、开支不合理的情况。"李君一听反驳道："我觉得我们还是把精力放到发展技术上，现在我们就20来人，都是熟人，弄太多规矩既分散精力，还会让我们的员工觉得这么多条条框框管着他们，坏了关系。”何君也表示同意：“我们跑业务的时候基本上就是灵活工作，没有太多约束，业绩也都不错。我们现在遇到员工有问题，私下提出让他改就行，规章制度太多显得我们不信任他们，在摆我们的身份。”

公司最后没有明确的分工，也没有什么规章制度，员工行为比较自由。名义上的总经理也是由年纪最大的何君担任，实际的内部事务大多是王君在处理。不过，王君三人都把其他员工当兄弟看待，给了很好的分享公司成果的承诺，因此大家的干劲也都特别足。何君也很满意自己能够带头发展技术和生产，年轻员工能得到学习机会，因此公司的效益非常好。

经历20世纪90年代整整10年的大好形势，进入21世纪后，公司已经成为家用电器领域中的明星企业，规模也扩大到了上千人。但是，公司在规章制度、管理方面，存在很明显的问题。比较明显的就是员工过于冗余，员工行事作风也比较随意，给定的目标没有及时完成也不会受到严格的批评和处罚，无序轻松的工作环境已经让员工工作积极性逐渐降低了，想管的人又拿不出明确的规章制度去管。说起人员冗余这事，还得从何君说起。

在公司成立3年后，公司业绩也很好了，人数也达到了200人。这个时候，何君的亲戚想让他表弟也进入公司混个职位，这个亲戚家在公司成立时出过资，如今又求到何君头上，何君也不好拒绝，于是便让他表弟进了公司。王君当时还劝说何君不能答应这种事，可何君说：“我们开公司时也得到了不少乡亲的支持，长辈的要求要是完全不管，可能也会寒了我们乡亲和老员工的心，说我们就只管公司，不管人情。”

由于何君小时候就可以算是三人中的兄长，又是最早提议开公司的，也是名义上的总经理，王君也没有就这点事争吵。可是由于何君开了这个先河，陆续有些老员工碍于面子，让一些亲戚进了公司。随着公司规模越来越大，最初的部分员工开始进入管理层，但是他们确实缺乏管理能力，此外关系员工也越来越多，管理上的弊端就开始显现了。

首先是规章制度缺乏，执行也不到位。由于公司最初没有明确规定每个员工的绩效考核标准，对员工的迟到早退、工作不积极现象也没有严格处罚，导致越来越多的员工经常提前一会下班，也经常在上班期间处理自己的事情。虽然公司陆陆续续对这些现象进行了批评，但没有从上到下对此事进行严格处理，也没有抓典型，而且部分管理人员自身也存在这些问题，所以整改效果不理想。

其次是工作积极性的问题。公司赚钱了，待遇好了之后，一批老员工拼搏的劲头也就没了，加上靠关系进来的员工大部分能力不足，工作积极性也不高，导致公司的工作氛围不好，很多新员工进来想积极工作都会被环境限制。

再次是员工晋升问题。由于公司从建立之初就比较讲人情，因此老员工一批批得到提升，这也造成了晋升大部分情况是由资历决定的。在公司成立之初，规模小，这种方法可以激励员工工作，但是公司规模已经如此大了，管理上的问题太多又太重要，老员工不一定能处理，这种提升方式反而导致了公司按资排辈、人情气息很重，又损害了有能力的新员工的工作积极性。

最后是公司决策混乱的问题。由于公司成立以来就一直没有明确的工作分工和组织设计，很多事情都是人治，同一件事情，王君可以决策，去找李君，李君也可以根据自己的意见决策，而且跨领导层的决策现象也时有发生，导致公司难以出现统一的声音。以某年员工培训为例，王君觉得公司迫切需要选派人力资源、财务等管理部门的人员参加培训，提高公司的运营管理能力，因而让人力资源部门去挑选人，报名参加一次昂贵的培训。以往这些培训的事都是王君决定的，但这一次，技术部门的老员工觉得不合理，也不听人力资源部门的解释，直接跨越人力资源部门，跟李君反映，要求技术人员也要有培训。李君本身是技术出身，倾向于技术培训，于是找王君再次商议，一番交谈后，李君觉得王君说得有道理，但是又觉得不能让以前跟自己的技术员工失望，于是李君又增加一次技术培训。

这件事情后，李君和王君之间有了隔阂，公司决策意见也难以统一，经常出现多种声音和朝令夕改的情况。王君意识到了这些问题，认为公司应该规范化。在2001年的员工大会上，王君带头说出了他的想法："公司最初是我们在父老乡亲的支持下建立的，如今也算是成了大公司，我认为我们公司需要更正规一些，才能更好发展。我建议请专家给我们搞个组织设计和制度，严格执行起来，目前公司有些现象不太好啊。"

"现在公司功成名就了，可也有我们这些老员工的功劳，如今王总的意思是我们错误多，要严格管着我们吗?"有些元老员工回答道。不过很多新员工频频点头，觉得王君说得有道理，公司不能这么乱糟糟的。但是，由于公司元老基本都是一个地方的，现在也大多是高层管理者，他们在公司似乎更有话语权，再加上李君和何君觉得目前公司的发展还很不错，不应太计较一些小问题，影响公司氛围，最终王君还是没能推行他的改革。

2003年左右，市场开放程度高了，外国高技术产品逐步进入国内市场，竞争激烈多了，公司的业绩也跌落得很快。不少员工开始抱怨工资没涨，福利也没有以前高了。在这种情况下，王君觉得要试试改革，于是打算精减人员，激励、提拔一些新员工，要求员工遵循规章制度，以前各种福利和奖金的发放都要有考核。可是正式推行的时候，却困难重重。首先，由于公司一直以来的风气，王君没能建立起自己的权威和领导力，很多老员工不怎么把这次改革当回事，被惩罚了就找王君三人求情，王君迫于李君和何君的压力，再出于老员工以前的贡献和交情的考虑，也不能完全开除了这批员工，惩罚也是一再减轻。其次，提拔一批新员工让很多老员工不满，他们认为自己为公司奉献这么多，现在公司有点困难就把他们挤出去，还讲不讲人情，以前公司的承诺还算不算数。私下更有传言，王君这是想通过扶持新人巩固自己的权力，独占公司。在众多的阻挠下，加上王君面对这么多从公司创立之初走过来的，又有多年交情的员工，确实没有想到很好的解决方法，最终改革不了了之。

2005年，公司基本濒临倒闭，最后清算转给了王君一个人，李君和何君退出了公司，老员工也基本退出了公司。王君带着留下的十分之一的员工继续经营着公司。鉴于之前的经验教训，王君立马大刀阔斧地推行改革，制定了大量规章制度，并要求严格执行，不能像以前那样迁就员工；同时聘请了一些职业经理人当公司高管，负责公司事务，基本没有提拔以前的员工。在推行规章制度期间，甚至开除了一些违规员工。于是，员工都按时上下班，按着绩效考核的规定拿工资，也都严格执行每项决策。但是，员工工作积极性谈不上多高，也不会主动加班，工作绩效没有质的提升，公司虽然能够维持，但重振还遥遥无期。

据后来一位主动离职的老员工透露，觉得工作压力太大了，还要面对各种规矩和惩罚；对公司也没有像以前那种亲切感和归属感，大家都是拿多少工资干多少活，谈不上奉献；王君也不像以前那样亲切，经常批评员工；关系生疏了，他们也不能像以前那样有啥意见就提，觉得公司没有变成自己想象的那样，于是决定辞职了。

【思考】

1.你觉得王君、李君、何君是什么样性格？有何不同？

2.A公司员工从工作积极变成工作敷衍的原因是什么？

3.A公司在发展中出现了哪些人际交往问题？这些问题之间有何联系？

4.为什么王君第一次改革会失败？如果是你，你会怎么做？

5.王君独自接手A公司后的改革面临什么困难？为什么会出现这种困难？

6.结合案例和教材，请分析组织中影响个体行为的因素及作用机理。

主要参考文献

[1] 杨建锋，王重鸣，李家贵．组织学习对组织绩效的影响机制研究［J］．科学学与科学技术管理，2010（7）．

[2] 李丹，郭迟．组织学习与知识转化的关系及IT对二者影响的探讨［J］．管理学报，2009（5）．

[3] 李正欢．社会网络结构对团队绩效的影响研究：以T连锁餐饮企业为例［J］．北京第二外国语学院学报，2008（11）．

[4] 韦伯．经济与社会［M］．杭聪，编译．北京：北京出版社，2008．

[5] 全国13所高等院校《社会心理学》编写组．社会心理学［M］．5版．天津：南开大学出版社，2008．

[6] 杨宜音．社会心理学［M］．北京：首都经济贸易大学出版社，2008．

[7] AIKEN L R．态度与行为［M］．何清华，雷霖，陈浪，译．北京：中国轻工业出版社，2008．

[8] 秦志华．企业人力资源管理原理［M］．北京：清华大学出版社，2008．

[9] 于显洋．组织社会学［M］．北京：中国人民大学出版社，2007．

[10] 杨艳花．高校教师权威变化的社会学分析［J］．长春工业大学学报，2007（3）．

[11] 李文华．现代社会心理学［M］．武汉：华中科技大学出版社，2007．

[12] 格兰诺维特．镶嵌：社会网与经济行动［M］．罗家德，译．北京：社会科学文献出版社，2007．

[13] 阿吉里斯．个性与组织［M］．郭旭力，鲜红霞，译．北京：中国人民大学出版社，2007．

[14] 卡梅隆，奎因．组织文化诊断与变革［M］．谢晓龙，译．北京：中国人民大学出版社，2006．

[15] 罗宾斯．组织行为学［M］．孙健敏，李原，译．10版．北京：中国人民大学出版社，2005．

[16] 夏功成．企业知识群体行为定性模拟研究［D］．武汉：华中科技大学，2005．

[17] 格里格，津巴多．心理学与生活［M］．英文影印版．北京：北京大学出版社，2005．

[18] 张春兴．现代心理学［M］．2版．上海：上海人民出版社，2005．

[19] 李松玉．制度权威与社会交往［J］．理论学刊，2005（2）．

［20］杨国安，欧瑞奇．学习力：创新、推广和执行［M］．北京：华夏出版社，2005．

［21］阿基里斯．组织学习［M］．2版．姜文波，译．北京：中国人民大学出版社，2004．

［22］鲁森斯．组织行为学［M］．王垒，等，译校．9版．北京：人民邮电出版社，2004．

［23］COON D．心理学导论：思想与行为的认识之路［M］．郑刚，等，译．9版．北京：中国轻工业出版社，2004．

［24］殷风春．领导权威和权力制约论［J］．行政与法，2003（2）．

［25］格里格，津巴多．心理学与生活［M］．王垒，王甦，等，译．北京：人民邮电出版社，2003．

［26］迪尔克斯，等．组织学习与知识创新［M］．上海社会科学院知识与信息课题组，译．上海：上海人民出版社，2001．

［27］陈国权，马萌．组织学习的过程模型研究［J］．管理科学学报，2000（9）．

［28］张德．组织行为学［M］．北京：清华大学出版社，2000．

［29］郑杭生．社会学概论新修［M］．北京：中国人民大学出版社，2000．

［30］SAULEY K S，BEDEIAN A G．Equity sensitivity：construction of a measure and examination of its psychometric properties［J］．Journal of Management，2000，26（5）：885-910．

［31］SHEA C M．The effect of leadership style on performance improvement on a manufacturing task［J］．The Journal of Business，1999，72（3）：407-422．

［32］HUY Q N，Emotional capability，emotional intelligence，and radical change［J］．The Academy of Management Review，1999，24（2）：325-345．

［33］圣吉．第五项修炼［M］．郭进隆，译．上海：上海三联书店，1999．

［34］GOH S C．Toward a learning organization：the strategic building blocks［J］．Advanced Management Journal，1998，63（2）：15-20．

［35］时蓉华．社会心理学［M］．杭州：浙江教育出版社，1998．

［36］HOLLENBECK J R，ILGEN D R，LEPINE J A，et al．Extending the multilevel theory of team decision making：effects of feedback and experience in hierarchical teams［J］．The Academy of Management Journal，1998，41（3）：269-282．

［37］ATWATER L E，DIONNE S D，CAMOBRCCO J F，et al．Individual attributes and leadership style：predicting the use of punishment and its effects［J］．Journal of Organizational Behavior，1998，19（6）：559-576．

［38］PAWAR B S，EASTMAN K K．The nature and implications of contextual influences on transformational leadership：a conceptual examination［J］．The Academy of Management Review，1997，22（1）：80-109．

[39] 巴纳德. 经理人员的职能 [M]. 孙耀君，译. 北京：中国社会科学出版社，1997.

[40] GREENWOOD R, HININGS C R. Understanding radical organizational change: bringing together the old and the new institutionalism [J]. The Academy of Management Review, 1996, 21 (4): 1022-1054.

[41] GRANT R A. Knowledge-based theory firm of inter-firm collaboration [C]. Academy of Management Annual Meeting Proceedings, 1995 (1): 17-21.

[42] ABRAHAMSON E, FOMBRUN C J. Macrocultures: determinants and consequences [J]. The Academy of Management Review, 1994, 19 (4): 728-755.

[43] CAMPION M A, MEDSKER G J, HIGGS A C. Relations between work group characteristics and effectiveness implications for designing effective work groups [J]. Personnel Psychology, 1993, 46 (4): 823-847.

[44] CORDON G G. Industry determinants of organizational culture [J]. The Academy of Management Review, 1991, 16 (2): 396-415.

[45] 刘凤瑞. 行为科学基础 [M]. 上海：复旦大学出版社，1991.

[46] 周晓虹. 现代西方社会心理学流派 [M]. 南京：南京大学出版社，1990.

[47] 西蒙. 管理行为 [M]. 杨砾，韩春立，徐立，译. 北京：北京经济学院出版社，1988.

[48] BANDURA A. Organizational application of social cognitive theory [J]. Australian Journal of Management, 1988, 13 (2): 275-302.

[49] 达尔文. 人类的由来 [M]. 潘光旦，胡寿文，译. 北京：商务印书馆，1983.

[50] SCHNEIDER B, ALDERFER C P. Three studies of measures of need satisfaction in organizations [J]. Administrative Science Quarterly, 1973, 18 (4): 489-505.

[51] 马克思，恩格斯. 马克思恩格斯选集：第3卷 [M]. 中共中央马克思恩格斯列宁斯大林著作编译局，编译.北京：人民出版社，1972.

[52] 凡勃伦. 有闲阶级论 [M]. 蔡受百，译. 北京：商务印书馆，1964.

[53] 曹日昌. 普通心理学 [M]. 北京：人民教育出版社，1963.

[54] 列宁. 列宁全集：第14卷 [M]. 中共中央马克思恩格斯列宁斯大林著作编译局，编译. 北京：人民出版社，1957.